大学生创新基础与实践

张文利 主编

陈巍 王卓峥 郭庆栓 胡晓华 韩宇翮
刘晓民 任明 刘彦辰 孙永伟

编著

清华大学出版社
北京

内容简介

本书依托首批国家级一流本科课程暨北京工业大学首门开设的创新实践类通识课程"创新工程实践"（慕课）的教学内容编写而成。

全书由四部分组成：第一部分创新思维拓展模块（第2~4章）、第二部分创新实践能力培养模块（第5、6章）、第三部分创新认识能力培养模块（第7~9章）、第四部分创业能力启蒙模块（第10、11章）。四部分分别对应"基于种子指向的项目开发过程"的四个环节：寻找创意种子、孵化创新种子、培育创新种子和推广创新果实，最终形成全链条式模块化内容结构。

本书可作为各高等院校，特别是地方工科院校的创新创业实践类课程教材，也可作为创新创业竞赛项目、课程设计、创新竞赛的培训教材使用，还可作为从事创新创业工作专业人士的辅助参考书。

图书在版编目 (CIP) 数据

大学生创新基础与实践 / 张文利主编 . —北京：清华大学出版社 , 2022.2
ISBN 978-7-302-58758-3

Ⅰ . ①大… Ⅱ . ①张… Ⅲ . ①大学生—创业—研究 Ⅳ . ① G647.38

中国版本图书馆 CIP 数据核字（2021）第 144050 号

责任编辑：刘向威　李　燕
封面设计：文　静
版式设计：常雪影
责任校对：焦丽丽
责任印制：宋　林

出版发行：清华大学出版社
　　　　网　　　址：http://www.tup.com.cn，http://www.wqbook.com
　　　　地　　　址：北京清华大学学研大厦 A 座　　　邮　　编：100084
　　　　社 总 机：010-62770175　　　　　　　　　邮　　购：010-83470235
　　　　投稿与读者服务：010-62776969，c-service@tup.tsinghua.edu.cn
　　　　质 量 反 馈：010-62772015，zhiliang@tup.tsinghua.edu.cn
印 装 者：三河市铭诚印务有限公司
经　　销：全国新华书店
开　　本：185mm×260mm　　　印　张：25.25　　　字　　数：443 千字
版　　次：2022 年 2 月第 1 版　　　　　　　　印　　次：2022 年 2 月第 1 次印刷
印　　数：1~1500
定　　价：79.00 元

产品编号：089939-01

序

创新是引领发展的第一动力，人才是推动发展的第一资源。我国正处于转变经济发展方式、建设创新型国家的关键时期，创新已处于国家发展全局的核心地位。经济社会发展对创新人才的需求越来越迫切，全社会对高校创新人才培养的关注度越来越高。《大学生创新基础与实践》一书的出版回应时代的呼唤，对于解答怎样创新、如何培养创新人才，无疑是一个很好的尝试。

创新驱动发展的重要社会基础是营造创新文化，通过政策引导和体制机制改革，营造激励创新、抑制浮躁的氛围。必须大力弘扬科学精神，强化兴趣驱动和责任感驱动，激励劳动者探索真理的热情；必须倡导创造性思维、实证精神、怀疑精神和批判精神，让科学精神主导科技活动的价值取向和行为准则。

从学校教育的微观视角来看，教育对于培育创新文化、树立科学精神、培养创造性思维至关重要，是基础，是关键。如何将创新能力的培养有机融入学校教育，使我联想到布鲁姆的教学目标分类金字塔，在金字塔上，"创造"能力的培养处于塔尖，它一方面告诉我们，达成这一培养目标对于教育的极端重要性；另一方面也告诉我们，普遍达成这一培养目标的极端困难性，而本书正试图引导学生去努力攀登这座金字塔的巅峰。

北京工业大学张文利教授主编的教材《大学生创新基础与实践》，是其所在教学团队多年来开设的通识教育选修课程"创新工程实践"的教学实践和研究的结晶。他们以现实中创新创造的发生、发展历程所形成的完整链条为纽带，与时俱进地精心选择多学科知识，重构知识架构，设计了全链条模块化的课程内容体系，使学生在有限的教学时段全方位、有重点地掌握创新所必备的基本知识；他们引入了多样化的教学理念，以项目为牵引，构建跨学科、跨文化的教学团队；他们采用更加灵活的教学方法，改变以知识传授为主的传统教学模式，强化以学生为中心、以能力培养为目标的混合教学模式，激发学生的创新热情，培养学生的创新意识，启发学生的创新思维，挖掘学生的创新潜能。

总之，该书契合当前"知识传授、能力培养和价值引领"三位一体的教学理念，适于引导初入大学的学生，在实践探索的过程中自主选取知识、体验创新精神、培养创新意识、提升实践能力，为高年级的专业学习及未来服务社会打下基础。

中国工程院院士

清华大学教授

2021 年 8 月

前言

教育部在《关于加快建设高水平本科教育全面提高人才培养能力的意见》中指出："要把深化高校创新创业教育改革作为推进高等教育综合改革的突破口，面向全体、分类施教、结合专业、强化实践，促进学生全面发展"。同时"新工科"研究与实践项目的开展，旨在应对新一轮科技革命和产业变革的挑战，加快工程教育改革创新，培养造就一大批多样化、创新型卓越工程科技人才，支撑产业转型升级。"新工科"背景下要求高校培养交叉复合型人才，要求学生具备整合能力、实践力、领导力，加快培养人文科学和工程领域的优秀人才，因此新工科的工程教育需要重构核心知识，特别要引入一些外围知识，即交叉学科的知识。新工科教育要持续发展，前期的"通识教育"是关键。

为此，以通识教育选修课形式开设的"创新工程实践"课程正是符合教育部对本科教育的新要求以及新工科大背景需求的跨学科跨专业讲授创新知识，拓展学生创新思维，培养创新能力，加强创新工程实践能力的新尝试。经过教学团队的持续努力不断进行课程建设，本课程获得教育部认定的首批国家级一流本科课程，并于 2019 年 9 月，教学团队完成了本课程的"慕课"课程制作，上线中国大学 MOOC 的爱课程平台，课程资源建设进一步完善。

本书依托"创新工程实践"课程的教学内容，针对地方工科院校学生普遍存在的创新能力培养起步晚、思维固化等问题，将课程目标着眼于培养和提升学生的创新意识、创新精神、创新能力。课程内容既强调突出重点，同时注重覆盖创新全过程，使学生获得全方位的创新知识，引导学生逐渐走上创新之路，为今后进入专业学习及未来发展，奠定良好基础。

本书的编写思路注重四个方面：①内容紧紧围绕创新创业教育中加强和提升工程

创新实践能力这个关键点，解决当前教材中内容知识领域单一、缺乏系统化设计、知识不够全面，以及实践环节不完整等问题；②创新本身是多领域知识的交叉，本书将创新过程中涉及的各环节知识点，进行逐一详细讲解，针对不同专业的学生，设计不同的实践内容和案例，有助于激发创新思维，培养创新意识，为培养交叉复合型人才，在通识教育阶段打下基础；③理论与实践相结合，强调"知行合一"，每章引用本团队在长期从事工程教育、创新教育过程中积累的案例，有助于更形象生动地学习创新工程实践相关知识；④设计"基于种子指向理论"构建全链条模块化知识体系，便于学习者全面掌握创新教育的相关知识，也便于教材修订者及时纳入新知识，灵活变换相关内容。

全书共 11 章，由四部分组成。第一部分的创新思维拓展模块目的是鼓励并培养学生拓展创新思维，构思创意种子，由第 2～4 章组成。第 2 章创新的门径重点介绍拓展创新思维，发现创新问题的方法，第 3 章讲解以头脑风暴为代表的创意优化方法，第 4 章介绍以 TRIZ 为代表的发明问题解决方法。第二部分的创新实践能力培养模块旨在进行具体的项目实践训练，培养学生实施项目的能力，由第 5、6 章组成。第 5 章介绍用户需求分析的原理和方法，第 6 章讲解问题导向的项目管理方法。第三部分的创新认识能力培养模块目的是培育创意种子，增强学生跨学科跨专业的相关知识和新兴技术，由第 7～9 章组成。第 7 章介绍电子创新设计与实践的基础知识，第 8 章介绍人工智能创新设计与实践案例，第 9 章介绍产品设计的基本概念以及经典方法。第四部分的创业能力启蒙模块是推进项目市场化的过程所需要的知识和能力，由第 10、11 章组成。第 10 章介绍创新技术如何进行专利保护，第 11 章介绍项目路演的表达技巧。

本书是集体努力的成果，感谢各位团队成员的辛勤付出。本书的编著团队由来自高校、企业等多学科交叉领域的学者、行业专家构成，成员专业覆盖电子信息、人工智能、环境工程、工业设计、软件工程、创造创新方法等多学科领域，为读者提供创新所需的全方位的专业知识。本书的编写分工如下：第 1 章由张文利编写，第 2 章由刘彦辰编写，第 3 章由陈巍编写，第 4 章由孙永伟编写，第 5、6 章由郭庆栓编写，第 7 章由刘晓民编写，第 8 章由王卓峥编写，第 9 章由韩宇翃编写，第 10 章由任明编写，第 11 章由胡晓华编写。张文利负责教材建设及教材结构设计，并审阅了全部书稿，陈巍参与了部分书稿的审阅，北京工业大学研究生杨堃、王佳琪、陈开臻、王宁、辛宜桃、刘钰昕、赵庭松等同学参与了书稿格式的修改。北京工业大学信息学部本科生张建桐、北京工业大学材料与制造学部研究生刘保钟等同学提供了部分创新项目案例。

在国家级一流本科课程（混合式）"创新工程实践"的课程建设过程中，北京工业大学国家级教学名师蒋宗礼教授、北京工业大学教学督导专家孙景琪先生给予了很多宝贵的指导建议，为本书的完成提供了很多有益的帮助，在此由衷表示感谢。

本书在编写过程中，参考了大量的书籍、论文及网络资料等多方面的素材，汲取了很多有益的见解，在此表示衷心的感谢。

限于作者的水平，本书难免在结构编排以及内容组织和表述上有不妥之处，希望读者不吝赐教，提出宝贵的意见与建议，不胜感谢！

作 者

2021 年 12 月

目　录

第 1 章 创 新 导 论

社会发展至今，我们的生活每天都会被各种创新理念所影响，同时也变换多种创新形式，社会的每个进步都离不开不同领域和不同层面的多种创新。在科技领域，在移动互联网、大数据、超级计算、传感网、脑科学等新理论、新技术的驱动下，人工智能（AI）呈现出深度学习、跨界融合、人机协同、群智开放、自主操控等新特征，将对经济发展、社会进步、国际政治经济格局等产生重大而深远的影响。人工智能已被认为是科技创新的下一个"超级风口"，正受到世界各国的广泛重视。

本章以人工智能驱动科技创新为切入点，从创新的内涵与定义、有效创新的方法与途径、成为一名创新者所需要的基本素养与能力，以及新工科背景下的创新教育等几方面介绍创新与创新教育。

1.1 为什么创新

1.1.1 人工智能引领科技创新

2016 年，AlphaGo 与世界顶级围棋高手进行的世纪对战引起了广泛关注，这一"人机大战"也把人工智能推上了全球浪潮的新高，各国纷纷制定发展计划，不惜重金抢占新一轮科技变革的制高点。

美国在人工智能这一研究领域一直走在世界前列。2016 年 10 月，美国先后发布了《为人工智能的未来做好准备》和《国家人工智能研究与发展战略规划》两份报告，并在报告中详细阐述了人工智能的发展现状、规划、影响及具体举措，将人工智能上升到了国家战略层面，为美国人工智能的发展制定了宏伟计划和发展蓝图。2019 年 2 月 11 日，时任美国总统特朗普签署了一项旨在促进美国人工智能发展的行政令，具体内容为从研发、数据提供、制定标准、自动化和"基于美国价值观和利益"的国际合作五个重点领域，巩固并提升美国在人工智能领域的领导地位。

欧洲政治战略中心在 2018 年发布了《人工智能时代：确立以人为本的欧洲战略》，该战略支撑欧盟进一步营造人工智能的有利发展环境及确认发展路径，并推动欧盟以欧洲战略投资基金为主体吸引各行业优质企业资本，对泛欧人工智能卓越中心网络进行换代升级，同时在交通、医疗、农产品、制造等领域新建数字创新中枢。事实证明，开发人工智能系统需要大量数据，为此，欧盟正在陆续推出多项举措促进数据的开放共享，进一步在信息层面为人工智能系统的发展保驾护航。

早在 20 世纪 70 年代，德国政府在推行"改善劳动条件计划"的过程中，就规定让有危险的岗位由机器人代替，由此为机器人的应用开启了初始市场。2012 年，德国推行了以普及"智能工厂"为中心的"工业 4.0 计划"，以逐步实现工业机器人推动生产制造向灵活化和个性化方向转型。

日本政府和企业高度重视人工智能的发展，将物联网、人工智能和机器人作为第四次产业革命的核心，并将 2017 年确定为人工智能元年。目前，日本人工智能的研发重点聚焦于汽车、机器人、医疗等产业强项领域，并以老龄化社会对智能机器人的迫切需求，以及超智能社会 5.0 建设等为主要拉动力，突出以硬件带动软件、以创新社会需求带动产业发展等特点，在产业布局方面具有非常显著的目标性和针对性。

俄罗斯联邦政府 2017 年将数字经济列入国家发展战略，鼓励人工智能、机器人、量子计算等技术的开发运用。同年 9 月，俄罗斯总统普京表示，人工智能代表着未来，在人工智能领域占领制高点的国家将有能力掌控世界。

印度在 2018 年出台了《人工智能国家战略》，充分利用人工智能这一变革性技术，促进经济增长并提升社会包容性。印度在发展过程中不断探索适用发展中国家的人工智能战略部署，并明确了人工智能技术的五大重点应用领域，即医疗、农业、教育、智慧城市和基础设施与交通运输。

中国人工智能技术起步较晚，但发展迅猛，目前在专利数量及企业数量等指标上已经处于世界领先地位。人工智能作为新一轮产业变革的核心驱动力和引领未来发展的战略技术，受到了国家的高度重视。2017 年国务院发布《新一代人工智能发展规划》，对人工智能产业进行战略部署，此外，在 2018 年 3 月和 2019 年 3 月的政府工作报告中，两次强调要加快新兴产业发展，推动人工智能等研发应用，培育新一代信息技术等新兴产业集群，壮大数字经济。

可以看出，世界各国对于人工智能的重视程度日益加深，而人工智能的重要战略价值，也逐渐在国家层面与社会层面凸显。推动人工智能产业发展不论是在经济、医疗、安全、法律、交通等领域，还是对科技本身，都大有裨益。

1.1.2 "机器取代人"的危机

想必大家还对 2017 年著名的"人机大战"记忆犹新，在阿尔法狗（AlphaGo）轻松战胜素有"中国围棋第一人"之称的柯洁以后，"人类是不是要被机器毁灭了"等字样频频出现，围绕人类危机的话题被各种新闻媒体渲染，在公众视野中激起万千波澜。

著名物理学家斯蒂芬·霍金教授警告称"人工智能太可怕了，它终将战胜人类成为新物种"。霍金教授的警告令人不寒而栗。"人工智能"对普通人来说，原本仅是一个科技类的专有名词，而今却有可能成为影响人类生存发展的重大威胁。的确，人工智能已经在不知不觉中悄然融入并改变了我们的生活。

全球咨询公司巨头麦肯锡在 2018 年推出的调查报告宣布：到 2030 年，全球将有多达 8 亿个的工作岗位可能被自动化的机器人取代，相当于当今全球劳动力的 1/5。其中最容易受到影响的是涉及在可预测环境中进行机械重复性物理活动的工作，包括机械操作、餐饮服务、金融交易、律师助理事务、会计和行政事务处理等。

来看几个例子。如图 1.1（a）所示，2008 年金融危机之前，瑞士银行设在康涅狄克州斯坦福德城的交易大厅足足有 23 个篮球场那么大，最多可容纳 1400 名交易员，这可谓是人类交易员的辉煌时代——该群体每天能给银行创造数百万美元的利润。然而，短短 8 年之后的 2016 年，它就变成了图 1.2（b）所示的场景——号称全世界最大的交易大厅变得空空荡荡，原本密集排列的工位所剩无几。人工智能的"高歌猛进"，一路

（a）忙碌的交易大厅　　　　　　　　（b）空空荡荡的交易大厅

图 1.1　交易大厅前后对比（图片源于网络）

见证了华尔街银行交易员逐渐被自动化程序所取代的全过程，连著名投资公司高盛也将在纽约总部的现金股票交易员从原先的600人裁减到仅剩2人。不得不说，人工智能确实已经在某些方面战胜甚至取代了人类。

火锅界的标杆企业——海底捞，以其细致入微、有求必应的高水准服务享誉业界，凭借极致服务创造良好口碑，广受顾客青睐，并借此打造了让竞争对手"学不会"的优势壁垒和让顾客口口相传的品牌价值。海底捞的人性化服务从点菜、端盘，到递毛巾、勤加水，再到等位区的美甲、擦鞋等，都需要多个岗位的员工同时工作。在这种运营模式下，需要大量成本投入来培训员工。为精确核算成本，海底捞采取计件工资制，员工以精确的工作量换取薪酬，多劳多得。在企业初期，这种计酬模式能够有效激励员工，推动企业快速成长。但随着企业的加速扩张，海底捞模式的局限也开始显现，随着人力成本的不断提高，低价值环节与高额人力成本的不对等让海底捞的运营负荷逐渐加大。

海底捞用人工智能技术正式宣布，智慧餐厅来了（图1.2）。2018年海底捞和日本松下电器公司联合打造的智能餐厅在北京开张，这是海底捞全球首家人工智能餐厅。该餐厅号称从配菜、出菜到上菜环节都进行了人工智能化改造，全程由机器人完成服务。据测算，这一智能化改造可节约近37%的人力成本。

图1.2　海底捞推出"智慧餐厅"前后对比（图片源于网络）

近距离观察该餐厅，能够看到在餐厅的各个角落和不同区域，都立体化、全方位融入了高科技元素。

（1）等位区：巨幕投影、互动游戏。以前的等位区主要是美甲、擦鞋、按摩椅服务区域，改造后，该区域设置了影院级巨幕投影屏。在等位过程中，大屏会推出互动游戏，顾客可通过手机扫码与其他等位的顾客进行互动游戏。

（2）用餐区：借助声、光、电科技带来"沉浸式"的火锅就餐新体验。用餐区全景布置360°立体投影。顾客坐在桌前吃火锅时，可以看到白云在蓝天中游动，耳边还回荡着舒缓的音乐。画面场景有星空、桃园、仙境、雪山、油画、治愈系六大主题可供随意切换。另外，投影内容可实现订制，打造个人专属的用餐场景体验。

（3）后厨区：智能化配菜。智能化后厨是海底捞智慧餐厅的最大亮点。顾客通过iPad点单完成后，数据就会传到后厨的菜品仓库中。后厨接到订单后通过控制机器臂将菜品放置于传送带上并送至传菜口。配菜全过程仅需两分钟。

（4）配料房：私人订制，自动配锅机。点餐时，顾客可以自行选择口味，无论是"加麻、加辣"、还是"少盐、少油"等的个性化需求，都可以通过对原料、辅料、鲜料进行精确到0.5g的精准化配置，并由机器调制实现。

（5）酒水区：自动传送。一台近3米高的自动酒水柜里，可同时容纳1100个抽屉以存放各类酒水饮料。点餐时，该自动柜可根据顾客的订单信息，智能配送酒水至最下方出口，保证配送过程的高效快捷。

（6）店长："智能大脑"。在厨房设立监测大屏，不仅可以看到各个机器的运转情况，还能实时监测配菜间菜品剩余数量，以及是否有超过48小时的过期菜品等。海底捞智慧餐厅通过使用全新自主研发的IKMS（intelligent kitchen management system）实现了厨房的综合管理。该系统可通过收集智慧厨房各个环节的数据进行多维度分析，同时实时监控厨房的运行状态、生产状况、库存状况、保质期状况等，对智慧厨房进行统一管理。此外，IKMS还能将机器学习和人工智能技术结合起来，实现生产管理的流程化、自动化，库存管理智能化、精准化，生产数据的信息化、可视化及对菜品全生命周期的监控，保证菜品质量。

每一次人工智能的浪潮都意味着一批工种的淘汰，海底捞智慧餐厅的智能化也让不少洗菜工、配菜员、传菜员、酒水配送员、等位区服务员等感到惴惴不安，甚至店长的作用也因"智能大脑"的出现而弱化。智慧餐厅不仅能节省人员成本，更重要的是可通过科技革新助力食品安全监管。全智能自动化配菜服务和监管流程能够把食材加工统一前置到中央厨房进行集中配送，实现标准化、统一化的自动生产，从而减少人工服务的随机性失误引发食品安全的风险。

"时代要抛弃你的时候，连招呼都不会打"，未来的3～5年，也许很多行业都将面临一场前所未有的冲击。

（1）人工客服：人工客服将由人工智能完成。目前淘宝、京东等多家世界知名的公司已经研发出自动化客户服务。该智能服务技术将会极大减少人力成本及其出错率。面对客人的怒火和抱怨，人工智能客服不会产生情感波动，因为它们根本没有人类的情感，所以能够保证稳定的服务质量。

（2）外语翻译：目前人工智能技术在语音翻译领域已经实现了突破性发展。中国科技企业制造的翻译机不仅支持中英对译，而且还支持汉语对日语、韩语、泰语的翻译。虽然在复杂的翻译情况下仍需要人工辅助，但目前的技术水平已经足以满足使用者在旅游或日常生活方面的简单交流需求。

（3）医生：2020年新冠疫情的爆发进一步凸显了人工智能在医疗行业的应用效果。可以看到，在抗疫过程中，日渐成熟的人工智能技术发挥了极大的作用。远程医疗、智能影像、医疗机器人、病理辅助诊断等功能在此次疫情中大放异彩。随着医疗水平的发展，人工智能与医疗技术的结合值得期待。特别是我国现今大力发展新型基础建设设施、5G、大数据、工业互联网等多种新兴技术，这些技术的深度融合也将极大地提升医疗机器人的智能化水平，相信在未来的5～10年，智能医疗机器人将高速发展。

（4）律师：由IBM研发的世界上第一位人工智能律师ROSS已就职于纽约Baker & Hostetler律师事务所，并负责协助处理公司破产等方面的法律事务。人工智能律师ROSS可以理解自然语言并回答问题，甚至能够提出假设并监督法律体系的发展。律师们可像对待同事一样与ROSS共事，用自然语言对其提问，而ROSS则可以通读法律、收集证据、做出推论，并在此基础上给出基于证据的高度相关性答案。

（5）会计与审计：处理账款、审计等工作未来都很有可能由自动化程序来完成。

（6）电话营销、数据录入：电话营销、数据录入的工作会完全由机器完成。

（7）银行柜台：在现金使用日益减少的情况下，智能多样化的ATM自动机能够取代柜台。

（8）专职司机、代驾：无人驾驶技术的发展会让从事驾驶行业的人逐渐减少。

（9）快递员：国外已经有很多地方在测试使用无人机配送快递服务。目前，国内京东的仓库引入了自动分拣机器人，提高了快递分拣的效率。

（10）清洁工：扫地机器人已经走进我们的家庭。

在科技发展日新月异的今天，人工智能已经渗透到生活的每个角落，而网络、医疗、能源、制造等各个行业也都能看到人工智能的身影。

（1）IBM的超级计算机"深蓝"，阿尔法狗……

（2）自动驾驶的特斯拉、百度……

（3）智能助理：Siri、小米小爱、客服机器人……

（4）智能翻译：讯飞在听、谷歌、百度、有道翻译……

（5）智能推荐：抖音、今日头条、淘宝的购物推荐……

（6）智能拍照：华为相机（文字翻译、计算卡路里、识物）……

（7）计算机视觉：人脸识别登机、人脸识别支付……

（8）艺术：美图秀秀……

人工智能时代的浪潮已经不可阻挡，它切实改变了人们的生活，也给各行各业带来了巨大的机遇和挑战。

1.1.3 以"创新"为机遇

人工智能改变了我们的生活，同时也为人类带来了生存的危机感。霍金的预言已经逐步变为现实：人工智能可以替代人类的大部分工作，融入人类的生活，甚至与人类并驾齐驱，成为和我们一样的新物种。那么，我们应该怎样应对这种危机呢？正如一句话所言——危机的反面就是机遇。人工智能的发展看似对人类是一场危机，但如果我们能够打破思维僵局、实现创新，就能化被动为主动，创造新机遇，实现新发展。

互联网巨头、阿里巴巴创始人马云说过，20年后，现有的工作将有50%由机器完成。马云此言并非危言耸听。根据美国劳工统计局发布的最新十年预测报告，在岗位减少速度最快的20个行业里，有14个都来自制造业，除了烟草业是受需求减少影响以外，其他行业岗位的减少都与机器人应用有关，甚至包括富士康在内的一些大型代理工厂都宣布将启用机器人来工作。那么，未来人工智能将会让哪些工作岗位逐渐消失呢？BBC基于剑桥大学研究者的数据体系分析了365种职业在未来的"被淘汰概率"，其中，最容易被淘汰的12种职业如下。

（1）电话推销员被取代的概率：99.0%。

（2）打字员被取代的概率：98.5%。

（3）会计被取代的概率：97.6%。

（4）保险业务员被取代的概率：97.0%。

（5）银行职员被取代的概率：96.8%。

（6）政府职员被取代的概率：96.8%。

（7）接线员被取代的概率：96.5%。

（8）前台咨询员被取代的概率：95.6%。

（9）客服被取代的概率：91.0%。

（10）人事专员被取代的概率：89.7%。

（11）保安被取代的概率：89.3%。

（12）房地产经纪人被取代的概率：86%。

从中可以看出，未来容易被人工智能技术取代的工作有如下几个特点。

（1）工作内容主要为无需天赋，经由训练即可掌握的技能。

（2）大量重复、机械、有规则可循的工作。

（3）有标准答案或存在特定场所下动作规范的技术活动。

什么样的职业是人工智能无法取代的呢？麻省理工学院的著名教授及科学家麦克斯·泰格马克在《生命3.0：人工智能时代的人类》一书中，给出了明确的答案。

（1）需要社交技巧、与人交流的工作。机器人毕竟是程序设计出来的机械化产物，不懂得随机应变和人际交往。因此，那些需要用到社交技巧与人配合的工作在人工智能时代不太容易被机器取代。

（2）需要创造力和创意的工作。机器人的工作较为机械，很难取代那些需要艺术创作或偏艺术方面的工作。

（3）需要面临不确定环境的工作。

从如上几种职业的特点可以看出，具有个性化的、无固定规律可循以及需要想象力的工作是人工智能所无法取代的。人工智能技术是在过往积累的数据或经验的基础上进行不断的机器学习，再通过计算机硬件计算得以实现的。如果一种工作前人没有做过，那么人工智能就无从下手，更谈不上取代了。

1.2　什么是创新

1.2.1　创新的定义

"创新"一词来源于汉语词语，我国最早的百科词典《广雅》中记载道："创，始也；新，与旧相对"，即"创新"指创立或创造新的事物。中国古代有记载的创新活动也很早，比如水稻种植、茶叶、中医、丝绸、瓷器、造纸术、印刷术等，这些都属于创新。

近代历史上，出生于奥地利的经济学家熊彼特（Joseph Alois Schumpeter）被认为是创新理论的鼻祖,他将技术和经济发展相结合,探讨技术创新在经济发展过程中的作用,提出所谓创新是"把一种从来没有过的关于生产要素和生产条件的'新组合'引入生产体系"(《经济发展理论》第一章)。在熊彼特的定义中,一项新的发明和新技术的产生并不是真正意义上的创新,只有将它与产业和生产要素进行有机结合,并投入到市场中去,才能真正推动经济发展。

现代管理学之父彼得·德鲁克(Peter F. Drucker)认为创新有两层意思:一是改变资源的产出,他认为改变现存物质财富创造潜力的方式都可以称为创新,创新是一种资源的创造;创新的另一层意思是通过改变产品和服务为客户提供价值和满意度。在德鲁克看来,创新不仅是一项原有产品或服务的改进,而是提供与以前不同的经济满足,并使经济成为更有活力、更具创造性的活动。

与经济学家及管理学家的高深理论定义相比,一些营利性机构或非营利性结构的高级管理人们给出了更加容易理解的定义。伦敦商学院院长安德鲁·里科尔曼(Andrew Likierman)爵士认为:"创新是一个新事物产生的过程。我把它视作实现这个过程的一种方法。"他同时指出学术界对创新的定义是"用新颖的和创造性的方式来创造价值,而这种创造是通过新产品、新服务或新的商业模式及新工艺来进行的"。

奥林工程学院院长里克·米勒(Rick Miller)认为"创新可以被定义为提出新颖的且有价值的想法和见解,并把它们运用到实践中,从而让大部分人可以接受和使用它们的过程。"

富士康公司的 CEO 郭台铭则从另一个角度定义创新:"创新"将是以知识融合经验,提升科技制造水平的"核心竞争力"。图 1.3 形象地说明了知识、经验与创新的关系,即经验是知识的总结归纳,而创新是经验的优化及变形。

创新应该从多个侧面和角度进行剖析。根据所强调的侧面和角度的权重,对创新的

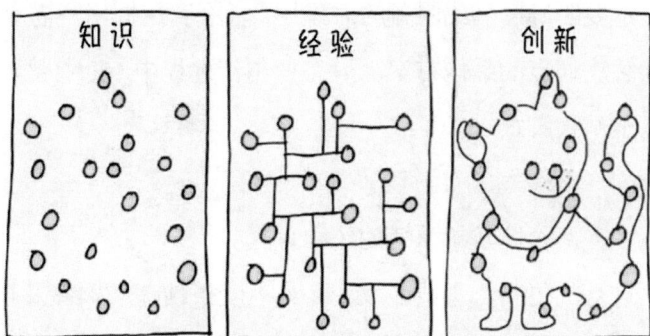

图 1.3 "知识""经验""创新"(图片源于网络)

定义又会出现差异，因此至今为止创新没有统一标准的定义。综合以上各家对创新的理解和阐述，我们在这本书中将创新定义和理解为："创新是对事物进行更新、创造及改变，并使其具有生产或市场价值的实践过程。"

这里的"事物"可以包括产品、服务或者商业模式及工艺等不同类型。

1.2.2 创新的内涵

1. 创新的基本特性

创新具有三个基本特性：目的性、差异性及价值性。

1）目的性

任何创新活动都有一定的目的，这个特性贯穿于创新过程的始终。

人类的创新活动是一种有特定目的的生产实践。创新的终极目标是解决实际生产生活中的问题，可以说不能解决问题的创新都是毫无意义的。

提到华为，人们第一时间就能想到现在名声大振的5G技术，这项让华为甚至是全部中国人都足以感到骄傲的技术，是我们现在为数不多能够领先全球的尖端科技。众所周知，4G解决不了的才是5G的刚需问题。1G、2G时代主要是语音、短信业务，产生数据量小，对通信速率要求也不高。3G时代，用户峰值速率达到2Mb/s至数十Mb/s，新增了上网、电邮、QQ聊天等业务，数据量开始增加。4G时代，用户峰值速率可以达到100Mb/s至1Gb/s，数据量进一步扩容，支撑起了电影、直播、微信等业务。而5G用户峰值速率可达到10Gb/s，除了能够带来高带宽、高可靠性体验外，还能带来超低时延和超大连接数量的通信效果。5G的最大优势是大流量、大带宽、大连接、低时延，这些特性也完美迎合了未来万物互联的发展趋势，并进一步满足物联网、车联网等行业需求。

真正的创新一定要明确产品或服务的对象用户，深度挖掘用户需求，确定应用场景，为用户提供可持续解决痛点的最佳方案。只有在创新过程中不断打磨产品和服务，才能在竞争激烈的市场上站稳脚跟。

2）差异性

差异性是变革性、新颖性及超前性的统称。

创新是对事物进行的更新、创造和改变，具有变革性、新颖性及超前性的特点。

·变革性：对已有事物的改造和革新，是一种深刻的变革。

· 新颖性：对现有不合理事物的扬弃，革除过时内容，确立新事物。

· 超前性：以从实际出发的求新为灵魂，具有超前性。

2014 年 11 月 9 日，习近平在 APEC 工商领导人峰会上指出："在新一轮全球增长面前，惟改革者进，惟创新者强，惟改革创新者胜。"创新者为什么能够取胜？关键在于有自己的特殊性，只有与其他事物有差异，才能另辟蹊径走出独特的发展之路。

2018 年 3 月 22 日时任美国总统特朗普在美国白宫签署备忘录，中美贸易战正式开始。在这次中美博弈中，华为公司正面迎接挑战，大疆无人机公司更是对美国直接涨价，态度强硬。虽然无人机属于新兴行业，但是已经在许多领域得到广泛应用，美国就将无人机应用到了军事领域。无人机应用的广泛性决定了对其质量的高要求，而在全世界范围内符合标准的无人机生产商只有大疆无人机一家公司。在 2019 年法国巴黎圣母院的大火中，巴黎消防部门公开赞扬了中国大疆无人机。消防队员通过使用大疆无人机监控巴黎圣母院的火灾进程，来寻找最佳位置洒水灭火。消防队的发言人表示，在拯救大教堂结构方面，大疆无人机发挥了非常重要的作用。技术决定高度，大疆无人机的规范化、精密化生产广受世界认可，多国纷纷排队定制大疆无人机。在这种情况下，美国要想购买符合标准的无人机，也只能放下姿态。

为什么大疆无人机可以如此"豪横"？在无人机行业的热点研发技术，如飞控系统、导航系统、通信系统以及相关硬件方面，大疆无人机公司拥有的发明专利最多，这些专利也构成了大疆无人机的基础专利和核心专利。而专利审核通过的重要标准就是申请者是否拥有与其他竞争对手存在明显差异的创新技术。就这样，大疆无人机凭借专利布局，称霸全球无人机市场，成为"独角兽"，成功打造了企业品牌价值和独一无二的市场竞争力。

3）价值性

创新要有明显、具体的价值，对经济社会具有一定效益。

价值包括经济价值、社会价值、学术价值和艺术价值。其中，价值性是评价创新质量的重要标准。创新过程一般分为三个阶段：创意的产生、解决方案的提出以及创新的快速实现与推广。创新必须实际落地才能完成创新链的闭环。只有在实际中得到应用，与实体经济融合并产生实际的经济效益，才能实现创新技术的最大价值。淘宝网推出网购时，虽然借助的是网络技术，但使其从众多网购平台中脱颖而出的却是支付宝，这就是在创新的快速实现及推广阶段进行了商业模式的创新。正是因为有了这种模式上的创新，科技才能真正变成第一生产力，创新才能真正成为引领发展的第一动力。

2. 创新的类型

创新的类型根据不同的视角，可以有多种划分方法。

1）按照创新的影响程度划分

按照创新的影响程度划分可分为渐进式创新和颠覆式创新，也可以称为改进创新和原始创新。

渐进式创新是一种显著改进现有产品、工艺或服务的创新方式；而颠覆式创新是创建一个新的、完全不同的产品或服务，以取代以前的主导技术。颠覆性创新理论是由哈佛大学商学院的商业管理教授、创新大师——克莱顿·克里斯坦森（Clayton Christensen）在研究过程中总结提出的。根据克里斯坦森的定义，颠覆性技术是一种另辟蹊径，会对已有传统或主流技术产生颠覆性效果的技术，它能重新配置价值体系，并引领全新的产品和服务。

颠覆式创新的一个著名案例就是胶卷相机巨擘柯达公司被数码摄影技术"颠覆"。事实上柯达公司曾发明了第一台数码相机的原型，也曾投入巨资开发数码相机，但在数码摄影兴起后，它却仍把业务重心放在传统的冲印门店上，最终被迫寻求破产重组。另外，还有淘宝颠覆零售业——互联网网购和无人超市的兴起让实体店接连减少甚至陷入经营窘境；新能源汽车替代传统燃油车趋势不可逆转；网约车的出现敦促传统出租车企业必须完成一次互联网的线上转型；微信逐渐取代短信，等等。

颠覆式创新往往不是一蹴而就的，也可以通过渐进式改进不断地进行技术更迭，最终逐步形成新技术。如图 1.4 所示，iPod 影音播放器是从随身收音机→手提收录音机→手提 CD 音响逐步发展过来的。

2）按照创新的领域划分

根据创新活动涉及的不同领域，可划分为思维创新、技术创新、艺术和文化创新、商业模式创新、营销模式创新、教育创新等。下面举几个例子来分别讲述这些创新的特点。

（1）思维创新

思维创新是指不受现有常规思路的约束，寻求对问题的全新、独特性解答和方法的思维过程。

斯坦福大学的"创新思维"课上有这样一个案例。在课堂上，教授发给班上 14 个小组各 5 美元作为任务的启动基金，要求每个小组在两个小时之内，用这 5 美元赚到尽

20世纪60年代	随身收音机	 • FM/AM收音, • 造型小巧, • 音量可调整, • 伸缩天线	功能简单, 只能收听、广播音乐
20世纪70年代	手提收录音机	 • 可播放录音带/收音机功能; • FM/AM收音; • 具有耳机插孔; • 可录广播频道节目; • 具备隐藏式麦克风,可现场录音	可收听广播; 增加了播放卡带功能
20世纪80~90年代	手提CD音响	 • 可播放CD/TAPE/RADIO; • AM/FM收音; • 具有耳机插孔,便于清楚收听并且不会打扰到他人	可收听广播加了播放磁带功能; 增加了CD播放功能
21世纪	iPod影音播放器	 • Facetime:视频通话; • HD影片录制:拍摄、编辑,并与他人分享; • 游戏功能:A4处理器支持游戏	完全不同的音乐储存方式; 拥有更多的影音功能

发展

图 1.4 iPod 影音播放器的演变过程

可能多的钱。学生们有四天的时间思考如何完成任务。

学生思维比较灵活,他们很快意识到:不能把眼光局限于这 5 美元,而需要跳脱到这 5 美元之外,考虑各种白手起家的可能性。学生们开始观察身边一些尚未被满足的需求,并尝试去解决。通过细心观察和大胆创新,前几名的小组在两个小时之内赚到了超过 600 美元,5 美元的平均回报率竟然达到了 4000%!更有很多队伍甚至没有用到他们的启动基金,投资回报率竟然是无限的!那么学生们是如何做到这些的呢?

创新方法一:有一个小组发现了大学城里的一个常见问题——周六晚上某些热门餐馆总是大排长队。于是他们提前在餐馆预订了座位,然后在周六前夕将每个座位以最高 20 美元的价格出售给那些不想等待的顾客。

创新方法二:有一个小组在学生会旁边摆摊,帮经过的同学测量自行车轮胎气压。如果压力不足的话,可以花 1 美元在他们的摊点充气。之后这组学生调整了他们的赚钱方式,他们不再对充气服务收费,而是在充气之后向同学们请求一些捐款。在这种情况下,他们的收入又得到了大幅提升。

创新方法三:赚钱最多的团队把 think outside the box(跳出思维的笼子)发挥到了极致。斯坦福大学作为一所世界名校,不仅是学生心中的梦想殿堂,同时也是公司理想的求贤圣地。这个小组利用公司求贤若渴的心理,干脆把课上的三分钟卖给了一家公司打招聘广告。就这样,他们不费吹灰之力地在短短三分钟内赚了 650 美元。学生们发现,他们最宝贵的资源既不是 5 美元,也不是两个小时的赚钱时间,而是他们周一课堂上的三分钟展示；他们手头最有价值的资源既不是去售卖自己的时间，也不是去卖面子，而是售卖他们班上的同学——这些人才才是社会最需要的。

这种思维方式，就是现在人人都在追求的 think outside the box，即打破思维定势，跳出思维框架，才能找到不同寻常的解决方案。

（2）技术创新

技术创新是以创造新技术为目的，或是以科学技术知识及其创造的资源为基础的创新。2020 年，我国在部分领域的技术创新取得突破，尤其在高铁和卫星领域成绩喜人。

世界最快的列车群"复兴号"动车组时速最高可达 350 公里，从上海到北京最快只需 4 小时 24 分。"复兴号"高铁的提速，让中国高铁再次成为世界最快的列车群，中国也成为全球高铁商业运营速度最快的国家。从"和谐号"到"复兴号"，我国创立了"引进—消化吸收—再创造"技术路线的典范。"复兴号"的中国标准占比 84%，列车的整体设计、车体、转向架、牵引、制动、网络等关键技术均为我国自主研发，具有完全自主知识产权。随着我国高铁的不断发展，"中国标准"已经成为世界高铁的"新名片"。

除此之外，我国自主研制的世界上首颗空间量子科学实验卫星——"墨子号"，在国际上首次实现了从卫星到地面的量子秘钥分发，以及从地面到卫星的量子隐形传态，这标志着中国量子通信开始领先世界。

（3）艺术和文化创新

只有不断传承创造才能赋予艺术与文化源源不断的生命力。

电影《流浪地球》被誉为中国科幻片的里程碑。这是一部典型的文化创新影片，其故事设定将中国元素和中国文化完美融入科幻设定中，体现了中国人独特的价值审美。在传统的西方科幻电影中，地球有难，人类通常选择外逃，或是建空间站，或是造宇宙飞船，家园从来不是羁绊。但是《流浪地球》体现了中国人独有的"故土"情结，通过打造一万座行星发动机带着地球一起逃亡，制定跨越 2500 年的迁移计划来体现五千年农耕文明对大地家园的依恋。这种电影处理手法将中国传统文化元素与太空移民的史诗级背景相结合，令观众耳目一新，体现出了近年来电影工业和电影技术创新所取得的成就。

（4）商业模式创新

简单来说，商业模式就是企业通过某种方式方法实现盈利。

网约车刚兴起时，大家只是觉得新奇、方便、经济，那时还没有"共享经济"这一概念。但是几年之后，随着共享单车布满大街小巷，"共享经济"一词逐渐走入我们的生活。

共享单车成功解决了"最后一公里"的出行难题，满足了数以亿计人口的短途出行要求。无论是企业规模还是融资数额，共享单车的出现都让人为之一振，让我们看到了全新的互联网＋共享经济模式，启发我们用"共享"思维破解传统行业困局、重构传统行业生态。随后出现的共享充电宝、共享篮球、共享雨伞等也如雨后春笋般纷纷涌现。互联网的发展更是为共享经济模式的开发与创新提供诸多可能。

（5）营销模式创新

营销模式是一种把商品通过某种方式手段，送达至消费者的方式。营销过程是由"制造→流转→消费者→售后跟进"构成的完整闭环。营销过程的各个环节也可以打破传统，进行创新。

"双十一"的营销模式是中国电商崛起的现象级事件。这种运动式的促销活动成为电商行业高速发展的催化剂。2019年，天猫"双十一"开场14秒成交额破10亿元；1分36秒，成交额破100亿元；17分06秒，成交额超过人民币571亿元，超过2014年"双十一"全天成交额。"双十一"这种新型的营销模式对经济产生了巨大冲击。首先，在商业形态层面，阿里巴巴采取线上线下互动、融合的交易模式，改变了中国商业社会形态；其次，"双十一"爆买现象的出现也体现了消费者对高性价比商品的巨大需求，推动网购促销从"价格战"向"价值战"过渡。

如今"双十一"已然成为了全球现象级产物，并作为一个新的经济现象在全球范围引起广泛关注。"双十一"的销售模式正在作为"中国方案"为商业世界带来更多启发。

（6）教育创新

以慕课为代表的在线教学模式早在几年前就开始兴起，受新冠疫情影响，从2020年2月初开始，中国乃至世界大多数国家的学校几乎都采用在线教学的方式来组织学生居家学习。以互联网为核心的新一代信息技术，成为学生与老师、家长与老师，甚至老师之间交流的纽带。课堂教学也从线下的传统课堂教学模式发展为线上线下混合教学新型形式。在这场可以说是人类历史上从来没有过的最大规模的在线教学实践中，老师们针对教和学时空分离的特殊情况，用新的教学方法来进行学科教学，进行了各种教学创新实践。在教学流程上，从原有的"先教后学"变成"先学后教"；学习方法上从"以教师为中心"变成"以学生为中心"的自主学习；课程建设模式上，从各校的"独立教学资源"改变为"共建共享"，把每个学校最精华的教学资源通过互联网让所有学生共享。如此规模的"互联网＋教育"模式的实现，离不开我国多年积累的互联网技术和教育教学资源，而真正能够将二者融合在一起的则是新技术革命下的教育创新。

1.2.3 创新的误区

1. 创新并非"神来之笔"

1）创新并非天才的专利

"创造是留给天才去做的"，这一信条经历了 14-16 世纪的文艺复兴时期、17 世纪的启蒙运动、18 世纪的浪漫主义思潮和 19 世纪的工业革命。直到 20 世纪中叶，对人脑的早期研究逐渐兴起，人们才慢慢改变了这一看法。美国著名心理学家、斯坦福大学的刘易斯·特曼耗时近 40 年，发起了一场"天才的基因"的研究，试图证明天才基因与创新能力的关系。他提出了著名的斯坦福—比奈智商测试。他通过测试 16.8 万名儿童，将他们的智商分布在"白痴到天才"的不同等级上，以试图证明"天才"的存在。实验最终选取了 1500 名被确定为"天才"的儿童，并进行了长期的跟踪调查。结果发现这些"天才"儿童有一些人取得了傲人的成就，但也有很多人从事的工作十分普通，甚至有些靠政府救济为生。

而当初被排除在"天才"之外的两名儿童——一个叫威廉·肖克利，另一个叫路易斯·阿尔瓦雷茨，长大后都获得了诺贝尔物理学奖。肖克利与人共同发明了晶体管，并在硅谷创办了肖克利半导体实验室，该实验室亦是硅谷最早的电子公司之一。之后肖克利公司员工又先后创办了英特尔公司和 AMD 公司；而阿尔瓦雷茨则在核磁共振方面造诣颇深，取得了很高的成就。

通过几十年的跟踪调查，特曼得出的研究结论是：创新成果与智力水平没有直接关系。换句话说，"天才不是创新能力的先决条件"。

另一个例子也可以很好地说明这一点。

1822 年，有位 12 岁的黑人佣人名叫爱德蒙，他没有受过学校教育，经常跟随主人去农场巡视，主人也会随时教给他一些有关水果、蔬菜、花卉的知识。虽然没有经过系统的学习，但爱德蒙善于观察和思考。农场的植物授粉途径单一，通过自然授粉总是难以达到很好的效果。面对这一难题，爱德蒙尝试了很多办法，结果一次无意间的举动，让爱德蒙发现了人工授粉的方法！他将香草花的唇瓣往回拉，然后用一个牙签大小的竹片抬起阻碍自花授粉的部分，再轻轻地将含有花粉的花药和接收花粉的柱头捏在一起，之后种植园的香草藤上结出二十多年未曾见过的香草荚。这个破解世界级难题的动作被称为"爱德蒙的手势"。

一个年仅 12 岁的未成年男孩子，居然独自解决了难倒当时欧洲几百年的问题，让香草这种名贵而需求量极大的植物产量暴增。在爱德蒙授粉技巧广泛传播前，全世界的干香草荚只有不到两千个，且全都产自墨西哥。而到了 19 世纪末，在佣人男孩所在的留尼汪岛，干香草荚年产量超过了墨西哥的总产量，达到了 200 吨。

行为神经学家理查德卡塞利说过："尽管个体之间存在着质量上和数量上的极大差别，但是从我们之中最缺乏创意的人到最具有创意的人，其创造性行为的神经生物学原则都是相同的"，简单地说就是，人人皆可创新！我们都有创造性思维，创新并非天才的专属，或者可以反过来说，即便仍需要承认天才，但却是卓越的创新成就了天才之名，而非相反。

2）创新并非灵光乍现的结果

德国心理学家卡尔·邓克尔（Karl Danker）做过的心理实验证明：所有的创造，无论是绘画、飞机或手机，都具有相同的基础，即由一个问题引向一个对策，再引出下一个问题的渐进步骤。决定个体能否成功的不是步伐的大小，而是迈出了多少步。

iPhone 的问世就是很好的例子，因为 iPhone 创意的产生也是循序渐进的。

问题 1：永久存在的键盘导致智能手机的使用极为不便。

对策 1：改用一个大屏幕和一个指示器。

问题 2：什么样的指示器？

对策 2：鼠标。

问题 3：鼠标带来带去很麻烦。

对策 3：用触屏笔。

问题 4：触屏笔容易丢失。

对策 4：用手指。

对于 iPhone 来说，关键的出发点是要看到"为什么这样行不通"，然后答案才会逐渐出现并得以完善。

北斗导航系统的发展史也能展现出创意是一个循序渐进的过程。

2020 年 6 月 23 日，我国自主研发的第 55 颗北斗导航卫星成功发射，北斗三号全球卫星导航系统星座部署全面完成。北斗系统研发之路经历了长达 26 年的岁月，凝聚了无数技术人员的心血和努力。北斗导航系统的建立使我们摆脱了对 GPS 及其他定位系统的依赖，维护了国家安全，体现了国家实力，进一步促进了国家的经济建设，并大幅提高了中国在国际中的地位。

关于我国利用人造卫星进行导航定位的设想在 20 世纪 60 年代就已经萌生。在第一颗人造卫星"东方红一号"发射成功以后，通信卫星、气象卫星、定位导航卫星等都进入了决策层的视野。当时，卫星导航系统被命名为"灯塔一号"，但由于技术转型、财力有限等原因，该计划在 20 世纪 80 年代取消。

自 20 世纪 90 年代开始，我国北斗系统项目启动研制，按"三步走"的发展战略，先后建成了北斗 1 号、北斗 2 号和北斗 3 号系统。北斗系统建设的"三步走"是结合我国在不同阶段技术经济发展实际所提出的发展路线。

第一步：建设北斗 1 号系统（又名"北斗卫星导航试验系统"），实现卫星导航从无到有，初步满足中国及周边区域的定位、导航和授时需求。

第二步：建设北斗 2 号系统，在兼容北斗 1 号有源定位体制的基础上，增加无源定位体制。即用户不用自己发射信号，仅靠接收信号就能定位。这一技术解决了用户容量限制，满足了高动态需求。北斗 2 号系统实现了从有源定位到无源定位，区域导航服务整个亚太地区。

第三步：建设北斗 3 号系统，在北斗 2 号系统的基础上进一步提升性能，扩展功能，为全球用户提供定位导航授时、全球短报文通信和国际搜救等服务。

总之，创新就是由一系列步骤组成的循序渐进的工作，通往创新的成功路径只有执着的信念和脚踏实地的行动。在不断自问"为什么这样行不通"的同时，弄清创新的机制和原理，掌握创新的步骤和方法。只有这样，才能真正实现创新、发展创新。

2. 创意、创造和创新

创意（originality）、创造（creativity）和创新（innovation）这三个词相互关联但各有不同，在使用方法上容易混淆。

1）创意

创意一般是指在对现实事物的理解及认知的基础上，所衍生出的新方法、新思维或新思路。创意具有突发性、新颖性、自由性以及不成熟性几个特点。创意一般产生于人的某种灵感和突发奇想，往往是以往没有出现过的新思维，由于其突发性较强，因此难免不成熟及不完整。但这种新思维又能从一定程度上打破思维固式，拥有广阔的想象空间，不受外部条件制约；另外，创意想法的清晰度因想法的思考模式、个人经验等有所差异，存在或高或低的现象。

2）创造

创造是人类在继承以往理论和实践经验的基础上，为了满足新的需要，实现其愿望和理想而进行的价值追求和价值创造的活动。创造表现为人们将已有的事物、理论、观念、技术和产品进行分解和组合，提出新观念，创造新事物的思维活动和实践活动。创造是人类改变自然和社会的重要实践活动，是推动人类社会发展和进步的直接和现实动力。

"创造"同时包含"发现"与"发明"成分。

"发现"表现为通过研究和探索，认识或找出先人不曾认识到的事物或规律，如发现新大陆，发现新现象等。其中"科学发现"是"发现"的重要部分，是发觉、观测、揭示出自然界已存在但前所未知的以科学知识体系表现出来的科学事实、科学理论，具体表现为发现新事物、新现象、新特性；得出新概念、新关系、新原理、新定律；提出新假说、新理论，形成新学科。如牛顿定理、电磁波、原子分子等发现。

"发明"一般多指"技术发明"，是首创自然界和社会前所未有的新产品、新工艺、新流程、新方法，发明成果一般具有可行性、差异性、首创性等特征，如电话、造纸术、汽车等发明。"发明"一词又可具体应用于两类不同情况：第一种情况指一些已经获取专利的技术手段；第二种则是指一些具备相当的创新性却未达到专利水准的创造物，这些创造物可统一称作"发明"或"小发明"。

"发现"通常是"发明"的理论基础。举例来说，浮力定律公式是科学发现，轮船是技术发明；导线切割磁力线产生电流是科学发现，发电机是技术发明；铀元素、放射性、质能转换公式是科学发现，原子弹是技术发明；电子轨道跃迁、量子受激辐射理论是科学发现，激光器是技术发明；万有引力公式、宇航三定律是科学发现，而人造卫星、宇宙飞船是技术发明。

3）创新

创新一词最早可追溯到 20 世纪初期，约瑟夫·阿罗斯·熊彼特在《经济发展理论》一书中，将创新定义为"初次应用的事物或方法把发明和创造实用化、商业化，或把新的方法运用于经济活动的过程"。在熊彼特的定义中，一项新发明和新技术的产生并不是真正意义上的创新，只有将它与产业和生产要素进行有机结合，并投入到市场中去，才能真正推动经济发展。可以说，创新本身就属于一种经济行为，和市场、垄断密不可分。

创意、创造和创新三者的关系可简单归纳为：创意提供基本想法与思路；创造则是把创意付诸实践、转化为有形物品的过程性手段；创新和创造相比更加侧重于产生的经济效果；创新即创造力的实践性应用则更加侧重于社会的广泛认可度。总之，正如3M公司杰弗里·尼科尔森所言，"科研和创新不是一回事。科研是将金钱转换为知识的过程，而创新则是将知识转换为金钱的过程。"

1.3 如何创新

1.3.1 创新并不神秘

如何创新？怎样去创新呢？我们说，客观地认识创新，是走近创新、实践创新、成功创新的第一步。前人成功的例子可以给我们不同视角的启发。

1. 模仿借鉴

陆机《文赋》所说的"袭故而弥新""沿浊而更清"，刘勰《文心雕龙》中的"夫青出于蓝，绛生于茜，虽逾本色，不能复化"，都是指模仿中的创新。很多科学发明都是在模仿的基础上诞生的，如雷达就是模仿蝙蝠飞行的科技成果。

蝙蝠在飞行时，会从口中发出一种声波，即超声波。超声波在遇到障碍物时会发生反弹。蝙蝠的耳朵可以接收超声波，并判读出距离和方位，从而准确绕开障碍物，继续飞行。科学家正是通过模仿蝙蝠的这一特性才发明了雷达。

2. 巧妙组合

美国有一位穷画家经常丢三落四，常常不是丢笔就是丢橡皮。情急之下，他找来一根丝线，把橡皮缚在铅笔的顶端，将两者绑在一起。后来经过改进设计，为了更好地固定铅笔和橡皮，人们用一小块薄铁皮把橡皮和铅笔的一头包起来，这就是后来畅销全世界的"橡皮头铅笔"。

3. 跨界联想

18世纪，一位奥地利医生在一个酒店里看到伙计们正在搬酒桶，只见他们敲敲这只桶，敲敲那只桶，边敲边用耳朵听。他忽然领悟到，伙计们是根据叩击酒桶所发出的声音来判断桶内还有多少酒的，这让他联想到或许人体胸腔脓水的多少也可利用叩击的方法来判断。于是他大胆地做了试验，结果获得了成功。这样，一种新的诊断法——"叩诊法"就诞生了。

4. 资源重组

战国时期，齐王与大将田忌赛马，双方约定，每局比赛双方各出上、中、下三等马各一匹，分三局进行比赛，每局各选一马出赛，胜者得金千两。田忌采纳了著名军事家孙膑的主意：用下等马对齐王的上等马，用上等马对齐王的中等马，用中等马对齐王的下等马，仅仅是转换了赛马出阵次序，就扭转局势，反败为胜。这说明，即便是同样的资源，如果按照合理的顺序重新排列组合也会有不一样的效果。

5. 精简冗余

美国计算机零售商戴尔公司想到，如果减少销售的中间环节，便可节省成本，让利于顾客。于是戴尔采用直销法经营计算机，使计算机库存时间从 10 周缩短至 6 天，大幅缩减了库存成本，这种组织上的扁平化改革也为戴尔公司带来了巨大利润，戴尔本人也因此成为全球最年轻的超级富豪，名列《财富》500 强。

从以上几个例子可以看出，创新并不神秘，创新也有方法可循，只要掌握正确的创新方法，人人皆可创新。但我们具体应该用什么方法进行创新呢？

1.3.2 创新方法分类

人类发展和科学技术演变的历程表明：重大的历史跨越和重要的科技进步都与思维创新、方法创新、工具创新密切相关。有学者指出"谁掌握了创新方法，谁就具备一定的创新能力，谁就能驾驭科技创新的原动力，把握科技发展的优先主导权"。随着现代科技的发展，创新方法作为科技创新"加速器"的作用进一步凸显出来。创新本身就像一个黑匣子，创新的过程对于科研生产有重要借鉴意义，但又很难被人理解。而创新方法是解剖这一黑匣子的有力工具。创新方法的研究，对创新管理是具重要意义。

所谓创新方法，是指在包括科学研究、技术开发、市场开拓、建立新的组织形式等各类创新行为中，为提高创新活动的效率、保证创新效果的实现所采用的思维方式、行为模式、条件工具等，是用于解决创新问题的科学思维、科学方法和科学工具的总称。

人类的创新活动最早可追溯到 4 世纪。创新活动几乎贯穿人类全部历史活动的始终，但系统归纳与总结作为创新方法应用于经济效益提高等目标则始于近现代。对于创新方法的称谓，各国存在差异。创新方法在美国被称为"创造工程"，在日本被称为"创造工法"，在俄罗斯又被称为"发明技法"。目前，各类创新方法已达到 300 多种，学者们也从不同视角对这些创新方法进了行分类归纳。

1. 基于产生时序的分类

根据创新方法产生的时间不同大致可分为三个阶段：远古研究阶段（4-19 世纪）；近代研究阶段（20 世纪初-20 世纪 50 年代）；现代研究阶段（20 世纪 60 年代至今）。主要的创新方法如表 1.1 所示。

表 1.1　基于时序的创新方法分类

阶段	时间	创新方法
第一阶段	远古研究阶段 （4-19 世纪）	启发法，又称探索法，由古希腊数学家帕普斯在 4 世纪首次提出，指人类在基于现有经验的基础上，快速解决目标问题的方法
第二阶段	近代研究阶段 （20 世纪初-20 世纪 50 年代）	头脑风暴（brain storming，BS）法、形态分析（morphological analysis，MA）法、综摄（synectics method）法、5W2H 法、TRIZ 等
第三阶段	现代研究阶段 （20 世纪 60 年代至今）	日本创造学家中山正和（Na kayama Masakazu）教授发明的中山正和法（NM 法）、信息交合法（又称信息反应场法）、六顶思考帽（six thinking hats）法、公理化设计（axiomatic design theory，ADT）法等创新方法

2. 基于国别派系的分类

创新方法研究以欧美、日本、俄罗斯的三大流派为主，各国理论和方法各具千秋，如表 1.2 所示。

表 1.2　基于国别的创新方法分类

派别	主要创新方法	特点
欧美	美国：案例分析法（1970 年，美国学者）、特性列举法（1931 年，美国内布拉斯加大学 R.P. 克劳福德教授）、头脑风暴法（1941 年，创造学的莫基人——美国创新方法和创新过程之父亚历克斯·奥斯本）；欧洲：形态分析法（1941 年，瑞士天文学家）、提喻法（1944 年，W.J. 戈登教授）、思维导图法（1960 年，英国心理学家）、六顶思考帽法（1985 年，英国学者）	以美国为首的欧美派系注重思维的自由活动，视创新为联想、想象、直觉、灵感等的结果，如美国的智力激励法等
日本	卡片整理法（KJ 法，1965 年，日本筑波大学教授）、中山正和法（NM 法，1968 年，中山正和教授）、催眠发想法以及 CBS、NBS、MBS 法等	日本的创新方法倾向于思维的实际操作，即信息的收集与处理，以川喜田教授的 KJ 法和中山正和教授的 NM 法为代表

续表

派别	主 要 创 新 方 法	特 点
苏联	以 TRIZ（发明问题解决理论）为代表。 1946 年，苏联根里奇·阿奇舒勒通过分析 250 万份专利，提出了一套解决发明理论 TRIZ，形成了创新方法体系。后来随着苏联解体，TRIZ 理论传入美国、欧洲、日本、韩国以及中国，在各国企业中广泛应用	苏联的创新方法是建立在客观规律和有组织的思维活动基础上的，不靠偶然所得，按照一定的程序达到必然结果，以 TRIZ 为代表

3. 基于方法特征的分类

基于方法特征的分类如表 1.3 所示。

表 1.3　基于创新方法特征的分类

创新方法的特征	特 点 描 述	主要创新方法
基于思维方式	美国脑科学家大卫·伊格曼在《飞奔的物种》中提出了创造力核心法则的 3B 法则：扭曲（bending）、打破（breaking）、融合（blending）。3B 法则为发挥创造力提供了可依赖和参照的框架，为启发创意提供了有效遵循	创造力 3B 法则
基于智力交流激励	为人们营造一种宽松的氛围，并在此环境下最大限度激发人的创造力，使人们互相启发，提出大量富有建设性的创新设想，从而获得问题的解决方案。智力激励法是全世界范围内应用最广泛、最基本的创新方法，经创新方法学者多年的研究，该方法现已发展成为一个创新方法群	头脑风暴法即是此类方法的典范，还有奥斯本智力激励法、默写式智力激励法（653 法）、卡片式智力激励法
基于组合	从构成系统的各个主要因素出发，将思考范围划分为不同的维度空间，并在各异的组合中寻求创新。该类方法适用于产品的概念设计阶段	形态分析法、信息交合法等
基于解决矛盾	先将实际问题转换为标准问题，然后利用相关理论和工具获得通用解，再根据实际条件的限制，将一般问题的通用解转化为具体问题的解	中山正合法、TRIZ 理论等
基于设问	首先帮助人们找出问题，再针对问题部署具体的实施步骤，同时考虑成本要素	5W2H 法、奥斯本检核表法、属性列举法等
基于变化思维角色	通过变换思维角色，一方面通过限定人们思考的角度，最大限度减少个人因素的影响；另一方面引导人们从多个角度进行分析，使其思考的范围更加全面	六顶思考帽法等

1.3.3 基于创新过程的创新方法应用

1.3.2 节介绍了现阶段已有的创新方法和多种创新工具，这些方法和工具对于从事创新活动的人来说具有一定的指导意义，但对于初学者来说，掌握各种方法的特点、局限性和适应范围并进行应用有一定的难度。为了便于读者有效学习，本书根据创新过程的不同特点和需求，对创新方法进行了分类归纳。

创新过程大体可分为三个阶段：寻找创意种子阶段、孵化创新果实阶段和培育创意种子阶段。各阶段的特点和作用，以及主要推荐使用的创新方法的对应章节如表 1.4 所示。

表 1.4　基于创新过程的创新方法分类

创新过程	特点和作用	推荐创新方法	对应章节
寻找创意种子	寻找生活、产品或服务中的用户痛点，或需要解决的应用问题，并分析所提出问题的特点与条件	（1）用缺点枚举法、理想点枚举法、颠覆性假设法等方法发现痛点和问题，形成最初创意；（2）用头脑风暴法发散思维，优化创意	第 2 章 创新的门径第 3 章 创意优化方法（头脑风暴）
孵化创新果实	分析前一阶段的关键技术问题，利用创新方法形成解决方案，为最终形成有实用价值的产品或服务打下基础	用 TRIZ 的技术矛盾、物理矛盾、资源分析等方法为解决关键技术问题寻找有效的创新方	第 4 章 发明问题解决方法（TRIZ）
培育创意种子	在寻找创意种子阶段确定创意之后，进一步分析该创意存在的关键技术问题	利用 TRIZ 的功能分析、因果链分析等方法分析和确定关键技术问题	第 4 章 发明问题解决方法（TRIZ）

注 1：发明问题解决方法（TRIZ）是一套完整的创新体系，由于侧重点及篇幅原因，本书仅对该方法进行概要介绍，如有进一步的学习需求，请参考其他专业书籍。

1.3.4 一些典型的创新方法简介

（1）头脑风暴法。又称智力激励法，1938 年由美国 BBDO 广告公司创始人亚历克斯·奥斯本（Alex Osbom）首次提出的一种方法，由于激发创造性思维。头脑风暴法通常采用小组会议的形式进行，与会者自由思考、畅所欲言、互相启发，从而引起思想共振，产生组合效应，激发更多的创造性思维，获得创新设想。

（2）形态分析法。1942 年由瑞士天文学家弗里茨·兹维（Fritz Zwicky）提出的一种系统化构思和程式化解题的方法，主要通过将对象各要素所对应的技术形态进行组合，从中寻求创新性设想。这种方法的优点在于可以简单、规则地考虑问题。如何准确界定构成系统的要素、各要素的技术形态进行全面分析是运用形态分析 法的关键。

（3）综摄法（synectics method）。1944 年由威廉·戈登（William Gordon）提出。其中 Synectics 一词来自古希腊语 synectikos ，意思是将表面上互不相关的各种元素连接在一起。戈登认为，创新不是阐明事物间已知的联系，而是探明事物间未知的联系，采用非逻辑推理等方法将看似无关的东西联系起来即为综摄。综摄法是一种运用类比进行创新的方法，也称类比思考法、类比创新法，其主要思想是"变陌生为熟悉，变熟悉为陌生"，一般采用会议的方式进行。

（4）5W2H 法。在第二次世界大战中由美国陆军兵器修理部首创。5W2H 的含义是：Why、What、Where、When、Who、How、How much。人们利用这 7 个问题进行设问，探寻创新思路，从而实现新的发明创造。在创新活动中使用 5W2H 法，将问题的主要方面都列举出来，这样既能减少思考上的遗漏，又十分简单、方便、易于理解和使用，富有启发意义。

（5）中山正和法。1968 年由日本创造学家中山正和（Nakayama Masakazu）教授提出，简称为 NM 法。该方法根据人的高级神经活动理论，把人的记忆分成"点的记忆"和"线的记忆"，通过联想、逆向思维、类比等方法，来搜索平时积累起来的"点的记忆"，再经过重新组合，连成"线的记忆"，这样就会涌现大量的创造性设想，从而获得新的发明创造。该方法解决问题的模式是首先分析问题，然后提炼出矛盾，最后解决矛盾。

（6）信息交合法。又名信息反应场法，该方法认为，如果主体对大脑中存储的信息和新接收的信息进行巧妙的系统综合，则必然会产生新信息。信息交合法实质上就是利用物体的信息来构造其信息场，再通过信息场寻求创新性设想。在构造信息场时，将该物体所能实现的功能、物体的属性信息进行分解，并分别投射到两个垂直相交的坐标轴上，再将轴内各个坐标点进行相互 组合，寻求创新方案。

（7）六顶思考帽法。该方法是英国学者爱德华·德·博诺（Edward de Bono）开发的一种思维训练模式，主要利用白、黄、黑、红、蓝、绿六种颜色代表不同的思维角色，帮助人们在分析问题的过程中通过变换思维角色进行创新。此方法可帮助人们在思考过程中有效地区分感性认识与理性认识，厘清思维，并针对目标问题进行全方位剖析。

（8）公理化设计理论（axiomatic design theory，ADT）。由美国 MIT 机械工程

系 Nam P. Suh 提出。其思想核心为多域映射，即把设计活动分为用户域、功能域、物理域和流程域。设计时，以用户需求为出发点，按照用户域—功能域—物理域—流程域的顺序进行曲折映射，最终得到 4 个域各自的层次结构树。

（9）TRIZ 理论。由苏联专家阿奇舒勒（Genrich Altshuller）和他的同事共同构建的创新式问题解决理论。该理论中的冲突矩阵、物场分析模型等多种分析方法为 TRIZ 的应用提供了良好的基础和条件，是认识和推动人类创新活动的一个突破性成果。

1.4 如何成为"创新者"

1.4.1 如何培养"创新者"

研究创造力的心理学家罗伯特·斯登伯格（Robert Sernberg）博士指出"创造力是一种习惯。但是，我们有时也把它当作一个坏习惯。和任何习惯一样，创新既可以被鼓励也可以被抑制"。本书主要面向 90 后、00 后的年轻群体，这两代人出生于信息技术高速发展的年代，因此他们能够通过互联网学习到很多关于创新、创造的知识，并利用互联网上传视频、照片、交流思想等。在新型数字媒体平台的作用下，他们比以往任何一代人都能够更快速地接纳新技术、了解世界。在此基础上，如果能够进一步培养他们的积极性、创造力、协作沟通能力，同时培养同理心、毅力以及公德心等重要的性格品质，那么毫无疑问，这一代年轻人将会成为最具创新性的一代人，成为改变世界、推动社会前进的主力军。

那么，成为"创新者"都需要什么技能呢？ 我们认为，"创新者"应该具备的创新能力主要包括以下几个方面。

（1）专业知识：包括理论性知识、技术性知识、实践性知识、系统性知识等。巧妇难为无米之炊，创新活动的基本前提就是必须拥有相应的专业知识，否则创新将成为无本之木。只有拥有扎实系统的专业知识以及丰厚的知识储备才能充分激发创新潜力。

（2）创新性思维：是否拥有创新性思维决定我们在解决问题时能够有多大的想象力和灵活性，决定我们的解决方法是否具有独特性，是否能够突破现状。形成创新性思维的关键是掌握正确的创新方法，也就是在 1.3 节提及的各种创新方法，这些方法是帮助我们打破思维定势、拓展创新思维的良好工具。

（3）创新人格：心理学研究表明，在智力因素相近的情况下，人格因素会成为创新力的关键因素。创新人格反映的是创新主体良好的思想面貌和精神状态，是创造性活动成功的关键。创新人格的组成要素包括创新动机、创新兴趣、创新热情及创新意志。美国心理学家吉尔福特更加具体地描述了创新人格的特征：有旺盛的求知欲；有强烈的好奇心，对事物的运动机理有深究的动机；有丰富的想象力、敏锐的直觉，喜欢抽象思维，对智力活动与游戏有广泛的兴趣；有高度的自觉性和独立性，拒绝雷同；意志品质出众，能排除外界干扰，长时间地专注于某个感兴趣的问题；知识面广，善于观察；工作中讲求理性、准确性和严格性；富有幽默感，具备卓越的文艺天赋。

（4）创新素养：包括获取信息的能力，团结协作的能力，沟通交流的能力以及行动和实践的执行力。

创新能力是发现和解决新问题、提出新设想、创造新事物的能力。创新能力是在智力发展的基础上形成的一种综合能力，它是人能力的重要组成部分。随着社会的发展，创新能力已经越来越成为 21 世纪人才必备的素质之一。

华为创始人任正非讲道："从科技的角度来看，在未来的二三十年，人类社会将演变成一个智能社会，其深度和广度我们还想象不到。越是前途不确定，越需要创造，这也给千百万家企业公司提供了千载难逢的机会。我们公司如何去努力前进，面对困难重重，机会危险也重重，不进则退。如果不能扛起重大的社会责任，不能坚持创新，迟早会被颠覆。"无论是华为公司的 5G 技术，还是大疆公司的无人机技术，都体现了中国企业的技术创新能力。如果一个公司的技术创新能力强，就能在残酷的市场竞争中百战百胜；如果一个国家的技术创新能力强，就能在壮阔的国力较量中笑傲群雄；如果一个民族的技术创新能力强，就能在激烈的潜力比拼中立于不败之地。可以说创新能力是经济竞争的核心、民族进步的灵魂。

1.4.2 动机：兴趣—激情—梦想

耶鲁大学著名心理学教授斯坦伯格发现，个性中的动机是创新活动的内在驱动力。强烈的动机可以驱使个体将注意力集中在所从事的创造性劳动中。我国中科院心理所的施建农和徐帆提出了"创造性活动中智力导入量"的概念，指出个体在从事创造性活动时的态度对创造性活动的完成情况能够起到关键作用。同时，还提出了控制智力导入量的开关机制的假设。具体来说，个体动机等因素是通过影响做事态度而最终影响创造性活动中的智力导入量，即动机可以直接控制智力的导入量。简单来说，一个人如果从事一项非常感兴趣的活动，那么他就具有了完成该活动的强烈内在动机，更有可能在这方面取得好的创造性成果。

通常情况下，动机来源于兴趣和激情，但我们认为仅有这两个要素还不够，动机应该有三个基本要素："兴趣""激情""梦想"。三个要素之间相互作用，从唤起"兴趣"，到迸发"激情"，再到产生"梦想"，可形成连贯一致的动机发展路线。

1. 兴趣

我国古代著名的教育学家、思想家孔子曾说过："知之者不如好之者，好之者不如乐之者。"只有"好之""乐之"才能有高涨的热情和强烈的求知欲望。心理学者认为，兴趣是指一个人积极探究某种事物或爱好某种活动的心理倾向，这种倾向反映了人对客观事物的选择性态度，可以使人们积极地观察和认识事物。

兴趣是需求的一种表现方式，人们的兴趣往往与他们的直接或间接需求有关。一个人对某种事物感兴趣，就会产生接近这种事物的倾向，并积极参与相关活动，表现出乐此不疲的极大热情。如有的学生喜欢航模，课余和空闲时间就会摆弄和研究航模，并从中获得乐趣。

兴趣源于如下两个层面的驱动要素。

· 对事物的好奇心与求知欲，即一个人想要做某件事的内在愿望。

· 提高和改进、完善事物的愿望，即一个人想要使某件事情变得更好的愿望。

比如："我想知道"，"我想研究"，"我想弄清楚到底行不行"，"能不能变得更方便……"，"如何做得更简单……"。

传说中的中国木匠鼻祖鲁班有一次在无意中手被一种野草划破。鲁班很奇怪："一根小草为什么这样锋利？"于是他细心观察，发现叶子两边长着许多尖锐的小细齿。后来，鲁班又看到一条大蝗虫在一株草上啃吃叶子，很快就吃下一大片。这同样引起了鲁班的好奇心，他仔细观察蝗虫牙齿的结构，发现蝗虫的两颗大板牙上同样排列着许多小细齿，蝗虫正是靠这些小细齿来咬断草叶的。这两件事给了鲁班很大启发，他经过多次试验，终于发明了锋利的锯子，用来锯断树木，大大提高了工效。

当人们不是由外部压力所驱动，而是被兴趣、满足感和工作本身的挑战所激发时，人们将变得更具创造力。

兴趣的培养：首先要学会提出问题、发现问题，要有合理的质疑精神和批判性思维。

除此之外，还需要增加人文哲学等多学科领域知识、提高自身的审美能力和幽默感，以此来提升观察问题的敏感度及想象力。

2. 激情

兴趣可以点燃激情。

心理学上将激情定义为一种强烈的情感表现形式，具有迅猛、强烈、难抑制等特点。我们所讲的激情包括探索新事物和学习新知识的激情、渴望深入理解事物的激情，以及决心掌握高科技或高难度技能的激情。阿里巴巴的创始人马云是个富有激情的人，这种激情让他离开了六年的教学生涯转而投身商海。从高考失利到创建阿里巴巴，马云经历了 9 次失败，但是马云没有放弃，第 10 次创业终于成功。在阿里巴巴刚刚成立时，马云对他的创业同盟者发誓说："我们要建成世界上最大的电子商务公司，进入全球网站前十名！"马云的激情引领阿里巴巴、淘宝、天猫成为全球电子商务第一品牌，促进了中国电子商务的发展；随后开发的支付宝又促进了无纸币经济；双十一更是成为了全球盛会，大大促进中国与其他国家的贸易往来。

成功创业者与失败创业者的区别主要在于是否有毅力，而唯有怀有真正的激情，才能有毅力坚持下去。

如何充满激情：激情也分两种类型，一种是强迫性的激情，它削弱人的活力，让人难以控制冲动，而沉湎于某一件事无法自拔，比如沉迷游戏而荒废学业等；另一种是和谐性的激情，这种热情能以积极的方式让人充满梦想和希望。培养激情可以尝试先从某一项兴趣入手，每天进步一点点，逐渐深入发展，并坚持几个月不放弃。我们必须经历早期的探索阶段，发现某件事情是否真的让我们备受鼓舞，并且愿意负起责任完成，这样才会培养出真正的热情。

3. 梦想

《驱动力》一书的作者丹尼尔·平克（Daniel Pink）在书中提到，仅依靠纯粹的激情，不足以作为动力使人在面对困难或挫折时选择坚持下去。从心理学定义的角度来看，激情在情绪驱动下稍纵即逝，很容易让人三天打鱼两天晒网。因此，短暂的激情需要通过学习、探索和思考逐渐演变成更深层、更持久、更牢靠的境界——梦想。

以"两弹元勋"邓稼先先生为代表的爱国科学家在中国成立之初，放弃了国外优越的工作条件和生活环境，冒着风险冲破层层阻挠回到祖国，义无反顾地投身到祖国最需要的神秘"应用性研究"，只为了"不要让人家把我们落得太远……"。他们放弃了已经取得的学术成果和学术地位，隐姓埋名数十年，终于研制出中国独立自主的尖端技术，打破了外国的核垄断地位，推动我国走上了航天强国之路。由此可见，一个远大的梦想是足以让一个人、一群人奋不顾身地去努力的。

俗话说"激情成就梦想"，梦想的实现是需要投入激情的。换一个角度来说，梦想是诱发激情的一个重要因素。一个人如果有了远大目标、梦想或抱负，就会拥有不断进取的动力，能够让本不可能发生的事变成可能。不满足于现状就是对美好未来的期望，它会不断地激励你完成心中树立的目标。

如何设定目标：内驱力是完成设定目标的重要动力，即发自内心想要做某件事，而不是受他人、奖励等外在因素影响。只有基于内驱力设定的目标，才能给我们带来行动的激情，让我们做到坚持不懈。那么，具体要如何管理并实现已经设定的目标呢？请参考第6章中目标管理方法的相关内容。

1.4.3 实践：行动与思考

动机是创新活动的起因，实践是创新活动开始和持续发展的动力源泉。

1. 行动

"千里之行，始于足下"。创新者应在实践过程中，不断质疑、观察、实践和交流，并通过探索、尝试和试错发现新东西，总结新方式。在实践过程中，应注意与来自不同学科和文化背景的人沟通，从而收获不同观点，并学会用完全不同的视角看问题。创新者在实践过程要面对失败出错的风险，同时不断地对错误进行更正修改。在反复试错改正的过程中，创新者可以获得并加强单个或多个不同领域的专业知识。

2. 思考

创新行动能够帮助创新者关联产生新的思想。脱离行动的思考可以说是纸上谈兵，常常会使创意陷于不切实际的困局。在创新活动中，我们应该用行动去刺激思考，再用思考产生的新想法、新灵感去改良和完善行动，最终形成一个良性的实践闭环。在行动中思考，在思考中行动，有助于认知的升级迭代，帮助创新者产生有价值的认知升级，从而提高创新活动的成功概率。

如何行动和思考：

（1）开始创新活动时，要明确用户需求，可使用"基于同理心的用户旅程地图"等方法。

（2）定义和分析问题，可使用缺点列举、功能分析、因果链分析等方法。

（3）确定有效的解决方案，可使用头脑风暴、TRIZ 等创新方法。

（4）原形设计，充分运用各种需要的专业知识。

（5）实验验证，采用各种需要的实验方法。

（6）如有错误，返回步骤（1）重新开始创新步骤；如无错误，走向步骤（7）结束创新活动。

（7）最终的创新产品或服务。

1.4.4　信念：坚毅与执着

信念是认知、情感和意志的有机统一体，是人们在一定认识的基础上确立的对某种思想或事物坚信不疑并身体力行的心理态度和精神状态。信念是创新人格的要素之一，也是决定创新是否成功的关键心智要素。

有信念的人是坚毅执着的。如果一个人能够长期不间断地做同一件事，始终保持激情和耐力，不管遇到什么困难和挫折都能够不忘初衷、专注投入，那么这个人就是一个有信念的人。

任正非和华为公司堪称当代商业史上的传奇。20 世纪 80 年代末，任正非和同伴利用两台万用表和一台示波器，在深圳一处破烂的工厂车间起家。28 年后，华为公司由默默无闻的小作坊成长为通信领域的全球领导者。华为创业成功的秘诀就是"28 年只做一件事情"。华为对准通信领域这个"城墙口"集中火力冲锋长达 28 年，在只有几十人的时候就对着这个"城墙口"进攻，发展到几百人、几万人的时候还是对着这个"城墙口"进攻。现在华为公司的规模已经达到十几万人，但华为人还是万众一心地对着这个"城墙口"冲锋，每年花费总计 1100 多亿元，研发经费就占近 600 亿元，市场服务占 500 亿～ 600 亿元，最后终于在大数据传送上实现了世界领先的水平。

"执着，对青蒿素特别执着。她这辈子就做青蒿素，一说青蒿素眼睛就发光。"只对青蒿素执着的屠呦呦从葛洪的《肘后备急方》"青蒿一握，以水二升渍，绞取汁，尽服之。"中受到启发，经过 190 次实验失败，终于在第 191 次实验中发现了青蒿里的有效成分，让我国能够自主生产青蒿素类抗疟药，屠呦呦也因此获得诺贝尔生理学或医学奖，成为中国本土第一位获此殊荣的研究者。

近几年来，一种全新的教育理念席卷了整个美国教育学界，这一教育理念就是 Grit

（坚毅）教育。Grit 一词在古英语中的原意是"沙砾"，即沙堆中坚硬耐磨的颗粒。虽然我们常说"失败乃成功之母"，但今天的美国教育家在这一理论的基础上"老调新弹"，实现了推陈出新。宾夕法尼亚大学心理学副教授安杰拉·达克沃思（Angela Duckworth）在其著作《坚毅》中介绍了培养坚毅品质和能力的方法。

（1）学会面对挑战。真正的成功往往发生在突破极限的时候。体验极限和障碍是非常重要的学习途径。可以制订计划让自己去做一件很难的事情，这件事情要需要"跳一跳"才能做成，需要长期练习并有一套严格的规律和规则，如钢琴、芭蕾。另外，不要过度关注结果，要把重点放在如何努力的过程上。在这个过程中，也许你会很焦虑，但是当你克服困难时，你就会慢慢爱上这件事，并且找到发自内心坚持下去的动力和自信。

（2）不在感觉糟糕的时候结束。不要过度相信天才论，这一理论可能会导致我们养成轻易放弃的坏习惯。实际上，即便是天才也需要通过不懈的努力来磨炼自己的天赋。爱迪生做了 6000 次实验才发明电灯泡，所以被誉为天才发明家的他也告诉我们：天才是 1% 的天分加上 99% 的努力才能成功。

（3）适时的督促。适时的监督和督促有助于目标达成。当我们要开始做一件事的时候，应该首先制订时间表，按照进度坚持反复练习。在这一过程中，可以请父母帮忙进行监督，也可以和同学相互督促。这样在循序渐进中，学习或做事的乐趣将会与日俱增。

（4）拥抱无聊和沮丧。创新活动很少第一次尝试就成功，应该意识到创新活动是一段相当漫长的旅程，并且布满艰难险阻，困惑、沮丧、感到无聊等负面情绪都是旅程的一部分。当你遇到困难时，可以尝试将大问题分解为小问题，然后尝试将小问题逐一解决，并在对小问题各个击破的过程中逐步建立自信心。

创新过程不会像中彩票一般幸运。创新伴随着失败、痛苦和挫折，需要创新者在此过程中不断尝试、不断纠错，并时刻自我激励、自我约束和自我调整，只有这样才能最终走向成功。

1.5 "新工科"背景下的创新教育

教育部"新工科"研究与实践项目的开展，旨在应对新一轮科技革命和产业变革的挑战，加快工程教育改革创新，培养造就一大批多样化、创新型卓越工程科技人才，支撑产业转型升级。哈佛大学第 25 届校长博克（Derek Bok）给出的通识教育定义是"大学生在知识学习上，应该兼修深度及广度。一方面应该通过专业课程，对某一知识体系做深入的研究；另一方面应该对其他领域做广泛的涉猎"。博克校长定义的通识教育，是指"专业"或"职业"知识之外的教育。目前工科院校的通识教育课程主要通过提高人文社会科学课程的比重，增加跨学科的讲座来实现"厚基础、宽口径"的目标，但跨学科、跨专业交叉的通识教育课程数量严重不足，导致学生对专业性强的实践类课程产生畏惧心理，最终导致创新实践能力偏弱。

在这种情况下，挖掘"通识教育课程"的潜力显得至关重要。要真正通过通识教育课程充分发挥其在学生从"公共基础课"过渡到"专业课"的学习过程中发挥桥梁作用，引导学生增强创新意识，提升创新能力，充分挖掘创新潜能，加速提升实践能力。

2018 年 9 月 17 日，教育部、工信部以及中国工程院联合发布了《关于加快建设发展新工科实施卓越工程师教育培养计划 2.0 的意见》，对新工科背景下卓越工程师人才培养提出了新的要求。

对比新要求，我们能够发现以下几方面的问题和不足。

1）学生层面

"卓越计划" 1.0 的培养目标主要面向产业培养工程实践能力较强的工程师，目前的培养模式已经无法满足国家对于培养大批具有创新思维的"变革"型人才的战略需要。学生们习惯于解决有标准答案或已被前人解决可以参照的问题，而对于需要独立思考、灵活运用知识，甚至融合多学科知识才能找到解决方案的问题，往往不知所措。

2）教学层面

传统的课堂教学活动以教师为中心，以知识传授为主体、实践活动为辅助，教师单向灌输、学生被动接受。这种教学模式的缺陷是知识陈旧、方法缺失、实践不足，容易压抑学生的主动性。因此，必须以学生为中心，引入多样化的教学理念，与时俱进地融合多学科知识体系，采用更加灵活的教学方法，激发学生的创新热情，启发创新思维，培养学生勇于创新、勇于实践的精神。

3）师资层面

很多具有企业或行业背景的教师缺乏对创新体系的系统学习，也缺乏构建及运用创新平台的经验，间接导致学生的创新实践能力培养无法顺利展开。

针对以上问题，我们结合地方工科院校学生的特点，以培养和提升学生的创新意识、创新精神、创新能力为目标，在课程内容体系设计、教学模式改革、教学团队构成及课程思政方面进行了一些有益的探索与实践。

1.5.1 全链条模块化的课程内容体系

针对创新课程教学，我们提出了基于种子（seeds）指向的全链条模块化课程内容体系。种子指向是指从具体想法、创意出发，快速实现并进行推广。不同于企业常采用的需求指向性项目演进方式，种子指向不需要进行大量的前期市场需求调查来确定项目方向，因此更适合应用于高校创新教育和创新实践。

本书基于种子指向理论，将教学内容构造成四大模块，即创意思维拓展模块、创新实践能力培养模块、创新认识能力培养模块，以及创业能力启蒙模块，它们分别对应基于种子指向的项目开发过程中的四个部分，即寻找创意种子、培育创新种子、孵化创新种子和推广创新果实，最终形成全链条式模块化课程结构（见图1.5）。四个模块对应不同的授课内容和授课重点，针对不同能力进行培养和训练。

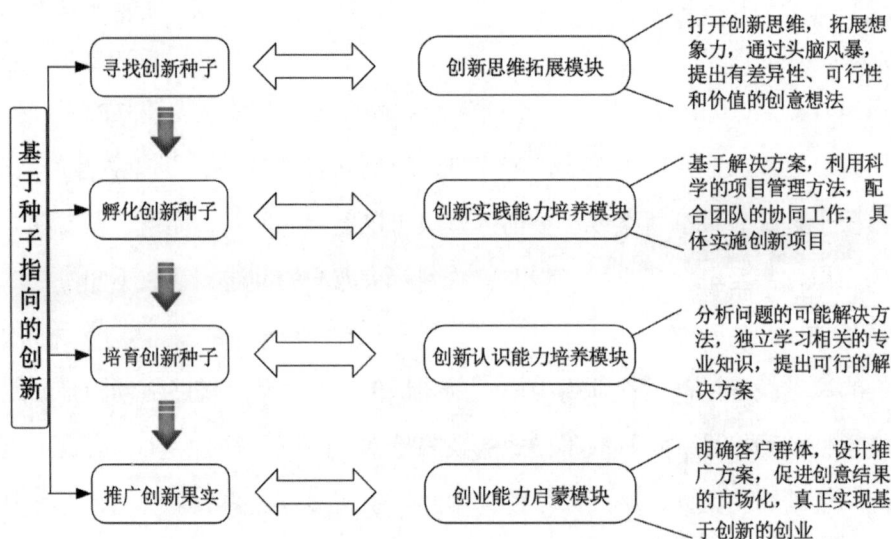

图 1.5　基于种子指向的全链条课程模块结构示意图

（1）创意思维拓展模块的目的是鼓励并培养学生/读者拓展创新思维，构思创意种子。该模块设置有"创新的门径""创新优化方法"等环节。在"创新的门径"环节，教师通过讲授缺点枚举法、理想点列举法、颠覆性假设法等，帮助学生/读者发现身边有价值的问题信息，形成最初的创意种子。比如，针对改善目前食堂排队拥挤的App、基于无线通信的出门备忘贴纸等创意想法。在"创意优化方法"环节，教师则可通过讲授"头脑风暴"的具体操作方法，围绕学生/读者各自产生的创意种子鼓励其发散思维，丰富和完善创意种子，并同时比较创意的差异性、价值性及可行性，确定实践训练项目。

（2）创新实践能力培养模块是为了孵化创意种子，进行具体的项目实践训练，以培养学生/读者实施项目的能力。该模块设置有"需求分析""项目管理"等环节，讲授如何明确项目目标、服务对象及功能设计，如何以项目驱动方式推进与管理创新项目的进程。

（3）创新认识能力培养模块是为了培育创意种子，讲解传授基本的专业知识和新兴技术。该模块设置有"电子创新设计基础""人工智能创新基础""产品原型设计基础"等环节，可让学生读者了解将创意思想转换为设计的思路。在该模块学习中，学生/读者需要掌握相关的知识内容及开发工具，并最终付诸实施，使创意种子成为有可行解决方案的创新项目。

（4）创业能力启蒙模块是推进项目市场化的过程，培养学生/读者如何瞄准特定群体，将创新项目推向市场。该培养目标具体包括如何制作知识产权策略、项目展示技巧等，为学生/读者未来推出自己的产品雏形，甚至进行创新创业提供指导。

由此可见，不同模块之间既相互关联又相互独立，相互关联是因为不同模块之间存在先后继承关系，环环相扣；相互独立则是因为不同模块之间的内容可进行分割，分别由不同的理论和方法进行支撑。每个模块可完成一个特定的子功能，并有机结合起来成为一个完整的授课体系。随着科学技术、时代条件的变化，以及新工科背景下不同学科、不同技术的融合，模块化教学可针对每个模块的培养目标，改变具体授课内容和方法，并通过模块课程间灵活合理的搭配，推动创新类通识教育课程的建设与时俱进、日益完善。

1.5.2 强化以学生为中心的教学模式

1. PBL 项目驱动模式

创新课程的教学思路遵循"学生中心、产出导向、持续改进"的工程教育新理念，通过导入 PBL（project-based learning）——以项目为驱动的学习训练模式和方法推进课程全过程。如图 1.6 所示，课程以 PBL 四段式为框架，将学生/读者的创意种子、头脑风暴和确立的题目作为"启动"环节来推进；将明确的课题目标、人员分工和进度安排纳入"计划"环节推进；将方案设计和功能实现纳入"执行控制"环节管理；最后将成果展示和结题答辩纳入"收尾"环节推进。教师在这四段式中需要通过组织、参与、建议、指导和评价扮演重要的配角，最终实现以"学生为中心"的教学模式创新。

图 1.6 中的四段式教学内容分别对应图 1.6 中的全链条课程内容模块的人才培养阶段，以各组创新研讨项目为基本探究内容，学生/读者参与个人、小组等多种解难释疑的尝试活动，教师则在教学活动的四段式中，分别充当组织、启发、建议、指导与评价的作用。教师要始终以学生为中心，围绕学生/读者在创新项目推进过程中遇到的问题与难点，不断变换角色。

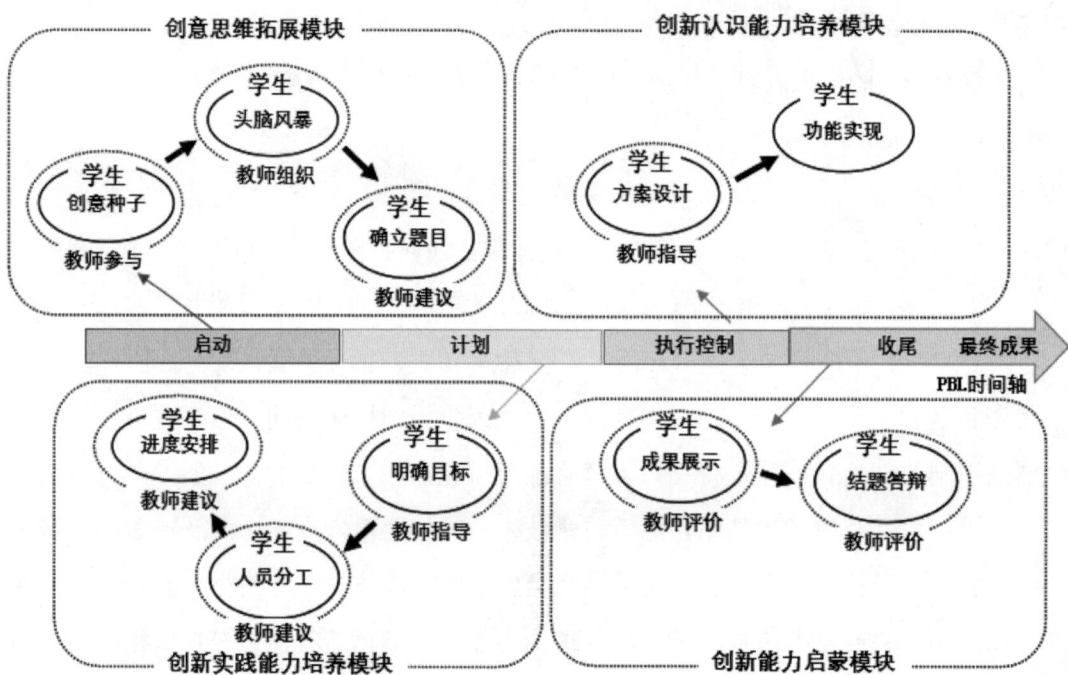

图 1.6 以学生为中心的 PBL 课程驱动模式

PBL 模式让学生/读者更加容易理解和实施创新课题的推进，进而体验和掌握项目管理方法，自主建立项目管理的思维模式。

2. 1+N+X 授课团队模式

创新课程中的内容体系涉及多方面专业知识，且课程进展是以学生的不同创意项目为单位分组实施的，每组的创意又涉及不同领域，在此情况下，教师需要对每组进行一对一的个性辅导。单一专业教师的传统指导模式容易导致教师对各组学生精力投入不足，学生缺乏有效的引导和启发，直接影响项目实施的质量。

为解决这一问题，课程的授课团队模式可采取 1+N+X 模式，即 1 名课程负责人，N 名不同专业的辅助教师，并聘请 X 名校外专家联合辅导。N 和 X 可根据课程内容的不同进行动态调整，其中课程负责人主要负责课程策划与安排，N 名辅助教师分别担任课程内容体系中的相关专业内容教学；X 名外聘的校外专家由企业导师或者各专业的名师组成，每学期根据不同需求，为学生们讲授当前最前沿的技术和行业知识。

1.5.3 构建交叉融合的教与学团队

1. 建设学科交叉与工程背景兼备的教学团队

创新课程中提出的全链条模块化课程内容体系涵盖了文理多种学科知识，其课程教学团队也是来自理工、经法、艺术、体育等多个学科大类。教师的专业分布有机地面向创新项目实施过程中的每个重要环节。在项目启动与计划阶段，经法和理工科的教师主要帮助学生考量项目实施的可行性；在项目执行控制阶段，理工科的教师指引学生发现技术解决方案，并完成项目实践；在项目收尾阶段，工业设计专业的教师传授产品原型设计的知识，体育部形体专业的教师传授演讲与形体表达方面的技巧，强化和提升学生多维度的展示能力。

另外，创新课程以项目驱动的演进过程为内涵主线，教学团队成员要有真实的工程项目开发或推广经验，熟悉工程项目的全过程，只有这样才能对项目每个阶段出现的问题进行及时、细致地指导，为项目的顺利推进提供有效支撑。

2. 搭建文理交叉与多文化融合的学生项目团队

传统的通识教育选修课一般按照学生的自主意愿组合项目团队，而学生也多按照朋友亲疏、专业相近组队，易造成团队的知识结构单一，队员的思维方式接近，思维格局会因"专业"相同而不便于"发散"，不利于创新火花的迸发。

为降低同质组队的倾向，避免团队成员背景雷同化的问题，本书提倡从创意种子建立之初，就规定项目团队成员必须由不同学科、不同专业、不同学院的学生构成。跨专业的组队，能使学生／读者的创意种子不仅局限于解决工程科技类问题，还能涌现出很多人文艺术类、生活居家类等更广泛的创新课题。

1.6 创新的案例

1.6.1 实时变焦智能眼镜

1. 项目简介

本项目的核心产品是一种防控近视、恢复视力的实时变焦智能眼镜,几乎面向所有人群,并可根据用户需求实时对镜片变焦度数进行调整,使用户的眼睛在任何视物状态下均能处于远距离视物的放松状态,进而达到防控近视和恢复视力的效果。

本产品的服务功能和效果主要包括以下两方面。

(1)预防近视发生。针对视力正常的用户群体,本产品通过获取眼部状态并控制镜片变焦,可以在任何情况下保证眼睛的睫状肌对晶状体的调节状态始终与远距离视物时的状态保持一致,进而保证眼睛在近距离看计算机、看书等情况下始终处于远距离视物的放松状态,达到缓解眼睛疲劳、预防近视发生的效果。

(2)控制近视度数发展并恢复视力。针对已经近视的用户,本产品通过调整初始控制参数可以保证用户在任何视物状态下,眼睛的睫状肌对晶状体的调节状态始终处于微量的欠矫正状态,即眼镜的度数始终略低于人眼能看清所需的最低度数,进而控制近视度数不再发展。针对眼睛尚处于发育状态的青少年群体,本产品甚至可以逐步矫正、恢复视力。

2. 问题描述

随着手机、计算机、iPad 等电子产品的发展以及学习和工作压力的不断增加,全球近视人数日益增多,而目前针对近视却没有有效的防控方法,普通的近视眼镜仅能进行视力矫正,并不能对近视进行防控和治疗,用户佩戴传统近视眼镜后近视程度仍旧不断加深。

目前人们只能通过激光手术的方式进行近视治疗,但是这种治疗方式存在以下弊端。

(1)并不是所有人都适合激光手术。激光手术切削角膜有安全值要求,角膜薄的患者强行手术很可能会引发圆锥形角膜,严重者甚至会造成丧失视力的后果。

(2)激光手术是一种新技术,其是否具有后遗症尚需时间的验证。

(3)即便接受激光手术的治疗,近视者仍有可能因为不良的用眼习惯再次发生近视。

针对上述问题,从人眼成像和近视成因的基本原理出发,设计了一种可以防控近视、恢复视力的实时变焦智能眼镜。

3. 现状技术分析

目前市场上的变焦眼镜有双光镜、多焦点镜和渐进多焦点镜等，这些传统变焦眼镜的共同特点是均具有若干个固定焦点，用户在使用过程中只能在某几个固定焦点之间被动切换，并不能根据用眼需求进行实时变焦，"欠矫"和"过矫"情况难以得到改善。

美国 Empower 变焦眼镜和日本 Touch focus 变焦眼镜的镜片同样是电控变焦镜片，但这两款眼镜并不能实现实时变焦，只能通过外部控制手段在若干个固定焦点间进行切换，同样会产生"欠矫"和"过矫"问题，无法对近视进行防控和恢复。

本实时变焦智能眼镜通过试点定位技术和液晶变焦技术可以根据用户状态进行实时变焦，进而实现防控近视和恢复视力的目的。目前眼镜市场中还没有能够实现实时变焦的类似产品。

4. 技术原理

本实时变焦智能眼镜采用视点定位技术和液晶变焦技术实现实时变焦，其主要包含一个定焦镜头模组、一个变焦镜头模组、嵌入式图像处理系统和电控液晶变焦镜片，如图 1.7 所示。

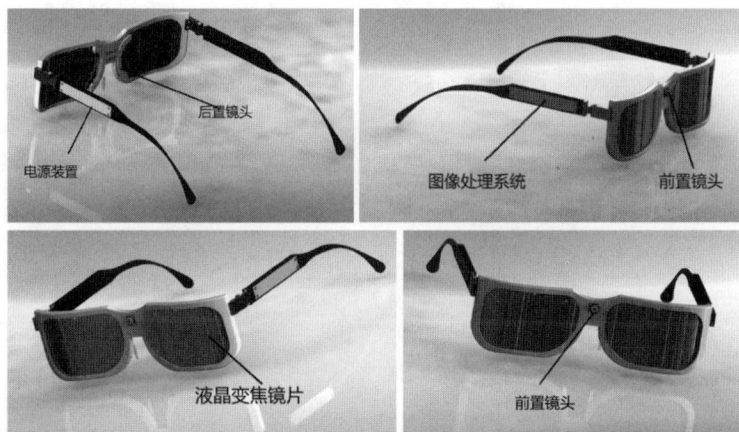

图 1.7　实时变焦智能眼镜实例图

本实时变焦智能眼镜的具体工作过程如下。

（1）用户视物距离发生变化，后置镜头采集人眼图像 image1 传递给图像处理系统，图像处理系统对 image1 进行视点定位，计算此时瞳孔的中心坐标。

（2）前置镜头同时采集视野内的图像 image2 并传输给图像处理系统，图像处理系统将视点做掉和 image2 进行坐标映射，确定接下来的聚焦区域（即人眼注视位置）。

（3）图像处理系统对调用对焦算法对聚焦区域进行计算，同步控制前置镜头和电控液晶变焦镜片完成变焦。

5. 创新点

本产品创新性体现在产品创新、设计创新、应用创新、集成创新和技术创新等方面。

1）产品创新

本产品首次提出了实时变焦原理，将传统的眼镜产品和智能电子器件相结合，集成多学科知识设计了一款防控近视的智能眼镜，填补了市场空白。

2）设计创新

（1）本产品摒弃了测距或其他针对眼球的入侵式技术，仅通过图像处理系统控制前置变焦镜头和液晶变焦镜片同步变焦即可完成实时变焦，大大降低了产品体积。

（2）本产品考虑到眼球转动对变焦精度产生的影响，通过检测瞳孔坐标变换实现了视点定位，大大提高了在不同场合下眼镜的变焦精度。

（3）本产品开发了基于数字信号处理芯片的微图像处理系统，并保证系统在具有足够算力前提下的续航能力。

3）集成创新

本产品涉及光学、电学、信息通信技术、软件开发等多种学科知识，同时集成了相关硬件电路设计和软件开发。

4）技术创新

本产品包含视点定位技术和液晶变焦技术，其中视点定位技术中采用 OpenCV 开源计算机机器视觉库，通过一系列的图像处理操作获取人眼瞳孔的中心坐标变化，摒弃了其他针对人眼的入侵让式技术，可以快速准确地识别视点定位并进行坐标映射。液晶变焦技术则可通过对镜片施加电信号，液晶分子的排列发生变化，从而在整体上改变镜片的折射率，实现变焦。

6. 团队构成

目前团队成员包括负责人在内共 7 人，包括 5 名研究生和 2 名本科生。团队各成员来自不同学院的不同专业，包括电子信息工程、物联网、信息科学与技术等多个专业学科。成员之间协同合作，充分发挥跨学科优势，为产品研发提供了坚实基础。其中，物联网专业同学主要负责编程工作；信息科学与技术专业同学负责算法部分；电子信息工程专业同学负责硬件电路的设计部分。

7. 获奖情况

（1）2020 年度·第六届中国国际"互联网＋"大学生创新创业大赛：北京赛区三等奖。

（2）2020 年度·第八届全国大学生光电设计竞赛：华北赛区二等奖。

（3）2020 年度·第十四届 iCAN 国际创新创业大赛：中国总决赛二等奖。

1.6.2 基于肌电信号的仿生手控制技术

1. 项目简介

随着工业现代化的不断发展，人们制作出了灵活、实用的机械臂。而随着生物技术的发展，生物体征信号采集技术逐渐成熟，通过生物体征信号控制机械臂已成为假肢发展的新趋势。

肌肉电信号是一种可以在人类皮肤表面测量到的微弱电位差信号。该信号由于接近生物体征信号传输末端，因而具备采集简单、数据处理方便快捷等特点，逐渐成为了生物体征信号中控制机械臂的首选方式。基于肌电信号制作的仿生手，可通过采集、处理前臂肌电信号控制机械手的动作，以替代手部截肢患者的缺损部位，在保证正常身体机能的同时满足仿生性需求。肌电信号仿生手因其卓越的性能和仿生性而受到广泛关注，存在巨大的市场需求，可以预见会产生较大的社会效益和经济效益。

本项目通过采集、处理手部（手指）在运动时手臂所产生的肌电信号制作仿生手，从而控制仿生手，模拟手部（手指）运动，代替正常人手完成指定动作。

2. 问题描述

根据全国第二次残疾人抽样调查的数据显示，我国肢体残疾人总数约为 2412 万人，占全国总人口的 1.9%。在如此庞大的人数比例下，如何让肢体残疾人更好地生活成为了社会共同关注的问题。在所有人体假肢中，手部假肢因其自由度最高、研发难度最大，尚未被普遍使用。

3. 现状技术分析

自 20 世纪 50 年代德国科学家发明第一个肌电手以来，国内外各类肌电假肢数量已达 6000 余种。这些基于肌电信号控制的假肢主要区别在于两方面：机械臂假肢的位置和自由度。在控制机械臂假肢的过程中，对肌电信号处理的方法虽不尽相同，但主要集中于贝叶斯原理的线性分类器、BP 算法等。目前，业内基于肌电信号的仿生手抓取动作的识别率约为 80%，特殊手势动作的识别率约为 50%，复杂动作的识别率不足 20%，而本作品在上述动作指令识别中均可达到行业领先水平。

当下的研究主要存在两方面不足：一方面，肌肉电信号虽然能够由肌电传感器采集，但当下由复杂肌群采集的肌电信号误差较大、精确度较低；另一方面，目前对肌电信号的处理仅限于完成完整动作的水平，不能达到实时状态，而这也是该产品的重要限制之一。

4. 技术原理

技术原理图如图 1.8 所示。

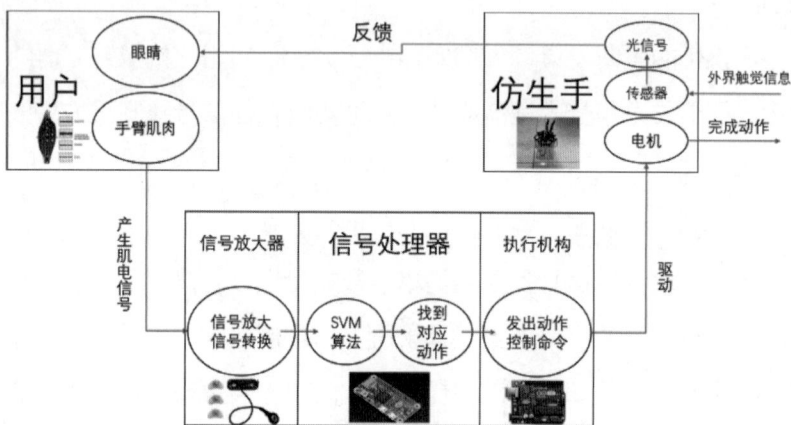

图 1.8　技术原理图

（1）信号采集。围绕手臂进行肌肉电信号采样，将通过多个电极片采样得到的信号作为输入，进行处理分析，进而控制手指的运动。

（2）信号放大。放大隔直滤波、低通滤波进行预处理的信号，进行 AD 采样得到离散化的信号序列，该离散化的信号进行三次样条插值处理，并进行裁剪。

（3）信号处理。对于处理完成的信号，所关注的是该段信号的特征。提取特征，并将其作为 SVM 算法的输入信号，通过大量的数据训练，得到超平面，此时可对新的数据进行预测。

（4）发出控制命令。将预测的对应动作传给执行机构，并由电机最终完成。

（5）触觉信息可视化。通过仿生手关键位点的温度、压力等传感器获取手部触觉信息，并通过灯光颜色、明暗变化反馈给人，实现人对仿生手的更好控制。

5. 创新点

（1）根据前臂肌肉群结构，精确采集上臂截面各肌群肌电信号。

如图 1.9 所示，根据上臂肌肉群结构，对上臂截面多个关键肌肉群进行电位的实时

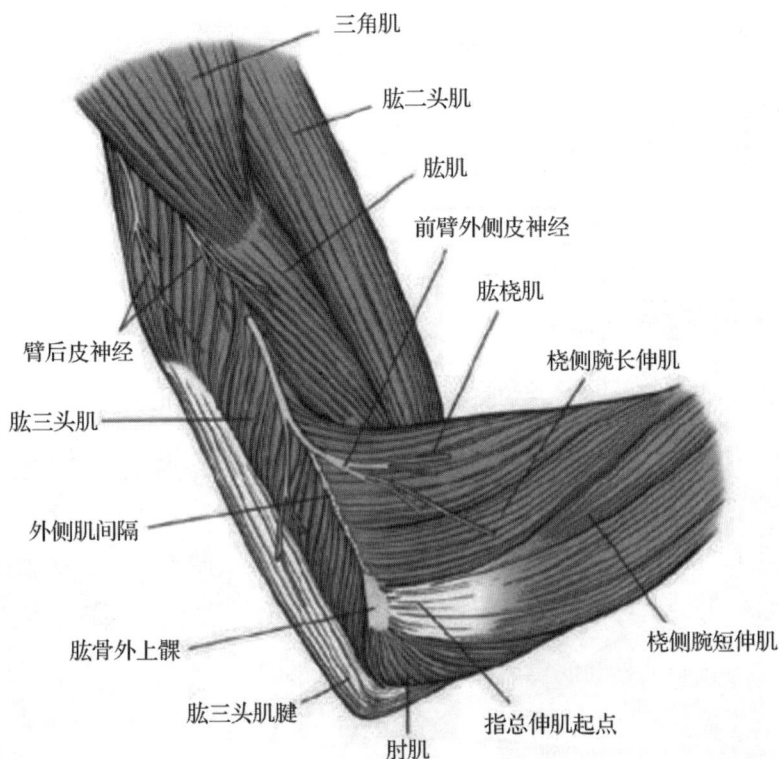

图 1.9　手臂浅层肌肉图

测量并将其作为原始生物数据的输入，高精度采集肌电信号。

（2）相较于其他分类器算法，采用 SVM 算法能较为精确地处理肌电信号，更好地操纵仿生手完成制指令。SVM（support vector machine）又称支持向量机，是一种二分类的模型，进行修改之后也可用于多类别问题的分类。其主要思路是为找到空间中的一个能够将所有数据样本划开的超平面。

（3）在仿生手表面放置温度传感器、压力传感器等装置，改善使用者的操作体验。

仿生手不光是为了做出指定动作，还要完成指定任务，如拿杯子、感受温度等。本产品在仿生手上增设传感器，能够让使用者更好地控制手的力度、直观地感到物体温度。

6. 团队构成

团队成员来自电子信息工程、物联网、信息科学与技术等不同专业，可充分发挥跨学科优势，并基于成员专业知识合理分配项目任务。其中，电子信息工程专业的同学主要负责信号采集与整体硬件设计；物联网专业的同学主要负责编程任务；信息科学与技术专业的同学负责分类算法部分。团队成员分工合作，高效完成任务。

7. 项目获奖情况

（1）2020 年度·第六届中国国际"互联网+"大学生创新创业大赛：北京赛区二等奖。

（2）2020 年度·第十三届 iCAN 国际创新创业大赛：中国总决赛二等奖。

1.7 本章小结

本章主要讲述了创新的意义和背景，创新的定义与创新的基本特征，通过实际的案例消除对创新的误解，提升对创新的正确认识。创新本身就像一个黑匣子，而创新方法是解剖这一黑匣子的有力工具，本章归纳总结了基于不同视角的创新方法分类，并重点介绍了基于创新过程的创新方法，为后续章节的展开提前做了铺垫。创新的成功不仅需要方法论，还需要有坚毅的品格，本章从创新的动机、创新的实践及创新的信念等方面阐述了完善的"创新人格"的重要性。最后，本章针对"新工科"背景下的创新教育的示范模式进行了概述。

习题

一、思考题

根据各自专业或切身的生活体会，结合学科前沿热门技术及领域进行延伸和发散拓展，形成各自的创意。也可以针对生活中不便或需要改进的地方提出改进创意。参考格式如下：

- ·创意名称
- ·功能简介
- ·拟解决问题
- ·相关技术现状分析
- ·与现状技术相比的差异或改进点

二、选择题

1.（多选）下面对创新的定义描述正确的是（　　　　）。

A．创造新的事物

B．对原有的事物进行更替

C．对原有的事物进行发展和改造

D．引进现有最先进的技术

2．（多选）创新的三大要素是（　　）。

A．目的性

B．差异性

C．价值性

D．可观赏性

3．（多选）以下对创新的描述正确的是（　　）。

A．创新不是一步到位的，而是渐进式逐步完善的过程

B．创新需要有一双慧眼

C．将两个技术组合一下也是创新

D．创新要有一定的知识储备

4．（单选）下面对创新的描述错误的是（　　）。

A．创新是科学家的事情，与普通大众无关

B．创新是每个人不可缺少的通识素养

C．创新是社会进步的驱动力

D．创新促进企业的发展

5．（单选）下面关于创新领域的正确描述是（　　）。

A．经营模式也需要创新

B．日常的规范性工作不需要创新

C．服务行业不需要创新

D．创新仅限于科学技术领域

6．（单选）下面对"创新能力"描述错误的是（　　）。

A．创新能力是瞬间闪现的灵光

B．创新能力仅为少数天才所有

C．创新能力不用训练即可获得

D．创新能力是发现和解决新问题、提出新设想、创造新事物的能力

7. （单选）下面关于创新能力培养的正确描述是（　　）。

A．有意识地多观察和思考生活或身边的问题，提高自身的观察能力

并拓展大脑思维

B．要勇于打破条条框框的束缚，大胆思维，练习多角度思考问题

C．学习创新理论和方法，通过科学地培训，提高创新思维能力

D．以上说法都正确

8. （单选）下面关于创新创业的描述错误的是（　　）。

A．创业和创新两者没有必然无关

B．开餐饮或淘宝店可以不用创新

C．创新贯穿创业过程的始终

D．A和B都正确

第 一 部 分

创新思维拓展模块

导言：创新不是爱迪生、乔布斯等天才的专利，也不是单纯的天马行空、拍脑壳的"胡思乱想"，创新是需要引导工具，需要一套方法规则，创新能力是可以通过学习培训提升的。创意思维拓展模块的目的是鼓励并培养学生拓展创新思维，构思创意种子，通过讲授创新问题发现方法、创意优化方法等现代创新方法，帮助学员打开创新思维，拓展想象力，引导学员提出有差异性、可行性与价值的创意想法。

第 2 章　创新的门径

本章主要向读者介绍需求和感知需求的方法，培养问题意识，然后介绍发现问题，描述问题的方法、设定目标的方法，最后介绍分析问题（要素）的方法。

2.1　感知需求

这些用来提高产品质量的点子真的有效吗？上一次见到人们在日常生活中使用产品是什么时候？顾客需要新功能的一刹那，我们在旁边吗？这不是因为问了顾客什么问题（如"你想要……吗"），而是因为顾客自己去搜寻了这些功能。

这些时刻，可以从用户的生活中得到一些洞察，这也揭示了那些隐性、深层且长期的需求。

2.1.1　什么是需求

需求是什么呢？事实上，需求很好理解，就是对想要的东西或要解决的问题有一个要求，它是一种愿望或需求。用来描述解决问题或达到目的所需要的能力。肚子饿了，想吃东西，这就是一个需求。

举例来说，如果我想要一辆车，就会有一些特别的要求。如果我还不懂车，我当然不能提出具体的要求。所以需要专业人士给我提供一些基本的信息，引导我提出要求。

另外，我想解决的是房间的温控问题，也会提出冬暖夏凉的要求，希望能有个系统来解决。这种需要构成了最终产品。

这种需求来自用户对所需产品的某些"需要"或"要求",这些需求代表了所需产品的功能和性能指标。

初期,人们只会提出希望和问题,没有提出具体的形式和结构。亨利·福特曾经说过:"如果在那个还没有汽车的年代,我去问我的客户他们想要什么,他们的回答是,更快的马。"有时,用户也不知道他们想要什么。

设计师常常会陷入一个误区:认为用户说想要什么东西,就要创造出什么东西来。其实,设计师还要懂得如何发现需求或创造需求。有时候,用户想要的与他们实际的需求并不一致,这就需要了解用户需要解决哪些问题。

2.1.2 需求的内涵

以下重点讨论需求的内涵,需求的内涵应该从几个方面来思考。

首先,需求的内涵是解决问题或达到目标所需要的能力。产品或服务是否能够帮助客户解决某个问题,产品或服务是否能够实现预期目标,最终结果都可以表现出需求被满足的能力。

需求的另一种内涵是提供此功能的系统必须具备的功能。即满足客户需求而必须具有的功能,告诉大家系统可以做这件事。

三是通过对这些能力、功能或相关约束条件的描述和说明。在了解客户需求时,对功能或约束进行详细描述、说明将非常有帮助。

若考虑进一步细化,那么构成产品的系统、子系统或组成部分,为了实现产品功能而应具有的技术性能也应包含在需求的内涵中。

上述内容构成了需求内涵的主要内容,以后的描述需求就是从这几个方面来考虑的。

2.1.3 感知需求的方法

需求获取方法是用户与开发者之间沟通的桥梁。当前,获取用户需求的途径主要有融入、观察、倾听、移情等。

1. 融入生活

通常,学生或新进设计岗位的人总是不知道客户的需要,或者不知道自己的需要。这主要是由于学生或新进入设计岗位的设计师尚未融入生活,或未体验过生活。要想成为优秀的设计师,就需要补齐这个短板。

（1）融入人们的日常生活，有助于拓宽眼界。

融入生活就是融入于普通老百姓的日常生活，到一些地方、工厂了解他们的生活、工作环境，帮助人们开阔视野。举例来说，如果一个设计者不理解厨房设备或厨房设备的实际使用状况和操作状况，他就无法设计出一个更好的同类产品。要想开阔眼界，找出需要改进的地方，或找出问题所在，就必须使自己融入生活去亲身感受。

（2）在试图创造人们所需的工具、物品、信息或服务前，要认识并学会适应他人的行为、做法及动机。

在尝试设计产品时，需要了解和适应人们的一些行为习惯。一个好的产品并不是改变人们的行为习惯，而是更好地适应人们的行为习惯。开车常被讨论，很多人都不会开车，这是因为原来大家都没有使用本产品的习惯，所以才不会有这种行为。但是我们所知道的，感知到的人们的行为是想用车把他们送到某个地方。根本没有想过操纵汽车，这是大家的行为习惯。只要我们的产品围绕这种行为习惯、做法或动机来实现功能，就能满足客户的真正需要。这也是通过体会、体验别人的行为、做法和动机所要达到的目的。

（3）花一些时间与你所关注事物的目标人群共同生活将很有益处。

花一些时间和你所关注事物的目标人群共处，或者与他们共同生活，将可能从中得到益处。找到自己的具体需求和客户具体的需求，融入生活很有必要。

举例来说，通过和别人一起购物，我们可以了解到人们是如何决定去哪里购物，购买什么，如何计划，如何协调生活中的其他事情，以及如何克服交通困难的。在深入研究这些因素的基础上能，将广泛获得关于人们需求的重要洞见，甚至包括在目前阶段未被满足的需求。借助这一工具，我们有希望成为了解用户生活规律变化的行业先锋，预测未来动态，并从中受益。

推荐方法：

实地调查的方法——从人类学中借来的定性研究方法，是指为了了解事物的真相、势态发展的过程，而去实地进行直观、局部细致的考察。

2. 观察一切

融入生活只是感知需求的开始，并在此基础上还要学会观察，并且观察一切。生活中，我们可能会忽视一些有用的信息，而这些有用的信息并不是我们所关注的，而是我们周围环境中的一些东西。

（1）观察研究有关环境中的一切，而不仅仅是用户或现有产品。

观察不能只基于某一点，或仅仅针对某一用户或现有产品，而需要观察一切事物。

（2）观察、关注场所、其他人以及人们言行间不一致之处。

在我们的日常生活中，有什么不一致之处？例如，打针（注射药物）治病肯定会痛，大家似乎都接受了这种方式。只有孩子们才会用行为提出"抗议"，表达出"不疼的"需求。药物治疗能不能不痛？尽管我们已经接受痛苦，但我们的内心仍然需要不痛，这就是言行不一的情况。如何发现这些不一致之处？这些潜在需求只能通过观察来发现。

（3）充分考虑边缘的外在因素，思考与之密切相关的事物创新的可能性。

实际上，创新就是发现新的可能性，只要找出与所关注的事物相关的因素，并通过改变它们来达到创新的目的，那么它将给我们以新的启示。

（4）注意研究领域中还没有发现的人和事，优秀的创新者不仅可以洞悉现状，而且还可以将缺失的因素纳入探索的范围。

要注意那些不在我们视野中的人和事，以及那些被我们研究领域所忽视的因素。好的创新者不仅仅是洞察现状，而是可以发现缺失的因素，并将其纳入自己的研究范围内，这样才能丰富我们的观察视角，才能更准确地发现具体的需求，或更精确地挖掘需求。

推荐方法：

影像人种学——利用影像记录人在特定环境中的活动，分析环境中的各种事物，形成洞察力。

3. 积极倾听

（1）和参与调查的被调查者交流时，不能总是照本宣科，根据事先制定的提纲进行，要让被调查者引导对话，谈被调查者认为重要的事情。

这样的倾听，不能受到我们自身某些因素的干扰，在与参与调查的被调查者沟通时，不能只是按部就班地提问，而应随时加以调整，最好让他们指引我们去交流，去对话。因为聊被调查者认为重要的问题，有助于他们发挥优势，让我们获得观点。

（2）在实地考察前不预先设定前提条件，免于被预先设定的观点所左右，也要避免推断他人的行为或动机。

在实地考察前要预先设定前提条件。不然的话，可能会先入为主，将自己的观点强加给他人，这样就无法挖掘出顾客的需求或听到我们想要的内容。

（3）应思考一些开放性的问题，探索设计多样化的方案，积极倾听，努力重构问题。

无论是问卷调查还是实地访问，或是交流、访谈，我们要提供一个开放性的问题。开放性的问题就是没有什么约束，不是那种只回答是或否的问题。在任何时候，我们都要调整自己的问题，重建自己的问题，让每个人都能充分表达自己的思想和想法，它表明了我们愿意积极倾听。

推荐方法：

用户访谈——通过提问式的交流与用户进行面对面的交流，了解用户使用产品的过程、感觉、品牌印象、个人体验等，同时获得用户潜在的需求。

4．建立移情

谈到发现需求，最常说的就是站在用户的角度去思考，把自己变成一个用户。

（1）除了理解人们的体验和感受之外，我们能不能做到真正地与他人分享？

站在对方的角度考虑问题，知道他们所思所想，这将有助于识别顾客的最终需求或发现需求点。除了了解人们的这种经历和感觉外，最重要的是真正地与他们分享，分享我们的感受。

（2）和一位忙碌的母亲共度一段时间，观察她如何安排家庭生活，听她分享每天的经历、挫折和挑战。

建立移情最好的办法就是和忙碌的母亲或有关系的人共处一室。观察、交流实际经验，站在不同的角度观察他们在生活中是如何运作的。再与他们分析、分享你的操作方法，每天的体验和挫折，当然也有挑战。有些实际的需求在他们的话语中就能表现出来。

（3）当与终端用户建立起直接而深刻的情感联系后，很可能会提出符合用户需求的创新概念。

这种直接的或更深层次的情感联系一旦建立起来，就有可能设计出用户需要的产品或找到用户需要的东西，从而实现一致的创新概念。

推荐方法：

现场活动——参加现场活动，观察他们，然后跟踪交流，建立情感共鸣。

2.1.4　感知需求的案例

例如我们身边的案例——握笔写字的姿势、状态，如图 2.1 所示。

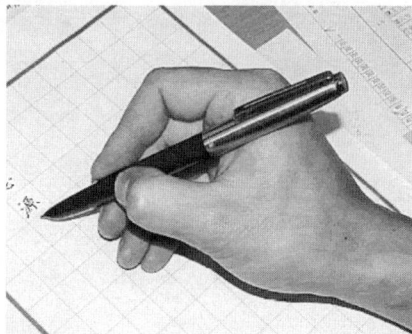

图 2.1　握笔写字的姿势、状态

经过观察发现，经常写字的人的中指都会产生老茧，有些人还会因写字时间过长而导致手指弯曲变形，如图2.2所示。

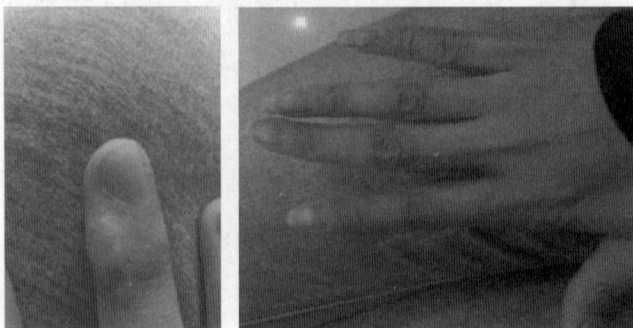

图2.2　长时间写字出现的问题

现在需要通过感知需求的方法，了解需求，了解需求内涵的概念，发现顾客的需求。

· 必须满足哪些需求？——现在客户的需求是一支新型的笔。

· 为何有这种需要？是想要达到的特定目标？——改善产品舒适度。

· 这个需求能带来什么好处？——排除这些伤害，或消除这些伤害。

下面以表格的形式进行说明，如表2.1所示。

表2.1　需求分析

问　题	具 体 内 容
什么需求？	新型的笔
为何会有这样的需求？（功能或性能）	舒适性
这个需求能够带来什么好处？	消除这种伤害或没有伤害

作为学生或设计人员，我们要敢于深入生活，深入工厂，深入社会，去发现顾客的需求。同时这还可以发现我们自己的一些需求，这对我们在未来从事创新工作会有所帮助。

如果在感知需求中始终保持一颗纯粹的好奇心，我们会发现，任何发现都有助于产出更加人性化的解决方案。在感知需求时，我们识别出那些不起作用的事情——也许永远不起作用的事情，或是小心注意着这些事情，只有这样，我们的创新才可以很好地满足客户的需求。

2.2 发现问题

发现问题是一种比较重要的能力，这样才能够主动地去克服生活和工作中遇到的麻烦，对自己的人生有所选择，对现在的工作有所帮助。但是并不是所有的人都能够意识到发现问题是一种能力。

目前哪些产品或服务不受欢迎？为什么？日常生活中，人们会遇到什么样的不适或问题？它们如何解决？他们会因为无法找到符合需求的产品而妥协吗？为了发掘机会，开发新的产品或服务，我们希望通过追问类似的问题，来找到突破口，但不能让视野束缚于问题和答案。

没有问题不是一切顺利，反而可能是最大的问题。每个成功的人，都有很强的问题意识，都有善于发现问题的眼睛，都有勇敢去面对问题的勇气。

2.2.1 什么是问题

每个人每天都在提出问题，就像我们每天都在谈论创新一样。"问题"是什么呢？诺贝尔经济学奖获得者赫伯特·西蒙在《管理决策的新科学》一书中有这样一句话："解决问题实际上进行的方式，就是设定目标，发现现状与目标（应有状态）之间的差距，为减少那些特定差距，寻找记忆中存在或通过探索而找出适当或适用的工具或过程。"也就是说，所谓问题，就是现状和应有状态之间的差距，如图 2.3 所示。

也就是当你试图让现状接近目标时，妨碍你接近目标的根源和现象。"目标"是对象的应有状态，"现状"是思考的对象在目前所呈现出的状态。

图 2.3 问题的定义

需求是由客户要解决的问题来决定的。因此，需求最终是和客户的期望、对现状的认知相关联的。

每个人在社会或生活中都会提出很多问题，随着时间的流逝也会产生新的问题。为什么呢？正是因为应有状态在变化，我们没有发现问题，或者说没有问题，说明我们不善于抓住目标、现状、差距这三个方面。

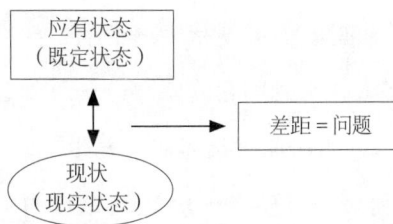

2.2.2 没有问题的原因

即便知道"问题"本身很重要，但有时仍然可以看到一些情况，这些情况是不能真正发现问题也无法找到解决方案。下面是四种典型的无法发现问题的原因。

1. 无法具体描述作为问题前提的"应有状态"

无法具体描述作为问题前提的应有状态，就是对想要实现的目标缺乏清晰的想象。例如，某人想拥有一种对未来的期望，然而没有深入思考过未来想要什么。

努力赚钱的最终目标是什么呢？有一个真实的案例：一个富翁，他年轻时的目标就是发财，但当他实现了这个目标之后，他又感到很失望。因为他发现金钱并不能带给他想要的幸福，后来他领悟到金钱在很多时候都是中间目标，而不是最终目标。

那为什么不能描述"应有状态"呢？简言之，这是因为没有设想 "应有状态"，或者所设想的"应有状态"是错误的。这两种模式都是由于缺乏远景构想和目标设定的意识，因而对应有状态没有深刻的理解。另外，也没有意识到标准的变化，随着时间的流逝，环境的变化，应有状态也会变化。

2. 对现状的认识、分析不够，未能真正地了解现状

另一个没有问题的原因是对现状认识、分析不足，不能真正了解现状。无法理解目前的情况，在上述问题的概念中讲到，问题是应有状态与现状之间的差距。为什么让大家都去体验生活，融入社会，到工厂去了解实际工况，其实就是让大家了解现状。这一现象有可能是对现状太过自信，或被"现状"所困，反而丧失了观察它的能力。这正是很多人找不到问题的原因——对问题的概念不够了解。

3. 无法厘清具体的"差距"

只要了解理想的状态（或应有的状态）以及现有的状态，人们都能找出差距。找不到差距的原因往往是没有比较对象，或比较对象是不确定的。面对构成差距的众多原因，不能把它划分出主次，不能按次序排列，这种不确定性造成无法厘清具体差距。所以导致找不到问题的这种情况，其根本原因是找不到差距。为避免此类问题的发生，必须对应有状态和现状进行仔细的分析，不要使两者都处于如此模糊的状态。这样，才能准确地找到差距，才能很好地提出问题。

4. 从可执行的"解决方案"倒回来想问题，所以看不到可能性

第四个原因是自己有了一个确定的方案，比如认为现在的方案已经很好了，没有改进的空间，没有发现问题存在，所以也不去想是否有新的可能。笔者在培训韩国三星公

司员工时,印象最深的是他们的企业文化。每个工程师在解决了一个问题之后,都会立刻思考下一个方案是什么,是否还有更好的方案,并且总是在寻找下一个新的可能。

在当今社会,越来越重视工匠精神。在工匠精神中所包含的一个精益方面的内容,精益就是精益求精,就是已经把事情做得很好了,还要把做好的事情做得更好,"即使做一颗螺丝钉也要做到最好"。正如老子说的,"天下大事,必作于细"。能够基业长青的企业,无不是精益求精才获得成功的。不要因为有了一个计划而感到满足,要对已经存在的问题再思考。早在内心已有定论,便不再费心去考虑其他的可能性,这样反而有可能把自己的双眼蒙上,使自己无法看清事物的真实和本质,缺乏改变的意识。长期以来,热衷于创新和发明的工匠们一直是世界科技进步的重要推动力。拥有这种改变的意识才可以推动创新,从广义上说,创新就是一种改变,将生活、工作、环境中的一些事物结合在一起,使它们体现出更大的价值,因此通过这一改变来实现更高的价值。

2.2.3 问题意识的培养

培养问题意识与我们所处的环境有关,每个人可能会捕捉到各种各样的问题,或者每个人总是在思考如何能做得更好。因此需要进行比较或对这些问题产生和发展的方向以及存在的可能性进行预测。发现问题的关键之一是问题意识。"问题意识"是对问题的产生和走向做出正确预测的能力。

问题意识对学生的一生或将来参加工作的各个发展阶段都会产生重大影响。问题意识强的人总是对现状不满,随时寻求新的可能,看什么都觉得有进步的空间,永远追求更高的目标。随时寻找这种可能性,这种可能性能够使自己进步,这种可能性也能够使事物发展。

人的生命总是以促进社会的发展为己任,而促进社会的发展就是通过寻找新的可能性达到更高的目标,这也是培养学生问题意识的初衷。唯有培养问题意识,养成多听、多看、多体验的习惯,才能从不同的角度收集信息进行分析,从而获得客户的痛点,找到客户的需求。同时也需要站在第三者的角度来看待问题,因为第三者没有利益关系。只有对现存的问题没有利益关系,才能抛开一些私心杂念,这样有利于更好地解决问题。

产生问题意识发现新的问题是整个创新工程实践的起点,它是指人们在所处的整个"情境"和环境中,发现自己认识到的问题,这些问题确实存在于周围,并且迫切需要提出创造性的解决方案。人们对问题的认识,往往是由于对问题的敏感,或是对问题或现状的不满意或好奇引起的。

问题意识不是"能力"问题，而是"态度"问题。每一天，我们都要经历无数的问题，但大多数我们都没有意识到，或者尽管意识到了，也认为是自己做不好的原因。但通过反复的训练和有意识的努力，这种态度可能会有所改变。努力培养兴趣去发现问题和麻烦，这样每个人都能"再生"，成为创新者。

我们每天的生活和工作都会遇到各种各样的困难和不便。一旦有了解决这些不便的方法，我们会立刻感到满意，但这种满意也只是相对的。

绝不能因为解决了某个问题而感到满足，绝不能因为先天不足的革命性产品和服务，或想到绝妙创意而中断问题意识的培养。满意感是形成问题意识的障碍之一，它阻碍了问题意识。

2.2.4 问题意识的案例

写字能不能不使手受力很轻易地就能把字写出来？不用手，能不能改变支撑的方式？能不能有新的书写的方式？能不能更潇洒自如地书写？能不能改变笔的形状或材料？如果经常问能不能的问题就能形成问题意识。还有就是问有什么新的可能性，如有什么可以借鉴的方式？有什么好的支撑方式？有什么好的书写方式等。通过寻找新的可能性去发现一个问题。这种思考能发现一些亟待解决的问题，而且方法简单。

下面以表格的形式进行说明，如表2.2所示。

表 2.2 问题意识培养

编号	能不能…	有什么…
1	能不能不使手受力	有什么可以借鉴的方式
2	能不能改变支撑方式	有什么好的支撑方式
3	能不能改变书写方式	有什么好的书写方式
4	能不能改变笔的形状	有什么更舒适的形状
5	能不能用其他的材料	有什么合适的材料

这种"问题意识"不是通过读一本书或听一节课就能培养起来的，要经过长时间的思考或长时间强迫自己做一些事情才能培养出来，才能养成意识（习惯）。应时刻提醒自己培养问题意识，善于发现问题。

解决问题的原点在于发现问题的存在，因为在问题没被发现之前，当事人并未认知到有解决的必要，当然也不会采取行动。

习近平总书记在《关于〈中共中央关于全面深化改革若干重大问题的决定〉的说明》中明确指出："围绕这些重大课题，我们强调，要有强烈的问题意识，以重大问题为导向，抓住关键问题进一步研究思考，着力推动解决我国发展面临的一系列突出矛盾和问题。"

正所谓学起于思，思源于疑。只有常有疑问，常有问题，才能常有思考，常有创新。问题是思维的窗口，是创新的基础。对于培养问题意识我们应有一个正确而深刻的认识。

问自己以下六个问题，将有助于发现问题。例如"现状与期望的状况之间有无差距""现状有没有发生什么变化""是否觉得哪个部分进行得不顺利""是否有些事情未达标准""有没有哪些事情不是你原先期待的状态""若置之不理，将来是否会发生重大的不良状态"。

回答这些问题，有助于你辨识问题的类型：恢复原状型问题、将来可能发生不良状态的防范潜在型问题，或是超越现状迈向理想的追求理想型问题。自问自答这几个问题，能帮助你掌握具体的问题，并确认每个问题的本质。

2.3　发现问题的方法

这一节向大家介绍一些发现问题的方法。发现问题的方法有很多，它们是否对你有用，关键在于是否适合你。这里选择了三种方法来发现问题，发现问题就可以从现状开始分析，然后抓住差距，同样也可以从目标入手分析现状，把握这种差异，还可以通过综合分析发现问题。

在说明发现问题的方法之前，先看看什么是方法，关于"方法"的概念是这样解释的：指为达到某种目的而采取的途径、步骤、手段等。在综合实践活动教学中，发现问题的基本方法中的方法，就是指为达到某种目的而采取的途径、步骤、手段等。如果"基本"的概念是指"主要的"话，那么，发现问题的基本方法就定义为：为达到某种目的而采取的主要途径、主要步骤、主要手段等。

2.3.1　缺点列举法

1. 概述

缺点列举法顾名思义即发现已有事物的缺点，然后将其一一列举，通过分析选择，确定发明课题，制订创新方案，从而获得发明成果的创新技法。它是改进原有事物的一种发明创新方法。

这种方法通俗易懂，大家都容易理解，就是发现事物的缺点，挑出事物的毛病。虽然世界上万事万物都不是十全十美的，都存在着缺点，但并非每个人都能想到、看到或发现这些缺点，其中最主要的原因是人们有一种心理惰性，对于习以为常看惯的东西，常常会认为历来如此。而历来如此的东西总是完美的，没有缺点的，所以就不肯也不愿意再去寻找或挖掘它们的缺点，这样也就失去了对每个人来说可能取得发明成果的机会，实际上也就失去了每个人都应该具有的创造力。

举个例子，豆腐是闻名中国的菜品。日本人学习中国豆腐制作工艺，然后从制作到烹饪逐个环节进行改进。比如他们针对多食盐卤、石膏对人体有害的缺点，采用葡萄糖酸内酯作添加剂制作豆腐。其产品色白、细嫩、无苦涩味，一般每千克黄豆可以制作出6千克豆腐，蛋白质含量比传统方法加工的豆腐高18%左右，经济效益明显提高。

2. 特点

缺点列举法的运用基础是发现事物的缺点，挑出事物的毛病。它的特点是把问题分成若干层次，分析现有的各种事实。通过把问题分层次对它现有的各种事实进行分析，就能够很好地列举出来一些缺点。

缺点列举的实质是一种否定思维，唯有对事物持否定态度，才能充分挖掘事物的缺陷，然后加以改进。因此，运用缺点列举法，必须克服和排除由习惯性思维所带来的创新障碍。

缺点列举法着眼于现有的事物，围绕现有的事物吹毛求疵，百般挑剔，充分挖掘它的缺陷，提出相应的改进设想，通过改进达到创新。这种方法一般离不开客观事物的原型，所以它属于被动式的选题方法。

3. 应用流程

在社会生活中各种不方便、不称心的事物到处可见，尽善尽美的东西是不多见的，即便是长处，在它的背后也会有弱点和不足。只要发现使用的物品存在不合理、不习惯、不顺手、不科学的地方，经过认真分析研究，就能从中选出有益的发明课题。由于这时的选题和改进都有比较明确的目的性，所以就有较高的成功率。

（1）在纸上列出已确定事物的缺点。

① 每列举一项即写上编号。

② 尽量具体地填写。

（2）选出被列举的主要缺点。

具体的应用过程描述：在纸上列出已确定事物的缺点。确定需要改变的事物，并将事物中所有的缺点一一列举出来。每个列举项都要写上编号，并尽可能详细地填写。挑选出列举的主要缺点，将其主要缺点作为切入点，并在以后加以改进。

4. 案例

图 2.4　钢笔

列出钢笔的缺点。针对使用钢笔的这种场景或是使用钢笔的问题，列出钢笔为什么会伤害我们，如图 2.4 所示。

钢笔的缺点如下。

（1）笔杆细，笔杆越细，对手指伤害越大。

（2）笔杆硬，对我们也是一种伤害。

（3）笔杆的形状不能随着我们的手的形状去改变，它形状都是圆柱形的，形状比较单一。

（4）笔杆舒适性差。

可能还有其他的缺点，都可以把它一一列举出来，从中找到一个比较关注的，想办法解决它。

2.3.2　希望点列举法

1. 概述

希望点列举法由美国尼布拉斯加大学的克劳福特首先提出。与缺点列举法相对应的是希望点列举法，而希望点列举法则是不断地提出 "希望……" "如能这样才好" 等的理想和愿望，进而寻求解决问题和改进对策的方法。

希望点列举与刚才所说的发现问题有关。即设定一个目标为应有的状态或理想的状态。针对这些事物思考还有什么希望。是不是能让它们变得更好，这一理想状态、愿望能否被捕捉到，从而寻求解决问题的对策和方法。了解缺点后再去考虑希望点，这样会给我们创造出新的差距，从而更准确地发现问题。这种希望不只限于缺点的反面，它还很有可能产生积极的新设想。

古往今来，世间的许多东西都是根据人们的希望创造出来的。人们希望飞上天空，就发明了热气球、滑翔机、飞机；人们希望遨游太空，就发明了火箭、宇宙飞船；人们希望冬暖夏凉，就发明了空调设备；人们希望能传递图像，就发明了电视；人们希望快速计算，就发明了电子计算机等。

2. 特点

希望点列举法的特点是通过对问题和事物（产品、零件）提出一种希望或理想，将问题和事物原本的意图集中在一个焦点上，从而加以考虑。围绕一件产品或一件事物的希望和理想促使我们抓住焦点，发现它的落差。

希望点列举法是人们从求新的意愿出发，提出各种创造性设想，依此发明新的事物，它可以摆脱现有事物的束缚去思考创新，因此它属于主动式选题方法。

3. 应用流程

希望人人皆有，"希望点"就是指创新性强且又科学、可行的希望。希望点列举法是指通过列举希望新的事物具有的属性以寻找新的发明目标的一种创新方法。

搜集希望点可以按照智力激励法的要求召开希望点列举会议，每次可由 5 ~ 10 人参加。会前由会议主持人选择一件需要创新的事情或事物作为主题，随后发动与会者围绕这个主题列举出各种改革的希望点：为了激发与会者产生更多的改革希望，可将每人提出的希望用小纸片写出，公布在小黑板上，并在与会者之间传阅，这样可以在与会者中产生连锁反应。会议一般进行 1 ~ 2 小时，产生 50 ~ 100 个希望点，即可结束。会后再对提出的所有希望进行整理，从中选出目前可能实现的若干项进行具体研究，制订出详细的创新方案。

（1）在纸上列出已确定事物的希望点：

① 每列举一项即写上编号。

② 尽量具体地填写。

（2）选出被列举的主要希望点。

4. 案例

钢笔的希望点如下。

（1）长时间写字不累。

（2）不会造成手的伤害，长时间写字也不会给手指造成伤害。

（3）能够释放更多手指，最好一只手的一个手指写字。

（4）笔杆的形状可以随着手指的形状进行改变，这样的使用起来会更加的舒适。

无论使用哪种方法都要建立在体验的基础之上。例如，当穿新鞋子或是坐椅子之后，才会体会到是否舒适。因为鞋子与椅子不是专门为你订制的，并不是按照你的脚与骨骼形状设计的，所以可能会有不舒适的感觉。有了这种不太好的体验才能列举出它们的缺点或希望点等。笔也是一样，通过笔杆形状的改变，使笔杆与手指的接触面加大，可以满足人们舒适性的要求。

2.3.3 属性列举法

1. 概述

属性列举法，也称特性列举法，是美国尼布拉斯加大学的克劳福特教授于 1954 年提出的一种著名的创意思维策略。此法强调使用者在创新的过程中观察和分析事物或问题的特性或属性，然后针对每项特性提出改良或改变的构想属性列举法特别适用于现有事物的分析与创新。

属性列举法是在世界范围内经常采用的一种方法。建立属性列举法是基于两个方面的思考，"如果问题区分得越小，就越容易得出设想"，不管是多么大、多么复杂的问题只要把问题分解得越小，就容易得到设想，就容易得到解决；"各种事物（产品、部件）都有其属性"，只要抓住它的属性就能够找到改造它的切入点，所以属性列举法就是通过综合上述这两个观点而设想出来的方法。

属性列举法是通过对创造发明或创新的对象进行属性分析，从整体到部件、从材料到制造方法及加工工艺、从性质到状态、从功能到作用，一一将其列举出来，保留其优点，去除其缺点。针对存在的问题，探讨能否创新和找出创新的办法，最后形成一项完整的全新的思路。

2. 特点

属性列举法的主要特点是认为"所谓创造，就是掌握呈现在自己眼前的事物属性，并且把它置换到其他事物上"，注意事物的属性是该方法精髓之所在。通过分析属性中的这种特性以后置换到其他的物品之中，比如将舒适性置换到笔上，可以让笔杆的体积更大一些，以提高舒适性，通过这种置换去改造它。注意事物的属性是前提，也是这个方法的精髓所在。

3. 应用流程

选择一个目标比较明确的发明或创新的事物，选择的事物宜小不宜大。一般说来，系统越小，越容易获得成功。如果是一个比较大的系统，可以分成若干小系统。如创新一部汽车很难，涉及面很广，很难一下子把握住，需把汽车分成内燃机、车身、底盘、转向器等，一部分一部分地考虑就比较容易。所以此法的第一步，是把大系统分成小系统，列出属性。

（1）列举已确定事物的属性。

一般说来，事物的属性包括三个部分，下面就针对这三个部分进行列举。

① 列举事物的名词属性（包括整体、部分、材料、工艺）。

② 列举事物的形容词属性（包括性质、状态）。

③ 列举事物的动词属性（包括作用和功能、运行和操作）。

（2）提出问题。

借用缺点列举法和希望点列举法，针对某一或某些属性提出创新问题。

4. 案例

（1）事物名称——笔。

① 笔的哪个部件会对手指造成伤害？是笔杆。大部分笔杆的材料是塑料的，很少也有金属的。塑料笔杆的制造工艺是注塑成型。

② 笔的性质呢？在列举缺点时已经介绍，笔杆材质比较硬，还比较细，是一个圆柱的形状，它中间是凸起的，这些都是对手指造成伤害的因素。

③ 笔杆实现的是写字时的定位功能。

（2）通过分析这些属性，找到相关的词汇，再结合列举的笔杆缺点，就能够提出一个新的问题。把材料、性质和功能，尤其对实现功能方式的置换，最终得到对笔进行创新的方案。

笔的属性列举用表格方式呈现，如表2.3所示。

表2.3　笔的属性列举

流程	具 体 内 容				
事物名称	笔				
列举属性	名词属性			形容词属性	动词属性
	部件	材料	制造工艺	性质	功能
	笔杆	塑料	注塑成型	硬、细、圆柱	定位
提出问题	针对笔杆的材料、性质、功能等属性进行置换实现创新				

本节介绍了三种发现问题的方法，给出了使用这些方法的流程。掌握方法的最高境界是把方法的流程融化到血液中，即流程变成自己的行为习惯，这样才能够成为高手。

明朝画家石涛在《石涛画语录·变化》中所言："至人无法，非无法也，无法而法，乃为至法，凡事有经必有权，有法必有化，一知其经，即变其权；一知其法，即功于化。"石涛说出学习方法的关键是不拘守成法，而能灵活运用，内化成自己的方法。

另外，要学会主动变换思考角度去发现问题。有些问题，站在原来的角度上不是问题，或者没有问题，而站在新的角度上来看，就可以发现问题。

2.4 描述问题

在解决问题前了解相关的信息是首要工作。别觉得了解事实很简单，这可是拨开迷雾的第一步，盲人摸象式地了解事实显然是不够的，我们要全面客观地了解问题的方方面面，它直接奠定了解决问题的基础。

2.4.1 为什么描述问题

首先要了解为什么要描述问题，把描述问题当成一种挑战或是一种找到解决方法的诀窍，其实也是一样的。爱因斯坦有句著名的话："问题的描述远比它的解法重要，只要你有数学或实验技巧就可以得到答案。"他考虑的数学问题或其他方面，告诉我们描述问题的重要性。的确，描写问题要短小精悍，让人一看就明白，这需要一些技巧和方法。在出现问题或发现问题后，先想想怎样才能清楚而准确地描述"问题"。唯有清楚地描述问题，你才能知道问题的现状，以及它与目标之间的差距，才能找到问题的关键所在。

2.4.2 描述问题的要求

在生活和工作中，要准确地描述各种问题，并且确保自己和他人都能清楚地知道"真正的问题在哪里"，这并不是一件很容易的事。有三条描述问题的原则：精准、清晰、简洁。

1. 精准

在一些大学生参加创新方法或创业大赛提交的材料中也会描述一些问题，但看完这些问题的描述后，评委们很困惑。为什么呢？因为很多材料不能给出非常直观、精确的说明，虽然写了许多东西但仍不能说明问题的真正原因。评委看不懂就会对项目有错误的理解，不能对项目做出准确的把握，或对项目获得好成绩有一定的影响。精确的反面是谬误、错误、模糊、大概等，当描述问题时，如果含糊不清，甚至出现错误，就不能真正地理解和把握"问题所在"。例如，住宿问题和住房问题是两个完全不同的问题，描述时要准确无误。此外，使用数字有时比使用文字更有效。

2. 清晰

仅仅精准是不够的，还要考虑清晰地描述问题。描述几个关键要素，并完整、清晰、全面地表达出"人物、时间、地点、事件、程度"等要素，才能使自己和他人更好地理解问题。从而使描述具有逻辑性并包含各种要素，能很好地说明问题。在描述问题时，切忌词不达意、模棱两可，例如，不要使用"麻烦多了，糟透了，某一年某一天，某一地点"之类的词语。有时候，我们看到一些创新的项目，描述要解决的问题，或者寻找的切入点都是模糊不清的，需要引起大家的注意。

3. 简洁

前面说过，当你看到一个项目时，首先要关注的是能否用几句话就把问题说清楚。有些项目的描述往往呈现出千百字的说明，晦涩难懂。所以，这里又有了一个新要求，描述问题要简明扼要。以精准、清晰为基础，描述要简洁，用简洁的语言和图形准确地表达出问题的各个要素。也就是要在把问题说清楚、说准确、说明白的基础上，考虑描述问题的简洁性。这样的简洁会体现在什么地方？图像表达有时更能满足这一要求。

2.4.3 描述问题的方法

我国著名教育改革家陶行知先生曾经写过这样一首小诗："我有几位好朋友，曾把万事指导我。你若想问真姓名，名字不同都姓何：何事、何故、何人、何如、何时、何地、何量。还有一个西洋名，姓名颠倒叫几何。若向八贤常请教，虽是笨人不会错。"

这首小诗，是陶行知先生以拟人的手法，概括出的八种提问题的模式。作者将这八种提问模式称为教人聪明的八位贤人和朋友。

无独有偶，美国陆军部用英语中的六个疑问词来表示不同的问题类型，创定了提问题的5W1H法。其中5W是指Why、What、Who、When Where；1H是指How。这六个疑问词的含义用汉语表述，正好是陶行知八贤中的六贤，其对应关系如：What——何事；Why——何故；Who——何人；When——何时；Where——何地；How——何如。

现在将陶先生所称另外两位贤人的大名翻译成英语，就有：何量——How much；几何——Which。

这样，我们就将美国陆军部制定的5W1H法，借用"八贤"的力量发展成了6W2H法。

在研究描述问题的方法时，发现世界各国都采用各式各样的方法。用得最多的一种方法是6W2H法，虽然都在用6W2H及类似的方法，但是使用这些方法各自有各自的巧妙之处。

1. 发生了什么（What）

首先关注的是什么（What），发生了什么？在这一阶段，要准确、简短地说明发生了什么事情。其中包括以下几个方面，问题是什么？还有其他哪些方面可以考虑？是什么引起了这个问题？

2. 数据是多少（How Much）

当然，还需要考虑一些具体的数据。刚刚我们谈到描述问题要求时，为了精准地描述问题建议用数字来说明。我们前面也提到了，问题的差距可以尽量用数字来说明，这样大家可以很直观地理解。对于数据包含的内容，将对其长度、效果或目标进行详细描述。针对问题的现状和希望达到的这种期望之间的差距的数值，还可以从其他角度考虑这个问题。

3. 具体有哪些（Which）

需要注意的具体内容有哪些？有哪些描述的方式呢？例如，具有哪些功能？由哪些部分组成？存在哪些约束条件？这些就是我们要注意的要素。

4. 什么时间发生的（When）

接下来，将开始抓取逻辑关系，首先关注的是问题发生时的情况。这意味着需要从发生时间这一点来分析到底发生了什么事情。了解了这个时间点，就可以进入下一阶段。在这个时间点上，可以考虑在何处发生，什么时候这个问题能够得到解决，或者这个问题能维持多久，仅仅是从时间上的考虑。

5. 发生在哪里（Where）

此时确定问题发生点，即故障点。同时，我们还将从这几个方面来讨论问题的范围。限定的范围越小，将来问题解决起来就越容易。

6. 原因是为什么（Why）

知道问题发生点后就要关注问题发生的原因，有些方法在描述问题时并没有说明产生问题的原因。找到发生问题的原因是解决问题的关键，寻找问题原因的方法将在2.4.4节中讨论。现在提前进行思考是非常必要的，主要是要引起足够的重视。

7. 谁发生了问题或这一问题涉及谁（Who）

初步了解了发生问题的原因后，我们要思考是谁发生了问题或这一问题涉及谁。由谁产生的问题，谁引起的问题，我们应该关注其中的一个主体。分析问题的主体是考虑能否锁定目标，针对谁来改造。这个问题的意思是讲明谁是罪魁祸首。比如刚才我们提到了笔，谁对我们造成了伤害，答案肯定是笔杆。这就说明我们要改造什么地方了。需要明确方向，并具有针对性。

8. 影响程度如何（How）

最后要考虑这种影响的程度如何，当然需要运用这一词汇——如何，即想象一种解决问题的情景。思考是否可以不让这个问题产生作为解决问题的一个思考点，这是解决问题的关键，我们必须认真考虑。当然，如何发现问题，以及以前类似问题如何处理、解决，也可以作为我们的思考点。

2.4.4 描述问题的操作流程

为了使描述问题具有逻辑性，使描述更加清晰，可以依照如下操作流程描述问题。

（1）发生了什么问题？详细描述不良现象或数据，并说明具体的差距。

（2）插入图片说明问题并描述有哪些限制（约束）条件。

（3）描述在何时、何处发生问题？为什么发生这样的问题？问题是谁引起的？

（4）描述如何避免问题的产生？

解决问题一定要考虑限制条件，有的限制条件是对材料的限制，也有的是对使用方法的限制。

为何要考虑规避问题的发生？这与中国传统文化有关，传统中医的"治未病"理念体现了中国文化的精髓。什么是治未病呢？即通过饮食调理、情志调理、运动治疗、中药调理等多种措施，调理身体阴阳气血等平衡，增强人体的抗病能力，使人体少生病或不生病。中医学不同于西方医学，中医防病重于治病，西医是重视科学分析消除症状的治病理念，中、西医在治病理念上存在很大的差异。

学习创新方法时，有必要了解创新的理念，传承中国传统文化的精华，把避免问题发生作为指导思想。不能一味地接受西方思想，只关注问题发生后的修补措施。规避问题的理念将有助于创造性地解决问题。

2.4.5 描述问题的案例

笔的问题描述如表 2.4 所示。

表 2.4 笔的问题描述

问 题	描 述 内 容
发生了什么（What）问题？详细描述问题不良现象或数据（How Much），并说明具体的差距（How）	在用笔写字时，由于用力握笔会使手指产生老茧或变形
用图片说明问题并描述解决问题有哪些（Which）限制（约束）条件	图片如图 2.1 所示，一只手写字，不增加其他装置（物体）
在何时（When）、何处（Where）发生问题？为什么（Why）发生这样的问题？谁（Who）引起的	在写字时，手指与笔杆接触的部位，用力握笔压迫手指；笔杆
如何（How）避免问题的产生	手指与笔杆不接触

描述问题就是要把每个要素都描述清楚，这样就可以很直观看到整个问题的情况。需要知道以后怎么做，从哪里切入，以及如何解决。掌握如何更好地运用描述问题的方法是重点。

描述问题需要注意两个方面：首先要充分重视以事实为基础，"以事实为基础"的含义是不管遇到什么问题，重要的是要搞明白与这个问题相关的信息，不应该基于考虑如何解决问题；其次要运用方法全面拆分问题，在了解相关信息之后，便开始着手分解问题。对于一个问题，能够对其进行不重叠、不遗漏的分解，把复杂的问题拆分成小的易解决的子问题。

2.5 目标设定

从需求到问题一点点切入，可以使问题更加明确。对于复杂问题需要既分析条件又分析目标，而对于简单问题则可从简。当然有些人运用直觉能迅速而准确地确定问题，这一切都是可行的。当能够熟练地掌握这种分析方法时，人们思维会在各种不同角度、不同方式、不同种类、不同部分之中跳跃，而很少受定势的影响，这时创造力才能比以前有所提高。

2.5.1 为什么设定目标

需求、不满和好奇都是心理状态。大量的事实已经证明，那些心理状态——特别是需求与不满——是技术问题的起源。此外，无论问题是为了满足某种需求或是对现状的不满，还是好奇心的表达，它们都是某种"目标"。

技术目标可通常表述为：为了满足一系列的需求而开发（设计或研制）一件人工物。然而，制定目标是所有技术创新的第一步。如果没有目标，任何发明行为都不可能开始。但是必须定义或设定目标，这不同于生产一件物品——人工物必须要实现目标。技术目标能够真正地促进实现这些技术目标的人工物的发展。

通过问题概念的定义可以了解到，针对事物的现状与应有状况进行分析，找到它们之间的差距，这就是存在的问题。也就是说，这件事确实发生了，找到了差距，这是应有状态与现状的差距。但现在是否可以让问题扩大，扩大它们之间的差距，并将其转变为另一种状态，即设定新的目标，如图 2.5 所示。为何以前没有很好地解决问题，症结在于没有更具挑战性的目标。因为没有清晰的目标，就无法引导创意思考一个明确的方向，所以在了解了问题之后，就需要建立一种理想的状态，把它当作目标，然后采取行动。在日常行动中，如果越能贴近这个理想——形式，成功的机会就越多。现有状态是一种正常状态，再设定一个理想状态，设定性问题就会出现，再通过比较创造出新的差距，可能使解决问题的方式更具有创造性。

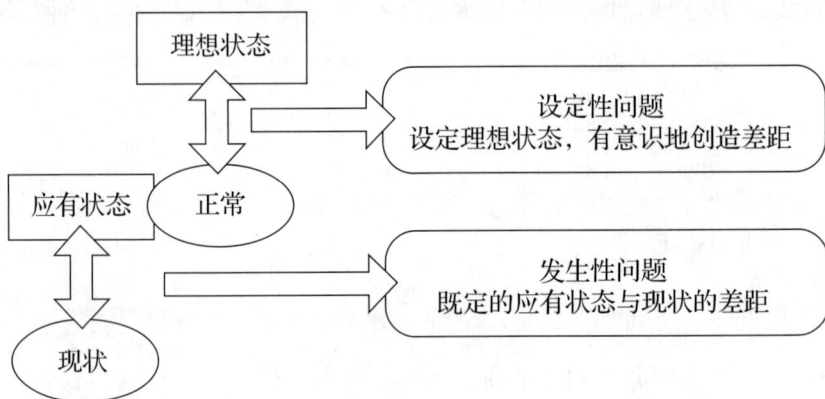

图 2.5 设定目标说明

2.5.2 设定目标的方法

设定目标的方法运用了西方传统的逻辑思辨的方法，即手段与目标（理想目标、功能目标和基本目标）的关系，先理想地构想目标，然后寻找执行手段，接着使它进入真实世界。想一想什么才是现实基本目标的最适宜目标；而且该目标又可成为一个更长远理想目标的中间目标，而这个长远目标的目标最终也会更具挑战性。

克劳塞维茨有这样的观点："为了提高挑战性，可以把目标定得越远越好，远到你觉得没有足够的能力去实现；为了达到该目标，设定的目标越短越好，短到你觉得有足够的能力做到。"西方的思想所着眼的只是效率："你瞄准最重要、最具决定性，而且也是你觉得自己有力量达成的目标；为了这个目标，你选择你觉得有力量行走的最短的路程。"

中国人的思维方式不会从日常经验中得出具有因果关系的假设，也就是那种在一连串的推论之后，能说明事物隐藏的理由，甚至能阐明现实原理的假设。中国人的想法强调势是决定的要素，突出了势所表达的现实发展之必然过程，只从物理性质（"刚""柔"等）来说明它们的生成，并且视之为能力的现象。理想目标是中国文化所追求的，其中蕴含传统文化带给我们的创新之道。

在崇尚工匠精神的今天，工匠精神的核心是追求极致，是对未来的期待，也是激励人们不断前进的动力。远大的目标是能驱使人前进的梦想。当梦想成真时，相信一定能领悟成功的关键是什么。拥有理想就能发现自己最想要达到的目标。拥有目标不管是顺境还是逆境，都将会有一种冲劲，目标是能获得超越自己能力的东西。

目标设定的目的就是制定一个解决问题的方法，确定从哪一个点切入。从目标、功能和问题三个方面考虑，分别制定理想目标、功能目标和基本目标，如图 2.6 所示。

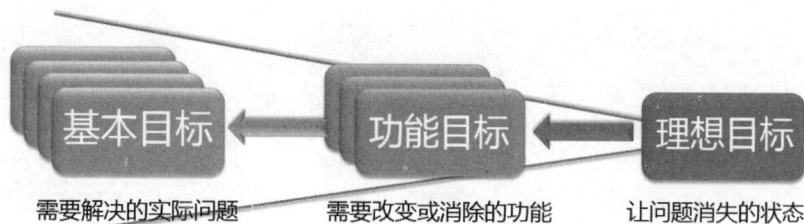

基本目标 ← **功能目标** ← **理想目标**

需要解决的实际问题　　　需要改变或消除的功能　　　让问题消失的状态

图 2.6　目标设定

以此为基础，从基本目标出发，找出更适合的目标，或更长远的目标，最终达到一个理想状态的目标。以这种方式完成具有挑战性的任务。

以前只是针对问题去思考，找出问题，只是针对问题去修补。比如两百年前的自行车，零件很少。由于发现自行车有很多很多的问题，大家开始着手修补（添加），如图 2.7

所示。当时没有设定好解决问题的目标，只是修补现有的状态。是从现状开始，也没有找到更好的方法来解决问题。通过设定目标的方法，现在可以从不同的角度，不同的层次进行思考，跳跃到一种理想状态。在解决问题之前，设定一个理想目标。这一理想目标可以理解为一种理想状态，使问题消失的理想状态。

图 2.7 自行车的发展

在前面的案例中提到，能否没有笔杆？没有笔杆就不会伤手指，这是一种理想的状态。以下所需设置的中间目标就是功能目标，进入理想状态，产生的问题与哪个功能相关，即关注这个功能。为了实现创新，首先要从实现功能的方式来考虑。如搞一项发明，原来用手握笔写字，可不可以用什么方式代替握笔？思考的内容会自动地呈现在纸上。透过意识能否"写"出来，这需要有"写"的功能，今后考虑采用哪项技术来实现这个功能。下一个基本目标是解决实际的问题，需要找出一个标准化的问题，以便在以后可以用到创新的方法。

2.5.3 设定目标的操作流程

设定目标的方法如下。

（1）设定理想目标。可以根据属性设定理想目标，即当前问题消失但有用功能仍可以实现；也可以根据消失的物体（虚拟化的方式）满足实际功能需求设定理想目标。

（2）设定功能（中间）目标。设定功能目标是涉及问题与理想目标所实现的功能，也就是说，改变哪种功能的实现方式能够解决问题，或者消除哪种功能的问题能够解决问题。

（3）设定基本目标。设定基本目标是考虑需要解决的问题是什么，即实现理想目标和功能目标要消失的问题或期望的属性。

对于理想目标，可以按照属性方面来设定，就是刚才提到的让问题消失，但是功能还需要实现。例如笔杆消失，但仍然可以用来书写，或者是消失的（看不见的）物体，实现虚拟化。

中间目标是指实现功能的目标，特指需要改变实现方式的功能。改变哪个实现功能的方式才能使目前存在的问题消失。

有很多事情只是停留在幻想中，没有付诸实现。事实上，随着技术的发展一些幻想是可以实现的。举一个例子，《西游记》中"四大金刚"中的"魔礼海"使用的武器（琵琶）就是一种理想化的武器，如图2.8所示。据悉，中国的"海巡01"还特别配备了"狮子吼"的强声设备，如图2.9所示。可以遥控定向远距离发射高达150分贝的警告音、语音等声波制御"敌人"，代替枪炮使用。只要声波发生器瞄准目标，目标就将失去战斗力。这种理想状态下的武器，用声波制御"敌人"，原来是难以想象的。人们会发现《西游记》中各路神仙所使用的武器都成为逐渐现实，如激光武器、气象武器。

图 2.8　魔礼海

图 2.9　声波武器

2.5.4　设定目标的案例

再回到案例中，先为笔设定一个理想目标。

（1）理想状态是没有笔杆，虽然没有笔杆但还可以让它完成手工书写的任务。

（2）设定功能目标需要了解一些标准化词汇，如表2.5所示。

表2.5 功能标准词汇及解释

功　能	解　释
吸收	物体把外界的某些物质吸到内部
积累	（事物）逐渐聚集
弯曲	使材料发生弯曲的形变
毁掉	彻底破坏
改变相态	改变物质系统所处的状况，也指改变各种聚集态，如物质的固、液、气等态
清洁	清除物体上的污垢、尘土等不洁之物
压缩	使范围或体积缩小
集中	把分散的事物、力量等聚集起来
浓缩	物体中使部分含量减少，另一部分含量增加的过程
约束	对非自由体的位置和速度预先施加的几何学或运动学的限制称为约束
冷却	物体的温度降低或使物体的温度降低
沉积	悬浮在液体中的固体颗粒的连续沉降，也指这样沉下来的物质形成冲积层或自然的堆积物
破坏	物体的结构损坏
检测	检查并进行测试
稀释	在溶液中再加入溶剂使溶液的浓度变小
干燥	从湿物料中除去水分或其他湿分的各种操作
蒸发	液体受热后表面缓慢地转化成气体的现象
膨胀	由于温度增高或其他因素，物体的长度或体积增加
提取	通过化学或机械工艺过程从物质中制取有用成分
凝固	液体遇冷凝结的现象
加热	使物体的温度增高
保持	维持（原状），使不消失或减弱
连接	将两种分离型材或零件连接成一个复杂零件或部件
融化	熔化；溶解
混合	使两种或多种物料相互分散而达到一定均匀程度的单元
移动	改换原来的位置
定向	指定方向
产生	由已有的事物中生出新的事物
保护	尽力照顾，使不受损害
提纯	除去某种物质所含的杂质，使变得纯净
清除	扫除净尽；全部去掉
抵抗	用力量制止对方的进攻
旋转	物体围绕一个点或一个轴做圆周运动
分开	使彼此分离、相互不合在一起或离开
振动	物体通过一个中心位置，不断做往复运动
装配	把零件或部件配成整体
腐蚀	由化学或由化学作用使物体消耗或破坏（如铁在大气中的生锈）
分解	使分成几个较简单的化合物；使分成构成成分或元素
定位	确定或指出的地方；确定场所或界限

续表

功　能	解　释
磨光	借助粘有磨料的特制磨光轮（或带）的旋转，以切削金属零件表面的过程
保存	继续存在，不受损失
防止	预先设法制止（坏事发生）
稳定	稳固安定；没有变动
嵌入	紧紧地埋入
侵蚀	逐渐侵害使受消耗或损害

在标准词汇中选择笔杆实现的功能或要改善的功能，笔杆在写字时起着定向的功能，另外笔杆还实现了压迫的功能。

目前看到这些标准化的功能词汇就是科学技术知识库中使用的一些词汇，以后利用这些词汇就找出相关的科学知识和经验。

（3）定义问题目标同样需要一些标准的词汇，如表 2.6 所示。

表 2.6　属性标准词汇与解释

属　性	解　释
亮度	发光体或反光体使人眼睛感到的明亮程度
颜色	色彩。光的各种现象或使人们得以区分在大小、形状或结构等方面完全相同的物体的视觉或知觉现象
浓度	某样成分（如溶解的或弥散的物质）的相对含量
密度	物质的质量与它的体积的比叫作这种物质的密度，即单位体积中所含的质量
阻力	妨碍物体运动的作用力
导电性	物体传导电流的能力
能量	物质做功的能力
流量	流动的物体在单位时间内通过的数量
力量	改变物体运动状态作用的大小
频率	物体每秒振动的次数
摩擦	在压力作用下一物体表面上摩动
硬度	固体坚硬的程度，即固体对磨损和外力所能引起形变的抵抗能力的大小
导热性	对固体或液体传热能力的衡量
均匀性	物质的一种或几种特性具有相同组分或相同结构的状态
湿度	某些物质中所含水分的多少
长度	两点之间的距离，物体的一维量测量，如长、宽、高、角度等
磁性	磁体能吸引铁、镍等金属的性质
方向	东、南、西、北等
极化	事物在一定条件下发生两极分化，使其性质相对于原来状态有所偏离的现象

属 性	解 释
多孔性	物质内部分子的排列很松散，一般体现在物质内部的空气或是二氧化碳较多的轻型材料上
位置	所在或所占的地方
功率	物体在单位时间内所做的功
压力	物体所承受的与表面垂直的作用力
纯度	物质含杂质多少的程度
刚性	坚硬不易变形的性质
形状	物体或图形由外部的面或线条组合而呈现的外表
声音	由物体振动而发生的波通过听觉所产生的印象
速度	运动的物体在某一个方向上单位时间内所经过的距离
强度	物体抵抗外力而使其本身不被破坏的能力
表面积	所有立体图形的外表之和
光洁度	机器零件、工件等表面的光滑程度
温度	根据某个可观察现象，按照几种任意标度之一所测得的冷热程度
时间	事物（如某些行动、过程或情况）存在或继续的期间
半透明性	物体只能透过一部分可见光，但不能通过它清晰地观察其他物体的性质
粘性	使流体或半流体发展或保持一定量的与流速有关的切应力，而对流动产生连续的阻力，流体的内摩擦
体积	物质或物体所占空间的大小；占据一特定容积的物质的量
重量	在地心引力的作用下，物体所具有的向下的力的大小
安全性	系统或物体保护自己的能力，免受未获准的进入、使用、窃取或其他不利影响
测量准确性	系统或物体性质所测量到的值与其实际值接近的程度
兼容性	该系统和其他系统能够联合程度，容纳包括各个方面或各种事物
可测性	检测或测量操作复杂、成本高、费时、费力
可靠性	物体或系统能够正常执行其功能的能力
可控性	系统状态是否可控，控制作用对被控对象影响的可能性
控制复杂性	复杂的控制系统，它包括用来提供有用功能的控制系统的物理组件或操作
可制造性	物体或系统在制造上的容易程度
敏感性	作用于物体或系统外部的影响力，而造成系统效率或质量的降低
美观性	一个物体或者系统的外形好看、漂亮
面积	物体的表面或围成的图形表面的大小，是指物体内部或者外部的任意二维尺寸
耐久性	随时间的延续仍能满足预定功能要求的能力，即物体失去功能前的寿命
能量的损失	能量的损失或浪费，不会有助于任何有用功能的执行。低效率。可能是部分或全部，永久或临时
容量	一个物体的容积的大小，也指物体或者空间所能够容纳的单位物体的数量
生产率	在单位时间内，系统或物体完成执行指定动作的次数
时间的浪费	时间效率低下——等待、松弛时间等，可能是部分或全部，经常或偶尔
舒适性	享受到的一些行为舒适功能
适应性	系统或物体对于外在条件改变后仍能正面地响应

属　性	解　释
稳定性	整个物体或系统受外在因素影响而维持不变的能力
物质的浪费	一个系统的元件或其周围的物质、材料等的损失或浪费。可能是部分或全部，永久或临时
物质的数量	制造一个系统所需要的物质的数量
消耗的能量	在做功期间所耗费的能量
系统复杂性	系统零件增加了复杂性。包括问题，如功能的数量、界面的数量和组件的连接数量过多
信息的数量	一种（附属）系统的信息资源（资料）的数量
信息的遗漏	一个系统的数据损失和浪费，也无法访问数据。包括数据相关的——视觉、听觉、触觉、嗅觉或味觉
易操作性	物体或系统在使用或操作上的容易程度
有害的扩散	一个系统或物体产生任何形式的污染物或向环境扩散
有害副作用	造成系统效率或质量降低的不良影响
应力 / 张力	作用在物体上的应力或张力
易损坏性	一个物体或系统保护它自己或它的用户不受危害的能力。一个物体或者系统抵抗外部损害的能力
易维护性	物体或系统发生故障或损坏后容易修护与恢复功能的程度
运行效率	一个物体或系统的主要有用功能或相关功能的效率
自动化程度	物体或系统执行操作不需要人控制的程度
制造准确性	系统或物体本身的真实特性与规范的或需求的设计特性接近的程度
润滑性	减少摩擦和磨损的能力
压力梯度	沿流体流动方向、单位路程长度上的压力变化
温度梯度	自然界中气温、水温或土壤温度随陆地高度或水域及土壤深度变化而出现的阶梯式递增或递减
超声波	一种频率高于 20000Hz 的声波
反射率	物体反射的辐射能量占总辐射能量的百分比，称为反射率。不同物体的反射率也不同，这主要取决于物体本身的性质（表面状况），以及入射电感波的波长和入射角度，反射率的范围总是反射率小于或等于 1，利用反射率可以判断物体的性质
震动	有物体自身动荡或使物体动荡的意思

按照实际情况在属性标准词汇中选择比较适合的词汇，如舒适性、有害的副作用等。在笔的案例中更加关注有害的副作用，解决或化解有害的副作用的问题，就可以消除笔给手指带来的伤害。

笔的目标设定用表格方式呈现，如表 2.7 所示。

表 2.7　笔的目标设定

流程	目标设定内容
设定理想状态	没有笔杆，还可以让它写字
确定功能目标	改变定向方式或消除压迫功能
确定问题目标	消除有害副作用

此处需要说明的是，不限定选择是否唯一，创造性解决问题没有标准答案（选择），老师选择了有害的副作用，不代表不能选择其他词汇了。每个人所站的位置不同，看问题的角度也会不一样，没有必要非得统一某个词汇。用不同的眼光看问题，最终解决问题的方法可能是相同的。当然，也可能是不同的，但其结果都不缺乏创造性。

创新最核心的东西就是创造性地解决问题，大多数人只考虑既有问题，或是正在发生的问题。能否给它设定的问题？这就是设定目标的意义。理想状态是无形或虚拟的状态，这种看似无法实现的目标，一旦取得突破就是重大的技术创新。有些看似无法实现的想法，其实是完全可以实现的。例如，笔者在 2004 年就考虑过利用压缩空气的方式驱动汽车的问题。当在某论坛发表自己的观点后，所有的反馈都觉得想法太异想天开了，这种方式根本无法实现，因此自己放弃了这个想法。在三年后的 2007 年，法国人实现了这个想法。通过亲身经历使自己获得的经验是不要轻易放弃理想、梦想，想法不成熟时也不要轻易说出来。由此可见，目标不仅是奋斗的方向，更是一种对自己的鞭策。有了目标就有了热情；有了积极性，才有使命感，有了计划性，做起事来才更有效率。有明确目标之人，会感到心里很踏实，生活很充实，注意力也会集中起来，不会被繁杂的事所干扰，干什么事都胸有成竹。

2.6　分析问题

分析问题的方法实际上是确定问题根本原因的方法。在哲学中确定因果关系有这样的观点：把一个事物看作它的状态和活动的原因。于是，在某种程度上，一个人是其行为的原因，灵魂是其各种功能的共同原因，物体——特别是有机体——是其运动的原因。从逻辑的角度看，所有物体都是普遍概念，它们是各种功能的原因。此外，有时候也在这个意义上将属性称为样态的原因。在内在世界中，把意志当作意愿的原因，把理智当作意见的原因等。

总之，分析问题时关注属性、功能和物体是必不可少的，这样具体解决问题的方向就可以明确下来。

2.6.1 为什么分析问题

人们常说，虽然发现了问题，但是就是无法找到令人满意的解决方案。在毛泽东主席的著作中有这样一句话："问题总是被提出来的，但是还没有解决，因为事情的内在联系还没有暴露出来。"由于对存在于事物中的要素进行分析可以发现其内在联系，而找到其内在联系则可以很容易地解决问题。问题分析实际是要素分析，要素分析是对分析问题的结果进行标准化和细化，以便准确地找到解决问题的方案，并且以要素与知识、经验形成关联，问题、要素与知识关联图，如图 2.10 所示。所以为了更精确地找到想要的信息，需要对问题的要素进行详细的分析，知道自己想要什么，什么才能满足问题的条件等。

运用各种各样可以引起变化的方法改变事物的要素，或在事物中加入更多的特征，这样最终就能看到哪个事物发生了变化。

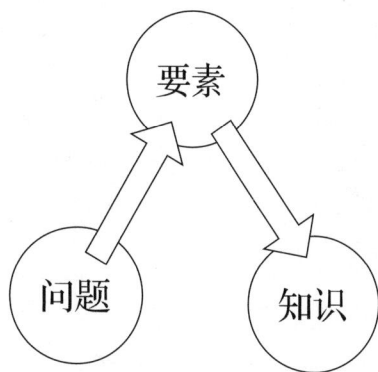

图 2.10 问题、要素与知识关联图

2.6.2 产生问题的要素

要素是一种客观存在，从本质方面回答是什么的问题，是事物或研究对象的基本构成。任何事物的构成，一旦深入到保留意义的最底层，这些要素将是稳定的，各要素之间不会有交叉，且不可替代，也是最根本的。在事物中解析出事物存在的关键要素，这些要素就是事物产生问题的根源。

有哪些产生问题的要素呢？该方法主要关注属性、功能、物体三个要素，它们之间存在着一定的逻辑关系，即物体实现某种功能会反映出物体的某些属性，而这些属性往往就是问题的表现。该属性可能是缺点或特性，它是基于确定引起问题的物体，并分析问题是哪一个要素造成的，是物体、结构、所选材料还是生产、装配、加工工艺和能源。如果要实现一定的功能需求，就必须对其实现的原理、结构、材料及其生产、装配、加工工艺进行分析。

在两千多年前，亚里士多德就提出了事物存在的四因说，如图 2.11 所示。亚里士多德认为自然界按照一种特殊的"因"而存在，即"目的因""质料因""动力因"和"形式因"。事物存在的"因"就是导致产生问题的几个要素。如实现功能的物体，所用的材料，生产、制造、装配的工艺以及物体的结构等几个方面，也要考虑能量的来源。如果要搞发明，要申请发明专利，就必须找到一个实现现有功能的新科学原理。

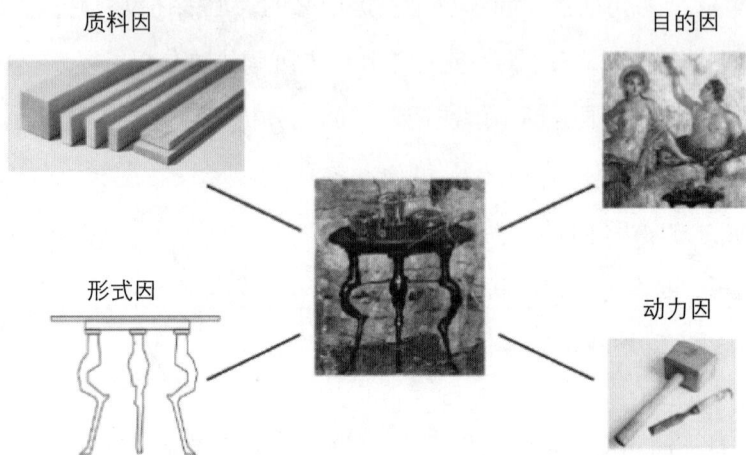

质料因   目的因

形式因

                                          动力因

图 2.11 四因说

2.6.3 要素的概念解释

1. 属性

每个物体都有很多属性，属性是附属于物体的特征，是事物本身的表现。哲学的解释是质的表现。它不仅是物体实现功能的情况，而且是实现功能发生变化的结果。在实现某一功能时就会改变原来物体的属性，而在用新的方法实现某一功能时物体的属性也会发生改变。将属性分为两大类，物理属性（如重量、容量、长度、密度、面积等）和性能属性（如耐久性、稳定性、可靠性、设备复杂度等）。属性可以是问题的表述，也可以是期望的表现（需求），定义属性时可以从问题和需求两个角度来考虑。

2. 功能

在功能方面，理工科专业更加关注功能。功能是描述物体如何工作的物理行为，它表现出物体的一种属性，这就需要更加精确、明确地定义功能。功能的定义要用"动词"来描述，并指明功能作用的对象，即"动词＋名词"，这种方法所分析的功能与前面所说的功能关注点有一些区别，所关注的功能是引发问题的功能。之前只是简单地知道它做了什么，如眼镜的主要功能是折射光线。为什么是折射光线的功能呢？现在了解一下视觉形成的过程。

外界物体反射的光线，经过角膜、房水，由瞳孔进入眼球内部，经过晶状体和玻璃体的折射作用，最终在视网膜上形成倒置的物像，视网膜上的感光细胞接受物像刺激，将物像信息转变成神经冲动，然后通过视神经传到大脑皮层的视觉中枢，形成视觉。正常眼的晶状体会把光线折射后正好落在视网膜上，近视眼的晶状体曲度过大，才会把光线折射后落在视网膜前方；远视眼的晶状体曲度过小，才会把光线折射后落在视网膜后方，近视、远视眼的成像及矫正如图 2.12 和图 2.13 所示。

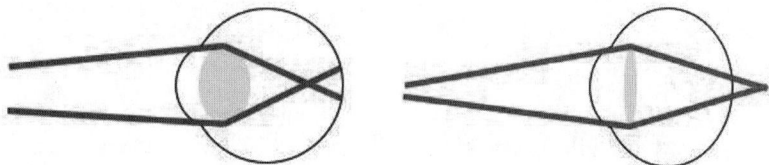

图 2.12　近视、远视眼的成像

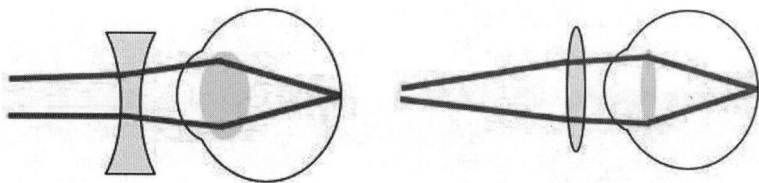

图 2.13　近视、远视眼的矫正

举这个例子的目的是告诉大家，由于眼睛实现折射功能没有达到“预期”，所以发明家用眼镜进行矫正，使光线折射后落到视网膜上。如果能改变眼睛的折射效果，当然是最好的办法。分析功能旨在发现未达到预期及有害功能，并以新的方式改善或消除它们。

3. 物体

物体是实现某一功能的载体，它决定着实现功能的实现情况。物体是产生问题的原因，属性是表现出来的结果。造成问题的原因包括物体本身（实现功能的原理）及其结构，所使用的材料和加工、制造、装配工艺，即物体、结构、材料和工艺四个方面。将物体存在的要素划分得很细，从四五个方面进行考虑，可替代因果分析，直接、快速找出产生问题的原因在哪里，无须多做逻辑推导。物体或实体产品之所以会发生问题，是因为实现这些功能的原理，所选择的材料，加工、制造、装配这几个方面的工艺，以及结构。一件产品即使销量不好也可以考虑外观，这种方法可以不把外观要素包括在，内而先考虑物体、结构、材料和工艺四个方面。

2.6.4 分析问题的操作流程

分析问题的具体的操作流程，包括以下几个步骤。

（1）确定属性（问题）。

（2）确定功能（通过"动词"来描述）。

（3）确定功能种类，参考种类为测量（涉及测量、探测、检测等功能）、不足（功能达不到预期指标）、有害（功能产生不好的结果）三个类别。

（4）确定作用对象及其物理形态（固态、粉末、液态、气态、场）。

（5）确定产生问题的原因（物体、结构、材料与工艺选择一个）。

（6）确定创新的方向。

在确定属性、功能时，尽量从标准的属性（问题）词汇中选择，如表2.8和表2.9所示。

表2.8　属性词汇中英文列表

亮度 brightness	颜色 color	浓度 concentration
密度 density	阻力 drag	导电性 electrical conductivity
能量 energy	流量 fluid flow	力量 force
频率 frequency	摩擦 friction	硬度 hardness
导热性 heat conduction	均匀性 homogeneity	湿度 humidity
长度 length	磁性 magnetic properties	润滑性 lubricity
方向 orientation	极化 polarization	多孔性 porosity
位置 position	功率 power	压力 pressure
压力梯度 pressure gradient	纯度 purity	刚性 rigidity
形状 shape	声音 sound	速度 speed
强度 strength	面积 area	表面积 surface area
光洁度 surface finish	温度 temperature	温度梯度 temperature gradient
时间 time	半透明性 translucency	超声波 ultrasound
粘性 viscosity	体积 volume	重量 weight
应力/张力 pressure/stress	容量 capacity	安全性 security
测量准确性 measurement precision	兼容性 compatibility	可测性 measurability
可靠性 reliability	可控性 controllability	控制复杂性 control complexity
可制造性 manufacturability	敏感性 susceptibility	美观性 aesthetics
耐久性 durability	能量的损失 loss of energy	生产率 productivity

续表

时间的浪费 loss of time	舒适性 amenity	适应性 adaptability
稳定性 stability	物质的浪费 loss of substance	物质的数量 amount of substance
消耗的能 consumption of energy	系统的复杂性 system complexity	信息的数量 amount of information
信息的遗漏 loss of information	易操作性 operability	有害的扩散 harmful emissions
有害副作用 harmful side effect	易损坏性 vulnerability	易维护性 maintainability
运行效率 function efficiency	自动化程度 automation	制造准确性 manufacturing precision

表 2.9　功能词汇中英文列表

吸收 absorb	积累 accumulate	装配 assemble	弯曲 bend	破碎 break down
改变状态 change phase	清洁 clean	压缩 compress	集中 concentrate	浓缩 condense
抑制 constrain	冷却 cool	腐蚀 corrode	分解 decompose	沉积 deposit
破坏 destroy	检测 detect	稀释 dilute	干燥 dry	嵌入 embed
侵蚀 erode	蒸发 evaporate	膨胀 expand	提取 extract	凝固 freeze
加热 heat	保持 hold	连接 join	定位 locate	融化 melt
混合 mix	移动 move	定向 orient	磨光 polish	保存 preserve
防止 prevent	产生 produce	保护 protect	提纯 purify	清除 remove
抵抗 resist	旋转 rotate	分开 separate	稳定 stabilize	振动 vibrate

2.6.5　分析问题的案例

回到选择的创新目标——笔，把它的一些要素分析出来。

（1）参考表 2.7 定义出来的属性是有害的副作用，在设定目标时确定了，通过确认觉得它确实是要解决的问题。

（2）确定的功能是压迫，因为要素分析要分析出产生问题的功能，是压迫伤害到手指。

注意：在现在的创新理念中，发现有害必须消除。比如，笔杆对手指造成伤害要消除压迫功能，注射器的针头扎伤患者，也必须消除扩张功能。所以分析问题是要关注有害功能。

（3）笔杆实现压迫手指的功能类别是有害。

（4）手指是笔杆的作用对象，手指的物理形态是固体。

（5）将来改造的对象就是笔杆，确定是它造成的问题。

（6）确定创新的方向。

① 设计没有笔杆，但还能够写字的笔。

② 设计笔杆不压迫手指，但还能够写字的笔，这些是将来的设计方向。

③ 设计没有有害副作用的笔，提高写字的舒适性。

笔的问题分析用表格方式呈现，如表 2.10 所示。

表 2.10　分析问题案例

属性（标准问题）	功　　　能				造成问题的因素（选填）			
有害副作用	动词	类别	作用对象	对象形态	物体	结构	材料	工艺
	压迫	有害	手指	固体	笔杆			
创新的方向	设计没有笔杆，但还能够写字的笔；设计笔杆不压迫手指，但还能够写字的笔；设计没有有害副作用的笔，提高写字的舒适性							

2.7　本章小结

本章系统性地介绍了感知需求、发现问题、描述问题、目标设定及要素分析的概念及方法的内容。简述了需求的内涵和感知需求的方法；说明了没有问题的原因，定义了问题的概念，以及阐明了"问题意识"培养的重要性。有意识地去发现问题依靠行动的驱动，借助发现问题的方法可以提高发现问题的效率，此外，6W2H 会帮助大家将问题描述清楚，每个问句之间有一定的逻辑性关系，使大家的思路更加清晰。同时，设定目标的意义重大，有了目标才会有思考的方向，问题拆解或将复杂的问题简单化，便于直接抓住问题的本质，要素分析是创造性解决问题的关键。理解各种概念对于掌握核心内容会有所裨益，掌握本章各种方法有助于提高大家的创新能力，这也是进入创新大门的必经之路；认真地品读每个小节后的延展知识可以提升大家的创新境界，因为创新是一项很神奇的行为，创新境界提升后创新将是信手拈来的事情。

习题

一、选择题

1．（单选）以下不是无法找到问题的原因的是（　　　）

　　A．无法具体描述作为问题前提的"应有状态"

　　B．对现状的认识、分析不够，未能真正地了解现状

C. 无法厘清具体的"需求"

D. 从可执行的"解决方案"倒回来想问题，所以看不到可能性

2. （单选）下列关于发现问题的方法中不太适合的是（　　）。

A. 缺点列举法

B. 希望点列举法

C. 属性列举法

D. 关键词法

3. （单选）下列关于描述问题的要求，错误的是（　　）。

A. 简洁

B. 清晰

C. 精准

D. 大概

4. （单选）下列关于描述问题的步骤中，错误的是（　　）。

A. 发生了什么问题？描述事物、现状及差距

B. 描述功能目标是什么

C. 描述如何避免当前问题的发生

D. 描述解决问题有哪些限制条件

5. （单选）下列关于理想状态的理解，正确的是（　　）。

A. 既定的应有状态

B. 让问题消失的状态

C. 达到基本目标的最适宜目标

D. 引导创意思考一个明确的方向

6. （单选）下列关于设定目标的描述是错误的是（　　）。

A. 设定既定的应有状态与现状的差距

B. 设定思考什么才是达到基本目标的最适宜目标

C. 设定一个理想的状态把它当作目标，从此我们以行动来使得它在现实中实现

D. 设定理想状态，有意识地创造差距

7. （单选）为实现某种功能需求，需要分析出一些要素，下列分析出的要素正确的是（　　）。

    A. 分析出实现功能的原理、结构、材料及其生产、装配、加工工艺

    B. 分析出物理属性与性能属性

    C. 分析出属性、功能、物体

    D. 分析出物体、结构、选用的材料以及生产、装配、加工工艺

8.（单选）下列关于造成产品出现问题的因素，正确的是（　　）。

    A. 功能、结构、材料与工艺

    B. 物体、属性、材料与工艺

    C. 原理、结构、材料与工艺

    D. 物体、结构、材料与工艺

二、思考题

1. 选择关注的事物，运用两种感知需求的方法，结合需求的内涵，思考发现的实际需求，并记录在表 2.11 中。

表 2.11 需求分析

问　题	具 体 内 容
什么需求？	
为何会有这样的需求？（功能或性能）	
这个需求能够带来什么好处？	

2. 针对所选的事物问几个"能不能……"或"有什么……"，并记录在表 2.12 中。

表 2.12 问题意识培养提问练习

编号	能不能…	有什么…
1		
2		
3		

编号	能不能…	有什么…
4		
5		

3. 利用三种发现问题的方法，针对感知需求关注的事物按照流程思考相关内容，并记录在表 2.13 中。

表 2.13　属性列举练习

流　程	具　体　内　容				
事物名称					
列举属性	名词属性			形容词属性	动词属性
	部件	材料	制造工艺	性质	功能
提出问题					

4. 从发现的问题中选择一个问题，利用 6W2H 法认真思考问题，记录在表 2.14 中，并在表格下方用图片说明存在的问题。

表 2.14　描述问题练习

流　程	具　体　内　容
1. 发生了什么（What）问题？详细描述问题的不良现象或数据（How Much），并说明具体的差距（How）。	
2. 描述解决问题有哪些(Which)限制(约束)条件。	
3. 描述在何时（When）、何处（Where）发生问题？为什么（Why）发生这样的问题？谁（Who）引起的？	
4. 描述如何（How）避免问题的产生？	

5. 基于已经描述的问题在表 2.15 中设定理想目标、功能目标及问题目标。

表 2.15　目标设定练习

流　程	具 体 内 容
1. 设定理想目标	
2. 确定功能目标	
3. 确定问题目标	

6. 根据目标设定的结果按流程分析问题，将分析结果填在表 2.16 中。

表 2.16　问题分析练习

属性（标准问题）	功　　能				造成问题的因素（选填）			
	动词	类别	作用对象	对象形态	物体	结构	材料	工艺
创新的方向								

第 3 章　创意优化方法（头脑风暴法）

3.1　头脑风暴法的起源

"头脑风暴"最早是精神病理学上的用语，是指精神病患者的一种精神错乱、胡思乱想的思维状态，后来头脑风暴法的创始人，美国 BBDO 广告公司的副经理 A. F. 亚历克斯·奥斯本（1888.5.24—1966.5.4）借用此概念来比喻思维高度活跃，打破常规的思维方式，进而产生大量创造性设想的状况，其目的在于产生新观念或激发创造性创意。创造学将此概念转化为无限制的自由联想和讨论，以产生新观念或激发新设想。

3.1.1　头脑风暴法

头脑风暴法最早由奥斯本提出，是世界上最早付诸使用的创造方法。

奥斯本于 1939 年首次提出一种激发创造性思维的方法。1941 年出版《思考的方法》，此书被誉为创新学的奠基之作。1958 年出版的《创造性想象》到现在发行了 1.2 亿册。因此，被人们尊称为创造学和创造工程之父，头脑风暴法之父。

人们将头脑风暴法定义为一群人（或小组）围绕一个特定感兴趣的领域（或问题）相互补充、相互激发，从而产生新观点的情境（a way of making a group of people all think about something at the same time often in order to solve a problem or to create good idea.《牛津高阶英汉双解词典（第 6 版）》）。即激发集体智慧，让头脑卷起风暴，在智力激励中，产生新点子、提出新办法，为特定问题找到解决方法的技巧。

头脑风暴法适用范围广泛，易于普及，是快速大量寻求解决问题的集体思考方法。头脑风暴法又称 BS 法、智力激励法、脑轰法、智力风暴法、自由思考法、脑力激荡法、畅谈会法、诸葛亮会议、群议法等。

头脑风暴法的核心是联想,宗旨是以一定的会议形式给与会者创造一种能积极思考、启发联想、大胆创新的良好环境,充分激发每个人的才智,为解决问题提供大量的新颖设想。爱因斯坦说:"想象力比知识更重要!"要产生大量的联想,就必须积极发挥想象力。

抑制想象力的最大障碍是惯性思维。奥斯本认为人类在长期解决问题的过程中,总企图走捷径,遇到问题时,习惯于本能地过早进行判断。但这种判断的依据又是什么呢?它经常是依据以前经验而形成的定式,所以判断的结果总是指向原先行为相同的思路和方式,这使得人们无法突破定式,无法创造性地解决问题。因此,在创造发明过程中,必须控制这种批判,必须打破惯性。

3.1.2 创新的驱动方法

创新一般来源于人的创新意识、创新思维(思维技巧)、创新知识(创造方法)、创新人格(创造精神)等多个方面,那么我们应该用什么方法来驱动创新的进程呢?

人们把创新区分为颠覆式创新(前所未有)和渐进式创新(改进或整合),而渐进式创新是颠覆式创新的基础。头脑风暴法就是为创新打基础,是激发创新创意的起步活动,是启发创新创意最常用的方法。

3.1.3 创新的源泉和动力

从创新的过程来看,首先要有创意,在创意的不断触发下产生好的思路,然后在思路的引导下付诸实践,将理想变为现实,即创造出作品,再对作品进行不断改进,使之与众不同,甚至前所未有,这便是创新,有了创新的作品会最终给社会带来效益,进而推动社会的发展。反之,社会要进步,就必须不断创新。

俗话说实践出真知,创新离不开脚踏实地,创新必须理论联系实际,但掌握一定的创新方法,便会如虎添翼。

创新方法主要围绕发现新问题、形成新概念、提出新设想,而发现问题是创新的起点,提出新设想是解决问题的关键。

专家研究得出培养创新能力的途径是在掌握大量知识和经验的基础上(知与行),开发创新思维、培养批判性思维及其方法、塑造创新人格,并将这些应用于解决问题之中,即树立问题意识、培养研究性态度、研究能力。其中,开发创新思维是关键之一。

3.1.4 创新的思维形式

创新离不开思维，因此必须了解什么是"思维"，以及什么样的思维才有利于创新。

从思维的字面意思来说，"思"是指人的想象力、思考力，"维"是指思考的秩序、思考的方向。从哲学的角度来说，思维是指具有意识的人脑对客观现实的本质属性、内部规律的自觉的、间接的和概括的反映。从信息论的角度来说，思维是人们接受、存储加工及输出信息的活动过程，并概括地反映客观现实的过程。

思维有多种形式，包括概念、想象、形象、灵感、抽象、判断、推理等。

对于创新而言，思考力及其三要素最为关键。思考是思维的一种活动，思考力则是在思维过程中产生的一种具有积极性和创造性的作用力。

在物理学上，"力"有大小、方向、作用点三个基本要素，"思考力"同样也离不开三个最基本的要素：作用点、大小、方向。

"作用点"是指针对何种问题去发挥思考力。

"大小"是指发挥思考力的前提条件，思考力取决于思考者掌握的关于思考对象的知识和信息量的多少（大小），如果没有相关的知识和信息量，就不可能产生相关的思考活动。知识和信息量越大，思考就越全面，它决定着思考的维度。

"方向"是指思考的方向，它取决于思考的价值目标以及围绕着目标形成的思路。也就是说，思考需要有一定目的性，漫无目的的思考难以产生强有力的思考力。目的性和方向性，直接决定着思考的角度或向度。

专家研究发现：思维方向与创造过程的关系比思维的形式更重要，而创新思维就是形式与方向的紧密结合。

思维的方向包括发散性思维与收敛性思维，横向思维与纵向思维，正向思维与逆向思维。

"创新思维"就等于"思维的形式"加"思维的方向"。

3.1.5 创新的生理解释

思维是一种高级生理现象，是人脑内的一种生化反应过程，是产生第二信号系统的源泉。

人脑可分为左半脑和右半脑。左半脑主要侧重抽象、逻辑思维，是记忆、语言、推理、计算、排列、分类、书写、分析、判断和求同思维等智力活动的控制中心。

右半脑主要侧重形象、非逻辑思维，是视知觉、空间关系、音乐、节奏、舞蹈、身体协调、直觉、综合、态度、情感、直观想象、操作和求异思维等精神活动的控制中心。

研究认为，形象思维是对整体的感知，是产生创意的源泉。因此，要产生尽可能多的好创意，就要重视右脑优势。要多训练右脑，发挥非逻辑的思维，即联想、想象、隐喻类比、灵感、顿悟、形象、直觉、发散性思维等。

此外，要提高创造力还必须重视左右脑协调发展。因为，创新活动必须从左脑活动中获得必要的信息，当思维向四面八方发散时，需要综合地运用多种思维形式，即使是思维收敛，也要综合运用概念、判断和推理这些逻辑思维形式。

头脑风暴法的运用就是为了抑制左脑，让右脑暂时控制思想，使头脑能够更多地进行非逻辑思维（发散性思维）而不是逻辑性的思维。

总之，创新思维是思维的高级形式：多形式、多方向、多方式、多角度，其精髓是非逻辑的，目的是打破思维定式，促进常态思维的转化，以获得新成果。主要包括：分析和综合、比较和概括、抽象和具体、迁移、判断和推理、想象等。创新思维中非逻辑思维要比逻辑思维起到更重要的作用，而常规思维中逻辑思维要比非逻辑思维起到更大的作用。

3.2 头脑风暴法的应用

3.2.1 去除电线上的积雪

有一年，美国北方格外严寒，大雪纷飞，电线上积满冰雪，大跨度的电线常被积雪压断，严重影响通信。

过去，许多人试图解决这一问题，但都未能如愿以偿。后来，电信公司经理应用头脑风暴法尝试解决这一难题，他们召开了一种能让头脑卷起风暴的座谈会，参加会议的是不同专业的技术人员，要求他们必须遵守以下原则。

第一，自由思考。要求与会者尽可能解放思想，无拘无束地思考问题并畅所欲言，不必顾虑自己的创意是否"离经叛道"或"荒唐可笑"。

第二，延迟评判。要求与会者在会上不要对他人的创意评头论足，不要发表"这主意好极了！""这种创意太离谱了！"之类的"捧杀句"或"扼杀句"，至于对创意的评判，留在会后组织专人考虑。

第三，以量求质。鼓励与会者尽可能多而广地提出创意，以大量的创意来保证质量较高的创意的存在。

第四，结合改善。鼓励与会者积极进行智力互补，在增加自己提出创意的同时，注意思考如何把两个或更多的创意结合成另一个更完善的创意。

按照这种会议规则，大家七嘴八舌地议论开来，有人提出设计一种专用的电线清雪机；有人想到用电热来化解冰雪；也有人建议用电磁振荡技术来清除积雪；还有人提出能否带上几把大扫帚，乘直升机去扫电线上的积雪。

对于这种"坐飞机扫雪"的创意，大家心里尽管觉得滑稽可笑，但在会上也无人提出批评。相反，有一位工程师在百思不得其解时，听到用飞机扫雪的创意后，大脑突然受到冲击，一种简单可行且高效率的清雪方法冒了出来。

他想，每当大雪过后，出动直升机沿积雪严重的电线飞行，依靠调整旋转的螺旋桨即可将电线上的积雪迅速扇落。他马上提出"用干扰机扇雪"的新创意，顿时又引起其他与会者的联想，有关用飞机除雪的主意一下子又多了七八条。不到一小时，与会的10名技术人员共提出90多条新创意。

会后，公司组织专家对创意进行分类论证。专家们认为设计专用清雪机，采用电热或电磁振荡等方法清除电线上的积雪，在技术上虽然可行，但研制费用大，周期长，一时难以见效。那种因"坐飞机扫雪"激发出来的几种创意，倒是一种大胆的新方案，如果可行，将是一种既简单又高效的好办法。

经过现场试验，发现乘直升机扇雪真能奏效，一个久悬未决的难题，终于在头脑风暴会中得到了巧妙的解决。

3.2.2　巧用太空圆珠笔

20世纪60年代末，美国阿波罗宇宙飞船在月球赤道附近着陆，宇航员阿姆斯特朗和澳尔德林先后走出登月舱。工作两个半小时后，返回登月舱，准备乘坐"上升舱"与指令舱会合。但由于"上升舱"的空间狭小，进入时身上背着的"生命保障系统"外壳撞上了座舱的内壁，竟把"上升舱"的喷气推进启动开关的塑料旋柄撞断了，导致开关无法使用。若登月舱的"上升舱"启动不了，宇航员会被困在月球上，无法返回。

他们将情况向地面控制中心报告，控制中心的科学家立即寻找解决办法，大家提出了许多解决方案，但地面模拟操作都不成功，有人提出用宇航员身上特制的太空圆珠笔代替已损坏的塑料旋柄去启动开关，于是，科学家们在模拟器上把已损坏的塑料旋柄残余部分取下，再把太空笔的笔管前端伸进启动开关内部，去拨动一个小小的金属片。几次试验后，终于把电路接通了。控制中心马上把这个消息通知月球上的宇航员，让他们也按这个方法操作。于是，就在当日 13 时 54 分，奥尔德林手持太空圆珠笔，如法炮制，启动开关的电路果真在瞬时接通，点火一举成功。"上升舱"在喷气推进器强大的气流推动下，缓缓飞离月球，与指令舱成功会合。可见，善用头脑风暴法，发挥集体智慧，其作用是无穷的。

3.2.3 发明新功能电器

盖莫里公司是法国一家拥有 300 人的中小型私人企业，这一企业生产的电器面临激烈的市场竞争。该企业的销售负责人在参加了一个关于发挥员工创造力的会议后大有启发，开始在自己公司谋划成立了一个创造小组。在冲破了来自公司内部的层层阻挠后，他把整个小组（约 10 人）安排到了农村一家小旅馆里，在以后的三天中，每人都采取了一些措施，以避免外部的电话或其他干扰。

第一天全部用来训练，通过各种训练，组内人员开始相互认识，他们相互之间的关系逐渐融洽，开始还有人感到惊讶，但很快他们都进入了角色。

第二天，他们开始创造力训练技能，开始涉及智力激励法以及其他方法。

他们要解决的问题有两个，在解决了第一个问题，发明一种拥有其他产品没有的新功能电器后，他们开始解决第二个问题，为此新产品命名。

在第一、第二两个问题的解决过程中，都用到了智力激励法，但在为新产品命名这一问题的解决过程中，经过两个多小时的热烈讨论后，共为它取了 300 多个名字，主管则暂时将这些名字保存起来。

第三天一开始，主管便让大家根据记忆，默写出昨天大家提出的名字。在 300 多个名字中，大家记住 20 多个。然后主管又在这 20 多个名字中筛选出了 3 个大家认为比较可行的名字，再将这些名字征求顾客意见，最终确定了一个。

结果，新产品一上市，便因为其新颖的功能和朗朗上口、让人回味的名字，受到了顾客的热烈欢迎，迅速占领了大部分市场，在竞争中击败了对手。

3.2.4 打造好节目

在英国，节目的创新氛围很好，"点子"几乎是创意团队的全部谋生手段。如果没有好的点子，卖不出节目创意，就没有饭吃。反之，卖出了个好的点子，他们就有很多的盈利，甚至可以靠不断收取模式版权费用而盈利很长一段时间。

英国一直是全球最大的节目原创国，平均创新节目量达到10万个，若以小时计算，全球年均45％的节目创意来自英国，而且这些电视节目的版权还被世界各地电视台以重金购买。如天线宝宝、xFACTOR等。

英国电视人是怎么做到这一点的呢？

在英国，节目创意的方法有很多无限联想，一分钟推销创意，一分钟之内你的创意不能说服对方就失败了。

英国的节目创意主体是团队，BBC的创意总监说，他们开展节目创意的时候，团队的每个成员都是平等的，没有老大，积极鼓励与会者思考别人的创意，在别人的基础上发展和提炼出新的创意，团队成员会花很多时间进行深入讨论和深化，用各种法则与工具对一个点子进行补充和完善。

在这一点上，国内的电视台也有策划会，但大多是制片人说了算，很少用各种法则与工具对一个点子进行补充和完善。另外，国内的各电视机构虽然大多都有节目研究部门，却鲜有节目创新和创意部门，各节目团队更不会花很多时间进行深入讨论和深化。

英国的专业团队在节目创新之前，非常注重受众调查，对受众进行细分，甚至为此请专门的调查公司做调研，而国内的节目创新往往是以制片人自己的喜好来决定节目的品味和走向，主管领导经常将自己的意见左右新点子的命运，新点子得不到应有的鼓励和发展。

3.2.5 设计不掉面包屑烤面包机

美国某公司决定在内部征集各类新型烤面包机的设计方案。有一位负责清洁的老太太问：有没有能抓老鼠的烤面包机？因为老鼠老是来吃烤面包机掉下的面包屑。于是，在老太太的激发下，公司在新设计的烤面包机最下层装上一个抽屉，用于收集掉下来的面包屑，不掉面包屑烤面包机就此诞生，产品一上市立即得到了广大用户的欢迎。类似激发创意的设计方案还有，跳式烤面包机、可留言的烤面包机、透明的烤面包机、可翻转的烤面包机等，它们都是公司内部员工进行头脑风暴的结果。

3.2.6 设计水滴线型潜艇

水滴线型核潜艇被认为是稳定性最好的潜艇，为实现这一设计，美国人谨慎地走了三步，先是采用适合水面航行为主的常规线型，同时建造一艘常规动力水滴线型潜艇，摸索水滴形体的流体性能，在此基础上研制出先进的水滴型核潜艇。

1965 年 3 月，我国核潜艇研制工作全面启动，能否设计出水滴线型核潜艇是关键。面对当时工业技术落后的状况下，有人提出："保险起见，我们是不是也要多走几步？"但是我国国力薄弱，核潜艇研制时间紧迫，没钱拖，也拖不起，这一度困扰着核潜艇之父黄旭华和他的同事们。

依据大量试验和科学论证，黄旭华提出直捣龙潭的大胆想法，"三步并作一步走！"研制中国的水滴型核潜艇。他认为，"一个侦察兵已把最佳路线侦察出来，再去就没必要重走他侦察时的路线了。既然别人证明了核潜艇做成水滴线型可行，何必要再走弯路？"他坚持，只要与别人的大脑组成一个头脑网络，就能造就真正聪明的大脑。在召集大家开会讨论时，他不当裁判，而是鼓励敞开交流，激发"头脑风暴"，这样就把团队的头脑连成了一张网络。他的口头禅是："干对了，没得说；干错了，总师承担责任。"

功夫不负有心人，黄旭华和同事们应用创新思维方法，解决了一系列关键难题，快速实现了这一设计。1970 年 12 月，我国第一艘攻击型核潜艇顺利下水，1974 年 8 月，我国第一艘核潜艇正式列入海军战斗序列。这是世界核潜艇史上罕见的速度：上马三年后开工，开工两年后下水，下水四年后正式入列。1981 年 4 月，我国第一艘弹道导弹核潜艇成功下水。两年四个月后，交付海军训练使用，加入海军战斗序列。我国成为继美、苏、英、法之后世界上第五个拥有核潜艇的国家。

随着创造活动的复杂化和问题涉及技术的多元化，单枪匹马式的冥思苦想将变得软弱无力，"群起而攻之"的战术则显示出攻无不克的威力。

运用头脑风暴法组织小型会议，针对某一主题，营造自由愉快、畅所欲言的气氛，让所有参与者自由提出并交换创意或点子，以此激发脑海的创造性"风暴"——产生共振和连锁反应，从而诱发更多的创意及灵感。表 3.1 对传统讨论会与头脑风暴会的特点进行了对比。

表 3.1　传统讨论会与头脑风暴会的对比

传统讨论会	头脑风暴会
创造力受到约束； 多数人意见或一致意见的压力； 老板或领导权威的影响； 随意的评判； 部分与会者沉默或不够积极	创造力得到释放； 禁止批评别人的意见； 提倡自由思考，天马行空、异想天开，越新奇越好； 观点意见越多越好； 引发联想，补充完善

3.3　头脑风暴法的机理

3.3.1　联想反应

联想是产生新观念的基本过程。在集体讨论问题的过程中，每提出一个新的观念，都能引发他人的联想。相继产生一连串的新观念，产生连锁反应，形成新观念堆，为创造性地解决问题提供了更多的可能。

3.3.2　热情感染

人或多或少都有从众心理。在不受任何限制，轻松愉快的氛围中，集体讨论问题能激发人的热情。人人自由发言、相互感染、相互增强，能形成热潮，突破固有观念的束缚，最大限度地发挥创造性地思维能力。

3.3.3　竞争意识

心理学研究告诉我们，人都有争强好胜的心理，在有竞争意识的情况下，人的心理活动效率可增加 50% 或更多。在群体讨论中发言，实际上也是个体的展示，本质上是一种竞争形式，这样人人不断地开动思维机器，争先恐后，竞相发言，力求有独到见解，新奇观念。

3.3.4　个人欲望

在不受限制、没有顾虑的情况下，人的倾诉欲望会增强。在有竞争的氛围中，个体也会有表现自我的欲望，会不断开动思维机器，努力突破固有观念束缚，力求有独到见解并加以展示。

为此，要创造良好的平台，提供激发灵感、开阔思路的环境；充分挖掘思维潜力，培养责任感、自信心和创造力；良好的沟通氛围，发挥集体智慧，增强团队凝聚力；天马行空，集思广益，在有限时间产生大量的创意。

通过集体的讨论激励，使与会者的潜意识慢慢地显露出来，使沉睡的记忆信息活跃起来，使大脑处于兴奋的工作状态，产生出意想不到的新思想、新观点。

一些科学测试证实，在群体联想时，成年人的自由联想可以提高50%或更多。这是因为在群体中，人们的思维可以相互启发、引起联想、相互激励，做到思维共振；人们的设想可以相互补充、相互促进，做到连环增值。

应用范围：政治和社会问题的解决、尖端科技的创新、家庭或个人琐事的处理，如产品革新、军事指挥、企业管理、文艺创作等。

群体智慧不是个人智慧的简单叠加，它能产生整体大于部分的整体效应。正如俗话所说："三个臭皮匠胜过一个诸葛亮。"

作为一种进行发散思维、激发创意的简单高效的工具，在美国推广应用，许多大学相继开设头脑风暴法课程，其后，传入西欧、日本、中国等国家或地区。经各国创造学研究者的实践和发展，已经形成了一个发明技法群，如奥斯本智力激励法、默写式头脑风暴法、卡片式智力激励法、NBS的头脑风暴法、三菱式头脑风暴法等。

3.4　头脑风暴法的原则

头脑风暴法的意义在于使与会者畅所欲言，通过思维的相互撞击、启发和激励，迸发出火花，达到较高效率集思广益的目的。

为了激发更多的设想，不管提出的想法是否可用，都有引发其他设想的可能。

一次成功的头脑风暴关键在于探讨方式，心态上的转变，概言之，即营造充分、非评价性、无偏见的交流氛围。

为了保证头脑风暴法发挥作用，在进行集体讨论之前必须确立君子协定，称为"臭皮匠协定"，奥斯本要求与会人员务必严格遵守以下原则：自由畅想，鼓励新奇；延迟评判，禁止批判；追求数量，以量求质；相互激发，综合集成。

3.4.1 自由畅想，鼓励新奇

要敞开心扉，不受传统思想框架的束缚和逻辑思维的影响，尽情运用发散性思维，力求在自由翱翔的思想状态下，产生更多新颖的设想。

驯服一个狂热的创意比率先想出一个立即生效的观点要容易得多，观点越"疯狂"就越要给予鼓励。

自由发散：不必顾虑自己的创意是"离经叛道""荒唐可笑"或"错误荒谬"；不局限思考的空间，不受任何条条框框限制；尽可能解放思想，无拘无束地让思维自由驰骋；从不同角度、不同层次、不同方位，任意想象，尽量发挥。

平等交流：不分职务、资历、性别、年龄、专业，平等探讨，提倡创造一种自由、活跃的气氛，使与会者思想放松，自由奔放的思考、不被束缚的表达。轮流发言、机会均等。

鼓励表达：闭嘴容易，开口难，要大声说出你脑子里闪过的任何奇异的、不可行的创意，以诱发出更好的创意；没有任何观点是荒谬的，也没有什么观点是夸张的，说出口的点子就是好点子；看似荒唐，不着边际的创意或许就是好创意的原型，是打开创意大门的钥匙。

要点：聚焦主题、异想天开、标新立异、畅所欲言。

顺利联想的几个方法：思考有没有类似的东西？有没有可借用的？有无代用品？是否可以改变一下看看？是否可以借童话故事或小孩的经验获得启发？是否可以移动一下身体并专心思考？

3.4.2 延迟评判，禁止批判

"评判"会破坏自由畅想的良好气氛，进而会对创造性思维产生抑制作用。因而，在集体讨论解决问题的过程中，使每个人的畅想不受任何干扰和控制，是非常重要的。

美国心理学家梅多和教育学家帕内斯的大量试验和调查说明，在集体思考时，推迟评判可多产生 70% 的设想；在个人思考时，可多产生 90% 的设想。

包容思维：头脑风暴的目的，不是用来直接解决问题，而是启发人们的思路，就像人们生活中的垫脚石（stepping stone）一样。参与者要认真对待任何一种创意，即使认为是幼稚的、错误的，甚至是荒诞离奇的创意，都有价值。不得批评仓促的发言，甚至不许有任何怀疑的表情、动作、神色。这就能使每个人畅所欲言，提出大量的新观念。

禁止评判：评判会抑制右脑的活动，对创造性思维会产生抑制作用。日本创造学家丰泽雄曾说过，"过早地评判是创造力的克星。"

胆怯的自谦之语、讽刺挖苦的否定之语、夸大其词和漫无边际的吹捧之语，甚至怀疑的讥笑神态、手势等，都会破坏会场气氛，影响自由畅想。

使人变得更加拘谨，约束与会者的积极思维，影响思绪，会破坏自由畅谈气氛，妨碍畅所欲言；而未发表的意见或许非常好，或可激发别人更好的创意。

把后续做的工作提前进行，不能集中精力开发创意，则会影响创造性创意的大量产生。

因此，不允许对他人的任何创意进行质询、挑毛病、批评、评估和判断，也不允许自我批评或自谦。

会后评判：头脑风暴是一个高耗能的活动，对观点的评判要占用珍贵的脑力，要在有限的时间，调动每个人的积极性，集中精力、拓展思路。对各种意见、方案或创意的评判要放到会后进行。

忌讳的扼杀句：这根本行不通；创意太陈旧了；这是不可能的；这不符合某某定律；真是异想天开；太新奇了！不实际；没意义（无聊）；无法成功；不符合目的；成本会增加；不合道理；没时间完成；难度太大；无稽之谈。以及我提一个不成熟的看法；我有一个不一定行得通的创意等。

建议的表达方式有："你的创意很有趣！""你的创意很棒的地方是……""你让我想到了还可以……"

3.4.3 追求数量，以量求质

我们不能指望每一个设想都是适用的、最佳的，而应该知道，只有在大量设想的激发下，才有可能产生有价值的创意，正所谓量变达到一定程度才能激发质变。

奥斯本认为，理想结论的获得，常常是在逐渐逼近过程后期提出的设想中。有实验证明，后半部分设想的价值比前半部分设想的价值高出78%。

质数密切相关：创意的数量越多，产生好创意的概率就越大，这是获得高质量创造性创意的条件。在众多的创意中拆分重组，生成创意，最后的创意中或许就能找到你创意的影子。

创意多多益善：头脑风暴会议的核心目的是追求创意的数量。每个参与者都要抓紧时间多思考，运用发散思维多提创意，不必顾虑创意内容的好坏。至于浓缩创意清单及质量问题，可留到会后的创意处理阶段去解决。

追求数量的好处：由量可以产生质（哲学上说量变到质变），笨拙的枪手射多了也会击中目标（概率的依据）；需要的是创意（出发点）；要求量则没有批评的时间（时间精力有限）。

以量求质的诀窍：接连不断地发言；指名发言方式也有效；一想到就马上开口发言；1 分钟就出 1 个创意；累了就休息。

3.4.4 相互激发，综合集成

奥斯本说："最有意思的集成大概就是设想的集成。"集成也是创造。创造在于综合头脑中已有的思想，在大量设想之间形成新的组合，以及对设想的深度加工。

有交流：头脑风暴会并不仅仅是把各自的创意罗列出来，还是一个激荡的过程。一个灵感引发另外一个灵感，一个创意催生另一个创意，从而得到更多更好的创意。

有发展：巧妙地利用他人的创意，从中得到激励和启示，在他人见解上进行补充、修改、发挥——集思广益，团队创意的叠加性！

鼓励"搭便车"，见解无专利：鼓励将他人的若干创意综合起来，在他人创意的基础上借题发挥，盗用别人的创意，产生一个更新、更奇、更妙、更完善的创意。

有创新：强调相互启发、相互补充、相互完善，创意加创意便等于新的创意，产生的创意是小组成员互相感染的总体效应。

借题发挥的要求：珍惜"如此说来……"；不必因为是某先生的创意，所以客气；专家、权威的创意一样可以盗用；变化一下，得到一个更好的创意；把两个创意结合看看，互相配合看看。

总之，自由畅想突出求新、求奇、求异，是宗旨；延迟评判强调外部条件，是保证；以量求质和综合集成强调互动性，是关键。

3.5 头脑风暴会的流程及要点

头脑风暴会一般按前期准备、正式会议、评价决策三个阶段来实施。

3.5.1　前期准备

在组织头脑风暴会议之前，必须精心筹划，做好前期的各项准备工作，包括确定会议主题、确定主持人和记录员、组织参会人员、准备会场等。准备工作是否周到、细致，关系到会议的成败及目标能否有效达成。

1.　确定会议主题

首先必须选定讨论的主题，以保证每一次头脑风暴会议具有明确的针对性和始终如一的目标——提出解决方案。要在有限的时间内产生尽可能多的创意，参与者每次只能围绕一个主题展开相互间的头脑激荡，若同时有两个以上主题混在一起，会分散大家的时间和精力，导致天马行空、离题万里、不了了之。

2.　确定主持人

举行头脑风暴会议必须要有一名主持人，主持人的领导能力决定着会议的成败，其能力主要涉及如何使会议严格遵循的四条规则；如何使会议保持热烈的气氛；如何让全体参与者都献计献策三个方面。

首先要了解头脑风暴法的原理、原则及要求，要对主题有深刻的理解，懂得各种创造思维和技法，掌握会议流程及细节，做到心中有数。

会前要陈述会议目的，重申原则和纪律，宣布开始和结束时间。必要时可设定轮流发言，每轮每人简明扼要地说清楚一个创意，避免形成辩论会和发言不均。

会中要善于引导与会者聆听，激发大家思考，使场面轻松活跃而又不失脑力激荡的规则。遇到违反会议原则的情况，要立即制止违规者，处理争执，帮助解释，拉回正题，以及必要的回顾和总结。

3.　指定记录员

头脑风暴会议必须至少指定一名记录员，以便及时将大家提出的设想全部记录下来。将记录下来的设想重新展示出来，能方便参会人员随时进行对比分析、相互借鉴、触发灵感、综合改善，同时也能保持会议进程的顺畅。

4.　确定参会人员

以往的经验表明，参会人员一般以六七人为最佳（包括主持人和记录员），最多不超过 15 人。人数过多，在有限的时间内无法使每个参会人员都积极参与其中，主持人也难以掌控局面，所讨论的内容易偏离主题，降低会议的效率，最终难以达到应有的效果。从人员结构上来说，参会人员最好拥有不同的专业知识和经验，以便在不同专业知识的交汇融合中开拓新思路，触发好创意。但行家不能过多，否则在讨论的过程中难免会对创意进行评价，违背头脑风暴会的原则。

5. 其他事项

确定会议时间和场所，布置会场，准备海报纸，分发资料、便签、记录笔等。

3.5.2　正式会议

为了保障每位参会人员积极参与讨论，会议大致划分为明确主题、原则及要求，头脑预热、激发创意，结束会议三个阶段。会议的完成时间大致在 45~60 分钟，时间过长思维会疲劳，导致会议效率降低，一般出彩阶段在会议开始 10~15 分钟，疲劳峰值在 45 分钟之后，而最佳创意可能在会议快结束时。

1. 明确主题、原则及要求

主持人阐述会议主题，介绍原理、原则及要求，整理创意抓关键，引导参会者提出各种创意。

2. 头脑预热，激发创意

主持人可引导参会人员先做智力游戏，看有关创造力方面的录像，回答脑筋急转弯问题，猜谜语，讲幽默故事等。发散点有材料、功能、结构、形态、组合、方法、因果、关系等。参会者自由畅谈，提出创意；记录人记录会议产生的全部创意。

1）主持人要点

主持人应该使会议紧紧围绕主题展开讨论，在讨论的过程中使得每个人保持中立、不独断、有激情。要善于坦诚倾听、归纳参会者的观点，善于将消极的参会者转变为积极的讨论者，以确保每个人都为会议目标做出贡献。知道何时使用主持人的权利来控制局面，以保证会议的方向和进度，获得明确的结果。

主持人不应该使会议讨论的内容漫无边际，主观选择和限制发言者，不引导会议进程，不控制会议时间，不终止无意义的争论，无归纳总结，无果而终。

多使用赏识激励的词句语气和微笑点头的行为语言，鼓励与会者多出创意，如说："对，就是这样！""太棒了！""好主意！这一点对开阔思路很有好处！"等。禁止使用："这点别人已说过了！""实际情况会怎样呢？""就这一点有用""我不赞赏那种观点"等话语。经常强调创意的数量，如平均 3 分钟内要发表 10 个创意，遇到讨论停滞时，可休息几分钟或采取一些措施。

2）参会者要点

参会者应该事先对主题有一定的独立思考；设想不能太大，而要细化、小型化；本着平等、尊重、开放的心态；围绕主题积极参与、轮流发言，循环进行；有耐心，善于倾听；赞赏的言语和行为，适当幽默；无创意时说"过"；只说创意不陈述理由和背景。

参会者不应该事不关己，高高挂起；不知所云，发言空洞；评论、批评或攻击他人的创意；在无关问题上高谈阔论；独霸时间；表现出消极的肢体语言；客套、宣扬、皱眉、叹气、冷漠、提问、曲解、质疑等；私下讨论和评价；过早表态支持或反对。

3）会议要点

（1）鼓励异想天开（encourage wild thoughts/ideas）：真正的好点子，需要前期积累，最后在想破脑袋和几乎绝望时才会到来。

（2）推迟主观判断（defer judgement）：不急于否定别人的创意，不许说"不可能"，也许可以给你新的启发。

（3）延续他人创意（build on the ideas of others）：让别人把话说完，最好顺着他的思想探讨一下，他为什么会有这样的创意？别人不同的创意是宝贵的，我们还可以顺着别人的思路说：这个主意不错，我们还可以……！

（4）积极追求数量（go for quantity）：不同的理解方式越多，好主意就越多。俗话说：你不知道哪朵云彩会下雨，但是碧空万里肯定不会下雨……

（5）密切聚焦主题（stay focused on the topic）：要一直围绕一个主题探讨，当跑题时，主持人发挥作用就非常关键。

（6）可视化（图形、模型等多样化）表达（be visual）：一图（模型）抵万言，视觉所告知的信息胜过言语，且容易记住。

（7）保持一个声音（one conversation at a time）：在主持人的引导和控制下，保持讨论会的良好氛围，避免争吵、拖沓、跑题、人身攻击等。

3. 结束会议

主持人知道最好的创意往往在会议快结束时，要根据讨论的热烈程度确定是否使会议再延长5分钟。当会议到达预定时间，而参会者都提不出新的创意时，应立即宣布结束会议。

及时组织参会人员对头脑风暴会中产生的创意进行分类。可先合并创意同类项，然后分成能立即实施的创意，需较长时间加以研究或调查的创意，缺少实用性的创意三类，最后按照重要性、紧迫性原则，对创意进行优先级排序。

3.5.3 项目评价

头脑风暴会议结束后，还应组织会议对获得的大量创意进行评价——可行性分析，以便在大量的创意中找出真正有用的、可行的想法，即在金矿中选出真正的金子。

评价会议不一定要很正式，时间安排和参会人数可以灵活，评价方式可以多样，但必须有确定的评价标准，并由召集人发起讨论。

1. 确定评价标准

在组织评价会议之前，必须明确将创意确定为合格的项目应该具备哪些条件。一般来说，项目要有明确的任务，对任务的表述要正确、清晰、完整。要有完成的时限要求及完成时达到的标准。在实施的过程中遇到问题时，要明确采取何种解决方式。具体可以参考项目前期评价——SMART 原则。

要从多个创意中筛选出最佳的创意，以确定为可行的实施项目，对于常令人困惑的项目，采用 SMART 原则进行判别却能迎刃而解。一般情况下，只有具备 SMART 化的创意才具有良好的可实施性，也才能保证项目得以实施。好的创意必须满足以下条件。

（1）非常具体（specific）：作为一个项目，要针对性非常强，所描述的成果范围要清晰。

（2）可衡量（measurable）：达到的效果。

（3）可达到（attainable/achievable）：技术可行，资源需求不太高。

（4）相关性（relevant）：解决现实问题。

（5）时限性（time-based）：20 周内基本实现。

2. 组织评价会议

由召集人组织评价会议，参会人员可以是参与者，也可以是非参与者。

在召开评价会议之前，召集人首先应重申评价标准。要将排序后的创意展示给参会人员，参会人员要以鉴别的眼光讨论所有列出的创意，然后从效果和可行性两个方面提出新的创意。选择最合适的创意，并尽可能采用评价会议中激发出来的新创意。通过论证创意的可行性——综合决策，最终确立一个创意作为未来的实施项目。

1）召集人要点

召集人应该对会议结果有书面总结；将会议结果与有关领导沟通；关注任务的落实及进展。不应该对会议结果不管不问。

2）参与人要点

参与人应该按会议分配的责任制定行动计划；会后的言行与会议决定保持一致。不应该不履行职责；发表不负责任的言行。

3.5.4 项目决策

综合利用各种想法的合理之处，最终形成可行方案或项目，具体可以参考 6W2H 原则，这有助于思路的条理化，杜绝盲目性。

（1）What：工作的内容和达成的目标。

（2）Why：做这项工作的原因。

（3）Who：参加这项工作的具体人员，以及负责人。

（4）When：在什么时间、什么时间段进行工作。

（5）Where：工作发生的地点。

（6）Which：哪一种方式或途径。

（7）How：用什么方法进行。

（8）How much：需要多少成本？

3.6 本章小结

通过本章节的学习，大家知道了一种如何激发创新的方法——头脑风暴法。它的来源、基本原理、遵循原则、操作流程及相关要求等，在具体操作过程中的关键是要严格遵循头脑风暴法的原则。此外，还知道创新分为颠覆式创新（前所未有）和渐进式创新（改进或整合），使大家拓宽了创新的范围，对创新不再惧怕，感觉人人能创新，事事可创新。

但我们在掌握了头脑风暴法之后，更应该明白，它不是解决问题的完整过程，只是提出设想的一个步骤。我们知道掌握做事的方法固然重要，但仅仅是一种方法，并非创意的源泉，那么真正的创新来自哪里呢？

要创新必须具备三个要素：知识是基础、思考是关键、实践是根本，即要有踏实的行动（动手、思考），要与高人交流（身边、阅读），要掌握科学的方法。

实践出真知——去做，去想，去走心。

习题

一、实操题

进一步思考小组内所有创意，确立项目、准备实战：在可行性评估的基础上，制订计划，分配任务，然后填写《项目基本信息表》，以促进创意的落地实施。

· 项目名称——给项目起一个响亮的名字！

· 项目目标——要明确是做什么的？

· 成果描述——最终是制作一个什么样的东西？

· 分工负责——要制订出详细的行动计划。

· 项目周期——要以周为单位按计划完成小的目标。

· 资源需求——要预算出所需的人力、财力和物力。

根据上述内容，填写表 3.2。

表 3.2　项目基本信息表

发起人及成员	目标（SMART）	功能描述（差异性、可行性、价值等）	实施的时间节点	指导教师

二、思考题

一个人能否头脑风暴？怎样独自进行头脑风暴？

三、选择题（单选）

1. 下列属于解决问题的关键的是（　　）。

A. 掌握新方法　　　　　　　B. 提出新设想

C. 发现新问题　　　　　　　D. 形成新概念

2. 在与创新过程的关系中下列最重要的是（　　）。

　　A. 思维的习惯　　　　　　　　B. 思维的形式

　　C. 思维的方向　　　　　　　　D. 思维的大小

3. 创新思维的精髓是（　　）。

　　A. 抽象思维　　　　　　　　　B. 逻辑思维

　　C. 惯性思维　　　　　　　　　D. 非逻辑思维

4. 头脑风暴的核心是（　　）。

　　A. 判断　　　　B. 联想　　　　C. 想象　　　　D. 推理

5. 头脑风暴法原理不包括（　　）。

　　A. 信息刺激　　B. 展开想象　　C. 发散思维　　D. 收敛思维

6. 下列会使创造力得到释放的是（　　）。

　　A. 迷信权威　　B. 随意评判　　C. 自由联想　　D. 沉默寡言

7. 头脑风暴法的原则不包括（　　）。

　　A. 延迟评判　　B. 偏离主题　　C. 以量求质　　D. 综合集成

8. 头脑风暴法的关键是（　　）。

　　A. 平等交流　　　　　　　　　B. 相互包容

　　C. 以量求质和综合集成　　　　D. 禁止评判

9. 主持人不应该（　　）。

　　A. 掌握流程细节　　　　　　　B. 不独断有激情

　　C. 坦诚倾听　　　　　　　　　D. 不引导会议进程

10. 参会者不应该（　　）。

　　A. 表现消极　　B. 心态开放　　C. 只说创意　　D. 善于倾听

第 4 章 发明问题解决方法

4.1 TRIZ 简介

TRIZ 是俄文转拉丁文注音后的缩写，俄文解释为"发明问题的解决理论"，由苏联工程师、科学家根里奇·阿奇舒勒于 1956 年创立。目前它已由一种纯粹的解决问题的工具发展成为三星、通用电气、现代汽车、英特尔、国家能源集团、麦克韦尔等许多世界知名大公司的创新工程文化。这一理论目前仍然处于快速发展阶段，每年都会有新的研究成果发表。在现在这个瞬息万变的时代里，我们通过不同的渠道感受到创新的重要性，可以说，我们每个人都很清楚创新对于这个世界有多大的意义，但很多人并不太清楚如何有效地进行创新。笔者也时常反省自己：在中国科学院半导体研究所攻读博士期间，为了能出成果顺利毕业，也曾盲目地做过很多的项目和实验；但幸运的是，2005年博士毕业后，笔者第一份工作就到了世界著名的跨国公司，曾经孕育出爱迪生这样的发明家的工业巨头通用电气（GE），在那里接触到了先进的工作方法。接受六西格玛等先进理论的培训及运用它们来完成研发项目都是必需的，这一段经历使笔者走上了学习、运用和研究研发方法的道路。曾经，笔者也曾一直认为只要多干活儿就能出成果。直到后来接触了一些像六西格玛、TRIZ 这样的先进方法论，才发现并不一定努力与成果成正比。实际上如果思路和方法不对，一切努力都是白费的，就算我们呕心沥血地努力工作也无法取得有意义的成果。而这些先进的方法论在目前的背景下尤其重要。

在当时特殊的政治背景下，TRIZ 创立后的研究、发展、教育和应用等工作一直局限于苏联境内。之后大量 TRIZ 专家移民国外，TRIZ 开始进入世界上各领域企业并获得广泛应用和认可，TRIZ 理论发展的新阶段也由此拉开。TRIZ 方法的践行者们结合企业的实际情况又陆续开发出更多 TRIZ 工具，如功能分析、因果链分析、剪裁、特性传递等。这些 TRIZ 工具被引入到 TRIZ 方法论里面，逐步发展成现代 TRIZ 理论体系，并帮助企业在更短时间内产生更多高质量的解决方案。在过去的 30 年里，TRIZ 在发达国家的大企业中获得了很大的进步，与以往经典 TRIZ 理论不同的是这些不断开发出来的新方法、新工具更加贴近企业创新的实际需求。TRIZ 应用也已被扩展到诸如技术的长期预测、专利战略（包括专利规避）、环保设计、六西格玛设计等领域。

到目前为止 TRIZ 体系发展经过了 4 个阶段，第一个阶段是经典 TRIZ 阶段，也叫阿奇舒勒阶段，在这个时期阿奇舒勒进行了大量专利分析并总结出很多工具，如发明方法、矛盾矩阵、发明问题解决算法（ARIZ）、工程系统进化趋势法则以及标准解等，这些工具都用于解决问题。第一阶段的 TRIZ 体系更偏重解决具体问题，在企业中并没有发挥重要作用，所以在苏联运用并不是特别广泛。TRIZ 的后继者们在长期的企业工作中发现，如果未正确分析问题、识别问题就盲目使用解决问题的工具其实收效甚微。于是 TRIZ 后继者们开始寻找、收集、归纳、创造如何"分析问题"的办法，于是逐步形成了一套"分析问题"的工具。形成"解决问题"和"分析问题"这两类工具是阿奇舒勒使其 TRIZ 发展的两个阶段。

后来 TRIZ 体系开始进入美国、欧洲、韩国等地区和国家并被引入企业。进入企业后，企业对 TRIZ 体系提出了更高的期望，企业需要的不是想法，而是切实可行的方案。所以 TRIZ 后继者们又开发了可以提供切实可行的解决问题的工具，如功能导向搜索，把其他领域解决方案转移过来解决企业自己的问题。如专利方面，想使用别人的专利，可以运用专利规避工具；想避免别人使用自己的专利，可以使用专利布局工具。TRIZ 来源于专利，也能运用于专利。所以提供使用的解决方案就是 TRIZ 体系的第三个阶段。

最后一个阶段就是定位客户需求，预测产品发展趋势，进行产品布局。有些客户的需求清晰明了，很容易定位；有些客户明明有某方面的需求，但他自己并没有意识到，所以就需要企业帮助客户发掘真正的需求。

上述是 TRIZ 体系发展的 4 个阶段，每发展到一个阶段，就有后继者们尝试给这个方法体系重新命名，如 TRIZ、设计创新技术、TRIZ-Plus、第三代创新学科等。但是这些名字都没叫多久，最后大家还是统一叫作 TRIZ。所以发展至今虽然很多人都在谈 TRIZ，但是 TRIZ 所包含的内涵已经不尽相同了。一千个人，就有一千个人心目中的 TRIZ。

当然大部分人认识的 TRIZ 都属于第一阶段的 TRIZ，认为发明原理就是 TRIZ。然而现在的 TRIZ 体系经过长期的发展演变，包含的工具更加全面、更加多元。所以，我们可以运用 TRIZ 工具的不同组合来解决不同的问题。正如中国有句成语——对症下药。

4.1.1 什么是发明问题解决理论

什么是发明问题呢？下面以一个实例引入，矿泉水生产企业想降低成本，需要分析矿泉水产品的组成部分：瓶盖、瓶身、水及标签，其中瓶身成本最高。常规思维通过降低瓶身厚度来降低成本，但瓶身又薄又软将使客户体验感变差，反而大大降低市场竞争力。对工程师而言理想的瓶身状态应该既薄又结实，要想解决这个矛盾看起来非常不容易，让我们想一想难道只有在矿泉水制造领域才会出现这个棘手的问题吗？事实上，在其他领域的类似问题：网购玻璃杯需要快递运输，对包装要求既要轻薄以减轻重量，又要结实以在运输途中保护玻璃杯。常见解决方案为在玻璃杯外使用气泡膜、充气囊等充气塑料保护制品，如图 4.1 所示。通过在两层塑料膜内充气以提高塑料保护膜的强度，达到保护玻璃杯、降低包装重量的目的。企业在做项目时，经常会遇到各种各样纠结的问题，工程师非常需要产生巧妙的解决方案。而 TRIZ 正是帮助工程师们产生巧妙解决方案的"金钥匙"。

图 4.1 充气塑料保护制品

TRIZ 创始人根里奇·阿奇舒勒是苏联的发明家及专利工程师。在苏联海军专利局工作期间，从 20 多万份专利中筛选出约 4 万份他认为具有突破性创新的专利，并对这 4 万多份专利进行归纳总结，发现有 1500 对技术矛盾可以通过运用基本原理而相对容易解决。最终阿奇舒勒总结出以下三条规律：①"发明"解决的都是存在矛盾的难题；②"发明"需要解决的对象不同，但原理相似，且相似的原理经常在不同的领域被反复使用并申请专利；③虽然各领域不同，但工程进化趋势和发展趋势是一样的。

正如阿奇舒勒那句名言："你可以等待 100 年获得顿悟，也可以利用这些原理花

15分钟解决问题。"如果我们领悟了上述规律，就可巧妙地解决问题，并有机会提前进行产品布局了。

在某些领域中需要在密封产品里存在高压气体以增强产品强度，如乒乓球、网球等，如图4.2所示。这些产品利用提前将固态干冰放入两个半球中再密封，一段时间后干冰气化产生大量气体使产品膨胀以达到增强产品强度的目的。借助阿奇舒勒总结的第②条规律来改良矿泉水瓶身：往矿泉水瓶体里充气以增强瓶体强度。同样的思路运用到矿泉水生产线上，于是有了如下解决方案：使用滴管自动向每瓶矿泉水中注入一点液氮再组装瓶盖密封。常温常压下液氮气化增加了瓶内压强，装了矿泉水的密封瓶体有了足够强度，客户体验手感较好。这一解决方案的投资远低于瓶身材料所节省的费用，非常高效、实用且环保。

图 4.2 乒乓球、网球

上述方案中运用的原理是"相变"，这一原理还能解决天然气运输等问题。我国天然气资源比较稀缺，特别是煤改气后天然气需求骤增造成了"气荒"，需要从俄罗斯、卡塔尔等国大量进口天然气。从中东地区卡塔尔国进口天然气时需要海运航线，但海运周期非常漫长，为了提高海运效率，将天然气液化后再用LNG船进行运输，液化天然气的体积浓缩为气态体积的1/600，大大降低了海运天然气的成本；煤矿中充满着瓦斯气体且煤炭易燃，若使用传统炸药会造成大爆炸，存在重大安全隐患，应用相变原理：在高压下向钢管中充入液态二氧化碳，并放置一根电阻丝，电阻丝加热后温度升高，液态二氧化碳瞬间气化，从而实现安全爆破。此外这一方法还适用于需要防火防爆的场景中：家喻户晓的中国美食——"麻团"的制作过程也运用到了相变原理，在制作麻团时先在面团里放入一点小苏打等起泡剂，随着麻团在油锅里受热，起泡剂受热气化产生气体并在麻团内部不断充盈，麻团也越来越大，最终呈现在顾客面前的是一个鼓囊囊的香脆可口的美食；液体的酒怎么才能被灌入浑然一体的巧克力中呢？读者不妨联系上文思考一下。阿奇舒勒著作中列举过这样一个酒心巧克力的例子，同样应用到了相变原理：把液体的酒倒入各种形状的模具中冷冻，成型后快速放入热的液态巧克力中，这样冷冻的固态酒心外面便包裹了一层巧克力并形成一个封闭的环境，酒心液化后便锁存在了巧克力中形成酒心巧克力。这一原理同样应用于灌汤包，美味的汤水和馅料先冷冻成型再制作包子，蒸包子的过程中冷冻的馅料汤料融化，最终形成美味的灌汤包，如图 4.3 所示。

（a）LNG 船　　（b）二氧化碳爆破
（c）麻团　　（d）酒心巧克力　　（e）灌汤包

图 4.3　相变原理的应用

　　上述问题看似没有任何联系，所处领域也大相径庭，解决起来却应用了相同的原理：相变。由此可见同一原理可应用的领域是十分广泛的。

　　市面上有些新奇的产品看似不可思议，实际应用的原理也是相通的。如"永不分梨"酒，肚大口小的酒瓶如何放入比口径大几倍的梨呢？原来在梨还很小的时候就被套进一个大肚玻璃瓶中，等梨成熟后和玻璃瓶一起采摘下来，在进行消毒、灌装、密封后便形成了"永不分梨"酒。诸如此类，将何首乌的根放入人形模具中生长形成人形何首乌；在菊花培育的过程中定期浇不同的营养液，菊花长期吸收不同的营养液，花瓣就呈现出不同的颜色，便形成了七彩菊花；在树木生长的过程中浇了颜料的水，最终生长成木纹清晰明显的原木，用来制作木纹清晰漂亮的原木家具，如图 4.4 所示。这些例子应用的便是"预先作用"的原理，即预先采取措施。

（a）"永不分离"酒　　　　　（b）人形何首乌

（c）原木纹　　　　　（d）七彩菊花

图 4.4　预先作用原理的应用

阿奇舒勒从这些类似的重复出现的专利中提炼总结出 40 个发明原理。上述实例中相同的原理先后被成功地应用到不同的领域，产生让人耳目一新的产品或方案。

阿奇舒勒另一个重要发现是工程系统进化有规律可循，即动态化的进化趋势。一个物体从最开始的单体，到变参数单体，再到铰链连接的复合体，再到多铰链连接，然后再变成柔性的、粉末的、液体的、气体的以及场的形态。受此启发便可产生很多思路。如教鞭是老师们经常使用的教具，以前只是像细木棍一样的单体教鞭，现在常见的还有两折、多折的教鞭，激光教鞭等，如图 4.5 所示，现在有的形态的教鞭还没有出现，不过可以运用 TRIZ 方法预测未来可能还有更多形态的教鞭出现。如充气的气态教鞭，使用时充气膨胀伸长，不用时放气折叠体积小不占空间。运用这一思路还可预测其他产品。如牙刷，以前的牙刷是刚性单体，后来出现加铰链的折叠牙刷，柔性的压线，粉末的牙粉，液体的漱口水、冲牙器，应用场的超声波洗牙等，如图 4.6 所示。除了动态化进化

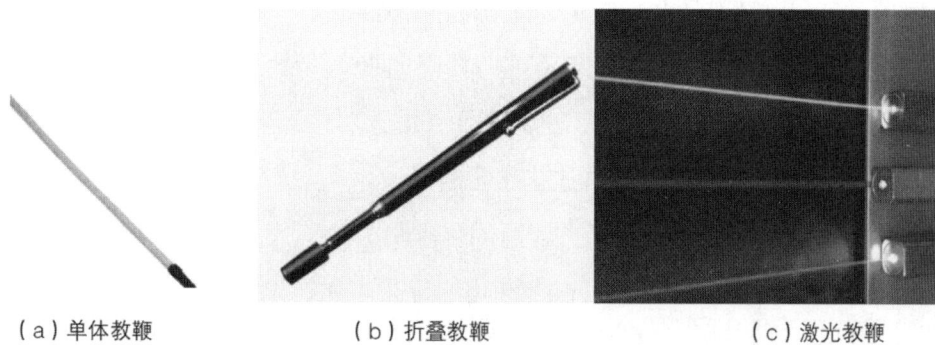

（a）单体教鞭　　　　　　　（b）折叠教鞭　　　　　　　（c）激光教鞭

图 4.5　常见教鞭

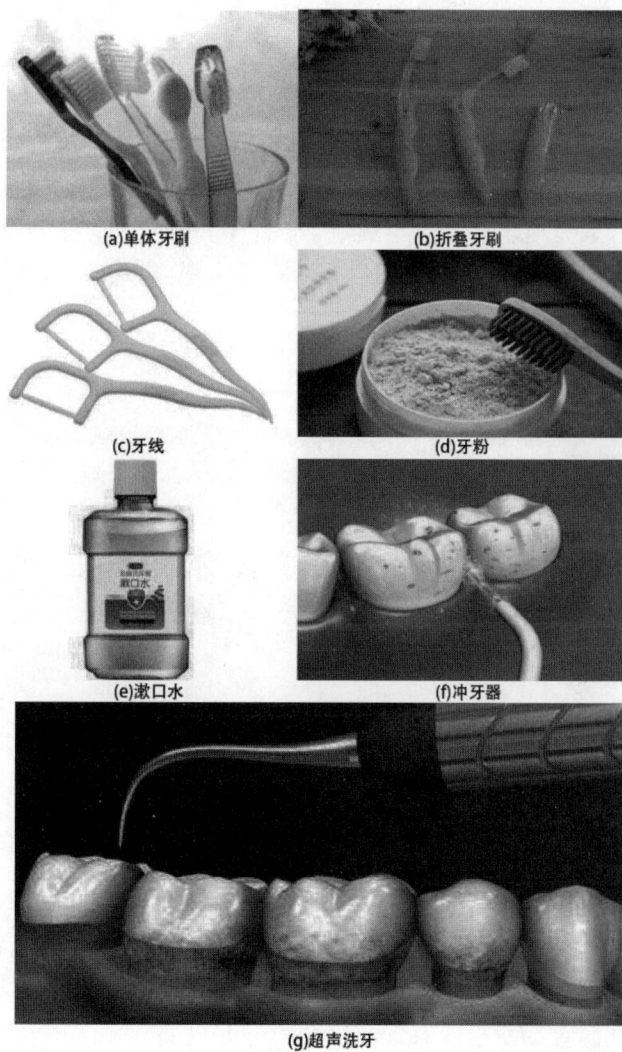

(a)单体牙刷　　　　　　　　(b)折叠牙刷

(c)牙线　　　　　　　　　　(d)牙粉

(e)漱口水　　　　　　　　　(f)冲牙器

(g)超声洗牙

图 4.6　牙刷等

趋势还有 S 曲线进化趋势，提高理想度的进化趋势，向超系统进化趋势等。此外进化趋势除了物质动态化，还有场的动态化，分隔功能动态化等。

在 TRIZ 体系形成初期，阿奇舒勒的 TRIZ 理论主要集中在发明原理的应用、标准解的应用以及 ARIZ。随着 TRIZ 进入企业并被运用在越来越多的领域中，TRIZ 的后继者们逐渐开发出很多新工具。这些新工具以及阿奇舒勒开发的工具一起形成了现代 TRIZ 体系。TRIZ 工具根据解决问题的步骤可分为三类：识别问题、解决问题、落地实施。在这三大类里又包含了很多细化的工具。如在识别问题和分析问题阶段有功能分析、流分析、因果链分析、进化趋势分析、剪裁等；在解决问题阶段有 ARIZ、发明原理应用、克隆问题、标准解等；最后一个概念验证/实施阶段是让解决方案落地实施。

4.1.2 TRIZ 解决问题的流程

1. 经典 TRIZ 解决问题的流程

阿奇舒勒将解决工程问题的方法与其他学科中解决问题的步骤作了类比，并开发出一系列 TRIZ 解决工程问题的步骤。与常规的直接解决问题的方法不同，在利用 TRIZ 时，首先要将问题转化为问题的模型，然后利用 TRIZ 中解决问题的工具找到解决方案的模型，即遇到此类问题采用的通用解决方案，最后将解决方案的模型转化为具体的解决方案。

（1）具体问题：需要解决的问题作清晰定义。

（2）将具体问题转化为 TRIZ 问题的模型：若需利用 TRIZ 解决问题的工具，则需将具体问题转化为相应的模型。TRIZ 中常用的模型有技术矛盾、物理矛盾、物—场模型及功能化模型。

（3）TRIZ 工具：上述每种模型都有对应的工具来解决，如解决技术矛盾的工具是矛盾矩阵，解决物理矛盾的工具是分离原理，解决物—场模型的工具是标准解。

（4）解决方案模型：问题模型经 TRIZ 工具处理后会产生一系列解决方案的模型，如从矛盾矩阵查到发明原理，从标准解系统中得到解决方案的物—场模型。

（5）具体的解决方案：根据实际情况将解决方案的模型转化为具体的解决方案。

2. 现代 TRIZ 理论应用流程

（1）问题识别：本阶段重点是全面分析工程系统并识别正确的问题，输出一系列关键问题的集合。

（2）问题解决：问题识别阶段确定了一系列关键问题后，在本阶段将上一阶段分析出来的问题，转化为 TRIZ 理论中的问题模型，再运用相应的 TRIZ 工具找到相应的解决方案模型，最后转化为具体的解决方案。本阶段输出的是大量技术解决方案或创意。

（3）概念验证：本阶段在上一阶段成果的基础上进一步产生更多解决方案，并根据项目技术和业务需求对上一阶段提出的解决方案进行可行性评估。评估标准一般包括技术实施难易度、制造成本、上市时间、投资和成本的限制等。解决方案须实现可接受的主要价值参数。在这个过程筛选出最佳解决方案，并优化资源和时间。概念验证过程示意图如图 4.7 所示。

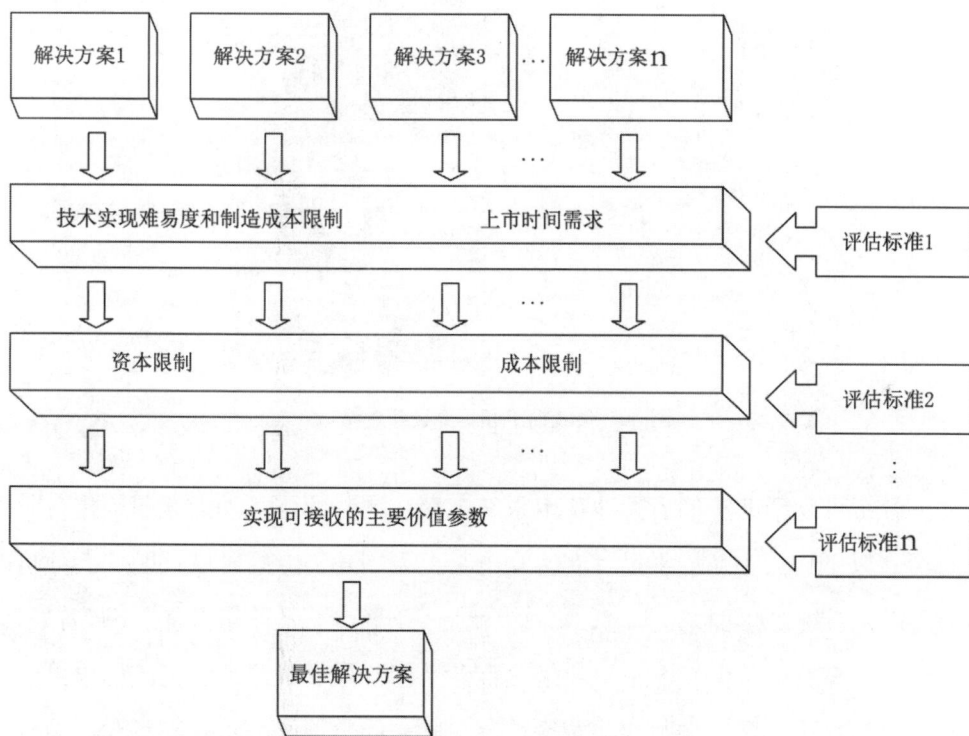

图 4.7　概念验证过程示意图

4.2　识别发明问题的方法

1. 创新标杆

若需设计全新系统，并且没有确定采用什么样的技术实现，创新标杆方法可以帮助查找并分析各种可能的技术路径，并评估哪些技术路径可能达到项目目标。

2. 功能分析

功能分析是一种识别系统和超系统组件的功能、特点及其成本的分析方法。在一个系统里有很多组件，功能分析需要清楚地知道每个组件本身有什么功能，在系统中又有什么功能。如灯，我们需要的是灯吗？并不是，需要的是灯产生光的功能。又如椅子，我们需要的是椅子吗？也不是，我们需要的是椅子支撑的功能。现在已经发明出可穿戴外骨骼，人坐下不会倒，站起来就能走，相当于随身带了椅子，如图 4.8 所示。由此可见我们需要的不是物体本身，而是物体可提供的功能。因此实际做项目时应先分析系统每个组件的功能。

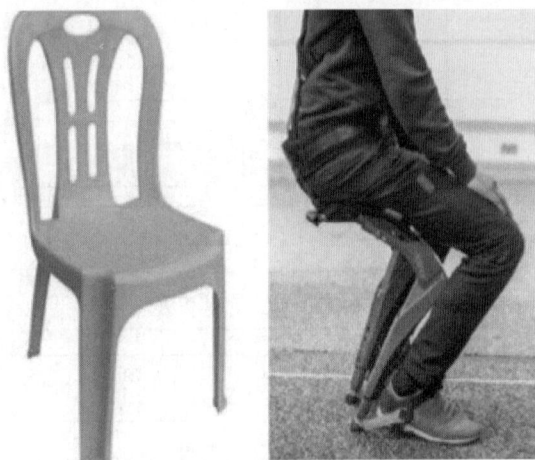

图 4.8 传统椅子和可穿戴外骨骼

功能分析可以帮助我们清楚地找出系统中存在哪些问题，并把问题细化，明确其功能是否有以下缺点：功能不足、有害功能甚至无用功能。同时应该明白：分析研究的对象可以是系统，也可以是工艺，如做饭就是一套工艺。从冰箱里拿肉、解冻、切肉、洗菜、切菜、烹饪、装盘、上桌，便是一整套工艺流程。对这个工艺流程也可以做功能分析，然后找出问题。如刚从冰箱冷冻室拿出来的肉很硬，不容易切开，通过分析发现"解冻"环节存在问题，那我们就想办法解决它。所以通过功能分析，既可以在系统里发现问题，也可以在工艺中发现问题。

3. 流分析

如果研究对象是各种流，如信息流、能量流等，在这些流中可能存在一些缺点，如流的过度转换、产生的有害作用等，流分析即深入分析每一种流，并把这些流的缺点列出来。

4. 因果链分析

因果链分析是一种分析工程系统关键缺点的分析工具。从已有问题或项目目标的反面出发，逐级且详细地分析造成问题的深层原因，通过建立目标缺点的因果链的逻辑关系寻找更多产生问题的原因，利用它们可以找到更多解决问题的入口，从原因入手来解决问题。通常企业项目应清楚定位项目目标，但实际情况中有不少工程师虽然做了很长时间项目，却没有清晰的目标。

某工厂生产塑料杆（图 4.9）的流程是先熔融塑料粒子，然后用螺杆把熔融后的塑料粒子通过一个孔挤压出来，挤出一定长度就冷却切断，然后销售给客户。但存在一个难题：夏天气温很高时，塑料杆受热会再次收缩导致尺寸变短，长度不达标变成废品，结果被客户拒收。首先明确需要解决的问题：塑料杆成品在高温环境下收缩变短，然后研究塑料杆为什么收缩，大家都知道结晶需要冷却，熔融的塑料粒子冷却后才能固化，固化后才能被切断，切断时由于温度较低，导致分子与分子之间的结晶不充分，再次受热时分子之间会重新结晶，然后就变短了。塑料杆变短了，客户也

图 4.9 塑料杆

就不满意。以上描述中我们需要解决什么问题呢？一开始工程师认为需要解决冷却水问题，认为冷却水温度太低了，但反向思考一下，升高冷却水的温度就能解决问题吗？也不行，因为升高冷却水的温度，会导致结晶过慢，塑料杆固化成型时间过长，生产效率会大大降低。于是冷却水的问题困扰了工程师很长时间，一直没有好办法。我们需要解决的是冷却水问题吗？可能是也可能不是，所以需要往上分析寻找初始缺点，即寻找项目目标。

我们发现冷却水温度低，会造成结晶不充分；结晶不充分会导致夏季高温环境下塑料重新结晶；重新结晶会导致塑料杆长度缩短；塑料杆缩短成了废品，客户不满意拒收。归根结底我们要解决的问题是什么？不是冷却水的问题，而是塑料杆变短的问题。要解决这个问题该怎么办？在最开始切塑料杆时按比例多切一些长度，经过在仓库存放自然受热的老化工序后，塑料杆达到了理想长度。

简言之，我们要注意的是一开始想要解决的问题并不一定是目标问题。所以一定要认真分析，看看项目到底要解决什么问题。如果不经过分析，想到什么问题就动手去解

决，有可能是在做无用功。

找到一个初始缺点后应进行分析，初始缺点的定义是项目目标的反面。例如，我们的项目目标是降低成本，那么对应最上面的初始缺点就是成本太高。我们就要先分析为什么成本太高。这样一步步分析下来，就会建立一个链条，这个链条就叫因果链。建立因果链后并非一定要从最底层位置去解决问题，也并非一定要从根本上解决问题，选择合适的关键问题解决即可。因果链中出现的缺点越多，解决问题的突破口也就越多，解决问题的概率也就越大。

5. 剪裁

剪裁是一种分析问题的工具，将若干个组件去掉并将其所执行的有用功能利用系统或超系统中的剩余组件来替代的方法。与修复有问题组件的常规思维不同的是，本工具是将有问题的组件去掉，再将它的有用功能重新分配到系统或超系统组件上。此外通过剪裁还可以降低工程系统的成本和复杂度，提高系统的可靠性。

通过之前的分析知道，我们需要的不是物品本身，而是物品提供的功能。剪裁的意义就是去掉组件，保留其有用功能。比如常见的手机屏幕上方有一道"刘海"，这个位置的功能是支撑摄像头和听筒的。工程师认为这道"刘海"不美观，于是决定撤掉，那么问题来了，摄像头放在哪里？市面上部分手机的摄像头是可以升降的，需要的时候摄像头伸出来，不需要的时候降下去隐藏在手机内部，这样解决了摄像头安置的问题。那听筒应该放在哪里？手机需要听筒输出声音，但没有放听筒的地方，经过功能分析发现听筒的功能是产生声音，我们需要的不是听筒，而是声音。利用屏幕振动发声的技术同样可以传导声音，于是听筒的问题也解决了，如图4.10所示。

上述例子属于装置功能分析，除此之外还有过程的功能分析，即把一个个过程进行功能分析和剪裁，因为有些步骤是我们不需要的。比如在家做饭遇到冷冻的肉不容易切开，解冻时间非常长，买一个可以切冻肉的机器就可以解决切冻肉的问题，从而剪裁掉等待解冻的过程。

所以一个组件或流程不好的话我们可以去掉，然后想办法解决去掉它之后产生的新问题，这个新问题可能比最开始的问题要简单一些。

6. 特性传递

特性传递是一种为提高工程系统某个特性，从互补工程系统传递所需特性的分析工具。现实中每个工程系统都有优缺点，而特性传递就是将其他工程系统的优点转移到本

（a）屏幕振动发声

（b）"刘海"屏手机

（c）升降摄像头

图 4.10 手机示例

工程系统中，以弥补系统的缺点并具备二者的优点。

7. 关键问题分析

将上述工具产生的一系列问题进行归纳总结，并筛选出需要解决的问题。这些筛选出的将要解决的问题就是关键问题。

4.3 解决发明问题的方法

TRIZ 理论中解决问题的方法主要有功能导向搜索、技术矛盾、矛盾矩阵、物理矛盾、分离原理、标准解以及科学效应库等。阿奇舒勒开发的发明原理等工具能帮助我们产生一些创新想法，对于解决一些明确的问题是行之有效的。经典 TRIZ 理论中的方法，如发明原理的应用、标准解以及 ARIZ 等，现代 TRIZ 理论中的方法，如功能导向搜索、克隆问题的应用等。区别在于经典 TRIZ 中往往解决的是初始问题，而现代 TRIZ 理论中解决的是关键问题。

（1）功能导向搜索：基于功能语言去寻找其他领先领域中成熟的解决方案来解决问题的工具。

（2）发明原理的应用：若关键问题可以转化为技术矛盾或物理矛盾的问题模型并对该问题模型进行处理，再找到可用的发明原理，在发明原理的启发下产生具体解决方案；若关键问题不易转化为准确的技术矛盾或物理矛盾时，可直接查找 40 个发明原理启发思考。

前文提到的瓶身材料既需要厚以保证足够的强度，又需要薄以降低成本；手机屏幕既需要小以方便携带，又需要大以方便阅读、视觉效果更佳。在上述情况下我们发现一个参数改善了，另外一个参数恶化了，这就是技术矛盾。瓶身变薄，成本这个参数改善了，但强度这个参数恶化了。根据这些对应参数，我们就去寻找在其他领域里是如何解决这个问题的。如果正好在其他领域里能够搜到对应的发明原理也适用于我们所遇到的问题，那就用这样的方法来解决问题。阿奇舒勒对参数进行归纳总结，得出 39 个通用的工程参数。通过查矛盾矩阵检索相关的发明原理，根据每个数字对应的发明原理得出对应的解决方案。

某公司有一个降低成本的项目，电路板沿导轨被运送到特定位置进行处理再进入下一个工序，同时下一块电路板也被运送到该位置。为了避免两块电路板碰撞到一起，需要一个负责定位的挡条，这个挡条利用下置气缸的升降杆上下运动来完成工作，如图4.11

所示。当电路板触碰到挡条时，气缸带动挡条下降让电路板通过；后续电路板照此运作。在下一个电路板过来之前，气缸上升带动挡条上升达到挡住电路板的目的。经过分析发现这套系统中气缸这个组件最贵，所以要降成本的最优方案是更换便宜的气缸，但因工序中产生胶水，工程师为了避免胶水流入气缸导致气缸损坏而选择防水气缸。若使用普通气缸，改善参数是结构比较简单，恶化参数是气缸会坏。转化为 39 个工程参数，结构简单对应的是 36 号"装置的复杂性"；气缸坏掉对应的 27 号"可靠性"。查矛盾矩阵可用发明原理 1、13、35。发明原理 1 为分割；13 为反向作用；35 为物理化学参数变化。

发明原理 13 为反向作用，就是用相反的动作达到和以前

图 4.11　气缸升降

相同的目的。将普通气缸倒放在挡条下面，气缸开口向下，升降杆向下，再为升降杆配置一个两端和挡板连接，与原来相比反向升降达到相同目的又不占空间同时气缸还不会被胶水粘住。

其他反向作用的例子：钢铁轮子放入轮套中，如果让轮套加热膨胀，然后把轮子放入，但轮套受热后会变性。反向作用即转换方向，不加热轮套而改为让轮子冷却收缩再放入轮套，达到了相同目的；室内跑步机运行让跑道跑起来，人为了避免被快速后移的传送带带动摔倒，只能不停向前运动；北方冬天气温低，洗发水挤出口容易被冻结而导致无法挤出洗发水，若将洗发水瓶身倒置放置，洗发水会一直留存在挤出口处避免冻结；水龙头向上出水清洗瓶子内部比向下出水清洗瓶子内部更高效；底部带孔的汤勺舀汤时按进油汤，密度较小的汤水进入汤勺，密度较大的油花挡在勺子外面，提起勺子时勺子内侧的挡板向下盖住勺子底部的孔，汤水不会漏出实现油水分离，如图 4.12 所示。

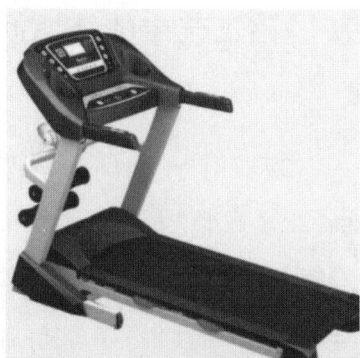
（a）室内跑步机

（b）洗发水倒放

（b）底部带孔汤勺

图 4.12　其他反向作用的例子

（3）标准解的应用：标准解系统由76个典型的解决方案组成，若关键问题转化为物-场模型描述，则可用标准解来解决。

（4）科学效应库：是大量科学效应的集合。

（5）克隆问题的应用：如果遇到的物理矛盾类似，那么解决方案也类似。克隆问题的解决就是利用这些类似的解决方案。

（6）ARIZ：发明问题解决算法的缩写，一般适用于不允许对现有工程系统做较大改动的问题。如果无法直接将关键问题转化为问题模型，或没有找到解决方案，可借助ARIZ中的分析步骤将最初的问题转化为不同的问题模型，这样便使最初模糊的问题变得清晰，同时也得到更多可利用的资源去解决问题。ARIZ是一个要求较高的TRIZ工具，需要使用者综合运用上述基础TRIZ工具来解决问题。

4.4 用TRIZ方法解决降低粉煤灰提铝工艺中的结垢问题

4.4.1 问题描述

粉煤灰是煤燃烧后的固体排放物，据统计，中国每年产生约6.2亿吨粉煤灰，由于有效利用不足而多处于堆存状态，对大气、地表及地下水造成了严重污染。如图4.13为粉煤灰堆积如山的现场照片。目前对粉煤灰的处理与资源化利用已经受到广泛关注。中国每年产生的高铝粉煤灰的量约为2500万吨，多年形成的堆存量2亿吨以上。

高铝粉煤灰氧化铝含量高达40%～50%，因此从高铝粉煤灰中提取氧化铝已经成

图4.13　粉煤灰堆积如山

为对粉煤灰高价值利用的研究热点。作者单位承担"煤电／煤化工废物协同处置与循环利用技术及示范"的国家 863 项目（编号 2012AA06A115），开发了一种低渣量低能耗高铝粉煤灰提取氧化铝新工艺。项目实施技术难度大、时间紧，并要求完成新工艺中试验及连续运行 60 天以上的试验验证。在万吨级示范工程调试运行过程中，最核心的配料工序出现了一些问题，生料浆在调配过程中在反应槽壁产生结疤、沉槽等问题使装置仅能运行三天就必须停工清理，如图 4.14 所示，影响装置的产能和稳定性，成了整个项目的瓶颈。高铝粉煤灰提取氧化铝生产过程中的结垢（又称结疤）是指在湿法生产装置表面上附着的、坚硬的固态物质。结疤问题是长期困扰氧化铝生产行业的一大难题。

图 4.14　粉煤灰结疤情况

　　生料浆的调配是粉煤灰提铝工艺中的一个重要环节，其功能是将粉煤灰、石灰石和纯碱溶液混合均匀。生料浆配料槽直径为 3m，高为 3m 的底部锥体槽，容积为 20m³，生料浆合格槽的直径为米，高度为 6m，容积为 150 m³，如图 4.15 所示。

图 4.15　反应装置槽

在粉煤灰提铝示范装置调试阶段，经常出现如下两个问题。

（1）因为配料槽槽壁结疤严重，并出现沉槽现象，不仅降低了设备的传热系数，减小设备的有效容积，降低设备产能，严重还会出现搅拌桨变形，甚至电机烧坏的现象。因此每 3 ~ 4 天就需要停工进行一次结疤清理，每 7 ~ 10 天进行一次沉槽清理。装置无法实现连续运行，达不到项目验收要求的 60 天连续运行要求。

（2）由于粉煤灰比重较小，部分浮在浆液上层，石灰石比重较大而下沉。从而会出现浆液不均匀，浓度偏差大，配比不准，导致熟料质量差，达不到 863 项目要求溶出率大于 90% 的验收要求。

以上两个问题成为整个高铝粉煤灰提取氧化铝项目的瓶颈问题。常规解决办法有很多，比如分段保温法、添加晶种法、磁场处理法、电场处理法、超声波处理法等。更直接的方法是更换大功率电机，提高搅拌力，搅拌叶也需做相应改变。但是由于项目时间紧迫，短时间内无法实现装置的改动。因此，研发团队决定利用 TRIZ 理论来寻找更有效的解决方案，图 4.16 为本项目分析问题和解决问题路径图。

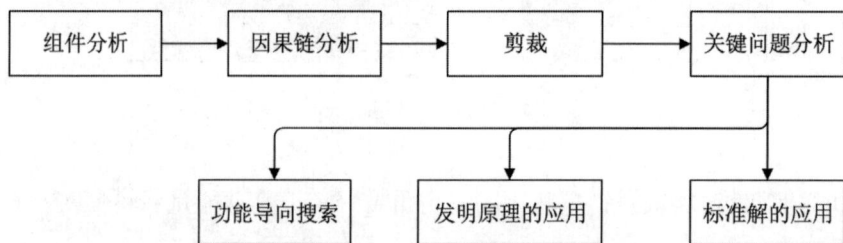

图 4.16　问题解决过程

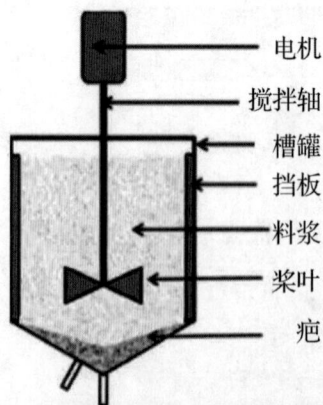

图 4.17　粉煤灰提铝工艺配料槽结构图

4.4.2　问题识别

1. 功能分析

根据问题描述，配料槽是出现结疤和沉槽问题的设备，因此选择配料槽作为 TRIZ 项目要研究的工程系统，并对其进行功能分析。图 4.17 为配料槽的结构图。通过组件分析来识别配料槽的系统组件和超系统组件。

表 4.1 为配料槽工程系统的组件分析结果。根据相互作用矩阵进行功能分析。相互作用分析用来识别配料槽组件两两之间的相互作用,为建立功能模型打下基础。

表 4.1 配料槽的组件分析

工程系统	系统组件	超系统组件
	搅拌桨	料浆
搅拌槽	桨叶	疤
	槽罐	
	挡板	

表 4.2 为配料槽工程系统的相互作用分析结果。

表 4.2 配料槽工程系统的相互作用分析结果

组件	搅拌轴	桨叶	槽罐	挡板	料浆	重力	疤
搅拌轴		+	−	−	+	+	−
桨叶	+		−	−	+	+	+
槽罐	−	−		+	+	+	+
挡板	−	−	+		+	+	+
料浆	+	+	+	+		+	+
重力	+	+	+	+	+		+
疤	−	+	+	+	+	+	

根据功能的定义,判断相互作用分析表中有相互作用的组件是否存在功能,并对其进行功能分类和有用功能的等级识别。表 4.3 为配料槽工程系统的功能模型列表。

表 4.3 配料槽工程系统功能模型列表

功 能	等 级	性 能 水 平
搅拌轴		
转动桨叶	Ax	N
桨叶		
搅拌料浆	B	I
槽罐		
支撑挡板	Ax	N
承载料浆	Ax	N
支撑疤		H
挡板		
折流料浆	Ax	I
支撑疤		H
料浆		
形成疤		H
疤		

续表

功　能	等　级	性　能　水　平
阻止料浆		H
阻止浆叶		H

根据功能模型列表，将配料槽工程系统的功能模型用图形化表示，如图 4.18 所示。

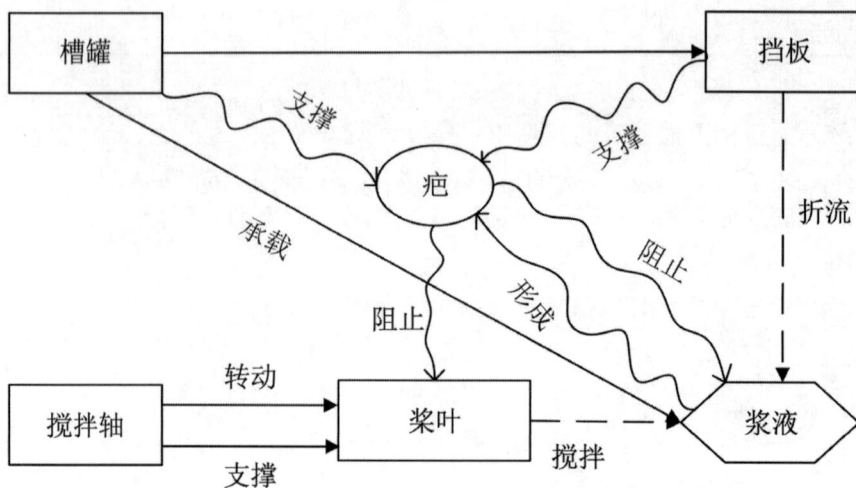

图 4.18　配料槽的功能模型图

根据功能建模，发现浆叶和挡板对浆叶的功能不足，浆叶、挡板和槽罐对疤的支撑功能为有害功能，疤阻止浆叶和浆液都是有害功能。配料槽工程系统的功能缺点如表4.4所示。

表 4.4　配料槽工程系统的功能缺点

序　号	功　能　缺　点	类　型
1	浆叶搅拌料浆能力不足	I- 功能不足
2	挡板折流料浆能力不足	I- 功能不足
3	槽罐支撑疤	H- 有害功能
4	料浆形成疤	H- 有害功能
5	挡板支撑疤	H- 有害功能
6	疤阻止浆叶	H- 有害功能
7	疤阻止料浆	H- 有害功能

通过功能分析，配料槽中所有的组件都被细致地分析，通过对组件功能进行识别和分类，发现了配料槽组件功能不足或有害的问题，并对功能的缺点进行整理汇总。

2. 因果链分析

因果链分析是全面识别工程系统缺点的工具。因果链分析被用来挖掘隐藏于初始缺点背后的各种缺点。本项目的问题是配料槽无法正常工作，无法工作的原因是搅拌桨不转了，搅拌桨不转的原因是搅拌轴弯曲了。搅拌轴弯曲被选作初始缺点，然后展开因果链分析。图 4.19 为项目团队以搅拌轴弯曲这一初始缺点开始进行的因果链分析。

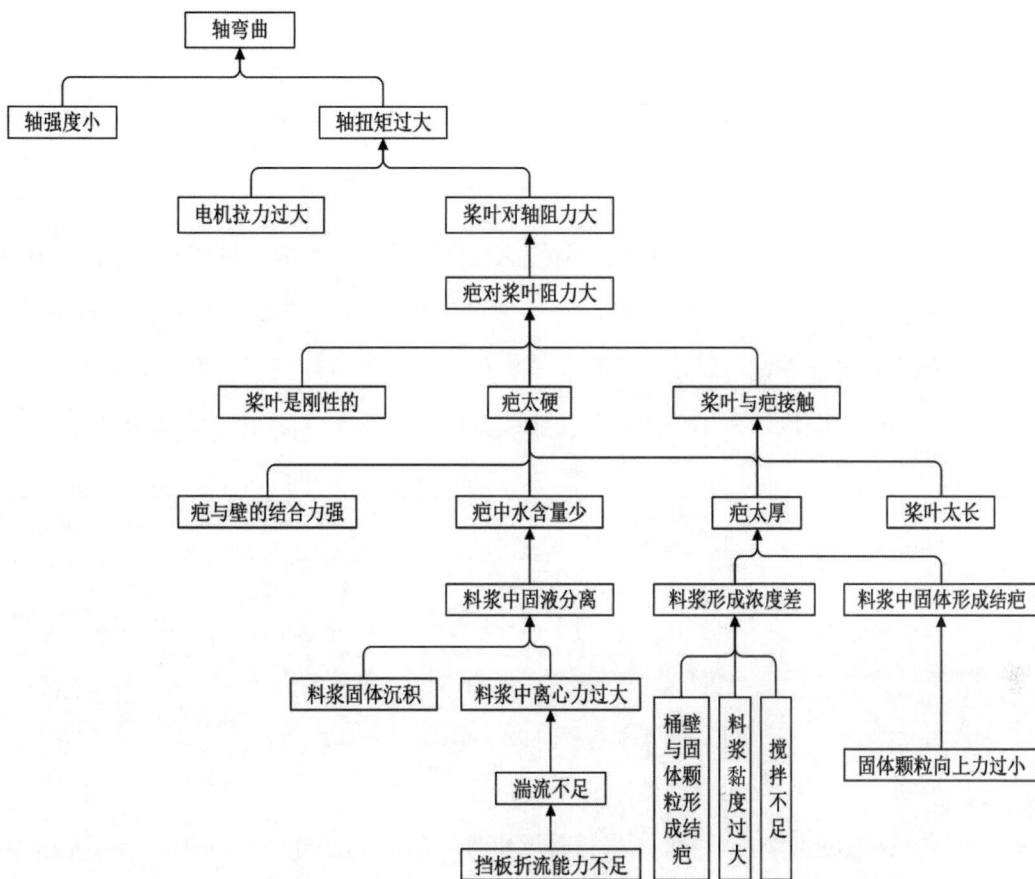

图 4.19　搅拌轴弯曲的因果链分析图

经过因果链分析，23 个潜在的缺点被挖掘出来，根据项目的实际情况，其中 7 项缺点被识别为关键缺点，并转化成需要解决这些关键缺点对应的关键问题，同时寻找可能的解决方案，如表 4.5 所示。

表 4.5　因果链的关键问题表

序号	缺　点	问　题	可解决的方案	是否有矛盾
1	桨叶是刚性的	如何做成柔性的桨叶	链式桨叶或者流体式桨叶	有
2	疤与壁的结合力强	如何降低疤与壁面结合力	在壁面增加润滑剂，减小壁面粗糙度	否

序号	缺 点	问 题	可解决的方案	是否有矛盾
3	固体颗粒的向上力小	如何增加固体颗粒向上力	为固体颗粒提供向上的动力	否
4	桶壁与固体颗粒形成结疤	如何避免形成结疤	增强搅拌，避免颗粒不均，避免死区，增加铁球或陶瓷球除疤	否
5	料浆形成浓度差	如何使浆料搅拌均匀	增加搅拌速度或桨叶尺寸	否
6	折流板折流能力不足	如何提高折流板折流能力	C 型或 B 型折流板，或多个折流板，桨叶正反转	否
7	料浆黏度过大	如何降低料浆黏度	加入添加剂，提高温度	否

3. 剪裁

从功能分析中，有问题的组件被识别出来并整理在表 4.4 中。对于有问题的组件可以尝试用剪裁的方法将这些组件去除，而将它的有用功能让其他组件执行。配料槽工程系统中的挡板、桨叶和搅拌轴都可选作剪裁组件。根据剪裁规则 C（若能从系统或超系统中找到另一个组件执行有用功能，则功能载体可被剪裁）。表 4.6 为剪裁模型汇总表。

表 4.6 配料槽的剪裁模型

组件	功能	分类	裁剪规则	新载体	裁 剪 问 题
搅拌轴	支撑桨叶	Ax	裁剪规则 C	磁力	如何利用磁力带动桨叶搅拌料浆
挡板	折流料浆	Ax	裁剪规则 C	空气	如何利用逆流空气折流料浆
桨叶	搅拌料浆	B	裁剪规则 C	空气	如何利用压缩空气搅拌料浆

剪裁是一个分析问题的工具，配料槽工程系统中的挡板、桨叶和搅拌轴被剪裁后产生了新的问题。这些剪裁问题就是如何让新的载体来执行被剪裁组件的有用功能。

经过对配料槽进行功能分析，因果链分析和剪裁，识别了 9 个关键问题，如表 4.7 所示。

表 4.7 关键问题汇总表

序 号	关 键 问 题
1	如何做成柔性的桨叶
2	如何降低疤与壁面的结合力
3	如何增加固体颗粒的向上力
4	如何使用桨叶均匀搅拌料浆
5	如何利用压缩空气搅拌料浆
6	如何降低料浆黏度
7	如何提高折流板折流能力
8	如何利用磁力带动桨叶搅拌料浆
9	如何利用逆流空气折流料浆

4.4.3 问题解决

针对表 4.7 的关键问题，项目团队利用 TRIZ 问题解决工具中的功能导向搜索、发明原理和标准解，产生了一系列解决方案。由于篇幅有限，仅展示部分关键问题的解决过程和解决方案。

1. 功能导向搜索应用

在高铝粉煤灰提取氧化铝新工艺中，如何得到混合均匀的浆料是项目成功的重要指标。针对关键缺点 5，如何使桨叶均匀搅拌粉煤灰料浆这一关键问题，利用功能导向搜索在其他领域寻找解决方案，步骤如下。

（1）描述关键问题：如何使桨叶均匀搅拌粉煤灰料浆。

（2）阐明要执行的特定功能：均匀搅拌料浆。

（3）进行功能一般化描述：均匀搅拌料浆。

（4）在相关和非相关产业中寻找执行混合功能的其他技术：混凝土搅拌装置、浆态床反应器、流化床气化装置等。

（5）选择最适合执行混合功能的技术：流化床气化装置。

（6）流化床气化装置技术所要求的次级问题：槽罐的进料方式和进气方式。

得到的解决方案为通过改变配料槽罐的进料和进气方式来增强搅拌，避免结疤和沉槽现象。

2. 发明原理的应用

经过功能分析和因果分析后，识别出有明显物理矛盾的关键问题。

关键问题 1：刚性桨叶容易折断，那么如何做成柔性的桨叶？

物理矛盾：桨叶应该是柔性的，因为桨叶不容易折断；但是桨叶应该是刚性的，因为可以搅拌充分。

在系统级别上，桨叶是柔性的，在子系统级别上，桨叶是刚性的。适用的分离原理为基于系统级别分离。

可以确定适用的发明原理为发明原理 1（分割）、5（组合、合并）、12（等势）、33（同质性）。根据发明原理 1 分割，可产生如下解决方案，将搅拌桨叶做成链式搅拌叶；根据发明原理 33 同质性，可以用下进样方式，让涌动的桨叶自己起到搅拌作用或采用流体式桨叶。

3. 标准解的应用

在应用标准解系统之前，先将前面经过功能分析、因果链分析得到的关键问题转化物场模型的问题模型，然后应用标准解系统，寻找解决方案。粉煤灰提铝工艺配料槽的关键问题可以转化两类物场模型。第一种情况：桨叶、挡板和槽壁对疤的吸附功能，槽壁与疤的结合强，这是项目不希望发生的，为有害物场模型。根据第一类标准解（建立和拆解物场模型）的第 2 小类（拆解物场模型），可以引入另外一个场来抵消有害作用，如图 4.20 所示。

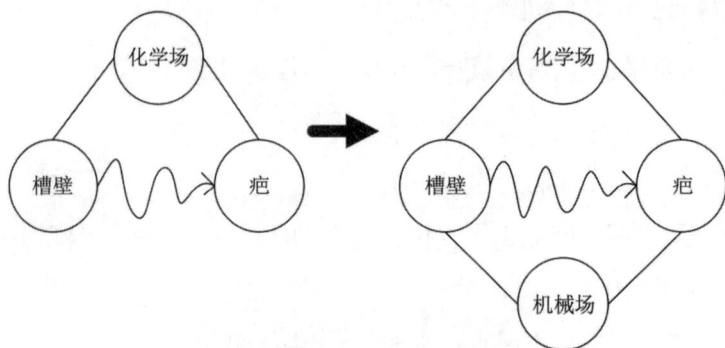

图 4.20 槽壁与疤的有害物场模型及拆解方法

针对关键问题 2：如何降低疤与壁面结合力，用标准解产生的解决方案为①在配料槽底部通入压缩空气；②在配料槽外壁加装振打器，利用压缩空气和振打器的振动机械场，避免疤粘附在槽罐上，消除疤对搅拌和传热的影响。图 4.21 所示为气体搅拌示意图和加装振打器的配料槽示意图。

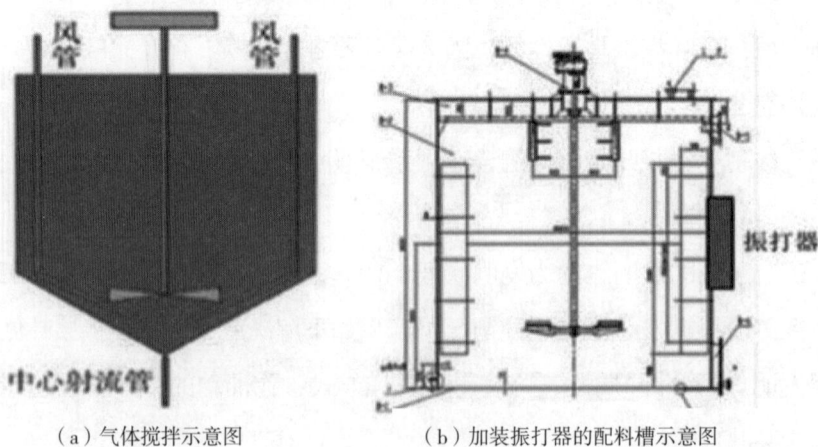

（a）气体搅拌示意图　　　　　　（b）加装振打器的配料槽示意图

图 4.21 拆解物场模型

第二种情况：桨叶搅动浆液的功能不足，没有达到项目要求。针对关键问题 4：如何使用桨叶均匀搅拌料浆，转换成桨叶和料浆的物场模型，构成不足物场模型，如图 4.22 所示。

根据第 2 类标准解（增强物场模型）中第 2 子类（链式物场模型），得到解决方案：往配料罐中引入压缩空气来增强对料浆的搅拌，如图 4.23 所示。

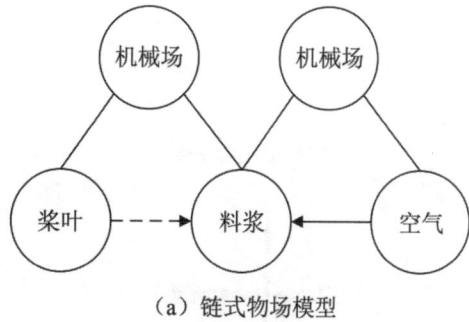

（a）链式物场模型

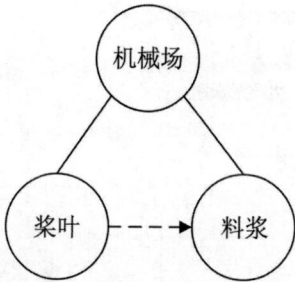

（b）链式物场模型解决方案示意图

图 4.22　桨叶与料浆的物场模型

图 4.23　链式物场模型及其应用

针对关键问题 5：如何利用压缩空气搅拌料浆，解决方案：在配料槽内壁附件加装两根风管，配合利用中心射流增加料浆的湍动，促进液固混合效果。气体进入气体分布器后利用气泡的上浮对浆液进行搅拌，消耗的能量极低。中心射流管可以为进入槽罐的料浆，利用高压离心泵打入中心管内，采用下进料的方式。在无料浆进入时也可以使用空气。

根据第 3 类标准解：转换到超系统和微观级别中第 1 个（单 - 双 - 多）。在搅拌轴的外围设置均匀分布多个桨叶，并根据桨叶的旋转方向，提供螺旋向上的力，将浆液向上推，达到搅拌分散的工艺效果，如图 4.24 所示。

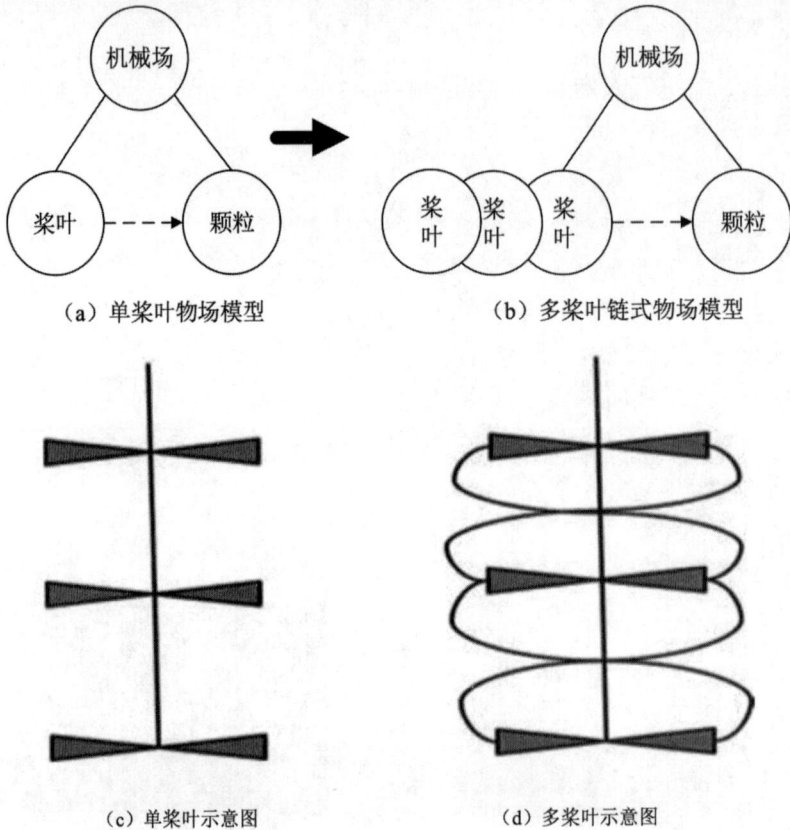

（a）单桨叶物场模型　　　　　　　　（b）多桨叶链式物场模型

（c）单桨叶示意图　　　　　　（d）多桨叶示意图

图 4.24　单桨叶到多桨叶应用

4. 解决方案总结

通过应用 TRIZ 工具功能分析、因果链分析、剪裁、关键问题分析、功能导向搜索、发明问题应用和标准解应用，共得到了 20 个解决方案，详情见表 4.8。

表 4.8　解决方案汇总表

序　号	解　决　方　案	应用的工具
1	使用链式桨叶	因果链分析
2	使用流体式桨叶	因果链分析
3	C 型或 E 型折流板	因果链分析
4	利用磁力带动桨叶搅拌料浆	剪裁
5	利用逆流空气折流料浆	剪裁

序　号	解　决　方　案	应用的工具
6	利用压缩空气搅拌料浆	剪裁
7	增加搅拌的转速	关键问题分析
8	增加搅拌桨面积	关键问题分析、物理矛盾
9	下进料式搅拌	功能导向搜索
10	加铁球或陶瓷球	因果链分析
11	多层桨叶 / 多个桨叶	物理矛盾、标准解
12	搅拌正反转	因果链分析
13	多个挡板	因果链分析
14	使用链式连接刮刀	标准解
15	振荡器 + 搅拌	标准解
16	利用底部射流加强搅拌	标准解
17	利用压缩空气增强搅拌	标准解
18	脉冲式搅拌	标准解
19	增加耐碱涂层	标准解、因果链分析
20	使用螺旋式搅拌	标准解

4.4.4　方案的实施和验证

根据煤粉灰提铝示范装置现场实际情况和验收时间的限制，从产生的 20 种方案选择了 2 种方案进行实施。

方案一：槽罐中增加压缩空气加强搅拌。方案来源：标准解；具体实施：在料浆槽锥部沿对称方向插入两根压缩空气管，插入深度距离锥底 0.5m。

方案二：提高桨叶转速；方案来源：因果链分析 / 关键问题分析；具体实施：提高电机频率达到 60Hz，提高搅拌转速。

以上两个解决方案经过实施，验证效果显著。

彻底解决了料浆槽结疤引起的槽体清理、管道堵塞等现象。粉煤灰示范装置连续运行达 100 天后自主停止后，都没有出现结疤现象，如图 4.25 所示。

解决了配料过程生料浆混合不均匀问题。实施后，对配液槽顶部、中部和下部浆液进行采样，然后进行成分分析，结果见表 4.9。

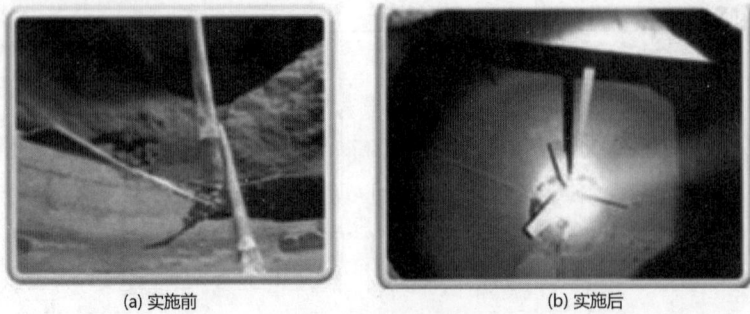

(a) 实施前   (b) 实施后

图 4.25 解决方案实施前后配料槽结疤现象对比图

表 4.9 配料槽不同部位生料浆浆液成分表   （单位：%）

取样点	AL_2O_3	Na_2O_T	Fe_2O_3	SiO_2	CaO	含水率
槽顶部	20.83	15.46	1.00	12.13	21.36	40.60
槽中部	20.35	15.88	0.83	12.53	21.21	40.43
槽底部	20.45	15.67	0.92	12.34	21.41	40.40

分析数据显示，经过通入压缩气体，加热浆液及提高搅拌频率等方案的实施后，生料浆浆液浓度偏差小于 5%，各成分均匀；熟料质量得到了提高，实施前溶出率为 87%，实施后溶出率达到 93%，满足 863 项目要求溶出率大于 90% 的验收要求。

4.4.5 案例总结

本案例用 TRIZ 理论方法对粉煤灰提铝工业示范装置出现问题的配料槽进行了功能分析、因果链分析和剪裁，利用功能导向搜索、发明原理的应用及标准解应用解决了识别出来的关键问题，得到一系列解决方案。其中有 3 个方案已经实施验证，成功解决了槽罐的搅拌不均匀问题，避免了因搅拌不好造成的结疤沉槽停产等问题，使粉煤灰资源化利用万吨级示范装置得以顺利开车运行，保证了国家 863 项目——煤电／煤化工废物协同处置与循环利用技术及示范顺利通过专家现场验收，并为今后的装置工业化生产奠定基础。

注意：项目产生的两个解决方案已提交专利申请，由于保密需要，隐去了不便公开的某些技术细节及解决方案。请各位读者谅解。

4.5 本章小结

近年来中国整体科技水平不断提升，诸多领域达到国际先进水平，但也存在不少领域受制于国外技术垄断，只有坚持创新才能不断产生新成果。高校依托各领域专家，用先进的创新方法培养出更多高水平创新人才，不断为企业输送创新的血液，从而不断提高企业的科技创新水平。"十四五"规划中重点提到"坚持创新驱动发展，全面塑造发展新优势"进一步说明国家对创新的重视程度。作为针对需要创新发明的问题的解决方法，TRIZ 理论自苏联科学家、发明家根里奇·阿奇舒勒先生提出以来，内容也在不断完善，阿奇舒勒以及研究 TRIZ 的专家们围绕着是否正确解决问题？是否正确地解决正确问题？是否对正确问题找到可行性高的方案？是否对产品的主要价值参数有显著提升？四个主题，经历了四个发展阶段，演变为今天应用的现代 TRIZ 理论体系。在现代 TRIZ 理论体系中将 TRIZ 应用流程分为问题识别、问题解决、概念实施三个阶段，问题识别阶段有功能分析、流分析、因果链分析、进化趋势分析、特性传递等工具对问题进行不同维度的剖析，明确解决什么样的问题以便"对症下药"，在解决问题阶段有标准解、矛盾矩阵、发明原理的应用、功能导向搜索、科学效应库、ARIZ 等一系列解决问题的工具，此后还有概念实施规划等流程。

习题

选择题（单选）

1. 解决问题时，应该从（　　）着手解决。

    A. 根本原因　　B. 表面问题　C. 起始问题　　D. 任何一个节点

2. 下列是发明问题的是（　　）。

    A. 需要进行发明的问题　　　　B. 需要分析的问题

    C. 发明中碰到的问题　　　　　D. 技术问题

3. 下列是技术矛盾的是（　　）。

    A. 研发中碰到的技术问题

    B. 改善一个参数的同时导致了另外一个参数的恶化

    C. 有矛盾的技术

    D. 在开发新技术过程中碰到的矛盾

4. 窗户的功能是（　　）。

    A. 通光 　　　　B. 挡风 　　　　C. 通风 　　　　D. 透明

5. 关于功能说法正确的是（　　）。

    A. 没有接触也有功能 　　　　　　　B. 间接接触也有功能

    C. 没有接触就不可能有功能 　　　　D. 有接触就一定有功能

6. 剪裁指的是（　　）。

    A. 把功能去掉，但把它的结构保留下来

    B. 对一个复杂的结构进行简化

    C. 把不需要的功能进行去除

    D. 把组件去掉，但把它的有用功能保留下来

7. 功能导向搜索是指（　　）。

    A. 为我们的解决方案开拓新的应用领域

    B. 搜索领先领域的成熟解决方案

    C. 借用高科技领域的新技术

    D. 搜索其他领域的功能

8. 现代 TRIZ 理论不包括的工具是（　　）。

    A. 分析问题 　　B. 解决问题 　　C. 概念实施 　　D. 假设检验

9. 在功能分析中，以下选项不可以成为组件的是（　　）。

    A. 光 　　　　B. 灰尘 　　　　C. 时间 　　　　D. 树叶

10. 在运用 TRIZ 完成项目时，（　　）。

    A. 找到的原因越少，项目风险越小

    B. 找的原因越多，意味着有更多解决问题的机会

    C. 项目中识别出来的原因越多，则说明把简单的问题复杂化了

    D. 在项目中找到的原因越少，就意味着可以简化问题，从而更加容
       易解决问题

11. 计算机播放声音是一种（　　）功能。

    A. 有用 　　　　B. 有害 　　　　C. 不足的 　　　　D. 不确定是什么

12. 关于初始缺点的描述正确的是（ 　 ）。

    A. 客户指出来的缺点就是初始缺点

    B. 一个项目中只可能有一个初始缺点

    C. 初始缺点指的是项目中团队最早发现的那个缺点

    D. 初始缺点可以作为解决问题的突破口

13. 关于 TRIZ 说法正确的是（ 　 ）。

    A. TRIZ 是解决问题的利器，但运用 TRIZ 需要大量问题分析工作

    B. TRIZ 的主体是发明原理

    C. TRIZ 的目的是解决矛盾，其核心的矛盾矩阵

    D. TRIZ 已经非常完善，可以不需要发展了

第 二 部 分

创新实践能力培养模块

导言：创新实践能力培养模块是在上一模块的基础上，进行具体的项目实践训练，培养学生实施项目的能力，如设置需求分析、问题导向的项目管理方法等环节，讲授如何明确项目目标、服务对象及功能设计，如何以项目驱动方式推进与管理创新项目进程，最终提出具有独创性的解决方案。

第 5 章　产品需求分析

产品需求分析的首要任务是明确哪些需求是用户的核心需求。产品研发工作中，需求搜集是一项很重要的工作，然而面对多方的需求来源（竞品分析、用户反馈、用户研究），究竟该如何抓住用户的核心需求？又有哪些原则可以遵循呢？本章通过产品需求分析概述、什么是市场需求、什么是产品需求、产品与市场需求分析方法、从概念到产品的需求分析过程几部分梳理产品需求。希望通过本章的学习后，能够初步了解产品需求相关的基础知识，掌握产品需求的信息采集、分析常用的方法与工具，高质量地学习完成创新产品的研制工作。

产品需求分析可分为以下三种方式。

（1）基于客户委托产品研发实施需求分析。

（2）基于产品研制过程实施需求分析。

（3）基于市场需求分析实施产品研发。

第（1）、（2）种是企业在经营活动中经常实施的，第（1）种的重点是搞清楚用户想做什么；而第（2）种的重点是搞清楚怎么做；第（3）种则是创新创业型团队基于市场需求的产品研发，根据敏锐的市场嗅觉，及基于新技术发展而实施的面向市场的产品需求分析，本章主要基于第（3）种方式进行梳理交流。

图 5.1 各式各样的产品创意题目，25 项创意种子，从提交的文档来看，大都是基于学生们自己对于当今科技发展的了解而产生的创意想法。

No	创意名称	应用类型
1	基于NFC（近场通信技术）的出门备忘贴纸	电子标签
2	柜子报警器	
3	独立飞行器	无人机
4	校园排队检测系统	视频识别
5	清洁黑板擦	
6	智能防雾护眼眼镜	
7	自动关灯小装置	
8	智能水族馆	视频识别
9	校园无人机快递自动投送系统	无人机
10	数位笔（源自数位板）	
11	含糖量检测器	
12	自动灭火器	
13	基于区块链的身份认证技术	
14	智能烹饪装置	视频识别
15	儿童防丢手环	电子标签
16	三维扫描成像，"电子眼"	视频识别
17	基于检测天线的查找易丢物品机	电子标签
18	车位智能查找	
19	智能书签	
20	水下机器人	
21	果树修剪机器人	
22	自动晴雨伞	
23	食堂（浴室）用餐人数计数器	视频识别
24	食堂空座显示系统	视频识别
25	商品识别购物车	电子标签

图 5.1　创意种子

创意种子中"视频识别""电子标签""无人机"等新技术的应用占有很大比例。对不对呢？应该没有问题，但是这样的创意很容易同质化。创意成功的关键在于该创意种子能否契合市场需求，客户用户群体的定位是否准确，是否具有市场竞争力。只有解决了这些疑问才能判断创意种子是否能够向产品研发推进。

比如第一个创意种子"基于 NFC 的出门备忘贴纸"，如果确实有这样一款产品会不会有人使用呢？又是什么样的群体会使用呢？如果没有搞清楚具体的目标用户，那么所谓创意仅仅是纸上谈兵。因此产品的市场需求决定着产品的未来。

在如上的创意种子中，有些创意是具备市场需求的，而且一旦产品能够推出将会吸引众多用户及潜在用户。

比如图 5.1 中第 11 项的"含糖量检测器"，根据论述这是一款便携式食物含糖量检测仪。目前糖尿病患者及糖尿病高危人群达上亿人之多，他们为了健康对于饮食非常重视，无论是在家里或是在外面就餐，如果能够简单方便地获取所要食用食物的含糖量是非常有意义的。但是该产品的研发涉及医学、电子、材料等诸多领域，而且可能还会遇到市场准入门槛高等问题，很难由几个同学短时间内完成，因此除需要有市场需求外，还需要满足产品需求。

因此从同学们提出的创意种子情况分析，需要掌握产品需求分析的方法才能够提出具有创新性及可实现性的创意种子，进而将其产品化。本章仅仅是给大家一些观点，提出一些方法供大家在今后探索应用。

5.1　产品需求分析概述

5.1.1　产品需求的基本概念

我们知道产品与价值的关系，只有适合市场需求的产品才能够创造出价值，如何创造出满足市场需求的产品是我们学习探索的目标。图 5.2 所示为产品需求的基本概念图。

图 5.2　产品需求基本概念

从图 5.2 中的流程可以看出，如果所提供的产品不能满足需求将无法创造出价值，所谓产品将成为垃圾。因此搞清需求是提供产品的第一步，图 5.3 所示为用户、产品、需求的关系图。而在市场活动中用户的需求是产品功能的主导因素，如图 5.4 所示。

图 5.3　用户、产品、需求关系图

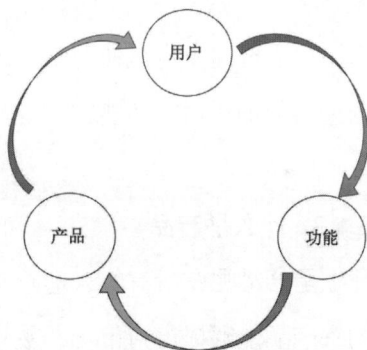

图 5.4　用户的需求是产品功能的主导因素

因此产品需求分析就是基于市场需求分析、用户需求分析而实施的。产品或创意种子不能急于考虑设计产品的功能，因而即使将产品的功能设计得再多、再强，如果不符合市场需求和用户需求，也是徒劳。如果产品的功能定位契合市场的某些用户而又无其他可替代产品，尽管产品功能可能单一也会获得市场认可。所以了解了用户就了解了市场，也就知道产品应该如何实施了，接下来便是根据所掌握的技术、资金、时间来策划产品的设计与生产了。

5.1.2 什么是用户

那么什么是用户呢？用户（user）是一种泛称，它可细分为客户（customer）、最终用户（the end user）和间接用户。掏钱买产品的用户称为客户，而真正操作产品的用户叫最终用户。客户与最终用户可能是同一个人也可能不是同一个人。比如家长掏钱购买考试练习集不是自己用，而是子女用。

在我们考虑产品时首先应考虑给谁使用，或说哪些人会有需求。我们要在自己熟悉或了解的群体实施探讨，只有熟知群体才能了解他们有无迫切需要解决的问题。比如我们初步有了要产品的开发思路时，首先要考虑这个产品谁是最终使用者，是婴幼儿？学生？考生？年轻人还是老年人？残疾人？等等，只有搞清楚最终用户是哪类群体才可能有针对性地实施功能设计、用户体验设计。

针对年轻人晚上不睡早上起不来的问题，产生了众多叫醒App，这些叫醒App少则数千多则上百万被下载，但还是不断有新的叫醒App上线，为了能够抓住用户，研发者不断探索创新，用新颖的功能吸引客户。

最近又有一款叫醒App吸引了不少用户下载体验，其名称是"必醒"，其新颖之处在于用户需要向麦克风使劲吹气才能停止叫醒，研发者如果不了解不能早起的群体又如何创造出更加新颖的功能？

5.1.3 什么是产品

什么是产品呢？所有的人造物都可以视为产品，是为了满足人们特定的需求而生产出来的。产品能够提供给市场，被用户使用和消费，并能满足用户的某种需求，产品包括有形的产品和无形的产品。

汽车能让人们移动得更快；房子能为人们遮风挡雨；衣服是让人们保暖与遮羞；外卖和快递让我们的购物、饮食更方便。

美国现代营销学之父菲利普·科特勒（Philip Kotler）在《市场管理：分析、计划、执行与控制》中将产品概念的内涵分为五个层次结构，包括核心利益或核心产品（core benefit）、一般产品（generic product）、期望产品（expected product）、扩大产品（augmented product）和潜在产品（potential product）。企业依据投资与利润收益等诸多考量在产品定位市场时针对各类用户实施产品系列方式将投资收益最大化，将用户消费长期化、扩大化。

我们在实施产品创新时不一定提出一个全新并史无前例的产品，而在已有产品的结构、功能、可操作性、可持续性及与环境的匹配性等层面实施创新，也可以提高创新的效率及效果。原有产品受技术、材料、消费习惯等的影响可能已经失去市场需求，但经过赋予其新的内涵，使其通过创新赢得市场、赢得用户也是非常有意义的。

5.1.4　什么是需求

我们在生活、学习、工作中无时无刻会有这样那样的需求，有些需求会有满足的手段，有些需求不能完全满足但也不会有太大影响，而有些需求则渴望得到满足，会到处寻找。

学生在校园中要学习、要社交，会有各种需求。

（1）学习方面：可能在选课、图书馆坐席、教师交流、阅读书籍等方面还有欠缺或烦恼。

（2）校园生活方面：许多地方要排队，食堂饭菜是否可口，物流是否畅通，预定的课程或活动能否有提醒等。

需求是由个体在生理或心理上感到某种欠缺而力求获得满足的一种内心状态，它是个体进行各种活动的基本动力。

通过需求细分可能会有各式各样的需求。如：需要、需求、真假需求、客户需求、用户需求、产品需求、设计需求、需求规格、技术需求、非技术需求等。

需求与产品的关系是什么呢？产品是为了满足人们的需要而被生产出来的，因为需求的驱动，才会使用户需要产品。

能够创造出好的、适应市场的产品，应该具备的如下三个核心素质特征，缺一不可。

（1）敏锐的市场嗅觉。

（2）新技术、新趋势的热情。

（3）不屈不挠的钻研精神。

5.2　什么是市场需求

本节将从市场定义、目标市场、互联网时代的市场要素、购买欲望与购买力四个方面进行市场需求的探讨。

5.2.1 市场定义

了解市场是开发产品的基本前提，市场是商品经济的产物，市场概念随着商品经济和社会的发展而变化。在商品交换不发达的时代，市场仅仅是指交换的具体场所。在如今商品经济环境和互联网发展中，市场的性质发生了深刻的变化，卖方市场已经形成，市场的主体是消费者，并且原有的商业作业模式的市场机制，也部分地被基于互联网的营销模式所替代。

传统经济中的营销单向传递（由卖方向买方）产品信息的模式逐步演变成一种双向的交互式的需求信息传递模式，即在信息源积极地向用户展现自己产品信息的同时，用户也在积极地向信息源提出自己的需求信息。

根据市场的变化和互联网化市场的特点，应该从顾客的角度定义市场。

（1）市场：一个市场是由那些具有特定的需求或欲望，而且愿意并能够通过交换来满足这种需求或欲望的全部潜在顾客构成。

（2）潜在市场：潜在市场是由一群体对某个在市场上出售的商品有某种程度兴趣的顾客群体。

（3）有效市场：有效市场是由一群体对某一产品有兴趣、有收入，并且有一定的购物渠道的潜在市场顾客组成。

（4）目标市场：目标市场（又称为服务市场）是我们决定要在有效市场上追求的那部分，其目标是满足用户的需求。

了解了什么是市场才能考虑市场营销，即在变化的市场环境中力图满足消费需求实现利益的商务活动过程。这就包括市场调研、选择目标市场、开拓潜在市场、产品研发等活动。创新项目也需具备市场营销的思路才能使创新产品获得市场认可。

5.2.2 目标市场

定义目标市场的原因是我们不可能对应所有的需求并且能满足各种需求。企业的目标市场是由消费者市场和生产者市场组成的。对于既定的产品而言，市场由消费主体、购买力和购买欲望三个要素构成。因此所谓目标市场是对市场的细分，或者说是对消费者的细分。基于资源与环境等诸多限制选择细分消费群及目标市场更加有效，有的放矢实施产品研发才能推出满足市场的需求，不需要满足全部市场需求也不可能实现满足全部市场需求。因此产品市场需求分析是基于目标市场的需求分析。

确定了目标市场才有利于实施产品功能设计，制订市场营销策略等后续创新活动。确定了目标市场才能判断创新产品的定位是属于目标市场空缺产品、并存产品，还是取代产品，进而策划创新产品的功能及营销活动。

因此产品需求分析分为三部分：把握目标市场的主要需求，确定创新产品的基本特色，取得目标客户的认同。只有实施产品需求分析才能确定产品特色，而产品是产品的创新重点，不是产品全部，产品具备了不可代替特色，经过目标市场需求分析的产品特色才能被消费者认可和接受。

5.2.3　互联网时代的市场要素

在当今经济快速发展、互联网经济崛起的时代，消费主体的个性化需求越来越明显，致使商家必须满足其独特的需求；消费主体更加理性，因此，对信息的组织和整理，几乎成了现代营销商的当务之急。为了吸引这些顾客，保持持续的竞争力，必须不断地进行新产品的开发。

互联网时代的市场三要素为定位、关键词、为客户创造价值。"定位"是进一步明确我们要做什么；"关键词"是让消费者知道我们在做什么；"为客户创造价值"是让消费者知道我们能给他们带来什么价值。应用互联网终端设备有限的人机交互界面可使消费者方便快捷地发现他要找的产品，梳理好产品关键词是非常有效的市场运作手段。关键词在互联网时代的市场供需信息匹配中发挥着重要作用。

5.2.4　购买欲望与购买力

购买力对于大多数企业来讲是研究的重点，是可任意支配的收入，因为它是影响消费者的最重要因素。

而由于互联网的发展使人们的购买欲望发生了巨大变化，把握趋势至关重要。在进行实施创新产品市场需求分析时，要根据目标市场消费者购买欲望的差异性实施产品功能设计以及产品体验设计。只有基于目标市场需求吻合的消费群体实施产品功能设计，制定定价才能刺激消费者产生购买欲望。

我们可以根据性别、年龄、收入水平不同的用户群体，实施其购买欲望的差异性分析，如图5.5所示为消费者购买欲望依性别不同而发生的变化。

性别划分
- 男性消费者群　注重商品的功能和效用
- 女性消费者群　更为挑剔，选择性强，注重商品的外观和感性特征

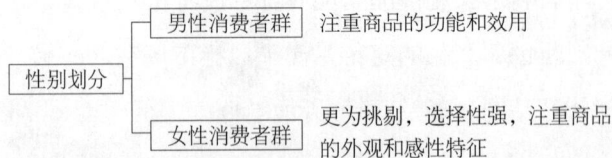

图 5.5　消费者购买欲望依性别不同而发生的变化

而图 5.6 反映出消费者购买欲望依年龄不同而发生的变化。

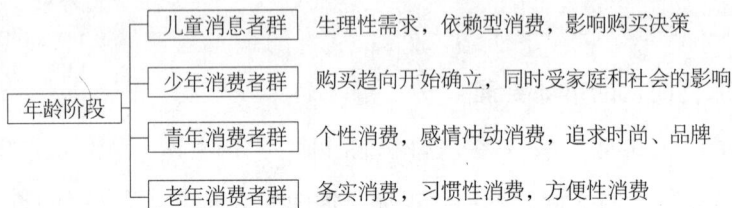

年龄阶段
- 儿童消息者群　生理性需求，依赖型消费，影响购买决策
- 少年消费者群　购买趋向开始确立，同时受家庭和社会的影响
- 青年消费者群　个性消费，感情冲动消费，追求时尚、品牌
- 老年消费者群　务实消费，习惯性消费，方便性消费

图 5.6　消费者购买欲望依年龄不同而发生的变化

图 5.7 反映了消费一般讲究量入为出，依据收入条件对消费进行细分。

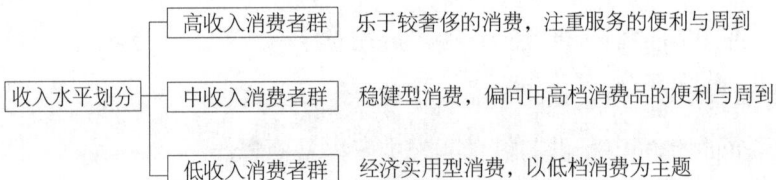

收入水平划分
- 高收入消费者群　乐于较奢侈的消费，注重服务的便利与周到
- 中收入消费者群　稳健型消费，偏向中高档消费品的便利与周到
- 低收入消费者群　经济实用型消费，以低档消费为主题

图 5.7　依据收入条件对消费进行细分

一个人所特有的心理特征，也会导致一个对其所处的环境相对一致和持续不断反映，如图 5.8 所示。

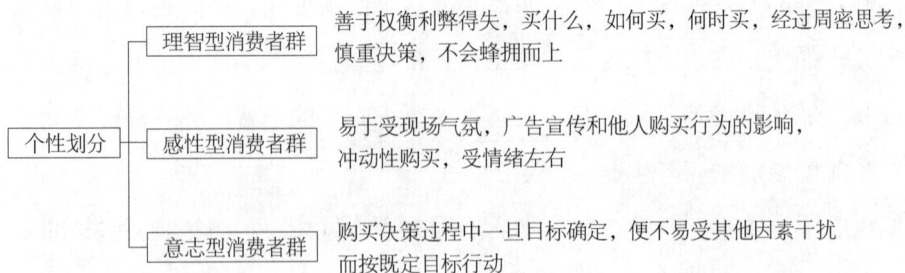

个性划分
- 理智型消费者群　善于权衡利弊得失，买什么，如何买，何时买，经过周密思考，慎重决策，不会蜂拥而上
- 感性型消费者群　易于受现场气氛，广告宣传和他人购买行为的影响，冲动性购买，受情绪左右
- 意志型消费者群　购买决策过程中一旦目标确定，便不易受其他因素干扰而按既定目标行动

图 5.8　依据人心理特征的消费划分

基于上述消费群体的分析，结合创新产品功能设计，使其契合既定目标消费群体，才有可能获得市场认可。因此在实施产品市场分析过程中确立目标市场，把握目标消费群体购买欲望与购买力，才能知道产品功能性和非功能性的设计特色如何确定。

5.3 什么是产品需求

本节将从产品需求的基本概念、需求的层次、马斯洛需求层次理论三方面进行产品需求的探讨。

5.3.1 产品需求的基本概念

产品需求是产品所有的功能的描述和规划。产品在开发时都有相应的需求规则，将这些规则清晰地描述出来，可以让开发、测试人员能够直观地理解该规则，且不会产生歧义。需求规则必须是完整的、准确的、易懂的。需求规则的描述上如果涉及页面交互或页面的修改，需要设计出页面原型。

产品需求应该来源于用户的"需要"，只有产品需求符合用户的需要，用户才会支付费用购买该产品。产品需求反映了用户的购买欲望和高买能力，能否实现用户"愿意买"并且"买得起"，产品需求描述的准确与否将成为产品研发能否成功的关键。

如果用户对某产品既有购买的欲望，同时又有购买的能力，那么，这就是需求。所谓产品需求就是产品能够符合用户的购买欲望且能够让用户买得起的需求信息,这些"需要"被分析、确认后要形成完整的文档，该文档应该详细地描述创新产品"必须或应当"做什么。我们应该反反复复推敲产品需求文档，判断这些描述的需求是否是客户的真实期待想要的。

需求的重要性在于需求是产品的根源，需求工作的优劣对产品后续研发及市场推广的影响很大。

5.3.2 需求的层次

需求包含着多个层次，不同层次的需求从不同角度和不同程度反映着需求的细节问题。需求应该包括以下三个层次。

（1）产品提供方需求（企业需求）。从产品提供方预测角度考虑，产品提供方需求是指在一定的战略目标和规划下，估计经过一定的营销努力能占领的最大市场份额。

影响产品提供方需求的因素主要是在一定市场总需求条件下的市场需求份额，它是由产品提供方的产品、服务、价格与竞争的关系等因素决定的。

（2）用户需求。从用户角度考虑，用户需求是指特定顾客群体为了满足自己有力的欲望，而要求产品具有的功能。它描述了使用产品可以满足用户要求的基本功能，这些需求通常描述的是产品使用性的主要特征，或者说明了产品应该具有的性能状态和一些特征基本结构。

（3）技术需求。一个产品研发工作应具备的条件和能力，通过产品实现的目标特性进行描述。

从产品需求过程不同角度分析可以看出：产品的企业需求是由企业高层或市场分析确定的，详细的企业需求可使公司运作目标明确，高效并具有强的市场竞争力；用户需求使需求分析者能从中总结出用户对产品的要求，从而完成其市场分析任务；研发人员根据技术需求设计需求产品，实现其必须具有的功能，并占有一定的市场份额。

在理解需求时要防止进入误区，往往在实施讨论产品需求时，会流于表面或走过场，常常把解决方案当成了需求，对需求的理解挖掘一定要到用户心理状态这个程度。

需求层次把握不好也会造成产品研发的失败。例如，某一信息科技企业针对医院影像科医生的业务，研发出一款能够通过语音识别实现影像报告生成的系统。该产品的实现能够提高医生的工作效率，减轻医生的劳动强度，是一款非常受医院和医生认可的软件系统。该系统研制成功后选在数家三甲医院进行了测试，无论在语音识别率还是操作界面均受到医院的认可。然而在医院准备正式导入时因大规模医院的影像科工作机制多样化，需要产品系统有着非常灵活的对应方式，而因该款系统的一个关键引擎是采用第三方的产品，无法及时解决用户的问题，造成该公司重新探索其他解决方案。由于时间拖得太久被其他公司后来居上失去了市场。这正是因用户需求还没有完全搞定就确立研发方案而导致的产品不被用户接受。

5.3.3 马斯洛需求层次理论

马斯洛需求层次理论（Maslow's hierarchy of needs），亦称"基本需求层次理论"，是行为科学的理论之一，由美国心理学家马斯洛于 1943 年在《人类激励理论》论文中提出。

该理论将需求分为五种，像阶梯一样从低到高，按层次逐级递升，分别为生理需求、安全需求、情感和归属需求、尊重需求、自我实现需求。另外两种需要：求知需要和审美需要。这两种需要未被列入到他的需求层次排列中，他认为这二者应居于尊重需求与自我实现需求之间。马斯洛需求层次理论还讨论了需要层次理论的价值与应用等。图5.9所示为马斯洛需求层次理论。

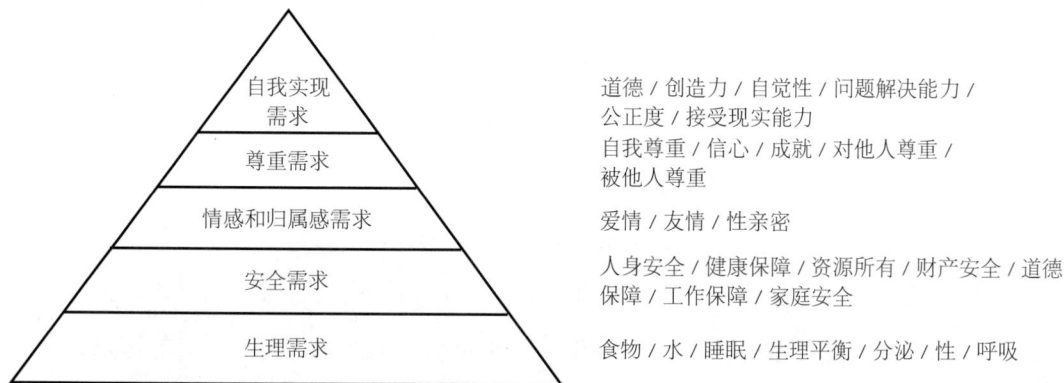

自我实现需求	道德 / 创造力 / 自觉性 / 问题解决能力 / 公正度 / 接受现实能力
尊重需求	自我尊重 / 信心 / 成就 / 对他人尊重 / 被他人尊重
情感和归属感需求	爱情 / 友情 / 性亲密
安全需求	人身安全 / 健康保障 / 资源所有 / 财产安全 / 道德保障 / 工作保障 / 家庭安全
生理需求	食物 / 水 / 睡眠 / 生理平衡 / 分泌 / 性 / 呼吸

图 5.9 马斯洛需求层次理论

马斯洛需求层次理论具体定义概述如下。

（1）基本需求。满足人们生存和生活的日常基础所需，如吃、穿、住、行等。

（2）安全需求。如对健康的担心、对贫困的恐惧、对无知的忧心，都是缺乏安全感的表现。满足人们生存和生活的日常基础所需，如吃、穿、住、行等，在安全感匮乏的同时，内心驱动会促使去满足获取安全感的需求。

（3）情感和归属需求。包括友情、爱情、亲情等多个层次，交流和沟通是人类永恒的主题。

（4）尊重需求。每个人都有被尊重的需求，都希望展现自己，获得人们认可，尊重与被尊重都存在于社交之中，因此尊重需求可以深度暗合在社交需求之中。

（5）自我实现需求。自我实现需求是最高层次的需求。人们对自己的表现或者获取的成绩都已非常满意，炫耀可以理解为自我实现的外在表现。

需求层次的特点如下。

（1）需求是不变的。这些需求都是与生俱来的，不会随着社会的变革而变化，即需求是不变的，变得是满足需求的产品。

（2）越靠近底层需求越是刚需。产品的核心是其解决的需求是否是刚需。马斯洛需求层次理论的最底层是生理需求，如生活的吃、穿、住、行，即为刚需。其上一层的安全需求也都是普遍存在的。而越往上则变得越来越不必要，如自我实现需求不再是所有人的必需。

（3）越靠近底层需求越工具化。越底层的东西越是平淡无奇，使用起来越是不温不火，需要时才开始使用，是一种工具。而其他基于新鲜的需求，在使用高峰时则万人空巷；低谷时，则门可罗雀。故基于底层的工具类需求黏性未必最高，但一定是生存最久的。

（4）越靠近高层需求，新鲜感驱动越明显。由新鲜感驱动的东西比较容易扩散和裂变。可以在非常短的时间内获取大量的用户，但这很难形成强力的黏性。基于新鲜感的需求形成的产品，未来如何将引来的用户通过其他工具化的基础需求将其留存，才是未来能否持续稳定生存下去的关键。

在此举个例子，不知读者是否观察到，伴随生活水平的提高及老年化社会的发展，许多退休的老人不仅参加合唱、跳广场舞，而且购买相机热衷于摄影的老年群体也越来越大，在城市的公园常常很多老年人拍摄风景或人物、花鸟。这是高层次的需求，是基于新鲜感的需求，是自我展现的需求。

如何将这些具有强力黏性的群体吸引过来？许多相机的销售店铺不再仅仅卖相机设备了，他们为新购买相机的客户组织线上线下的培训课程，如各种题材摄影技巧的培训、相机使用的培训、实施PS等后期制作工具使用的培训等，并组织他们实施各种外景拍摄活动，如拍车轨、星轨、人物、花鸟等。在培养用户熟练使用相机的同时提高用户摄影的兴趣，进而购买功能更强的产品，如广角、长焦、高画质的产品等，从而使得用户持续在这些店铺消费。有的相机销售店铺规模不大但却拥有上千人的微信群，每天为用户发布各种参考信息，组织各种活动，因此使用户每年不断有新的购买欲望和需求，所以更高的需求不仅靠好产品，更要有好的服务才能持久。

5.4 市场与产品需求分析方法

5.4.1 市场需求分析

对于产品推进需要实施需求、供给和综合分析。市场分析的作用是帮助我们发现市场机会，为创新产品成功打造条件。为实施市场需求分析需从以下几方面进行研究。

（1）研究消费者。

（2）研究竞争对手。

（3）研究经营环境。

如何实施上述研究呢？一般是通过各种方式实施市场调研、市场分析、市场预测几个步骤来完成。

1. 市场调研

1）市场调研内容

（1）市场环境（容量）现状调查。

① 需求现状（国内市场、国际市场、出口）。

② 供给现状调查（国内市场供给、国际市场供给、进口）。

（2）产品需求调查。

（3）产品供应调查。

（4）产品价格现状调查。

类似产品国内外价格变化状况、价格的合理性、决定价格机制、进出口价格变化。

（5）消费者调查。

（6）竞争力现状调查。

① 产品在国内外竞争对手的调查、分析。

② 市场份额、产品生产、管理、营销、商务模式。

2）市场调研方法

（1）观察调查法。

通过针对目标市场、目标用户实施追踪信息采集，从侧面了解市场及用户需求情况，如交通道路或街道人流的统计、商业区的客户群体统计等。

（2）询问调查法。

根据目标市场及目标用户设计调查问卷，组织人力或者通过网络实施问卷调查。

（3）实验调查法。

针对特定用户群体组织实施用户体验获得信息反馈。

（4）抽样调查法。

组织目标市场相关群体实施调查、访谈，利用互联网手段，如建立特定宣传微信公众号了解关注情况实施分析，通过市场调查认识产品的过去和现在。

2. 市场分析

1）市场分析过程

（1）定义市场营销中存在的问题，明确市场分析目标。

（2）分析市场中存在问题的影响因素。

（3）收集与研究目标相关的信息和数据。

（4）处理数据，确定解决问题的最佳方案。

（5）依据最佳方案制订相应的市场营销计划并实施。

（6）对实施方案的评价进行调整和改进。

2）市场环境分析

（1）环境趋势分析。

（2）机会和威胁分析。

（3）产品优势和劣势。

寻求商业机会，避免环境威胁。

3）影响市场需求的因素分析

产品价格、消费者收入水平、消费者偏好、同类产品定价等。

3. 市场预测

市场预测是指以市场调查获取的信息资料为基础，运营科学的方法，对未来一定时期内市场发展的状况和发展趋势做出的正确估计和判断，认识市场未来。

1）市场预测

（1）市场预测内容。

① 需求预测。

② 供应预测。

③ 产品价格变动趋势预测。

④ 产品市场占有率和寿命周期预测。

⑤ 产品营销范围、方式和费用预测。

⑥ 产品生产所需的资源预测。

（2）市场预测方法。

① 直观判断法。

② 趋势外推法。

③ 因果关系法。

（3）市场潜力预测。

① 需求潜力：指未来市场有多大的能力需求总量。

② 市场潜量：指实际销售量与未满足需求量之和。

2）市场预测分类

（1）按预测范围：宏观、微观。

① 宏观环境：与产品活动前提及背景直接相关，间接影响产品活动的各种力量与因素的总和。包括经济、政治法律、社会文化、自然条件、科技发展、人口环境等。

② 微观环境：对产品运作直接发生影响的市场因素，这些因素与产品的供应链直接发生关联。如产品团队、供应商、竞争对手、客户、渠道、公众等。

（2）按预测时间：短期、近期、中期、长期。

（3）按预测性质：定性、定量。

（4）按预测内容：购买力、需求、供给、资源、价格、市场占有率。

（5）按评估要求：市场潜力、发展趋势。

（6）按预测性质：综合、专项。

通过市场趋势综合分析探索市场变化规律，了解消费者对产品品种、规格、质量、性能、价格的期待，了解市场对某种产品的需求量和销售趋势。

3）市场发展趋势预测

（1）直观判断预测。

经营管理人员意见、专家会议、德尔斐法，特点是具有匿名性、反馈性、收敛性。

（2）时间序列预测。

通过分析统计数据基于时间变化的需求情况，对未来的市场供应作出预测。

（3）回归预测

分析变量之间相关关系的数理统计方法。

（4）产品寿命周期分析。

指新产品试制成功后，从投入市场到被市场淘汰为止的一段时期，一般分为导入期、成长期、成熟期、衰退期。

通过需求量与各因素变量的相关分析、回归分析、结构分析及趋势分析等估计及预测市场需求量大小。

5.4.2　产品需求分析

产品需求分析实际是对客户的需求进行分析。客户所提出的各种需求，对客户自身而言都是正确的，客户更多是从自身情况考虑，对于产品的某个功能有自己的期望，但对产品定位、设计的依据等情况并不一定了解，他们的建议也许并不是该功能的最好实现方式，也就不足以直接作为产品规划的直接依据。产品需求分析就是从客户提出的需求出发，提炼客户内心真正的需求目标，并将其转换为产品需求的过程。

产品需求分析就是在需求调查、需求收集的基础上对产品要解决的问题实施详细的分析，弄清楚问题的要求，如需要输入什么数据，要得到什么结果，最后应输出什么。产品需求分析的目的就是实施产品的功能设计，就产品而言功能是指产品的用途、使用价值和目的，以满足用户需求为目的，即符合行为学的观点，也符合系统学的观点，简而言之，产品功能确定了产品存在的目的和价值。

对于产品研发人员而言，产品需求是产品的详细设计，需求既反映系统的外部行为，也反映了内部特征。产品需求分析的成果是形成产品需求文档，用规范的格式表达出来的文档说明称为需求规格说明书，也称为需求说明书。产品需求分析时要考虑和权衡不同层次的需求内容。

- 业务需求：客户对产品高层次的目标要求、产品目标、规模、范围。
- 用户需求：用户使用该产品期望解决的问题。
- 功能需求：产品功能、满足用户需求。
- 非功能需求：产品的有效性、效率、灵活性、可靠性、鲁棒性等。

在实施需求信息整理、分析时的要点如下。

1）用户需求的判断

由于不是专业人士，用户对现象和行为的理解、描述缺乏科学和系统的认识，对自己的潜在需求不甚清楚，对已知需求的描述也往往较为模糊，此外用户可能有偏见和防范心理，以致提供的数据真实程度低。因此产品需求分析时要利用专业知识、经验通过客观事实来判断用户的描述信息，提炼有价值的需求信息，排除无意义、不可实现的需求信息，从而获得清晰的客户需求信息。

2）用户需求的权衡

用户选择一个产品，并不是被单一的需求所驱动的，而是一个需求组合。在需求组合里，各个需求的权重是不同的。在进入产品设计阶段之前，应将用户的所有需求进行权衡，放弃一些矛盾、不实际或价值较小的需求。需求分析就是要根据产品的愿景、设计理念围绕最终实现的功能目标实施需求筛选。

在实施产品需求分析、产品功能设定时要充分考虑用户需求心理，要尽可能符合其追求的欲望。具体用户需求心理模型的分类及特性与对策可参考表 5.1 的用户需求心理模型。

总之在实施产品需求分析时要应用加减法对采集的需求信息进行梳理，去除无意义

表 5.1 用户需求心理模型

心理类型	特　性	功能水平定位对策
求实心理	追求产品使用价值，注重经济实惠，经久耐用	重点提高性能、寿命、可靠性、经济性、服务水平
求新心理	追求产品的时尚，新颖，赶时髦	使用特性和外观特性层能表现独特新异，富有时代感的特性
求廉心理	追求廉价产品	产品特性要突出经济性
求美心理	追求产品的欣赏价值和美术价值	以目标用户的审美情趣和审美经验为依据，突出产品造型、包装，注重外观美
求安心理	追求产品安全和健康	产品特性突出安全性、可靠性、环保性
求名心理	"显名""炫耀"自我，追求卓越的产品品位	产品品牌要高档，使用特性稳定。外观要体现高贵，产品服务要树立企业良好形象

需求信息、挖掘出真正的产品需求为产品设计奠定基础。调查问卷法。

5.4.3　利用 5W2H 法梳理需求信息

在市场需求分析及产品需求分析时，如果能够按 5W2H 法梳理需求信息，完善产品思路和概念就会使产品需求更加贴近市场需求和用户需求。用 5W2H 法梳理清晰产品涉及的七个问题，逐一解答出这些问题才能精准把握需求得到满足市场和用户的真实需求。

（1）What：用户目标是什么？产品目标是什么？企业目标是什么？

（2）Who：谁是用户？谁是目标用户？他们有什么特征属性？

（3）Why：为什么？为什么要这么做？理由何在？原因是什么？

（4）When：用户在什么时候会用？使用的场景处于什么时间段？

（5）Where：用户在何处使用？（使用场景所处位置，如公交、地铁、办公室、户外等）

（6）How：怎么做？如何提高效率？如何实施？方法怎样？用户会怎样使用？

（7）How Much：做到什么程度？当成核心功能做深做透还是只是浅浅地做？

5W2H 法在创新产品研发时也是个有效的实用工具，如图 5.10 所示。

当提出一个创意种子并形成一个产品概念模型时，如果能够按 5W2H 分析法梳理

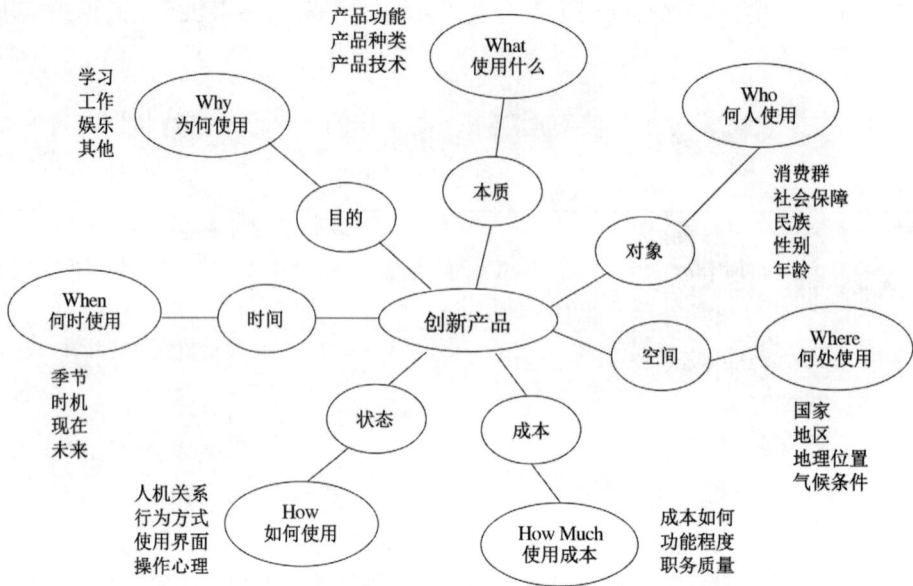

图 5.10　5W2H 分析法

该产品，完善产品思路和概念就会使我们的创意种子逐步落地，更加贴近市场需求，并让我们更加自信地迎接挑战，接受市场的考验。

5.4.4　KANO 模型分析法

KANO 模型分析法被称为产品需求分析神器。

任何一个产品都会涉及很多需求，应用 KANO 模型能有效地帮我们进行系统的需求梳理，分析和提炼需求，提高效率。

KANO 模型是日本一位叫河野纪昭（KANO）的教授提出的，KANO 模型是一个典型的定性分析模型，KANO 模型分析法一般不直接用来测量用户的满意程度，主要用于识别用户对产品功能的接受度，帮助我们了解不同层次的用户需求，找出顾客和产品的接触点，识别使顾客满意的至关重要的因素。如图 5.11 所示为 KANO 模型。

1. 需求类型

1）基本型需求

基本型需求是用户认为产品必须满足的需求，一个产品如果没有此需求，用户满意度会大幅下降，优化此需求也不会提高用户满意度。

2）期望型需求

期望型需求并不是用户必须的需求，但是他们确实非常希望这种需求被满足。一个产品如果有此需求，会提高客户满意度，如果没有此需求用户满意度会下降。

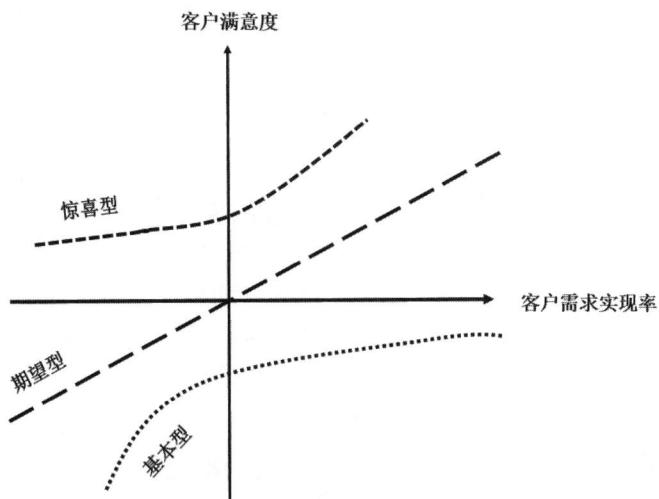

图 5.11 KANO 模型

3）惊喜型需求

惊喜型需求是指当产品提供给用户一些出乎意料的功能时，用户会产生惊喜。一个产品没有此需求，用户满意度不会下降，但如果有此需求则用户满意度会大幅提高。

根据 KANO 模型，将属性分类与用户需求优先级进行对应，以便于实际应用。主要定义了三种：基本型需求（必备属性）、期望型需求（期望属性）、惊喜型需求（魅力属性），这三种需求根据绩效指标分类即基本因素、绩效因素和激励因素。处于金字塔底端的为用户基本型需求，也是核心需求，是产品必须拥有的功能，如图 5.12 所示。

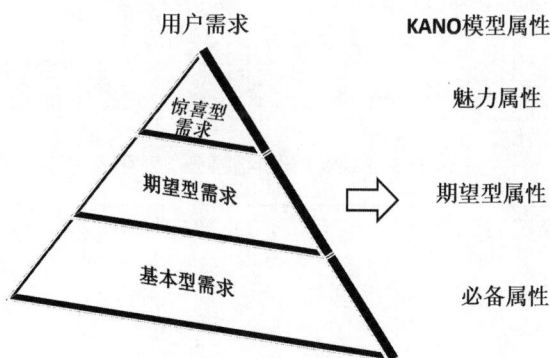

图 5.12 用户需求与 KANO 模型属性的对应关系

2. KANO 的数据采集和分析

如何判断产品的需求哪些是基本型需求，哪些是期望型需求，哪些属于惊喜型需求呢？一般是通过实施产品需求调研，应用 KANO 模型设计调研问卷，询问被访者一组配对的需求问题,通过对用户正反两个问题的答案进行分析可以归纳出用户的意见。

例如,对某项用户需求,用户对正向问题的回答是"满意",对反向问题的回答是"不满意",则可以认为此项为用户的期望型需求。表5.2为一数据采集案例。

表5.2 数据采集案例

如果含糖量检测器能够孩摔,您感觉如何?	如果含糖量检测器不能够防摔,您感觉如何?
1. 满意	1. 满意
2. 理应如此	2. 理应如此
3. 无所谓	3. 无所谓
4. 可以忍受	4. 可以忍受
5. 不满意	5. 不满意

每项用户需求共五类5×5=25个结果,基本型、期望型和惊喜型是三种需求的结果,其他三种分别为可疑、反向和不关心。具体请参考表5.3所示的 KANO 评价结果分类对照表。

如果将用户正负向问题的回答结合后,为"基本型"或"惊喜型",则该功能被分为基本型需求或惊喜型需求;而另外三类结果反映出以下含义。

(1)"可疑结果"指用户的回答自相矛盾,表示该结果有疑问,一般不会出现这个结果。

(2)"反向结果"指用户回答与调查表设计者的意见相反,表示用户不需要这种功能,甚至对该功能有反感。

(3)"不关心"指用户对调查表提出的问题不关心,表示无差异需求,用户对这一功能无所谓。

表5.3 KANO 评价结果分类对照表

正向问题	反向问题				
	满意	理应如此	无所谓	可以忍受	不满意
满意	可疑结果	惊喜型	惊喜型	惊喜型	期望型
理应如此	反向结果	不关心	不关心	不关心	基本型
无所谓	反向结果	不关心	不关心	不关心	基本型
可以忍受	反向结果	不关心	不关心	不关心	基本型
不满意	反向结果	反向结果	反向结果	反向结果	可疑结果

3. 应用 KANO 模型分析法的注意事项

（1）确定用户群的不同属性。

（2）需求的重要程度是具有发展性的。

（3）基本型需求和期望型需求将成为新产品功能的最直接因素，而惊喜型需求能够增加产品的附加价值。

4. 产品需求的获取过程

（1）通过观察、体验，形成初步的产品概念模型。

（2）基于产品初步模型实施市场需求调研，通过问卷（基于产品模型需要完善的问题设计问卷）将模型设计成手机仿真版，通过手机实施市场反响及信息采集（按 KANO 的数据采集模型设计调研表格）。

（3）实施需求整理分析（需求整理可应用结构化或面向对象的方法实施需求描述）。

（4）基于真实的需求形成产品需求报告书，以此实施最终产品功能定义。

（5）从新版产品概念模型，根据情况实施产品研发或实施两轮市场调研。

因为一个产品会受到时间、成本、技术等诸多方面的限制，在产品功能设计时如何抓住产品核心功能，如何使产品在有限功能下获得最大用户群体？应用 KANO 模型分析法是非常便捷有效的途径。

5.5 从概念到产品的需求分析过程

5.5.1 产品设计过程

图 5.13 反映了产品的概念与需求分析的关系，从需求信息收集入手，依据采集信

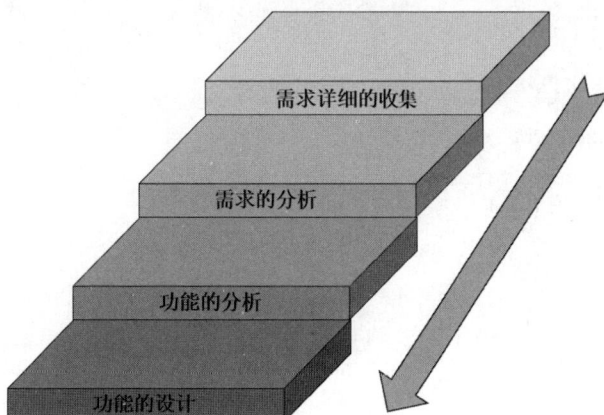

图 5.13　产品的概念与需求分析的关系

息实施需求分析，提炼满足需求的功能，实施产品功能设定，形成产品概念。

5.5.2 需求在产品研发中的重要性

在软件工程的历史中，很长一段时间里人们一直认为需求分析是整个软件工程中最简单的一个步骤。但在近十年内，越来越多的人认识到，需求分析是整个工程中最关键的一部分。假如在需求分析时分析者们未能正确地认识到顾客的需求，那么最后的软件系统的功能质量实际上不可能令顾客满意，或者软件系统无法在规定的时间内完工。

有关需求错误的代价的课题有专门机构实施了调研分析，美国专门从事跟踪 IT 项目成功或失败的权威机构 Standish Group 通过对 2.3 万个项目进行研究的结果表明，28% 的项目彻底失败，46% 的项目超出经费预算或超出工期，只有约 26% 的项目获得成功。而在这高达 74% 的不成功项目中，有约 60% 的失败是源于需求问题。也就是说，有近 45% 的项目最终因为需求的问题导致失败。

在 Standish Group 的报告中总结了导致项目失败的最重要的 8 大原因中，其中有 5 个与需求相关。

（1）不完整的需求（13.1%）。

（2）缺乏用户的介入（12.4%）。

（3）不实际的客户期望（9.9%）。

（4）需求和规范的变更（8.7%）。

（5）提供了不再需要的（7.5%）。

反之，项目取得成功的影响因素如下。

（1）用户的参与（15.9%）。

（2）管理层支持（13.9%）。

（3）清晰的需求描述（13.0%）。

（4）合适的规划（9.6%）。

（5）现实的客户期望（8.2%）。

（6）较小的里程碑（7.7%）。

（7）有才能的员工（7.2%）。

在产品设计时要为用户解决核心需求，无需面面俱到，更不要贪多，对于具体产品要明确使用对象和服务对象，先从最小范围群体（如在校生：男生、女生；本科、研究生；理科、文科等）开始，因为对象越具体需求越明确，产品越能满足用户需求。

产品的设计过程如下。

（1）定义好用户（确定目标市场、产品服务的对象）。

（2）定义好产品（产品构思、解决什么问题）。

（3）实施市场调研（国内外有无类似产品、功能服务对象、价格体系）。

（4）分析功能需求（新产品的创新功能，具有竞争力功能）。

（5）分析性能需求（能否满足用户渴望，体验感如何）。

产品设计过程需要避免的误区有产品风格缺乏特色、追求功能数量等。产品设计时，其功能专注于追求性能是十分重要的，市场竞争的成败往往也是由产品性能决定的。

5.5.3 CampusVision 产品需求调查与分析

某信息系统公司准备面向高校推出一款能够由各高校自由组装、扩充方便的校园教育平台系统，特别是该平台能够弥补已有类似平台所欠缺的校内外信息共享定制功能。但是存在如该产品如何推向市场、如何定位、如何销售等诸多课题。该公司计划通过市场调研实施需求分析。该产品名称为"校园视窗（CampusVision）"，简称为 CV 产品。CV 产品具有如下特点。

（1）可运用多种媒体手段（如 PC、手机、邮件、电子显示屏等）发布信息。

（2）可与其他教务、教学系统链接（数据共享接口）。

（3）可跟踪 / 回馈信息。

（4）可定制个性化信息。

（5）可与电子显示屏连接（可选性）。

（6）可模板设计（专门化的信息导入界面）。

（7）可分级管理（构成不同的受信群体）。

公司组织团队通过市场调查的形式获取市场第一手信息，通过采集的信息实施市场需求分析，判断 CampusVision 产品是否推向市场，以何种方式推向市场。

图 5.14 所示为 CV 产品已经具备的主要功能一览表。

项 目		功 能 概 要
查看信息	时间分配表	显示课程信息、时间分配表
	通知	可显示自己所属组织的通知（※1　有随更新功能）
	呼叫学生	可显示教师通知自己学生的信息。（※1　有随更新功能）
	停课通知	显示停课通知
	补课通知	可显示补课通知
	改换教室	可显示改换教室通知
	计划	可登录个人计划表、同时显示时间分配
	设定发送邮件	个人可设定地址簿等
发送信息	通知登载	登载通知(※2 具备电子邮件接收功能）
	通知学生登载	登载通知学生的通知(※2 具备电子邮件接收功能）
	停课登载	登载停课通知(※2 具备电子邮件接收功能）
	补课登载	登载补课通知(※2 具备电子邮件接收功能）
	改换教室登载	登载改变教室通知(※2 具备电子邮件接收功能）
管理工具	系统设定	具备编辑 CV 设定值功能
	系统代码设定	编辑系统代码（如时限代码、部门代码、学院代码等）
	Web 菜单登录	可以编辑 Web 浏览器、手机菜单
	一次性处理	用 CSV 文件读取用户信息、教师信息、班级信息、时间分配信息、课程信息等
	年次更新	具备年次更新、消除用户、学生升级、消除时间表的功能
	注册信息	输出存取信息、使用情况信息
主要维护功能	学期登录	设定各学期时间
	教室登录	利用时间分配察看教室使用情况
	授课时间登录	设定授课开始、结束时间
	假日登录	设定休假日
	用户登录	学生、教员、职员登录
	班级登录	登载班级功能（登载从属讲义）
	时间分配登录	时间分配、任课教师信息登录
	课程登录	登载学生所选课程
系统管理	设定登录者	用户可发送通知（如通知学生停课、补课、改变教室），用户分无需验证者、验证者、必须验证者三种身份
	系统通知	可在开始登录画面编辑通知

注：登载指准备发送信息上传到系统中的操作。

图 5.14　CV 产品功能一览表

　　该企业通过实施市场调研方式进行产品需求分析工作，希望通过市场调研希望能够确定如下课题。

（1）CV 产品能否直接面向高校导入。

（2）什么样的二次开发才能够满足高校的需求。

（3）公司如何制订市场营销策略、产品定价、服务模式等。

通过先期调研，对获取的信息资料进行分析、比较、提炼与综合，以期得到一个符合市场需求、客观实际的认识，为公司审批决策提供咨询和提案。

图 5.15 是企业就 CV 产品市场需求调查的主要内容，具体如下。

（1）国内高校现状。

（2）国内高校教育平台系统需求调查。

CampusVision 市场调查内容目录

1. 高校现状

（1）信息发布现状（通知发放权限、流程、途径、方式；是否有通知发布系统，是否有购买设想、预算；发布系统情况；发布系统运行状况）。

（2）学生 / 教师获得课程变更现状（课表如何告知；变更方式 / 途径、变更流程、满意程度）。

（3）学校排课系统情况（有 / 无；系统名称、开发公司、运行情况）。

（4）学生 / 教师还想获得哪些方面的校内信息。

（5）通知方发送通知的现状（方式 / 途径；内容；是否有费用；不足）。

（6）学生 / 教师手机使用状况（手机网络；话费情况；是否选用套餐）。

（7）学生的计算机使用情况（系统、浏览器；上网情况；网费情况 / 月）。

2. 需求调查

（1）对 CV 产品功能是否满意。

（2）还需要增加哪些功能。

（3）可以使用在学校的哪些领域。

（4）CV 产品价格在什么范围内可以认可。

3. 学校信息化建设状况

（一）学校信息化基础设施

（1）网络的拓扑结构。

（2）使用什么网络（网通、IPTV、教育网）。

（3）网络费用历史投入状况，"十四五"计划投入状况。

（4）路由器的状况。

（5）服务器情况（台数、型号、用途）。

（6）信息管理系统情况（OA、财务等）。

（二）运行体制

（1）信息中心人员配备情况。

（2）人员体制。

4. 市场情况分析

（1）同类产品情况（名称、结构、特点、应用、价格、成功案例）。

（2）移动短信、手机上网的相关政策、管理条规。

（3）目前短信运营形式、收费方式、价格。

（4）CV 产品在国内市场的情况分析。

图 5.15 CV 产品的市场需求调查

（3）学校信息化建设状况。

（4）高校教育平台市场情况分析。

图 5.16 是 CV 产品市场需求调研人员分工及进度安排，内容如下。

（1）参与体制。

（2）需求调研分工。

（3）需求调研推进计划。

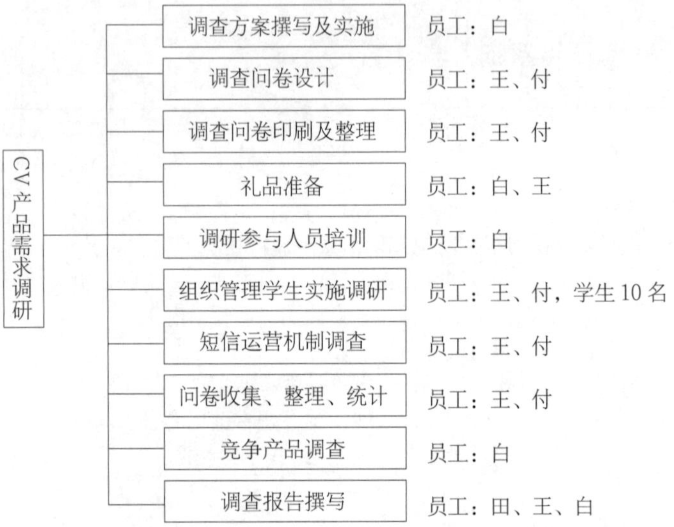

图 5.16　CV 产品市场需求调研分工及体制

图 5.17 是 CV 产品市场需求调查计划。

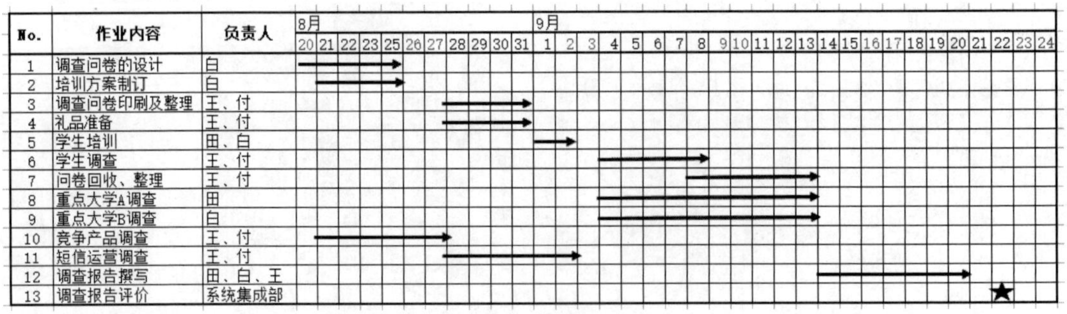

图 5.17　CV 市场需求调查计划

图 5.18 是 CV 产品市场需求调查方案，主要内容如下。

（1）面向学生的调查问卷（3 项、26 问）。

（2）面向教师的调查问卷（3 项、27 问）。

（3）面向信息部门的调查问卷（3 项、27 问）。

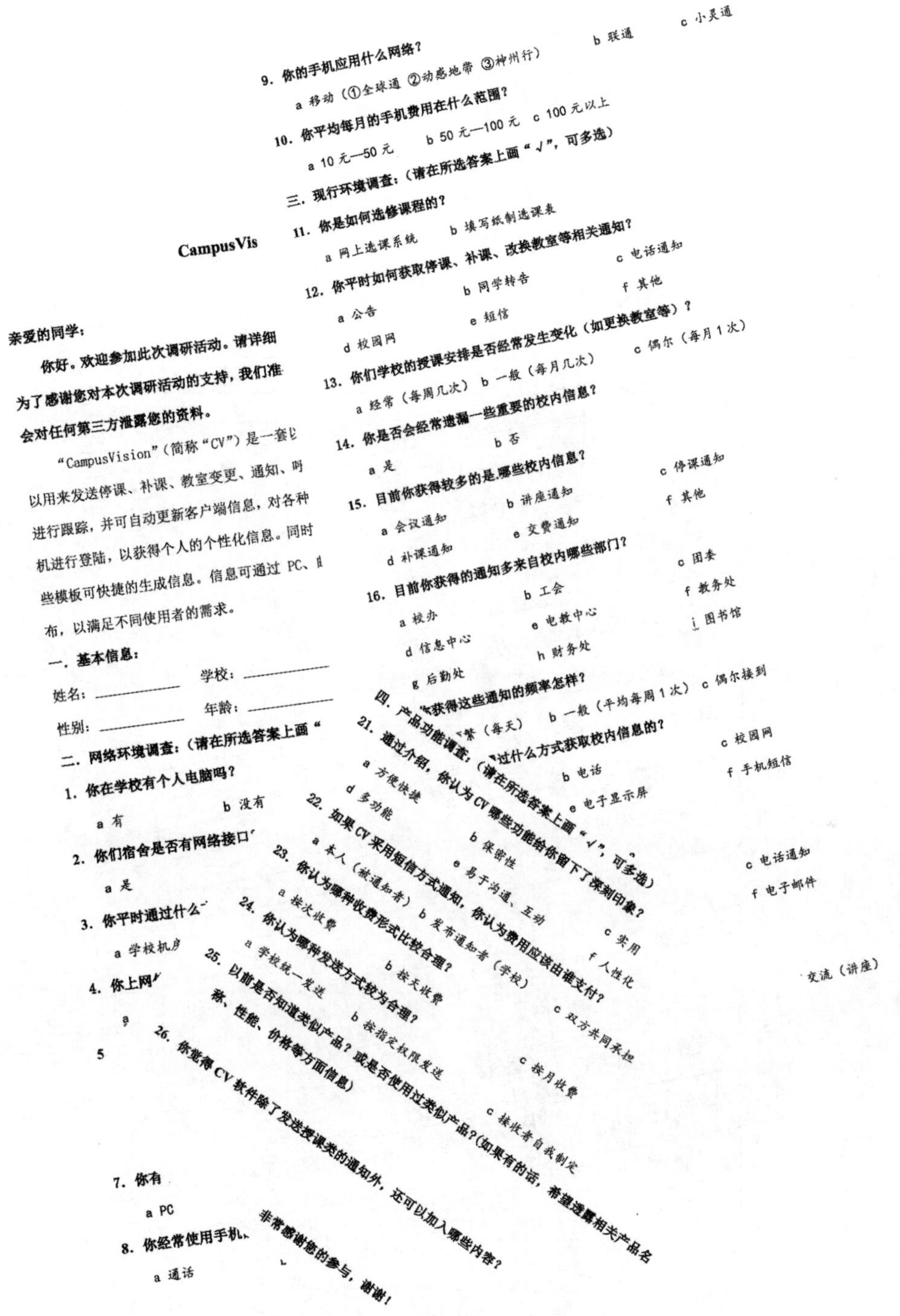

CampusVis

亲爱的同学：

你好。欢迎参加此次调研活动。请详细

为了感谢您对本次调研活动的支持，我们准

会对任何第三方泄露您的资料。

"CampusVision"（简称"CV"）是一套以

以用来发送停课、补课、教室变更、通知、叫

进行跟踪，并可自动更新客户端信息，对各种

机进行登陆，以获得个人的个性化信息。同时

些模板可快捷的生成信息。信息可通过 PC、i

布，以满足不同使用者的需求。

一．基本信息：

姓名：_____ 学校：_____

性别：_____ 年龄：_____

二．网络环境调查：（请在所选答案上画 "

1. 你在学校有个人电脑吗？
   a 有   b 没有

2. 你们宿舍是否有网络接口？
   a 是

3. 你平时通过什么
   a 学校机房

4. 你上网
   g

5

26. 你觉得 CV 软件除了发送授课类的通知外，还可以加入哪些内容？

7. 你有
   a PC

8. 你经常使用手机
   a 通话

9. 你的手机应用什么网络？   b 联通   c 小灵通
   a 移动（①全球通 ②动感地带 ③神州行）

10. 你平均每月的手机费用在什么范围？
    a 10 元—50 元   b 50 元—100 元   c 100 元以上

三．现行环境调查：（请在所选答案上画 "√"，可多选）

11. 你是如何选修课程的？
    a 网上选课系统   b 填写纸制选课表

12. 你平时如何获取停课、补课、改换教室等相关通知？
    a 公告   b 同学转告   e 电话通知
    d 校园网   e 短信   f 其他

13. 你们学校的授课安排是否经常发生变化（如更换教室等）？
    a 经常（每周几次）   b 一般（每月几次）   c 偶尔（每月1次）

14. 你是否会经常遗漏一些重要的校内信息？
    a 是   b 否

15. 目前你获得较多的是哪些校内信息？
    a 会议通知   b 讲座通知   c 停课通知
    d 补课通知   e 交费通知   f 其他

16. 目前你获得的通知多来自校内哪些部门？
    a 校办   b 工会   c 团委
    d 信息中心   e 电教中心   f 教务处
    g 后勤处   h 财务处   i 图书馆

你获得这些通知的频率怎样？
    a 频繁（每天）   b 一般（平均每周1次）   c 偶尔接到

四．产品功能调查： 过什么方式获取校内信息的？
    a 方便快捷   b 电话   校园网
    d 多功能   电子显示屏   f 手机短信

21. 通过介绍，你认为 CV 哪些功能给你留下了深刻印象？（请在所选答案上画 "√"，可多选）
    保密性   易于沟通、互动   c 实用
    e 人性化

22. 如果 CV 采用短信方式通知，你认为费用应该由谁支付？   c 电话通知
    a 本人（被通知者）   b 发布通知者（学校）   f 电子邮件
    c 双方共同承担

23. 你认为哪种收费形式比较合理？
    a 按次收费   b 按天收费

24. 你认为哪种发送方式比较合理？   c 按月收费
    a 学校统一发送   b 按指定权限发送

25. 以前是否知道类似产品？或是否使用过这类产品？（如果有的话，希望透露相关产品名

    c 按收者自我制定

交流（讲座）

非常感谢您的参与，谢谢！

图 5.18 CV 产品市场需求调查方案（局部）

本次调查由 10 名大学生就北京地区 12 所高校实施了问卷调查，图 5.19 是具体某个高校的问卷回答统计。

问题	选项	统计（人数）	统计（比例）
12、是否经常收到通知	a、经常	4	100%
	b、一般	0	
	c、很少	0	
13、获取通知的途径	a、口头	0	
	b、邮件	3	75%
	c、公告	0	
	d、电话	3	75%
	e、网站	3	75%
	f、电子显示屏	0	
		2	50%
		2	50%

问题		选项	统计（人数）	统计（比例）
1、校内是否有个人				
2、宿舍是否有网				
3、上网方式				
4、上网使用	14、	21、CV 的哪些特点较吸引人	a、方便快捷用	1
15	22、CV 短信费用支付方式	b、保密性	1	25%
5、学校网		c、实用性	2	25%
		d、多功能	2	50%
6、每月		e、互动	3	50%
	23、CV 收费形式	f、人性化		75%
		a、被通知者	0	
		b、发布通知者	0	
	24、合理的发送方式	c、共同	3	
7、		a、按次	1	75%
		b、按天	0	25%
		c、按月	0	
	25、CV 定价	a、统一发送	4	100%
		b、授权发送	0	
		c、个人定制	3	
		a、1-2	1	75%
	26、在校内应用领域	b、2-3	3	25%
		c、3-4	1	75%
	27、CV 需要增加功能	d、5	0	25%
		e、>5	0	
		学生信息发布、学生管理、行政办公	0	
		通知、行政管理		
	20、最欣赏 CV	内网信息制定、投票、容乃现行所有办公系统、整合		
		资源		

d 通知统计
e 信息回馈

10、	a、网上选课	1
11、如何选修课程	b、纸制选课表	

图 5.19　某高校问卷统计

图 5.20 及图 5.21 是 CV 产品学生需求调查问卷汇总表。

图表1	Campus Vision学生调查问卷汇总表(1/2)															
项目	问题	答案	比例	T校	R校	B校	J校	L校	N校	C校	S校	Z校	S校	Y校	U校	合计
网络环境	否有个人电脑	a、有	57%	26	15	20	33	20	25	23	5	3	2	8	4	184
		b、没有	43%	4	12	10	3	10	5	8	26	25	29	2	3	137
	否有网络接口	a、是	80%	30	27	28	36	30	30	30	8	5	3	7	7	321
		b、否	20%	0	0	2	0	0	0	1	23	25	28	3	0	82
	3、上网方式	a、学校机房	34%	3	7	14	15	8	4	7	25	8	23	7	7	128
		b、宿舍	55%	27	18	17	23	24	26	23	3	3	0	3	0	210
		c、网吧	11%	1	4	3	0	0	0	2	6	16	8	2	0	42
	4、上网使用浏览器	a、IE	75%	24	20	22	27	26	26	27	25	24	27	7	6	261
		b、NETSCAPE	3%	2	1	0	2	3	0	0	2	0	2	0	0	12
		c、MYIE	16%	6	4	7	13	1	5	2	2	5	3	4	1	56
		d、THE WORLD	3%	0	1	0	1	1	2	0	3	2	2	0	0	12
		e、OPERA	2%	0	0	1	1	0	1	2	1	0	0	0	0	6
	5、学校网络环境	a、好	19%	17	9	5	10	4	7	5	0	0	1	2	2	62
		b、一般	64%	11	15	23	25	18	21	25	26	16	15	7	3	205
		c、较差	17%	2	3	2	2	8	2	1	5	14	15	1	2	54
	6、每月平均上网费用	a、10~50	82%	28	22	21	36	27	28	30	23	15	19	5	7	261
		b、50~100	13%	0	5	8	0	3	2	1	6	9	8	2	0	42
		c、>100	4%	0	0	0	0	1	0	0	2	4	4	3	0	14
现行环境	7、是否有下列设备	a、PC	36%	22	13	20	29	7	18	18	12	19	6	6	6	176
		b、手机	62%	29	27	26	33	29	29	28	31	27	30	10	7	306
		c、PDA	1%	2	0	4	0	0	0	0	1	0	0	0	0	7
		d、没有	1%	0	0	1	0	1	0	1	0	0	1	0	0	4
	8、经常使用手机哪些功能	a、通话	37%	22	24	24	24	7	17	18	13	21	17	7	4	198
		b、短信	57%	30	26	28	35	28	30	31	30	27	29	10	6	310
		c、上网	6%	2	3	3	3	0	0	0	8	7	4	3	1	34
	9、手机应用什么网络	a、移动	41%	8	6	9	17	9	12	23	15	12	25	1	0	137
		a1、全球通	1%	0	1	0	1	0	0	0	1	0	0	0	0	3
		a2、动感地带	29%	12	16	2	12	2	5	7	15	7	9	8	2	97
		a3、神州行	9%	5	3	3	3	3	0	2	0	3	6	0	2	30
		b、联通	16%	5	4	8	7	5	3	3	4	7	4	1	3	54
		c、小灵通	3%	2	0	2	2	0	0	1	1	3	0	0	0	11
	10、月手机费范围	a、10~50	50%	13	12	10	22	16	22	16	10	16	15	4	5	161
		b、50~100	39%	15	13	12	11	10	8	13	12	11	14	4	2	125
		c、>100	10%	2	3	8	2	2	0	2	9	1	2	2	0	33
	11、如何选修课程	a、网上选课	86%	30	23	30	35	28	30	25	30	2	29	7	7	276
		b、纸制选课表	14%	0	5	0	1	2	0	7	1	25	2	3	0	46
	12、如何获取停课、补课通知	a、公告	18%	5	11	12	16	8	10	12	16	3	5	6	2	106
		b、同学转告	35%	17	18	15	27	19	11	23	19	20	21	7	5	202
		c、电话通知	8%	3	4	11	2	3	2	5	2	9	6	1	0	48
		d、校园网	27%	23	17	14	21	17	20	14	17	3	8	3	1	158
		e、短信	9%	4	4	2	1	1	5	5	5	10	9	1	2	49
		f、其他	2%	0	1	0	2	0	2	1	1	4	0	0	0	12
	13、学校授课安排是否经常变化	a、经常（周）	3%	0	4	1	1	1	0	1	0	0	2	1	0	11
		b、一般（月）	14%	3	2	3	8	4	2	5	4	7	7	1	0	46
		c、偶尔(每月1次)	82%	24	21	26	27	25	28	25	27	21	22	8	7	261
	14、是否经常遗漏校内重要	a、是	46%	16	6	14	18	18	16	11	12	12	13	6	5	147
		b、否	54%	14	21	16	18	11	14	20	19	16	18	4	2	173
	15、获得哪些校内信息	a、会议通知	24%	11	13	12	13	12	18	16	15	9	15	3	3	140
		b、讲座通知	35%	26	24	23	31	19	16	20	17	14	4	13	4	199
		c、停课通知	7%	3	3	0	5	4	5	3	5	2	6	1	3	40
		d、补课通知	6%	4	2	3	3	7	3	2	2	6	1	2	3	37
		e、交费通知	19%	8	8	6	12	11	8	16	11	15	7	6	2	110
		f、其他	8%	3	1	3	1	4	2	3	7	9	10	3	1	47

图 5.20 学生需求调查问卷汇总表（1/2）

图表1　　Campus Vision学生调查问卷汇总表(2/2)

项目	问题	答案	比例	T校	R校	B校	J校	L校	N校	C校	S校	Z校	S校	Y校	U校	合计
产品功能	16、获得通知来源	a、校办	15%	8	10	8	7	4	8	14	5	12	11	4	0	91
		b、工会	2%	0	1	1	1	4	0	0	1	0	3	0	0	11
		c、团委	19%	8	12	14	19	11	8	10	6	7	14	3	3	115
		d、信息中心	20%	20	9	12	19	10	12	13	15	4	6	4	1	125
		e、电教中心	2%	1	1	1	3	2	1	0	2	1	3	0	0	15
		f、教务处	26%	14	11	20	16	17	17	10	16	10	15	8	5	159
		g、后勤	4%	1	4	4	2	2	2	2	2	3	1	0	0	23
		h、财务处	4%	0	1	3	3	2	1	4	2	5	1	1	1	24
		i、图书馆	8%	7	6	8	5	2	6	3	5	5	3	1	0	51
	17、获得通知频率如何	a、经常	8%	6	3	1	0	2	4	3	0	4	1	3	0	27
		b、一般	52%	16	15	18	14	15	20	15	18	9	19	5	2	166
		c、很少	39%	8	9	11	22	12	6	13	13	14	11	2	5	126
	18、通过什么方式或取校内信息	a、公告栏	29%	7	19	25	25	18	14	16	23	15	23	7	4	196
		b、电话	9%	4	3	10	2	4	4	4	22	4	3	3	0	63
		c、校园网	25%	21	16	20	27	20	25	19	6	2	9	3	4	172
		d、电子邮件	8%	21	2	8	7	0	1	4	6	2	1	1	0	53
		e、电子显示屏	4%	2	3	1	2	4	5	0	3	0	1	0	3	28
		f、手机短信	6%	2	5	2	3	1	4	5	3	8	4	3	2	42
		g、口头通知	19%	9	4	6	18	13	8	21	15	14	16	6	2	132
	19、哪种方式较可靠	a、公告	25%	5	15	19	16	20	8	14	13	15	12	6	2	145
		b、同学转告	9%	4	3	2	7	3	6	7	4	2	10	4	1	53
		c、电话	11%	7	5	8	9	3	5	8	3	6	8	1	2	65
		d、校园网	29%	14	16	17	18	16	18	22	18	4	15	4	3	165
		e、短信	10%	3	2	4	13	1	10	6	4	5	4	2	5	59
		f、电子邮件	9%	13	5	8	12	0	2	4	4	0	0	0	1	51
		g、口头通知	6%	3	4	1	3	5	4	4	0	4	3	3	0	34
	20、希望获得哪些校内信息	a、授课	20%	11	18	16	14	15	16	19	17	9	11	7	4	157
		b、社团活动	17%	17	9	12	13	15	8	14	12	9	19	6	3	137
		c、讲座	26%	24	24	20	28	18	26	19	17	14	7	10	2	209
		d、校内新闻	16%	14	10	14	13	13	15	12	9	9	9	2	4	124
		e、考试成绩	16%	11	12	17	8	8	12	16	12	8	13	6	4	127
		f、其他	5%	1	1	5	5	5	0	2	4	7	4	0	2	36
	21、CV给你印象较深的	a、方便	29%	17	19	14	21	15	17	22	20	6	16	8	4	179
		b、保密性	10%	6	2	3	5	8	2	4	8	5	10	2	1	56
		c、实用	20%	9	11	14	13	9	8	10	10	14	7	6	5	116
		d、多功能	12%	10	7	5	5	9	2	4	11	10	5	2	2	72
		e、沟通、互动	22%	6	14	8	16	14	10	12	9	12	17	7	2	127
		f、人性化	15%	3	2	6	4	7	8	9	11	8	9	2	0	69
	22、CV短信费用支付方式	a、被通知者	6%	2	1	6	2	0	3	0	3	1	0	0	2	20
		b、发布通知者	76%	18	23	14	28	27	24	26	23	24	25	7	4	243
		c、共同	18%	8	3	10	6	3	4	4	6	2	6	3	1	56
	23、CV收费形式	a、按次	57%	13	16	13	24	17	19	16	20	19	15	6	4	182
		b、按天	5%	2	0	3	0	5	0	0	1	2	4	0	0	17
		c、按月	37%	13	10	14	12	9	10	13	10	7	12	4	4	118
	24、合理发送方式	a、学校统一发送	35%	10	12	7	3	7	16	14	5	14	15	3	4	114
		b、按指定权限	20%	4	2	9	10	12	3	5	7	3	6	1	3	65
		c、接收者自我制订	44%	15	13	14	23	11	12	10	15	10	10	7	3	143
	25、是否使用过同类产品	部分学生反映,使用过该类产品,主要用在就业信息的发布方面。															
	26、CV需要增加功能	学院通知、社团活动、交友信息、天气预报、就业招聘信息、考试成绩、讲座、新闻、会议、学术交流、专业培训、商场打折、家教、校内外最新科研进展及成果、宿舍通知、培训动态、校内日常工作、班级通知、活动															

图 5.21　学生需求调查问卷汇总表（2/2）

同样地，调查还统计出面向教师和高校信息推进部门的调查问卷汇总。除通过 10 名学生奔赴各高校实施问卷调查外，公司员工还就两所高校实施深入访谈调查及有关高校信息发布、信息获取相关现状实施调研。最终基于调研数据实施分析整理形成《CV 产品需求调查分析报告》。

图 5.22 是 CV 产品需求调查分析报告。

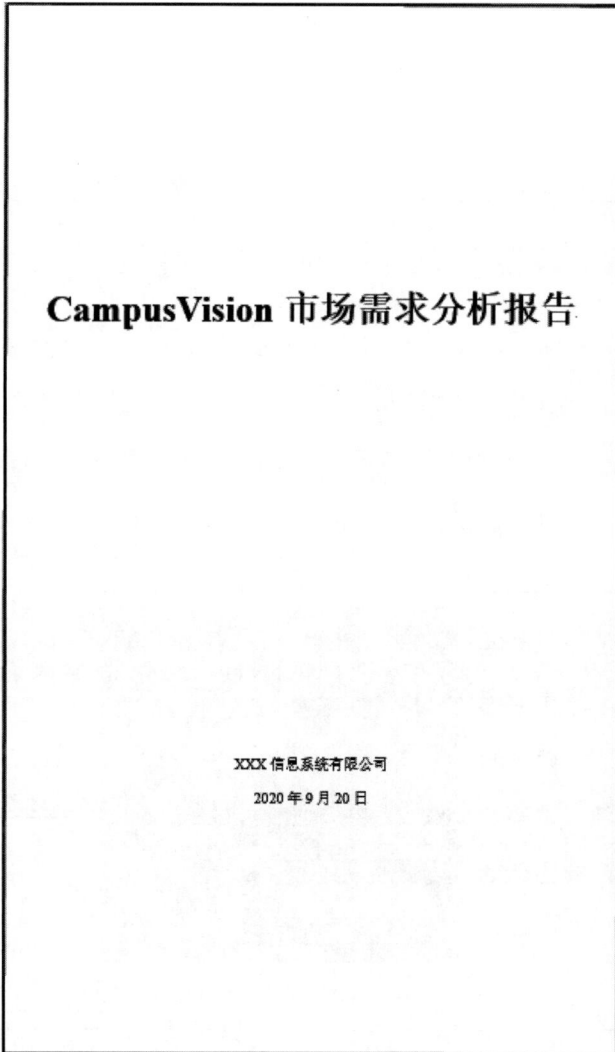

CampusVision 市场需求分析报告

XXX 信息系统有限公司

2020 年 9 月 20 日

图 5.22　CV 产品市场需求分析报告

应用调研方法对 CV 产品可能的市场容量实施信息采集和分析，从图 5.23 可以判断各高校在信息发布功能大都已经具备（约 80%），仅有少数还需扩充，具体统计信息如图 5.23 所示。

市场容量调查

序号	项目	教师		工作人员	
	是否有信息发布系统	人数	比例	人数	比例
1	是	59	86.8%	39	72.2%
2	否	8	11.8%	7	13%
3	是否有购买发布系统设想				
4	是	5	7.4%	3	5.6%
5	否	3	4.4%	3	5.6%
6	不清楚	58	85.3%	41	75.9%
7	是否有相应预				
8	是	5	7.4%		
9	否				
10	不清楚	60	88.2%		

图 5.23 校园信息发布等功能产品市场容量

在实施 CV 产品市场需求调研中就 CV 产品的特点功能之一校内信息渠道作为对象，在向教师、学生和 IT 部门的调查问卷中专门设计了一道选择题"您希望获得哪些方面的校内信息？（多选）（仅限于学生和 IT 部门回答）"，在列举出的 6 个选项中，授课、社团活动、学术交流占 75% 的份额。具体结果如图 5.24 所示。

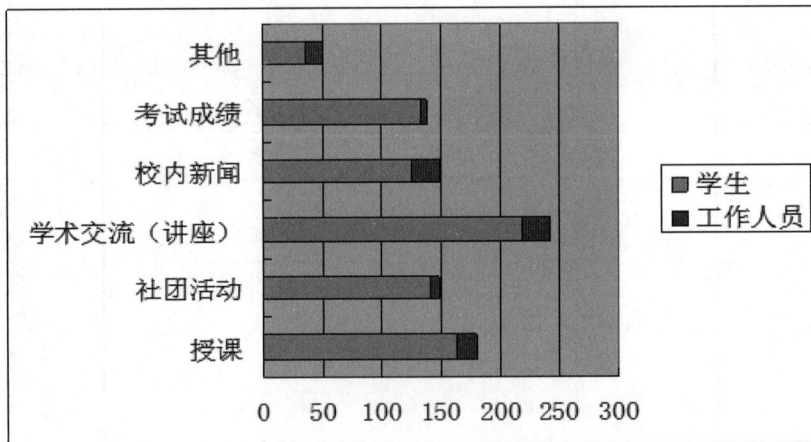

图 5.24 希望获得的校内信息种类

在需求调研过程中也将目前部分高校正在使用的平台系统有关信息发布及信息接受等功能实施了比较分析，具体信息如图 5.25 所示。

序号	功能	E-SBuilder 网络信息发布管理系统	方正翔宇信息发布系统	北京大学短信信息服务平台	中国移动综合信息发布平台	Hitevision 数字媒体发布系统
1	查看信息	为文稿的编辑提供了方便易用的工具，并且提供了嵌入、附件加载等多种展现形式	包括信息采集、加工、制作、发布的整个网站内容制作过程的工作平台，并实现了整个流程的管理	查看短信记录	政府通告、水电通知、短信信访、信息查询与反馈、企业注册信息、税务征收查询、商标专利预注册、费用催缴、物价查询	播放内容的集中统一管理，可同时显示视频、静态图像、动画和滚动文字
2		通过用户、角色以及工作组的划分，实现了对不同网站、不同栏目在整个工作流过程中的权限管理	用户能够灵活地制作模板、方便地组织网站内容，完成稿件源组织、稿件选用、编辑、传送、签发等	查看相关信息（手机）		该系统将广泛地应用于政府、学校、企业、医院、公共设施、商场、酒店等领域
3				查看服务商信息		
4	发送信息	通过工作流模板，用户可以创建自己的工作流步骤和方式，不同网站的内容可以相互流动	支持分级多站点的管理机制，并提供个性化信息呈现功能	短信发送	短信单发、群发	有机的整合与兼容了数据库、外部资料、网络数据信息、监控、网络流媒体、电视广播、多媒体视音频以及图形图像等信息源
5				在线短信（了解发送情况）		
6			采用专业的模版制作工具，自动排版等功能；支持专业的模板制作工具 DreamWeaer、FrontPage；支持远程发稿和移动发稿	E-mail 来信通知	通讯录（对联系人分组管理）	用于学校通告、教务信息发布、教学培训
7	管理工具	基于 Internet 集内容生成、内容审批、内容发布、内容浏览等于一体的软件系统	通过开发接口与其他应用系统无缝集成，作为各种应用系统（如 OA 系统等）的信息发布工具实现了网站信息的采集、编辑、制作和发布的全流程管理	订阅管理（系统提供的栏目）	业务自定义上行（提供业务配置向导）	视频、音频、数据信息在 IP 网络环境下进行制作、发布、管理
8		模板管理：栏目模板维护、内容模板维护		独立于电信的计费模式	数据自动、定时发送到指定受机	CV
9		提供对网站内栏目及文章的访问统计，可以按时间、访问者所在的区域等生成统计图表		设立本部门自己的短信服务系统	提供二次开发接口（可与用户数据库对接）	网络和播放软件的控制可实现异地信息同步
10	维护功能	表栏目维护：创建和删除、开通与关闭、基本信息维护、指定审批人员、指定维护人员、权限栏目发布	提供了如投票、调查、留言板、计数器等交互应用系统；支持网上审批、信息反馈、BBS 论坛等功能管理员对不同权限的用户定制发布信息	普通用户注册，面向校内师生，需要管理员的存入一定金额开通账户方可使用	与现有业务系统紧密结合，在其上增加短信功能	对于外部数据库系统的接入，如 OA、综合数据业务系统等可进行业务接口的二次开发
11		内容维护：内容上传、内容发布、未发布内容修改、已发布内容修改、内容点击计数、内容采集整合	管理员对不同权限的用户定制发布信息；注册用户可以根据喜好定制自己的信息浏览界面；通过客户化开发，实现用户个性化的信息发布	内容服务商注册，面向校内单位、社团开展短信订阅、查询，提供内容服务	信息收发双向、交互传递	
12						

图 5.25 CV 产品功能比较

　　根据市场需求调研分析，CV 产品如果要推向市场除了已经具备的教学信息发布，还要在企业招聘信息、兼职信息、考试成绩信息及翻转课题教育等方面进行强化，才能够具备差异化优势，得到市场认可。据此分析报告提交公司实施产品投资审议、判断。

　　应用市场调查方式虽然简单，但是可以直接接触最终用户，了解产品需求的长短；通过市场调查分析的信息也为后续产品升级完善奠定了基础。另外通过市场调查也可获得熟悉该领域的信息系统开发商，为产品后续研发提供了合作伙伴渠道信息。

5.6　本章小结

　　在实施创新种子从概念到产品运作过程中，不仅要关注新技术、新方法，更多地要就目标产品的市场需求实施调研和分析，明确产品在市场中的定位，只有明确了产品的目标客户是谁，掌握了产品是属于客户什么层次的需求，了解了客户需求心理才能设计开发出符合客户期待且具有竞争力的产品。因此确定了产品概念之后不要闭门造车，要通过各种方式与市场、用户去交流与"碰撞"，只有把握了该产品市场需求的实际情况，才能有的放矢地进行产品功能、产品用户体验等产品本身的开发工作。这样的产品推向市场后才能实现投资回报及市场认可。

习题

一、实操题

1. 将创意种子的用户实施梳理，细分出客户、用户、目标客户、潜在客户。

2. 将创意种子绘制出用户、产品、需求关系图。

3. 按马斯洛需求层次理论（基本需求、安全需求、社交需求、尊重需求、自我实现需求），分析你的创意种子是属于哪一级需求？简述基于马斯洛需求层次理论，创意种子在向产品推进时需要注意什么策略。

4. 应用市场调查方法，设计创意种子产品的市场调查问卷方案，确立场调查内容、调查方法，以及市场容量预测。

5. 梳理创意种子策划的各项功能，基于用户需求心理模型将最主要的三项功能按图 5.26 分析填写。

6. 应用 5W2H 法梳理创意种子，填写如图 5.27 所示表格。

创意种子名称：

序号	功能名称	心理类型	功能特性对策	功能水平定位对策
1		求实		
		求新		
		求廉		
		求美		
		求安		
		求名		
2		求实		
		求新		
		求廉		
		求美		
		求安		
		求名		
3		求实		
		求新		
		求廉		
		求美		
		求安		
		求名		

图 5.26　创意种子功能列表

创意种子名称：

序号	5W2H	内容	对策	体现
1	What	产品功能		
		产品类型		
		产品技术		
2	Who	产品目标用户		
		用户类型		
		用户范围		
3	Why	产品给用户带来的价值		
		影响用户使用的特性		
		用户粘着力		
4	When	用户何时使用		
		周期性、随机性		
		有球必应		
5	Where	用户使用场景		
		移动		
		环境		
6	How	用户如何使用		
		用户体验		
		用户交互		
7	How Much	使用成本		
		增值服务		
		产品升级		

图 5.27 5W2H 法来梳理创意种子

应用 KANO 模型思想设计创意种子的市场调查问卷，问卷中每个属性特性都由正向和负向两个问题构成，分别测量用户在面对具备或不具备某项功能所做出的反应。问卷中的问题答案一般采用五级选项，按照喜欢、理应如此、无所谓、勉强接受、我不喜欢进行评定。

如针对"含糖量检测器"的显示屏是否对应照明问题，问卷设计正反两题。

（1）如果"含糖量检测器"显示可以对应夜间使用功能，你的感受是（ ）。

A. 我很喜欢 B. 理应如此 C. 无所谓 D. 勉强接受 E. 我不喜欢

（2）如果"含糖量检测器"显示不能对应夜间使用功能，你的感受是（ ）。

A. 我很喜欢 B. 理应如此 C. 无所谓 D. 勉强接受 E. 我不喜欢

针对"含糖量检测器"的数据传输问题，问卷设计正反两题。

（1）如果"含糖量检测器"具备无线传输，可随时与手机 App 数据共享功能，你的感受是（　　）。

A. 我很喜欢　B. 理应如此　C. 无所谓　D. 勉强接受　E. 我不喜欢

（2）如果"含糖量检测器"不具备无线传输，不能与手机 App 数据共享，你的感受是（　　）。

A. 我很喜欢　B. 理应如此　C. 无所谓　D. 勉强接受　E. 我不喜欢

注意：问卷中对功能的解释要简单描述该功能点，确保用户理解。

二、思考题

1. 在前面第6题设计的问卷采集数据之后，参照 KANO 模型评价结果分类对照表，确定创新种子的基本型需求是什么、期望型需求是什么、惊喜型需求又是什么，应如何实施创意种子的功能改善提高产品的用户满意度？

2. 针对创意种子产品实施市场需求分析，包括消费者、竞争对手、经营环境等对该产品有何影响，应准备什么相应对策。

3. 请为创意种子产品撰写《产品需求分析报告》，其中要包括以下内容。

（1）产品目标市场、产品服务的对象。

（2）产品构思及应解决什么问题（5W2H 法）。

（3）市场调研（应用 KANO 模型）。

（4）功能需求分析（新产品的创新功能，具有竞争力功能）。

（5）性能需求（能否满足用户渴望、体验感如何）。

（6）产品研发投资计划、产品商业推广模式、服务模式、绩效考量等。

第6章 问题导向的项目管理方法

在我们的日常工作和学习过程中无时无刻不在与项目打交道。我们所做的任何一件具体的工作或一件事，或学习一门课程均可看作一个项目。且做任何一项工作都会有时间要求，完成目标会发生这样或那样的成本，而这些正是项目所需要管理的制约要素。因此项目管理是我们无论是有意识还是无意识都一直在做的事情，只是有管理意识做事可以更高效、高质量，而无管理意识可能会使工作缺乏效率，影响质量。项目管理不是什么高深的事情，但是如果了解掌握了项目管理的基本方法会使我们干事更加有条理、更加有效率。借鉴他人的经验也能在一定程度上避免潜在风险，事半功倍。本章将以通俗的方式将项目管理的基本概要、他人的经验进行梳理，供大家参考、学习。

我们在做任何一项工作时，大致可分为启动、计划、推进实施及收尾四个过程。因此本章也将按这四个过程展开论述项目管理的基础。为了提高项目管理的学习效果，希望大家以问题为导向来学习项目管理，这种学习方法称为 PBL（problem-based learning），即以问题导向型的学习方法。

6.1 项目管理概述

6.1.1 什么是 PBL

在介绍项目管理之前先了解一下什么是 PBL。PBL 是英文"以问题为导向型学习"的缩写，什么是以问题为导向的学习呢？举个例子，比如"请修理好有故障的烤炉，使其能使用"，通过检测烤炉的故障，采用适当的修理方案实施维修，进而获得维修烤炉的知识，达到学习的目的。也可以将 PBL 中的 P 由 probem（问题）更改为 projiect（项目），PBL（projiect-based learning）就成为"以项目为导向的学习"。通过参加具体创新课题项目的实施达到学习"项目管理"的目的。将上例的"问题"按"项目"的思路调整为"请参考有故障的烤炉,设计开发出更好的烤炉",作为一个项目,其不仅仅是找出故障原因进行维护,而是分析为什么会产生该故障,如何避免再产生类似故障,并实施改进设计开发,推出新的产品。基于该项目的参与达到学习相关技术与知识的目的,这就是 PBL 的学习模式。

那么本章 PBL 的具体学习模式是什么呢? PBL 是以项目为导向的工程实践方法,是基于现实世界的以学生为核心的工程实践方式。PBL 学习模式是 20 世纪 60 年代首先在医学教育领域导入的,是以问题为基础,以医学学生为主体,以小组讨论形式为主,在辅导教师的参与下,围绕某一医学专题或具体病例的诊治等问题进行研究的学习过程。

PBL 学习模式的特点是:①与传统的以学科为基础的教学法有很大不同,PBL 强调以学生的主动学习实践为主,而不是传统教学中的以教师讲授为主;② PBL 将工程实践与项目挂钩,使实践者投入于项目中;③设计真实性任务,强调把学习实践设置到复杂的、有意义的项目运作情景中,通过学习实践者的自主探究和合作来解决问题完成项目目标,从而学习隐含在项目背后的科学知识,形成完成项目及解决问题的技能和自主学习的能力。

项目管理主要分为四个阶段,每个阶段的具体工作内容如图 6.1 所示。为了便于了解、掌握及应用项目管理,将结合 PBL 模式的学习与实践方法实施项目管理基础的学习。

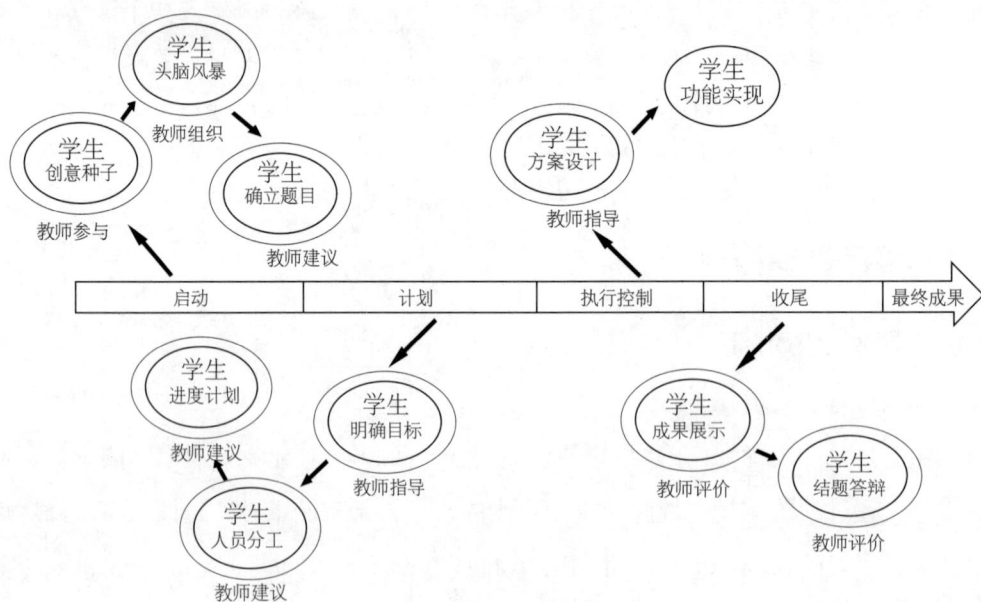

图 6.1 项目管理的四个阶段及其工作内容

图 6.2 为项目实施推进过程中如何充分体现项目管理的四个阶段。

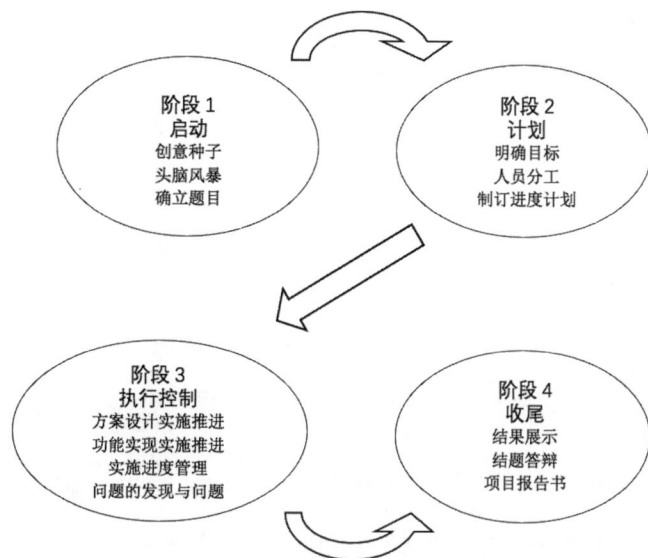

图 6.2　《创新工程实践》PBL 模式

6.1.2　项目管理概述

顾名思义，项目管理是管理学范畴，但项目是实施的具体某个领域的工作，因此若想管理好项目，掌握其相关的专业知识是不可或缺的。如实施信息化项目研发需要具备软件开发、系统集成相关的知识经验才能更好地实施项目的管理。

项目管理是为了项目成功而进行管理的，项目能够获得成功会涉及以下几个课题。

（1）项目的负责人，即项目经理，能否为项目实施有效的领导工作，明确项目目标，对参与项目的成员给予激励，给予项目实施的支持及必要的协调。

（2）能否实施科学的项目管理方法，特别是项目团队的合作，通过内外沟通，合力推进项目。

（3）项目管理模式的灵活运用，通过创新、改进和不断完善使得项目管理更加有效。

接下来就实施项目管理所涉及的思路、知识、方法、工具进行梳理。

1. 什么是项目

项目是为完成某一独立的产品或服务所做的一次性努力。项目的主要特征有临时性（一次性）和独特性（产品或服务），此外，项目的诸多课题在项目开始阶段还不十分清楚，许多细节是伴随着项目的逐步展开渐渐清晰的。

基于上述项目的特征，可以判断如下哪些属于项目范畴，哪些不属于项目范畴。

（1）开发一个新产品。

（2）组装一台新型计算机。

（3）盖一栋新楼。

（4）设计一门新课程。

（5）举办一次宴会。

（6）实施"一带一路"战略。

（7）参加高考。

（8）策划一次旅游。

（9）经营一家企业。

不难判断"（6）实施'一带一路'战略"是一个相当长期实施的战略，不同阶段由若干具体项目构成，因此不能按项目进行管理；同样"（9）经营一家企业"也不能视为一个项目，企业的经营不是一次性项目，也不是临时性课题；但是"举办一次宴会，请一次客"均可视为一个项目，它包含了项目的所有过程和要素：请客有时间限制、预算限制、主客满意度及出席人员范围等。请一次客持续的时间可能会很短，但是要方方面面满意，达到请客目的并非易事，首先要在已经确定好的日期预选择并定好恰当的餐厅，根据宴请客户信息提前预订好宴会的菜单；其次要将宴会地点、时间等信息准确无误地通知所有出席人员，同时安排好坐席顺序；在宴会举行过程中营造好宴会气氛，让宴会达到期待目的；控制好宴会预算让出席宴会各方都满意。

2. 什么是项目管理

项目的实施会受到诸多限制，项目存在诸多不清晰细节，有诸多不确定因素需要在项目逐步实施过程中运用知识、技能、工具和技术加以解决，以便最终能够达到项目的要求。

项目管理就是利用获得的信息制订项目具体实施计划，协调并管理各项承诺，通过时间、成本、范围和质量的目标，获得客户的满意。因此项目的管理就是实施项目资源与项目目标之间的平衡，而平衡源于项目的需求。

更具体地讲，管理就是通过周密的计划，管理好项目涉及的人、事、物，实现项目目标。

如何通过周密的计划推进存在诸多不确定性又受诸多限制的项目成功呢？需要按项

目的生命周期实施分解细化管理，只有这样才能够完成好项目的工作，使其成功。可将项目管理按项目生命周期分段实施，即从启动、计划、执行、收尾四个阶段实施管理。由于项目存在的诸多问题是在项目推进过程中逐步显现出来的，因此项目管理也是伴随问题的渐渐清晰而实施调整的，很难在项目启动或计划阶段就完全搞定，在执行实施阶段要根据情况调整计划，这就需要在执行过程实施精细控制调整，即监控。

图 6.3 是借用大家熟悉的用力图表述的项目管理的基本过程，可以清晰体现项目管理各个阶段的相互关系。

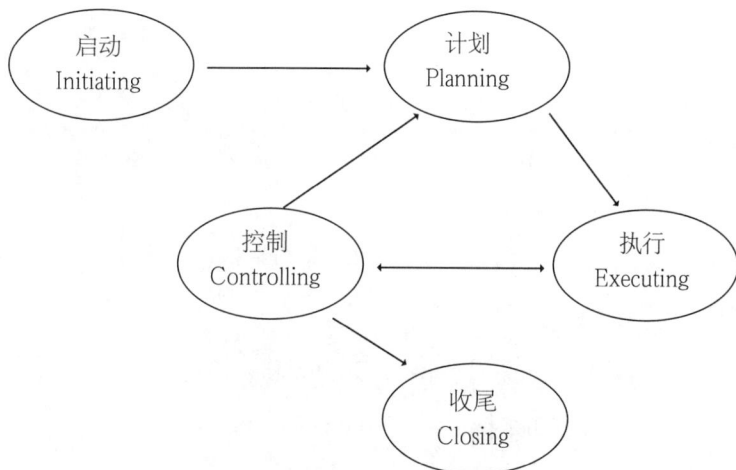

图 6.3　项目管理的基本过程

图 6.4 是用大家熟悉的 PDCA（戴明环）方式体现出项目管理过程的本质，即在项目启动之后，计划、执行、检查、行动是一个循环过程。

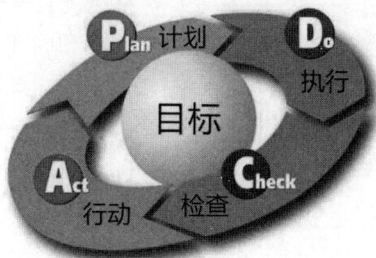

图 6.4　项目管理的本质

项目管理的难点是其受到诸多制约，如图 6.5 所示为项目管理的制约要素，一个项目因为具有临时性的特点，必然会受时间即进度要求的限制，什么时间开始、什么时间结束是有具体要求的，能否调整是受制约的；推进一个项目需要投入人力和物力的保障，但是资源是有限制的，能否完全有保障存在制约；因时间和资源的制约会对项目要完成的范围产生制约，即客户的需求制约。在诸多制约下项目的成果能否达到客户满意同样也是一个制约。

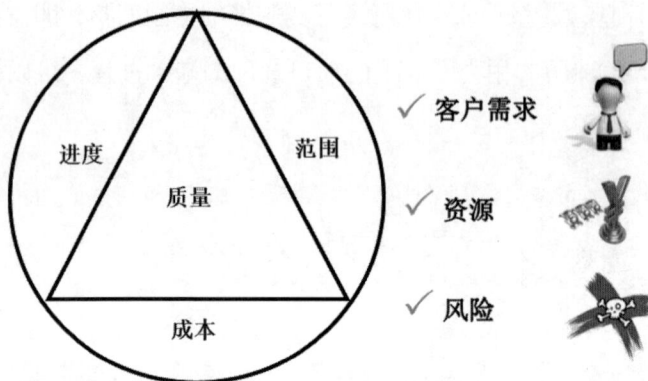

图 6.5　项目管理的制约要素

3. 项目管理的组织体系

项目有大有小、有难有易，为了确保项目的顺利实施和获得满意的结果，国际标准化组织（ISO）专门制定了《项目管理国际标准》，即 ISO 10006，图 6.6 列出了标准的主要内容。下面将容展开探讨。

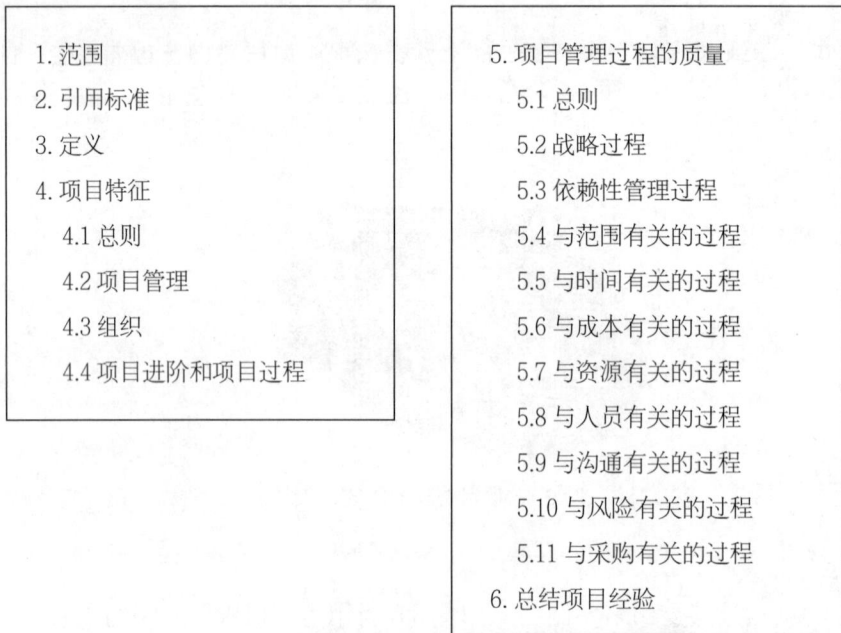

1. 范围
2. 引用标准
3. 定义
4. 项目特征
4.1 总则
4.2 项目管理
4.3 组织
4.4 项目进阶和项目过程

5. 项目管理过程的质量
5.1 总则
5.2 战略过程
5.3 依赖性管理过程
5.4 与范围有关的过程
5.5 与时间有关的过程
5.6 与成本有关的过程
5.7 与资源有关的过程
5.8 与人员有关的过程
5.9 与沟通有关的过程
5.10 与风险有关的过程
5.11 与采购有关的过程
6. 总结项目经验

图 6.6　《项目管理国际标准》的部分内容

项目管理最基础的管理之一是项目的领导组织，而项目经理（负责人）的管理直接影响项目的实施质量和效率，直至项目的成功与失败。项目经理应具备的基本管理技能如下。

（1）与项目内外的沟通协调技能，项目受诸多制约需要具备与方方面面的协调沟通或谈判等能力。

（2）项目具有渐进明细的特征，在项目推进过程中会遇到诸多计划外的课题，需要具备应对和解决的能力。

（3）项目成员的性格、技术等参差不齐，也可能缺乏经验丰富，能力强的成员，因此项目管理中项目经理要能够使项目团队统一思想、齐心协力迎接各种挑战，共同推进项目实施。

因此项目管理中的管理技术包括领导、管理、沟通、谈判、解决问题、对团队施加正能量等。

项目管理中项目经理是项目能否顺利实施和成功的关键，过去在企业经营过程中，评审立项时对项目经理人的选择最为花费精力。如果项目由委托合作伙伴单位承担时，项目经理人选是考虑的第一因素。合作伙伴单位规模再大再强，如果推荐担任的项目经理不合适，合作也会失败。

项目经理是具体实施项目的一个个体，他的责任心、经验、信誉等直接影响项目能否成功。项目经理在项目中所起到的作用如下。

（1）项目团队的核心。

（2）项目实施的全盘推进者。

（3）项目内外沟通的协调者。

（4）项目推进的决策者。

（5）项目团队气氛的创造者。

那么如何能够成为一个合格的项目经理人呢？其发展框架如图 6.7 所示，要在知识能力、执行能力、人格能力方面注重发展。"知识能力"是确保能够科学管理项目，善于积累项目管理技能；"执行能力"是在受时间制约、人员能力制约时，要具备"有条件要干，没有条件创造条件也要干"的精神；"人格能力"是要客户信任，让团队成员信服。

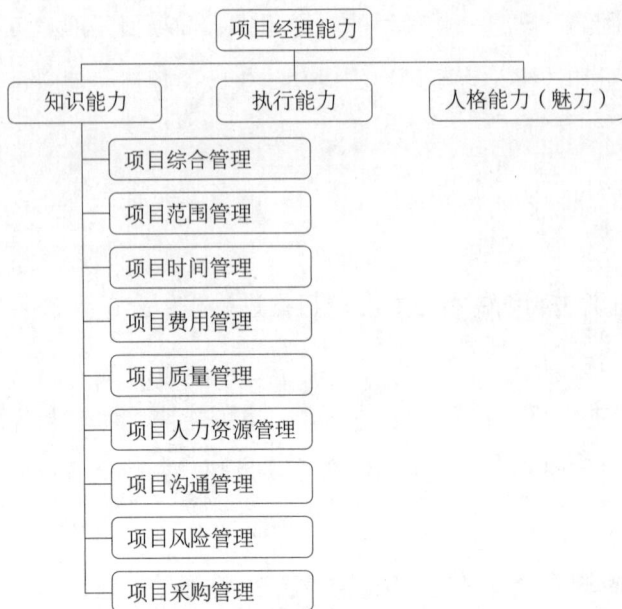

图 6.7　项目经理能力发展框架

4. 项目管理涉及的知识领域

此外，图 6.7 还给出了项目经理发展必备的九个管理能力，也是项目管理的九大知识领域。确立了项目经理人的作用之后，简单梳理一下项目管理的九大知识概要。

1）项目综合管理

项目综合管理是项目经理为确保项目整体推进涉及的方方面面的管理工作，以确保项目管理的各个过程有效实施。

2）项目范围管理

受时间、成本等方方面面的制约，要全力以赴保证项目涉及所有范围内的工作能够万无一失地实施。项目范围管理的基本任务如下。

（1）经常监控项目确保所有需要的工作都已经完成。

（2）防止不经过变更控制程序随意增减项目的范围。

（3）确保变更的内容是正确的，与需求是一致的。

（4）防止额外工作或"镀金"。

3）项目时间管理

项目时间管理也就是计划管理，有效地按项目制订的各个子项目实施计划推进管理，确保各个子项目能够按计划完成，在出现进度偏差时及时分析，制订调整方案。

4）项目费用管理

为确保项目能够在已批准的预算内完成，在项目启动阶段做好项目费用估算与预算十分重要，项目费用包括人工、材料、设备、差旅等，估算时尽量要估足。项目实施推进阶段的重点是控制，随时根据项目完成进度阶段与费用支出产生偏差，如果产生偏差则及时分析原因，控制项目预算的变更。相应的管理工具有"挣值分析"及"挣值管理"。

5）项目质量管理

项目质量管理就是判断与本项目相关的质量标准，并决定应如何达到这些质量标准；开展规划确定的质量活动，确保项目实施满足要求所需的所有过程；监控项目结果，确定是否符合相关的质量标准，判断如何杜绝造成不合格结果的根源；评估评测已完工结果。图 6.8 是项目团队中各自要对项目质量负有的相应责任一览表。

项目利害关系者	质 量 责 任
管理层	对 85% 的质量及费用负责任
项目经理	对项目质量负责
项目成员	对所执行任务的质量负根本责任
执行组织	负责对项目质量改进的投资，特别是缺陷预防和检出需要的投资
质量管理团队	确定和传达质量原则和所需要达到的质量标准，负责将质量政策告知利害关系者并执行质量方针

图 6.8 项目质量责任

6）项目人力资源管理

项目人力资源管理通过项目团队的组建、建设、管理提高项目绩效。人力资源也是项目时常会遇到的一个瓶颈课题，有可能因短期内协调不到能够完全胜任项目推进的成员，或因预算无法投入高层次成员等，通过强化团队建设协作等管理手段进行弥补。人力资源管理的基本任务包括人力资源规划，制订人员配备管理计划；项目团队组建，招募项目所需的人力资源；项目团队建设，培养团队成员的能力，提高项目绩效；项目团队管理，跟踪团体成员的绩效，提供反馈并解决问题，不断提供项目绩效。图 6.9 是项目团队成员不同角色人员参与项目的各个阶段活动矩阵图，这是为了便于在人员、成本、项目进度等的制约下尽可能地合理协调。图 6.10 是项目团队建设的阶段图，项目的成功关键是项目团队的建设与管理，因为项目的临时性特征，项目开始之时是团队组建之际，而项目结束之时是团队解散之际，快速形成一支能够打硬仗的项目队伍十分重要。

A：负责　　R：有责　　C：参与

活动	人　员				
	Axx	Bxx	Cxx	Dxx	Exx
事前检讨	A	R	C	—	—
设计	C	A	R	C	—
开发	—	A	R	C	C
测试	A	C	R	C	C
评测	A	R	R	C	C

图 6.9　职责分配矩阵

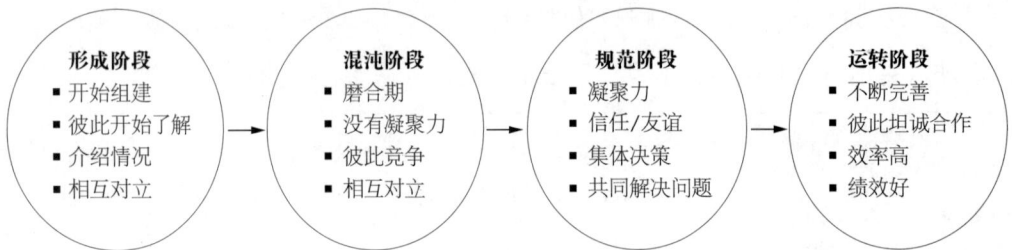

图 6.10　团队磨合过程

7）项目沟通管理

快速形成高效运作团队的关键是实施高效的沟通管理，具体的沟通方法将在 6.3.3 节进一步展开。

8）项目风险管理

因项目受到诸多制约及需求调整等的影响，在项目推进中应关注项目的不利因素并及时分析和应对，避免对项目造成影响。

9）项目采购管理

项目采购管理包括项目团对外部购买或获得为完成工作所需要的产品及服务，主要是监控管理是否在预算内，监控采购流程、采购合同、采购验收等。

除了项目管理的九大知识外，还要重视项目的相关者，确保项目涉及的各个相关环节不会干扰项目的实施。在实施任何一个项目时都可能会与方方面面产生关联，如单位的各个行政部门在人员调配、采购管理、财务管理等方面是不可或缺的；政府机构也可能会因项目在环境、许可等方面获得支持等。梳理好项目的相关者，有备无患地落实相应的管理，可避免项目在推进过程中变得被动。

6.2　项目启动阶段

在简单介绍项目管理的概要后，本节将就项目管理过程的四个阶段逐一展开介绍。

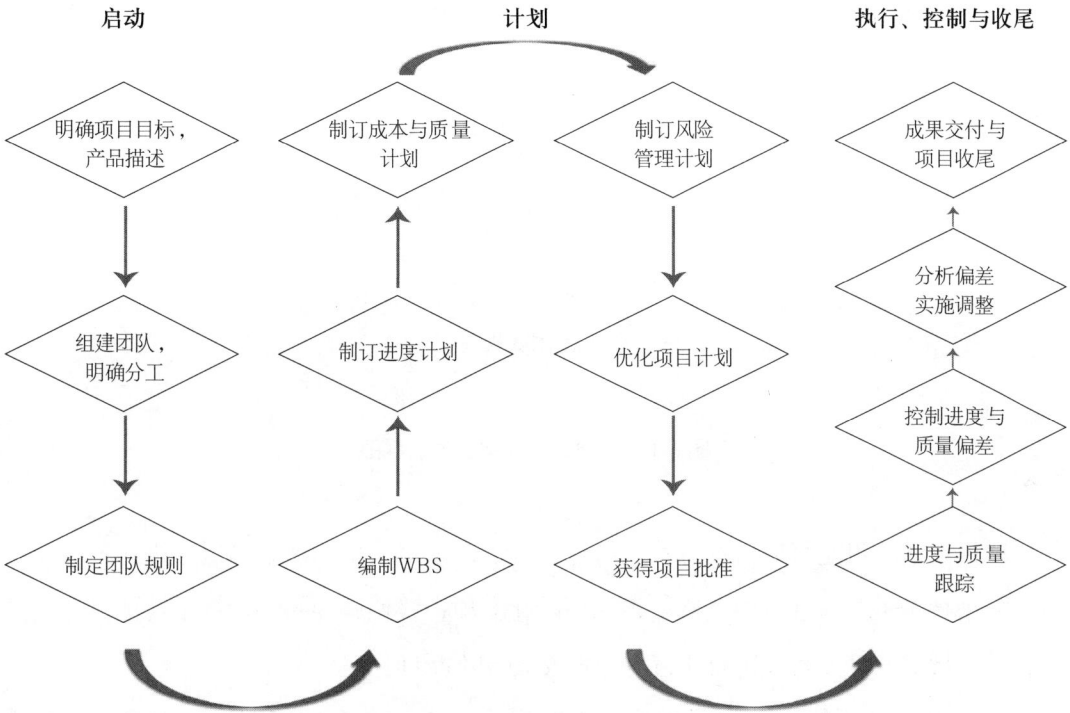

图 6.11　项目管理过程流程图

6.2.1　项目启动阶段的主要工作

项目启动过程是项目管理的第一步，如图 6.12 所示；图 6.13 是启动过程的主要工作流程图。

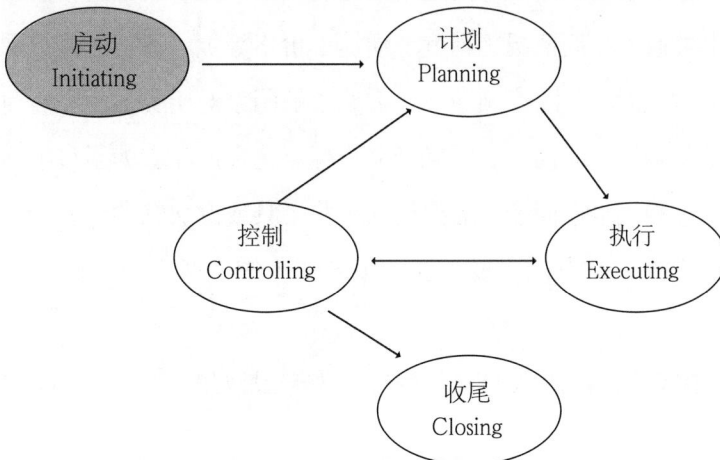

图 6.12　项目管理过程之启动过程

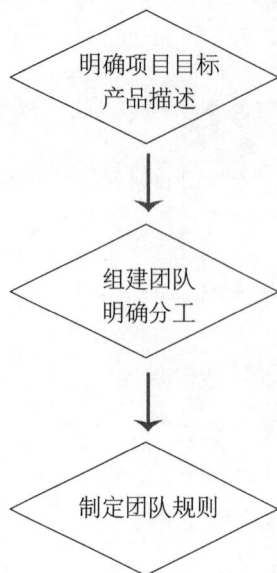

图 6.13　启动过程主要工作流程图

项目启动阶段是将项目的背景、特点、难点及项目队伍的建设等课题进行分析和落实。如创意种子"含糖量检测器"，如果以此立项，我们就要将"含糖量检测器"的产生背景、形成的产品特征进行明确并形成文档，不断细化。

从背景来讲可能比较容易描述，糖尿病患病人数在全球范围持续增长，据统计2017 年全球患病人数约为 4.25 亿人，预计到 2045 年将达到 6.29 亿人。我国是全球糖尿病人数最多的国家，2017 年糖尿病人数达 1.14 亿人，预计到 2045 年将达到 1.5 亿人左右。要以此为创新项目，那么首先是对"含糖量检测器"的技术原理及产品进行详细描述，论述"含糖量检测器"与其他市场已有类似产品有何不同，其创新点是什么，以及目前市场上类似产品的情况（精度、便捷、价格等）。评估选择该课题作为创新项目是否具有竞争力，因涉及医疗领域，还需要了解国家对于类似产品有何规范。因此项目启动阶段就是要做好产品描述、明确产品目标、选择产品。为了科学地实施产品选择，避免盲目性，也避免半途而废，需要借助一些工具或方法辅助实施产品选择、评估产品选择。在产品选择方法方面主要是在约束条件下投入产出的分析，根据项目规模选择方法。

（1）利用效益指标体系的收益测量法（一般应用于具体领域，如 IT 领域、医药领域）。

（2）约束优化法（问题优化、约束条件）。

（3）决策树法。

（4）建立数学模型。

……

同时，在完善产品描述及明确产品目标后实施立项评审也是常常使用的方法，避免因团队的经验或跨领域的限制导致失误。根据项目产品情况可实施内部评审、外部（咨询公司）评审，聘请专家（协会、专业团体等）评审等方式。

另外在项目启动阶段要建立项目文档规则、任命项目经理、明确项目约束条件。文档规则是明确项目文档所包含的内容及应具备的条件，一般应包括以下文档。

（1）项目要满足的商业需求分析。

（2）项目最终目标、最终交付结果、阶段交付结果的描述。

（3）签订的合同。明确项目约束条件内容是一直强调的预算、人员配备、进度计划等。

6.2.2 项目目标的 SMART 原则

在实施项目产品目标时应该能够回答下述问题。

（1）为什么要做它？

（2）谁来做？

（3）在哪里进行？

（4）什么时候完成？

（5）有何资源需求与限制？

（6）成果评价标准是什么？

为了能够回答上述问题，明确项目目标时常用的方法之一是"项目目标的 SMART 原则"（见图 6.14）。

■ **具体性**（specific）	——最终目标是否明确了应该做到哪一步以及何时完成？
■ **可衡量性**（measurable）	——你能在多大程度上测量量终目标的完成情况？
■ **可实现性**（attainable）	——在规定时间内，最终目标是否合理，是否能够实现？
■ **相关性**（relevant）	——最终目标是否与工作相关很重要，并值得进行下去？
■ **时限性**（time-based）	——日标是有时间限制的，在规定的时间内完成了吗？

图 6.14 项目目标的 SMART 原则

首先 S（具体性）是明确具体的目标，一个具体化的目标完成的概率更大，因为它已经确定了具体的参数和限制条件，因此制定目标一定要具体而不能停留在"大概""差不多"等泛泛的级别；M（可衡量性）是自问完成该项目"要花多少时间？"，"一共有多少？"，"需要多少费用？"等；A（可实现性）是该项目在计划的时间及预算内能够完成到什么程度？技术等方面是否存在诸多未知难点？要考虑不确定因素的影响确保承诺一定能够实现；R（相关性的）是为了实现项目目标有无不可控因素，如何把握影响度，如何挑战克服；T（时限性）就是该项目的时间约束是什么？规定时间能够完成到什么程度等。通过文档将 SMART 一一梳理明确会使将要实施项目的可行性更加有保障。因此在项目启动阶段将 SMART 逐一整理明确是最主要的工作。

项目启动阶段就要明确项目的交付结果是什么，所谓交付结果就是任何为完成一个项目或项目的某一部分而产生的可测量的、有形的、可验证的成果或结果、或生产出的物品。交付结果必须根据项目目标确定项目的最终结果和阶段性结果，符合 SMART 原则。

下面分析一个案例：2017 年 9 月 1 日至 12 月 1 日为 A 公司完成办公管理系统开发的时间。该系统将满足 A 公司对办公自动化的需求，需要投入 17 人月和 8 万元平台采购经费，利润目标是合同额的 20%。

项目的最终结果如下。

（1）提交一个已完成测试并被客户接受的办公管理系统（12/1/17）。

（2）提交一套系统使用手册（12/1/17）。

阶段性结果如下。

（3）完成需求分析报告（9/15/17）需要投入 3 名开发人员，计 1.5 人月。

（4）确定系统设计方案（10/1/17）需要投入 5 名开发人员，计 2.5 人月。

（5）完成系统实现与系统测试（11/15/17），需要投入 8 名开发人员，计 12 人月。

（6）完成系统安装与文档，客户培训(11/30/17)，需要投入 2 名开发人员，计 1 人月。

根据上述分解与客户合同需要按总价 80 万元（总投入 17 人月，每日月单价 3 万元，以及平台费用、利润目标、企业所得税等）签署及最多高峰投入 8 名开发人员可实现项目要求。

该项目的 S、M、A、R、T 分别表示如下。

· S：客户定制办公管理系统及使用手册。

- M：项目周期 3 个月，需要最多投入 8 名技术人员，总经费 80 万元。
- A：按上述分解的阶段性结果实施人员投入及计划时间是可以完成 A 公司办公管理系统的。
- R：客户定制办公管理系统与现有其他系统的数据接口将是前期设计的难点。
- T：9 月 15 日完成需求分析报告，10 月 1 日提出系统设计方案，11 月 15 日完成系统开发与系统测试，11 月 30 日完成系统安装与文档撰写和客户培训，12 月 1 日交付最终结果。

6.2.3　组建项目团队

项目启动阶段非常重要的工作之一是组建项目团队，由团队去完成项目预定目标。项目团队的成员主要包括项目保证人、项目经理、项目队成员。

（1）项目保证人（单位负责人、部门负责人）。

（2）直接负责运作的项目经理，如果项目规模比较大会设大项目经理及项目经理。

（3）组建项目核心团队，具体负责项目关键部分，会自始至终参与项目推进工作。

（4）组建项目扩展团队成员，根据项目规模，具体实施计划及项目成本等因素，会根据项目实施需求阶段性投入，这里包括合作伙伴的协调。

（5）根据项目实施的具体需求确保特定资质，技术的专业公司及人才。

下面简单概述一下项目团队各个成员应该承担的主要职责。

1）项目保证人的职责

项目保证人一般是指项目批准人、单位负责人、部门负责人等，其职责主要如下。

- 确定不同项目的优先级。
- 选择、批准、指导项目经理。
- 对项目提供必要的支持。
- 审批项目经理的预算、进度计划和工作范围。
- 为团队避免外部无关事物的影响提供保护。
- 掌握项目进程的状态。
- 对项目的投入产出负责。

2）项目经理的职责

项目经理是项目具体实施的关键职位，其主要职责如下。

·领导和指导团队完成项目计划。

·确定核心团队成员。

·执行计划、控制进程，最终保证按计划完成项目。

·保证项目服从企业或外部顾客的需求。

·与主要项目相关者进行协商。

·将项目的计划和进展状态与所有干系人进行沟通。

项目经理除了负责项目具体业务的推进，更多的工作是与方方面面进行协调，推动项目团队的建设，尽可能调动一切资源确保项目顺利实施。项目经理需要打交道的部门如图 6.15 所示。

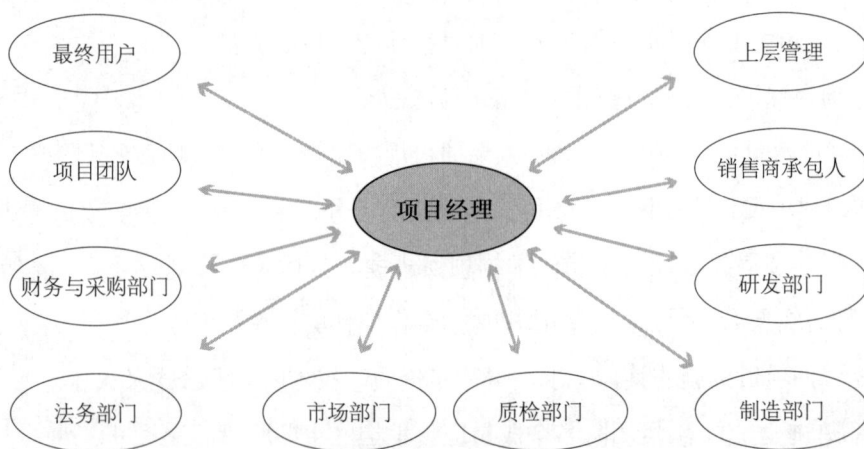

图 6.15　项目经理的作用

3）核心团队成员的职责

项目团队是顺利完成项目的重要保障，他们是项目关键环节的直接责任人，其主要职责如下。

·利用具备的项目所需核心知识与技能承担项目重点工作。

·主动学习，迎接挑战。

·善于合作，主动沟通。

·分享工作经验，帮助其他团队成员。

·保持与项目领导的信息沟通。

4）项目团队一般成员的职责

项目团队不可能全是技术强、经验丰富的核心成员，更多的是技术一般、经验不足的一般成员。项目实施的过程也是人才培养的过程，因此对于项目团队一般成员的职责要求如下。

· 坚持按进度计划工作。

· 服从项目领导的指导。

· 帮助其他团队成员。

· 支持团队决策。

· 分享工作经验。

· 保持与项目领导进行信息沟通。

5）确保项目实施过程中所需特定资质及拥有专业人才的合作伙伴企业

在项目实施推进过程，根据项目规模、交付时间、特殊技术等因素，可能会与其他具备条件的企业合作，因此在组建项目团队之初就要确保具备条件的合作伙伴企业。

· 确认合作伙伴企业是否具备项目实施所要求的特定资质。

· 确认合作伙伴企业是否拥有项目实施所要求的专业技术人才。

· 履行项目合作相关手续

项目启动时就需要制定好项目团队规则，确保项目所有相关人均了解和遵守。需要制定的团队规则如图 6.16 所示。

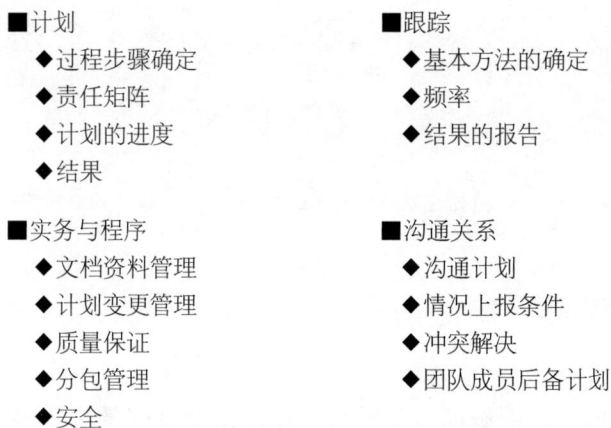

■计划
　◆过程步骤确定
　◆责任矩阵
　◆计划的进度
　◆结果

■实务与程序
　◆文档资料管理
　◆计划变更管理
　◆质量保证
　◆分包管理
　◆安全

■跟踪
　◆基本方法的确定
　◆频率
　◆结果的报告

■沟通关系
　◆沟通计划
　◆情况上报条件
　◆冲突解决
　◆团队成员后备计划

图 6.16　团队规则的制定

6.3 项目计划阶段

在明确了项目的目标，组建了项目团队就要根据项目制约条件制订详细的项目实施计划了，这就是项目管理的第二个阶段——计划。项目计划阶段主要是编制项目实施中各项计划，包括项目进度计划、项目沟通交流计划、项目质量管理计划、项目风险控制方案、项目资源投入计划等。其中为了编制可行的实施计划需要实施任务分解，因此本节将重点就如何应用绘制 WSB 图实现任务分解及应用甘特图绘制进度表做相应介绍。

项目计划阶段是项目启动后更加重要的一个阶段，计划过程在项目管理中的位置如图 6.17 所示，项目计划的编制质量是直接影响项目能否如期按质完成，能否获得单位负责人及客户认可的重要因素。

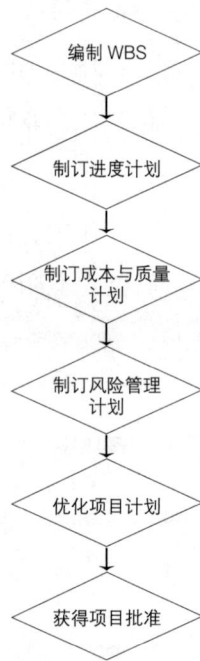

图 6.18 是项目计划阶段主要工作的流程图。

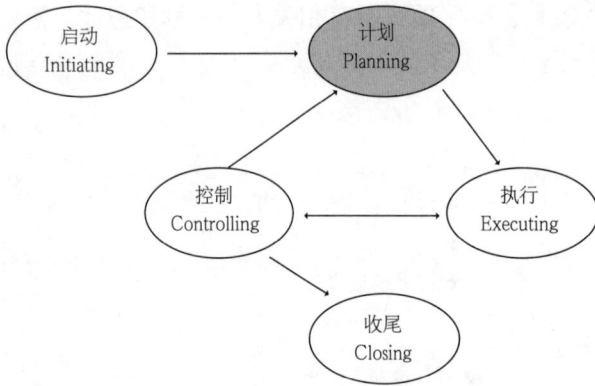

图 6.17 项目管理过程之计划过程   图 6.18 计划阶段主要工作流程图

项目的计划阶段首先要明确项目范围，并在规定的时间及预算内完成那些工作，防止"扯皮"及遗漏计划。因此，项目范围的梳理编制要通过书面形式编制范围说明，作为项目决策的依据。在此要就范围定义及范围核实确保相关人达成一致共识，避免二义性，尽可能以书面形式签署范围计划文档。

6.3.1　工作（任务）分解结构

为了能够编制出可执行的项目计划，重要的工作是实施项目工作分解，即 WBS(work breakdown structure，工作分解结构）图。将项目的工作分解得越细致，可实施性就越强，就越能够把控项目实施。项目工作分解是将项目按照其内在结构或实施过程的顺序进行逐层分解，如图 6.19 所示。

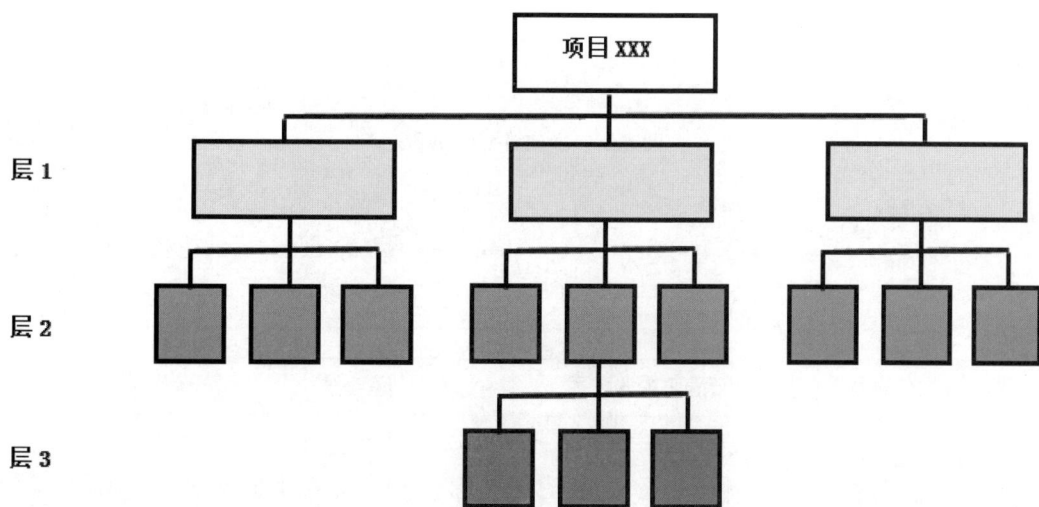

图 6.19　WBS 图

工作分解是以交付成果为导向的，将项目各个组成部分按层次结构实施工作分解。实施工作分解是在项目范围已经确定为基础的，在此时对已经明确了的未列入 WBS 图中的工作不属于项目范围的工作。应用 WSB 实施工作分解思路可考虑从两个方面实施，一是按项目实施过程的分解，二是按项目的结果分解。

图 6.20 所示是根据某公司承接的一个环保系统"易废宝系统"项目，按实施的过程分解的示意图，即面向过程的 WBS。

面向过程的 WBS 实际是站在项目实施团队角度，按项目具体分工实施顺序的分解。第二种分解方法是按项目结果实施分解，图 6.21 所示为"易废宝系统"按项目结果的分解示意图。

```
                            易废宝系统
        ┌──────────────┬──────────────┬──────────────┐
    市场调研          规划设计         开发测试          验收运营
  国内外的业务和技术  业务运营规程设计   开发回收机硬件     可运营可管理的设备
  国内业务机会和容量  软硬件方案设计     回收机终端软件     多点试运行完善工艺
  国内外竞争现状     完成系统设计书     监控软件平台       验收整个研究项目
  完成调研报告                        反向物流软件平台
                                     软硬件产品全流程测试
                                     功能测试
                                     性能测试
                                     安全测试
```

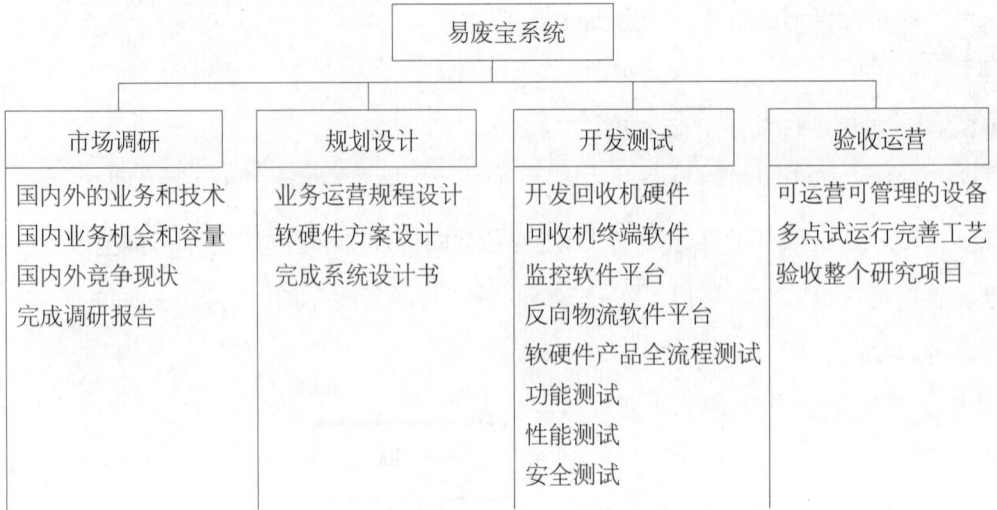

图 6.20　面向过程的 WBS

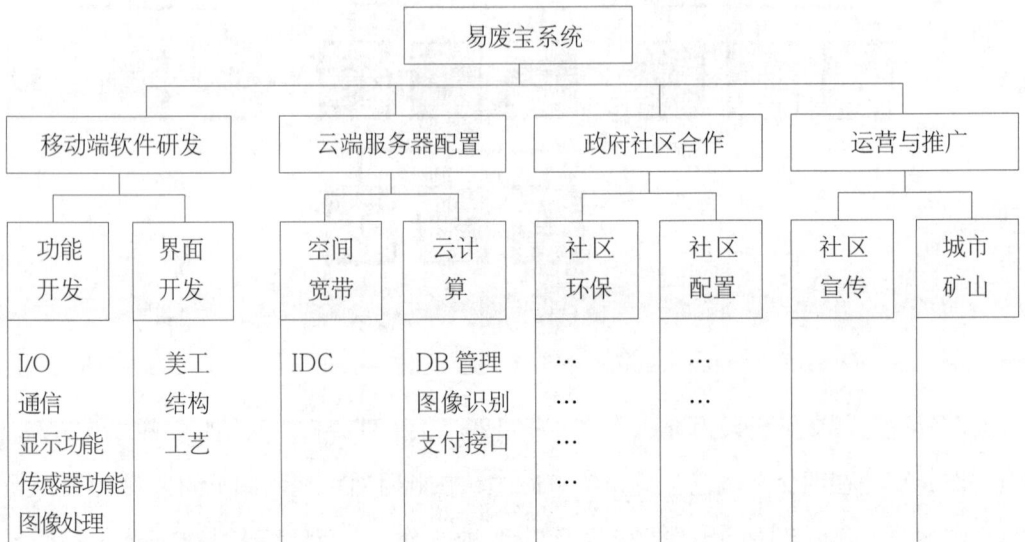

```
                               易废宝系统
        ┌───────────────┬───────────────┬───────────────┐
    移动端软件研发       云端服务器配置      政府社区合作        运营与推广
    ┌────┬────┐        ┌────┬────┐       ┌────┬────┐      ┌────┬────┐
   功能   界面        空间   云计        社区   社区      社区   城市
   开发   开发        宽带    算         环保   配置      宣传   矿山

   I/O    美工         IDC   DB 管理      …     …         …      …
   通信   结构               图像识别     …     …         …      …
   显示功能 工艺              支付接口     …     …
   传感器功能                            …
   图像处理
```

图 6.21　面向结果的 WBS

图 6.21 是"易废宝系统"项目按结果实施分解的情况。按结果实施分解是站在用户的角度按项目应用实施运作所需工作实施分解。

两种思路均可实施项目的 WBS，可根据项目情况及项目经理经验选择具体思路。

WBS 的用途如下。

（1）确定工作范围。

（2）配备人员。

（3）编制资源预算。

（4）监控进程。

（5）明确阶段里程碑。

（6）验证具体内容。

实施项目工作结构分解的过程也是对将要实施的项目内容进一步深入理解和消化的过程。根据项目规模可实施多级分解，确定了 WBS 以及所有要做的工作后，将 WBS 所有任务和子任务实施编号以便查询，如图 6.22 所示。

WBS 编码 　　　　　X　X　X　X
　　　　　　　　　　 ①　　②

〈说明〉

①工程记号（2位）　　　　　　　　②序号（2位）
　　　　　　　　　　　　　　　　　　00~99

记号	工程名称
SA	系统分析
UR	用户需求定义
SR	系统需求定义
BD	基本设计
FD	功能设计
PD	程序设计
UT	程序测试
CT	综合测试
ST	系统测试
OT	运行测试

易废宝系统
├── SA10 市场调研分析
│　　├── SA11 国内外业务与技术调研分析
│　　├── SA12 国内业务机会与市场容量调研分析
│　　└── SA13 国内外竞争现状调研分析
│
└── BD10 系统设计
　　　└── BD11 系统架构设计
　　　　　├── BD12 平台系统架构设计
　　　　　└── BD13 硬件系统架构设计

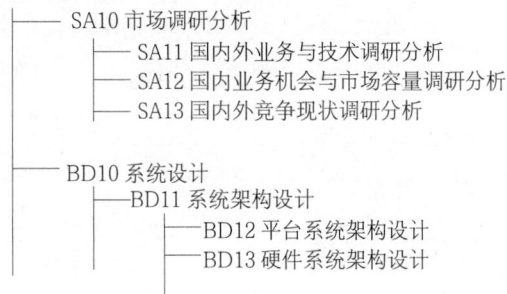

图 6.22　WBS 编号与案例

完成 WBS 编号后建立项目 WBS 字典，对每一活动包括的详细内容进行表述，包括任务编号、名称、如何做、投入资源、结果、完成的标准和质量、由谁做等。具体案例如图 6.23 所示。

编号	任务名称	过程	资源	结果	完成标准／质量	负责人
1.1	国内外的业务和技术调研分析	核心成员到社区、企业、政府进行调研分析	可参考公司调研文档规范、公司设计规范、调研预算金额5000元、可投入工时约100人时	调研分析报告	包括所有列出的要开发交付结果的标准	B

图 6.23　WBS 字典案例

在完成 WBS 的各项工作后，即对项目的事实细节有了全面细致的把握，按各层级累计便可估算出实施项目所需的资金和时间，然后根据这些基础数据与项目预算，以及人力资源和时间要求实施平衡调整优化，编制出可行的项目实施计划。

6.3.2　进度计划编制

在编制进度计划前要考虑以下几种方法。

1. 时间估算方法

项目工作结构分解后就要根据各个分解工作进行工作时间的估算，各个分解后的工作时间估算是制订项目计划可实施性质量的重要因素。

（1）与其他项目中类似工作类比。

（2）已完成项目的历史数据。

（3）团队成员经验。

（4）专家意见。

2. 依存性分析

估算完各个工作所需时间，就要考虑各个分解工作的相互依存关系了，这是项目人员分配的重要依据。

（1）分析任务的先后顺序关系。

（2）根据完成与开始的关系绘制网络图。

表 6.1 是某一系统开发项目的各项工作依存关系表。

表 6.1 项目工作分解后依存关系案例

任 务	紧前工作	工作时间 / 天
需求分析（A）	–	2
系统设计（B）	（A）	6
程序设计（C）	（B）	3
数据库设计（D）	–	4
测试用例设计书（E）	（B）	5
测试（F）	（E）	4

该项目的分解任务（工作）共五项（A、B、C、D、E、F），（A）与（D）没有紧前工作限制，项目开始后即可实施，而（C）和（E）需要（A）完成才能实施，（F）则需要（E）结束后才能实施。

3. 制作工作网络图

为了可视化我们习惯将分解工作的相互依存关系绘制成网络图。制作网络图要组遵循以下要求。

（1）从左向右。

（2）一个始点，一个终点。

（3）任务具有唯一标识。

（4）不能有开路，要闭环。

（5）不能有循环。

（6）不可设置虚活动，一定是工作分解范围内工作。

根据上述工作任务依存性分析可以制作出工作网络图，每个节点为一项工作，英文字母代表担任该项工作的组员，天数是该工作的估算，如图 6.24 所示。

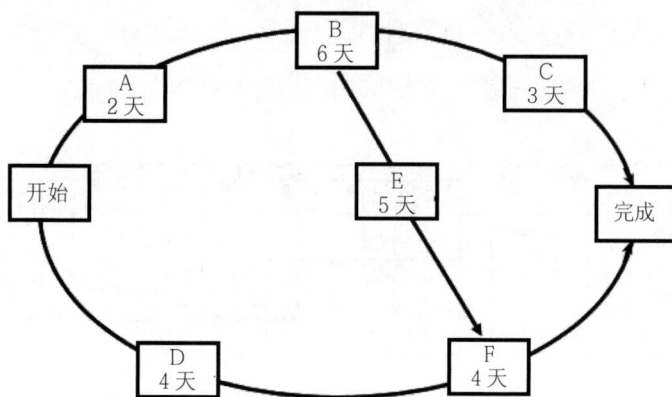

图 6.24 根据完成与开始的关系绘制网络图

4. 关键路径的计算与调整优化

可以根据工作网络图实施关键路径的计算、调整和优化。

（1）关键路径是指网络图中最长的路线，它决定了项目的总实耗时间。

（2）项目经理必须把注意力集中于那些优先等级最高的任务，确保它们准时完成，关键路径上任何活动的推迟将使整个项目推迟。

（3）向关键路要时间，向非关键路要资源。比如必要时通过安排经验丰富的高水平人员承担关键节点，以缩短时间。

（4）调整进度，平衡资源。

5. 使用甘特图进行计划进度安排

上述基础工作完成后即可具体实施项目计划的编制工作，甘特图 Gantt chart 是比较通用的计划编制工具。

1）甘特图概述

甘特图又称横道图、条状图，以提出者亨利·劳伦斯·甘特（Henry Laurence Gantt）的名字命名。以图示的方式通过活动列表和时间刻度形象地表示出任何特定项目的活动顺序与持续时间。横轴表示时间，纵轴表示活动（项目），线条表示在整个期间计划和实际的活动完成情况。它直观地表明任务计划在什么时候进行，及实际进展与计划要求的对比。使用甘特图可将其转换成项目日历。

2）甘特图要点

（1）以图形或表格的形式显示活动。

（2）现在是一种通用的显示进度的方法。

（3）编制时应包括实际日历天和持续时间。不要将周末和节假日算在进度之内。

应用甘特图编制项目进度表时可根据项目大小、实施周期长短制定大、中、小多级进度表实施管理。图 6.25 是易废宝系统市场调研分析进度计划表。

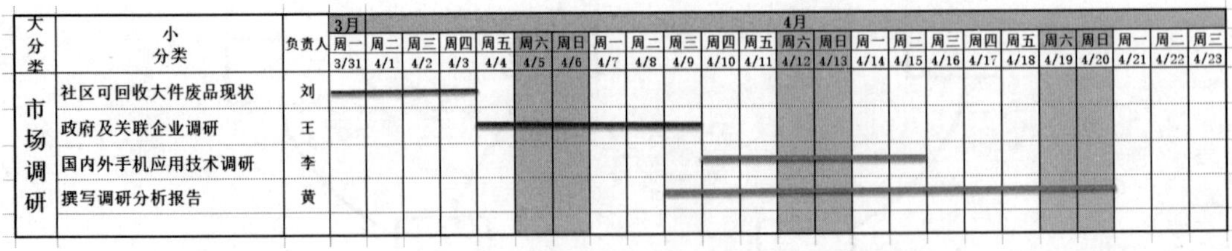

图 6.25 市场调研分析进度计划表

图 6.26 是易废宝系统上线实施进度计划表。

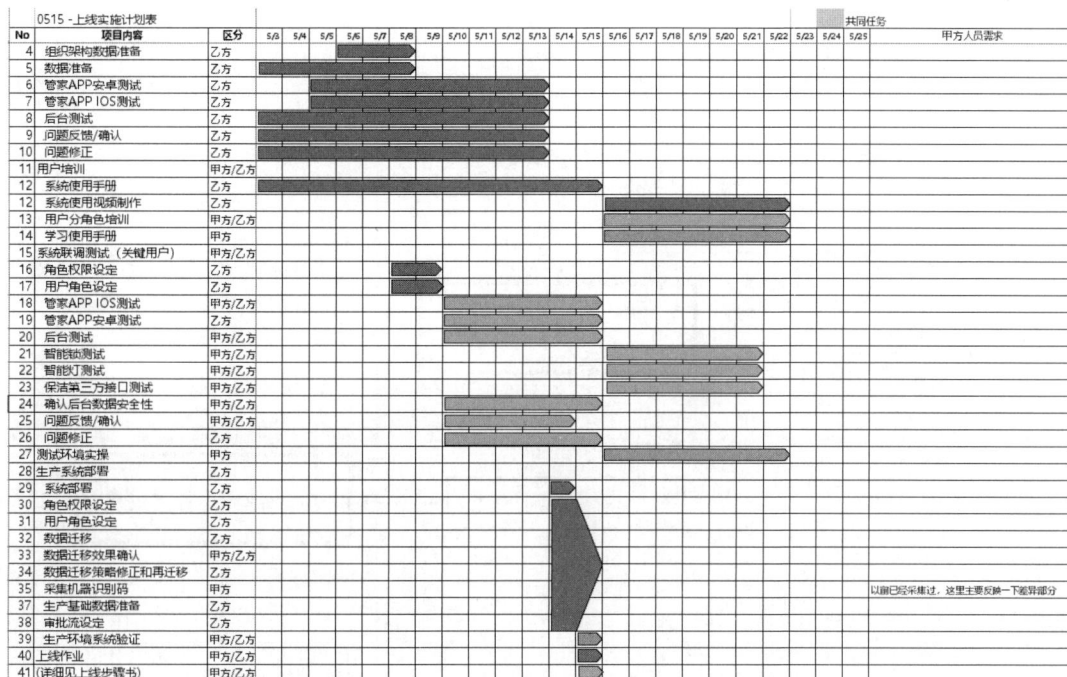

图 6.26　上线实施进度计划表

编制项目管理的进度表除了甘特图法，还有其他的方法，如箭线法，它更加注重项目的事件前后关系及开始结束的关系。通过项目的实践逐步掌握自己熟悉便于项目团队及相关客户沟通的进度计划制作工具，将会使项目管理工作既有条理推进还能随时量化评估。

以上是项目管理中计划阶段的最重要的两项工作，即应用 WBS 实施工作（任务）的分解，根据各项工作依次关系建立工作网络图，确立关键路径；之后应用甘特图编制项目进度计划表。

图 6.27 是某企业的进度日程作成管理流程，进度日程要根据客户需求及市场需求实施制定并得到相关项目管理的认可。

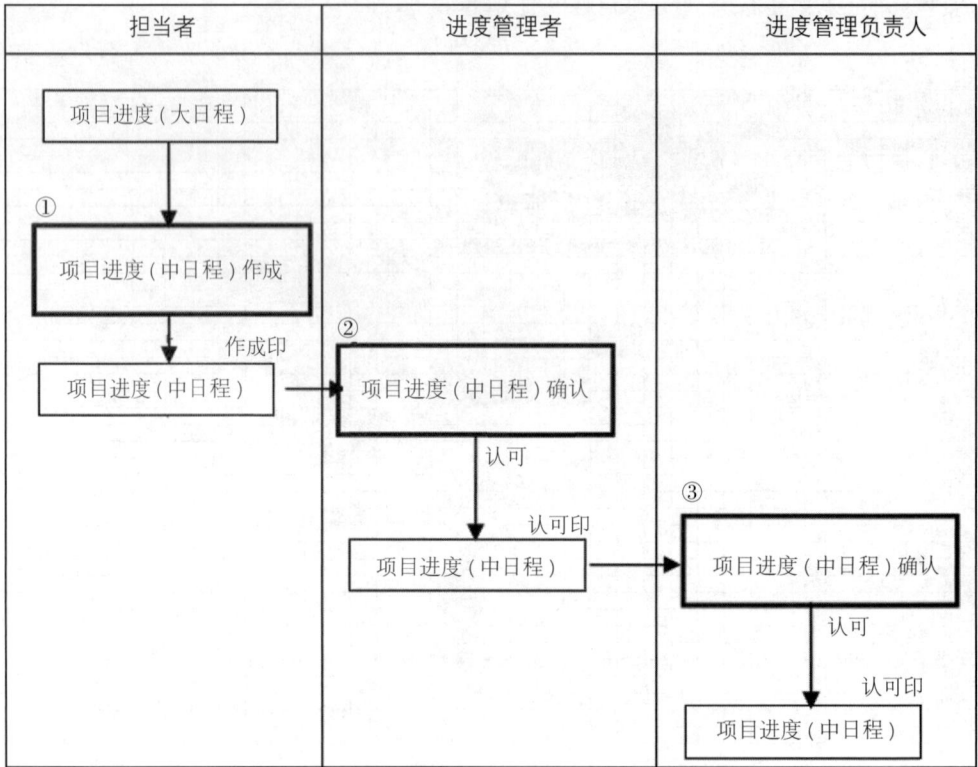

图 6.27 项目进度（中日程）制定流程

其中：

① 项目担当者根据项目进度（大日程）作成项目中日程进度，履行相关手续向进度管理者提出

② 项目进度管理者确认项目中日程进度无误，认可签字或盖章，向进度管理负责人提出；如果有问题退回担当者。

③ 项目进度负责人确认项目中日程进度无误，认可签字或盖章，项目进度（中日程）成立；如果有问题退回担当者。

项目担当者及项目进度管理者一般每周会开展一次项目进度会议（必要时每日一次），就项目推进情况、风险情况进行沟通确认，在进度会议上项目担当者要就本周项目推进情况进行汇报，具体如下。

·项目预定进度及实际进度（如文档页数、程序本数、测试消化件数等具体数值）。

·进度推进的问题点。

·进度延迟理由。

· 挽回进度的策略。

· 下周项目作业预定。

· 新发生风险及对应情况的报告（依据风险管理一览表进行汇报。

6.3.3　团队沟通管理计划

编制沟通计划是确保项目顺利高效实施不可或缺的工作，实施项目的成员可能来自方方面面，为快速形成具有战斗力的团队，高效、高质量的沟通至关重要。

编制沟通计划需要考虑如下内容。

（1）确定项目相关者的信息需求。

（2）列出项目外部、内部信息需求。

（3）信息要满足需求、及时、准确、完整。

（4）明确沟通的频率、内容、形式。

（5）寻求信息反馈。

（6）建立标准文档。

项目的推进过程中会有诸多不确定因素，需要相关人员及时、准确地获得共享及反馈，因此编制沟通计划、明确沟通方法和标准是非常必要的。否则有可能因沟通不到位，或沟通有误对项目实施带来灾难性的影响。

如果没有一个经项目全员达成共识的沟通管理计划，可能会形成如下沟通障碍。

（1）缺乏清晰的沟通渠道。

（2）技术语言方面的困难。

（3）沟通双方的时空距离。

（4）敌对的情绪。

（5）怀疑。

沟通有各种各样的方式，通过专家分析沟通效果看应该注重如下形式的沟通。

（1）重视身体语言：词汇 7%、语音 38%、身体 55%。

（2）注重聆听：聆听 45%、交谈 30%、阅读 16%、写作 9%。

为理解信息沟通的进程常常引用乔哈里之窗，这个概念最初由 Joseph Luft 和 Harry Ingham 提出，故称为乔哈里之窗，乔哈里之窗能够用来展现、提高个人与组织的自我意识，也可以用来改变整个组织的动态信息沟通系统。如图 6.28 所示为乔哈里之窗示意图。

有关自己		自己	
		知道	不知道
他人	知道	公众区 （Public）	盲区 （Blind）
	不知道	私有区 （Private）	未知区 （Unknown）

图 6.28　乔哈里之窗示意图

交流沟通是将"公众区"扩大。要想扩大"公众区"，其手段之一是缩小自己不知道的"盲区"，即将他人知道的而自己不知道的变为自己也知道的，办法之一是虚心学习，倾听他人的经验，即"倾听"方式；另一方式是缩小他人不知道的"私有区"，即将自己知道的"私有区"通过将经验发表，让他人也知道，即"主张"（disclose）方式。具体如图6.29所示。

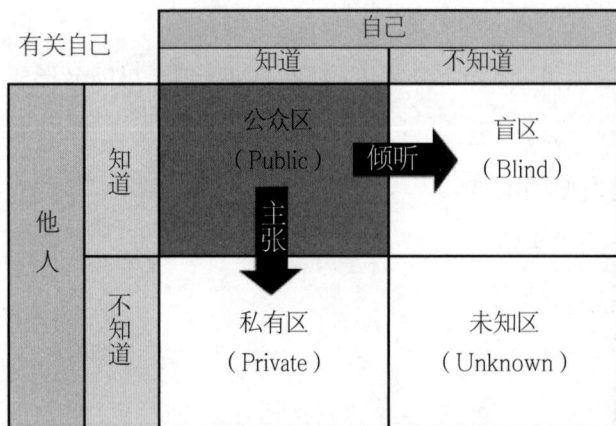

有关自己		自己	
		知道	不知道
他人	知道	公众区 （Public）　倾听→	盲区 （Blind）
		主张↓	
	不知道	私有区 （Private）	未知区 （Unknown）

图 6.29　扩大乔哈里之窗的公众区

因此有效的沟通是从倾听开始，大家在项目团队中虚心倾听既有利于团队沟通，也能够使自己快速成长。倾听具有以下六大好处。

（1）准确了解对方。

（2）弥补自身不足。

（3）善听才能善言。

（4）激发对方的谈话欲。

（5）发现说服对方的关键。

（6）获得友谊信任。

可获得益处的倾听有如下六个技巧。

（1）积极倾听。

（2）排除"情绪"。

（3）积极回应。

（4）理解真义。

（5）设身处地。

（6）学会发问。

上面谈到了积极发表主张有利于提高团队沟通效率，因此对自己把握的、了解的要能够积极表达，没有表达就没有沟通。表达具备如下要素。

（1）向谁表达（上级、专家、下属、客户、同事）。

（2）表达什么（交流信息、联络感情、影响态度、引发行为）。

（3）有效表达。

（4）表达技巧。

·开始：感谢、迅速切入主题、态度诚恳。

·陈述：一次只说一个重点、说明动机与期望、少发牢骚、多提建议。

·交谈：专心倾听、换位思考、不责难、多提供相关信息、控制情绪。

·结束：要求总结概述共识、出现僵局时点破、心平气和结束交谈。

项目团队的沟通要求所有成员要能够及时发布信息和反馈信息，即：

（1）主动寻求信息反馈。

（2）主动反馈信息。针对发布信息方的需求主动反馈信息，要在期限内将具体明确的信息实施反馈，而且反馈信息要确保对方能够理解、是对方可及范围内的信息。

（3）接受信息反馈。接受信息反馈时要注意认真倾听，有疑问要积极提出问题，以澄清事实为基础注重总结获得的信息，根据反馈信息表明可能采取的行动，让信息提供方了解其提供的信息效果如何。

在项目计划阶段要针对项目团队明确具体的沟通方式与方法。

（1）沟通方法（项目例会、书面通知、网络数据库、传真、电子邮件、微信群、电视会议、会谈等）。

（2）沟通方式（书面与语言、内部与外部、正式与非正式、纵向与横向）

沟通常常是项目经理非常重要或主要的工作（往往花费工作总和 70% 以上的时间）。

6.3.4 其他计划的编制

项目计划阶段除了上述最基本的进度计划编制外，根据项目规模、难度等因素必要时还需要编制项目风险管理计划和项目质量管理计划。

1. 项目风险管理计划

项目的特点之一是在项目开始阶段可能存在诸多不清晰的细节，很难在初期即制订出完美的计划，因此在编制计划过程中考虑风险管理计划是减轻、转移、分散、承受风险的重要手段之一。

（1）每一项决策都存在相应的风险，如内部风险与外部风险。

（2）风险可能产生于技术、管理、文化、资源、法规等诸多领域。

图 6.30 是某企业项目的风险管理流程案例（见下页）。

制订风险管理计划时需要考虑下述内容。

（1）识别风险。

（2）评价风险的严重程度可分为 4 级（特别重要 S、重要 A、比较重要 C、轻微 D）。

（3）定性风险分析（概率和影响矩阵），对风险概率和影响进行评估和汇总，进而对风险进行排序。

（4）定量风险分析（敏感性分析、决策树分析）

（5）就识别的风险对项目总体目标的影响进行定量分析。

图 6.31 是项目风险管理常常使用的概率和影响矩阵（风险对主要项目目标产生的影响）。

风险管理流程

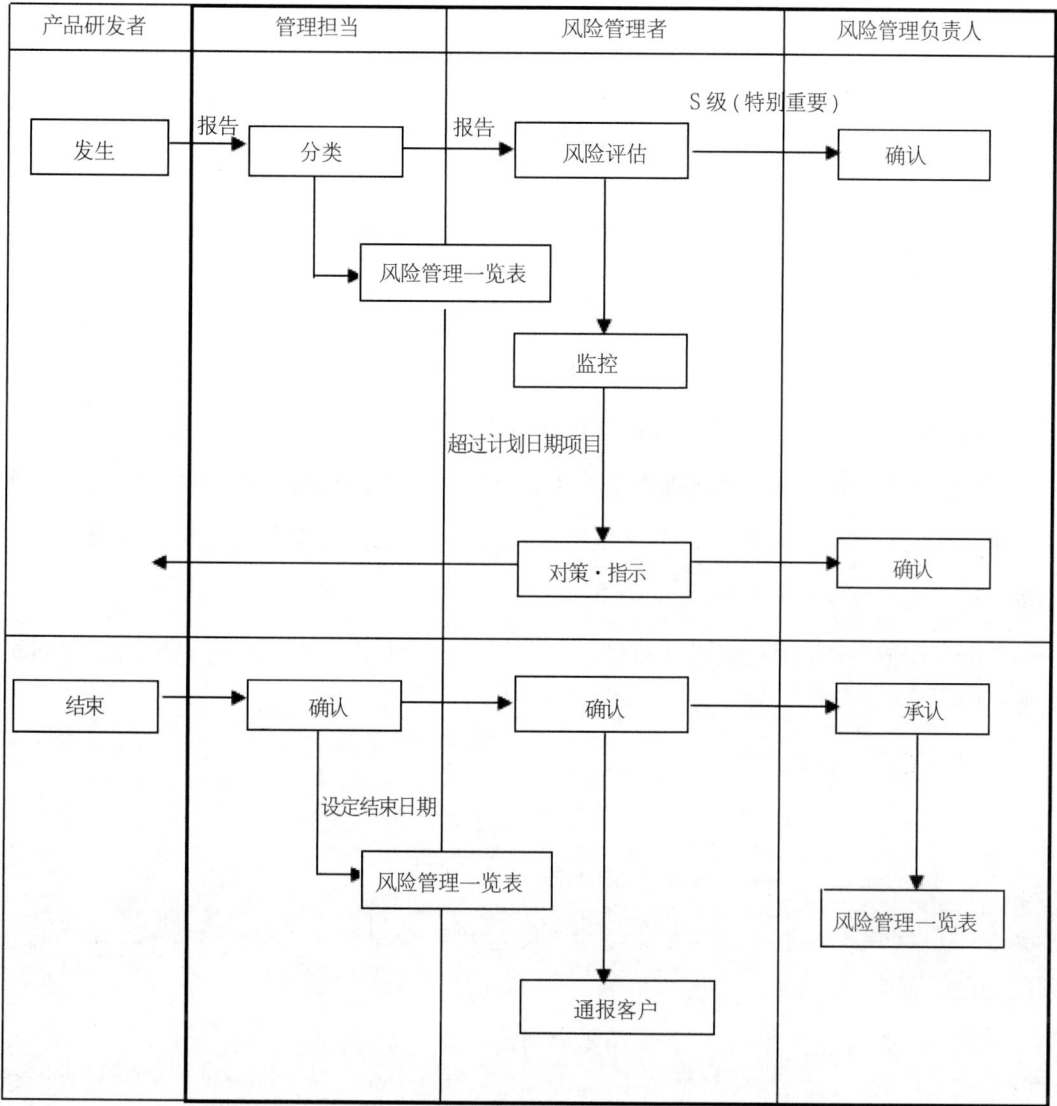

产品研发者	管理担当	风险管理者	风险管理负责人
发生 →报告→ 分类 →报告→		风险评估 →S级(特别重要)→	确认
	风险管理一览表	监控	
		超过计划日期项目	
←		对策·指示 →	确认
结束 →	确认 →	确认 →	承认
	设定结束日期 → 风险管理一览表	通报客户	风险管理一览表

图 6.30　项目管理流程案例

项目目标	轻微（D）0.1	比较重要（C）0.2	重要（B）0.4	特别重要（S）0.8
成本	成本增加 小于10%	成本增加 10%～20%	成本增加 20%～40%	成本增加 大于40%
进度	进度拖延 小于5%	进度拖延 5%～10%	进度拖延 10%～20%	进度拖延 大于20%
范围	范围影响 不显著	范围的主要方面受 到影响	范围变化到 客户无法接受	项目最终结果 无法使用
质量	质量影响 不显著	需要客户 审批认可	客户无法接受	项目最终结果 无法使用

图 6.31　概率和影响矩阵（风险对主要项目目标产生的影响）

风险管理涉及的是与资金投入密切相关的,因此要通过分析有可能形成风险的优先级确定相应的对策。有些风险只要事先在计划编制过程设置对策预案,就不会对项目造成致命的影响。而有些风险一旦发生可能会导致项目的最终结果无法使用,那么客户将不会支付费用,还会产生巨额索赔及信誉受损,这类风险需要高度重视,并实施必要的追踪手段。

2. 项目质量管理计划

在项目计划编制阶段实施项目质量管理是不可或缺的工作之一。根据项目规模,存在的风险要考虑设置项目质量目标,实施质量管理,建立质量监控机制。

(1)项目质量目标。满足明确或隐含需求的能力。

(2)项目质量管理。针对项目的管理,项目运作的质量直接影响产品质量。以项目质量为中心,建立在项目全员参与基础上的一种管理方法,其目的在于长期获得顾客满意、确保组织成员和社会的利益。质量管理是一个持续性的管理。

(3)项目质量监控。针对项目产品的管理,完全基于客户认可的需求为标准的质量监督管理。

项目质量管理主要方面如下:

(1)监控和评估项目实施各个阶段的流程是否按项目管理标准。阶段内过程:PDCA 循环、TQM、目标、测量、控制。

(2)监控和评估项目实施进度是否按计划实施。项目进度滞后生成风险分析评估,判断是否会影响项目交付目标。

(3)按客户认可的需求标准定期实施项目中间成果评估。

(4)对于项目成员定期实施质量管理培训。

质量管理与风险管理一样需要资金与体制的保障,因此要根据项目具体情况及单位情况设定质量等级。

(1)等级是对功能用途相同但质量要求不同的实体所做的分类或排序,如优秀、合格、不合格等。

(2)确定和传达所需的质量和等级标准水平是项目经理和项目管理班子的责任。

具体质量管理计划编制要考虑下述内容。

(1)是否符合要求;是否具有适应性。

（2）确定计划是否包括质量计划、量度和检查单。

（3）明确质量管理相关者。

（4）识别关键成功、失败因素。

（5）确定质量等级。

（6）选择质量管理标准。

（7）明确可交付成果的标准、过程。

（8）制定质量度量和质量检查表。

6.4 项目执行与收尾阶段

在项目实施计划编制完成后进入项目的执行阶段，此时也将进入项目管理的最主要环节——项目执行与收尾阶段，图 6.32 是项目执行与收尾阶段与项目管理其他阶段的关系，项目执行阶段包含了项目执行与项目控制两部分。

图 6.33 所示是项目执行与收尾阶段的主要工作流程。

项目在进入具体执行阶段，项目管理更多的工作是对收集执行的各种信息进行追踪，及时发现执行的各种偏差并实施纠正，因此项目执行阶段包含了执行与控制两方面的工作，图 6.34 所示为项目的执行与控制关系图。

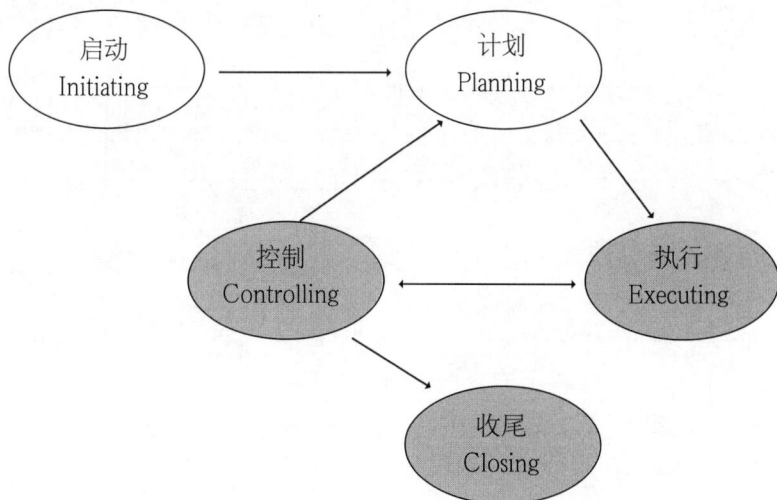

图 6.32 项目管理各阶段之执行与收尾阶段

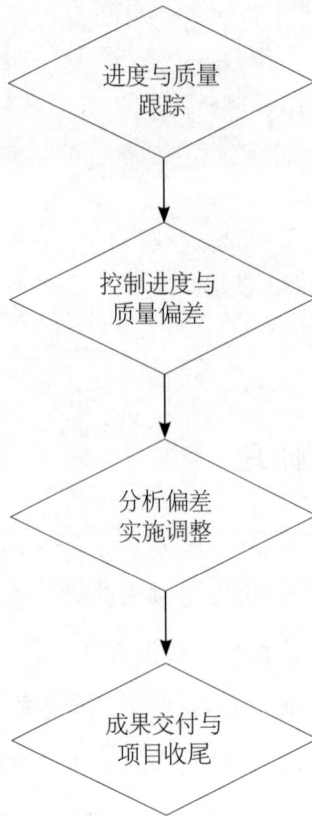

图 6.33　项目执行与收尾阶段的主要工作流程

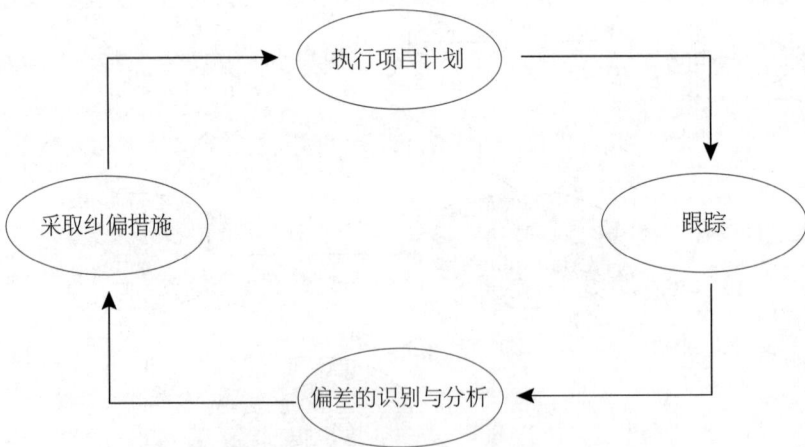

图 6.34　项目的执行与控制

6.4.1 项目的跟踪管理

项目进入执行阶段后所有项目参与者按项目计划开始实施，每日按项目管理编制各项计划推进及填写项目进度报告及项目执行中遇到所有问题、难点等工作。而项目管理工作汇集进度与项目推进中产生的问题实施跟踪管理。

（1）跟踪管理的意义。

① 提供采取纠偏工作的依据。

② 使项目团队成员掌握进度情况。

③ 使项目团队成员的进度协调实施。

（2）跟踪管理的方法。

① 评估进度量化指标。

② 客观地将工作状态提供给项目负责人和其他与之有关的人员。

③ 严守项目计划阶段制定的团队规则。

④ 按照进度图表展示进程状况。

（3）跟踪管理的对象。

① 范围、进度、质量、成本、变更。

② 关键的假设。

③ 资源供给。

④ 主要里程碑。

⑤ 所有项目文档与总结报告。

6.4.2 项目偏差与纠偏管理

在项目执行阶段由于各种原因有可能造成阶段性偏离编制的项目计划，要根据项目执行的实际数据及时对产生的偏差识别与分析，判断是否采取措施实施纠偏，必要时时与相关方协调实施项目执行计划的变更等工作防止项目无法收尾交付。

（1）偏差的识别与分析。

① 确定目前任务应该所处的位置（进度）。

② 确定当前进度状态与计划是否有偏差，无论是超前还是落后。

③ 确定产生偏差的原因。

④ 遵循变更管理的规则进行管理。

⑤ 客观地将偏差分析提供给项目经理和其他相关人员。

（2）采取纠偏工作。

① 确定任务产生偏差的根本原因。

② 执行风险管理计划所设置的纠偏措施。

③ 对于新问题，采取团队解决问题的办法确定最佳的行动方案。

④ 如果能自己解决问题则自己去做。

⑤ 如果必须经其他人的批准才能做，申请批准。

⑥ 务必通知其他成员。

（3）变更的管理与控制。

① 变更的原因。

② 变更控制的重点是范围、进度、质量、成本与风险。

③ 成立变更管理委员会。

④ 建立变更管理制度，规范变更管理文档。

⑤ 变更后及时修改相关文档并通报。

6.4.3 挣值管理

在项目执行中除了项目的进度、项目的质量实施跟踪管理外，控制项目成本能否按计划执行也是非常必要的。防止项目超预算产生赤字是项目管理执行阶段的重要工作之一。一般在项目完成一个里程碑要对阶段成果实施评估，对项目的完成阶段成果与产生的成本是否符合计划实施评估，其方法之一是应用挣值管理（earned value management，EVM）。

1. 挣值管理的概念

·计划工作预算成本称为计划价值（planned value，PV），其数据源于项目计划。

·已完成工作实际成本称为实际成本（actual cost，AC），其数据源于财务部门。

·未完成工作预算成本称为挣值（earned value，EV），其数据源于项目团队。

2. 偏差分析

（1）成本（费用）偏差（CV）：

$$CV = EV - AC$$

（2）进度偏差（SV）：

$$SV=EV-PV$$

其中，V=0 表示达成计划绩效；V>0 表示超过计划绩效；V<0 表示低于计划绩效。

（3）成本（费用）绩效指数（CPI）：

$$CPI=EV/AC$$

（4）进度绩效指数（SPI）：

$$SPI=EV/PV$$

其中，PI=1 表示达成计划绩效；PI>1 表示超过计划绩效，PI<1 表示低于计划绩效。

3. 纠偏

下面通过一个具体绩效与偏差分析案例来直观理解上述公式，介绍何为纠偏。

（1）某个项目计划编制信息如下。

· 系统平台选型：9 月 20 日至次年 1 月 19 日，费用预算为 10000 元。

· 系统硬件选型：9 月 25 日至次年 1 月 19 日，费用预算为 8000 元。

（2）项目团队在 1 月 19 日实施项目进度评估报告如下。

截至 1 月 19 日，系统硬件选型全部完成，系统平台选型完成了 80%。

（3）财务部门统计该项目至 1 月 19 日为止的财务信息显示如下。

该项目截至 1 月 19 日已支出费用 17000 元。

（4）应用上述挣值管理（EVM）分析该项目的绩效与偏差情况。绩效与偏差分析结果如下。

· 计划价值 PV=18000 元。

· 实际成本 AC=17000 元。

· 挣值 EV=16000 元。［系统平台选型完成 80%（8000 元）+ 系统硬件选型完成 100%（8000 元）］。

那么项目的各项偏差为：

成本偏差 CV=EV−AC=16000 元 −17000 元 =−1000 元

（当 CV 为负值时，表示实际消耗的成本超出预算值或超支）

进度偏差 SV=EV−PV=16000 元 −18000 元 =−2000 元

（当 CV 为负值时，表示当前进度滞后）

成本绩效指数 CPI=EV/AC=16000 元 /17000 元 =0.941（低于计划绩效）

进度绩效指数 SPI=EV/PV=16000 元 /18000 元 =0.889（低于计划绩效）

从上述分析不难看出该项目在 1 月 19 日其项目进度滞后，且成本预算超支，需要加速改善项目进度提高绩效指标。

4. PV/AC/EV 的相互关系（图表表示）

项目经理对正在做的项目进行挣值管理分析后，绘制出图 6.35 所示的图表，当前时间为图中的检查日期。可根据该图判断该项目进度与成本执行状况情况。

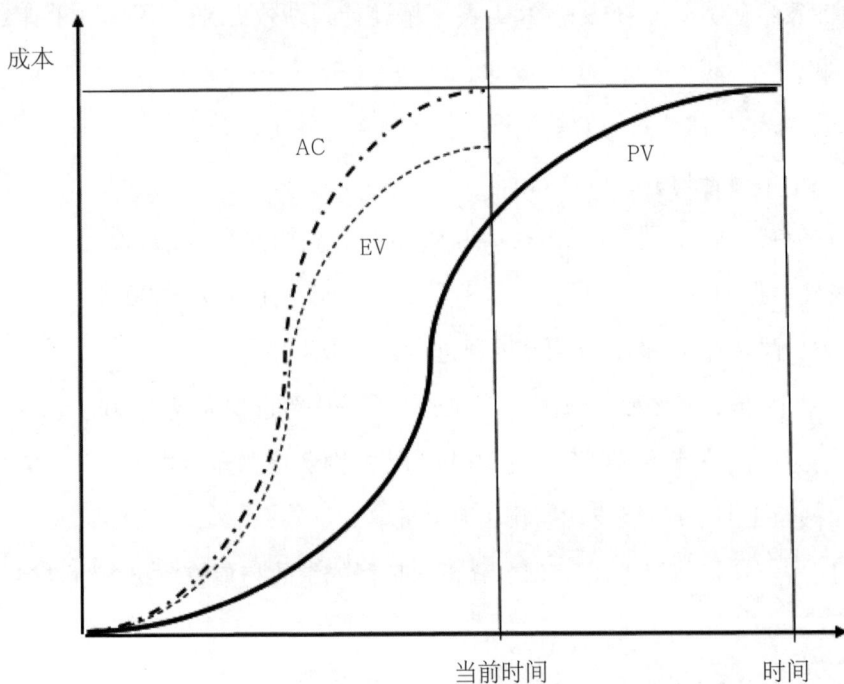

图 6.35　PV/AC/EV 的相互关系

从图 6.35 可以很清晰地看出当前时间点项目进度和成本投入与项目计划是否存在偏差。

（1）在当前时间节点 EV-PV>0，所以反映出项目进度是超前的。

（2）在当前时间节点 EV-AC<0，所以反映出成本是超预算的。

6.4.4　项目执行阶段的控制管理

最有效的控制方法是及时、准确地把握项目的各种执行情况数据，因此要做好如下工作。

（1）项目状态报告。

（2）项目各种工程会议／技术研讨会议（工程会议、进度会议等）。

（3）作业现场观察。

（4）项目各种管理图表。

6.4.5　项目收尾阶段

在项目执行完成计划的所有工作后，项目进入收尾阶段，项目的收尾有以下两方面的主要工作。

1. 合同收尾

（1）项目成果物全部按客户要求完成移交。

（2）项目结束的确认（用户验收）。

（3）所有应收应付款项已结清。

2. 管理收尾

（1）项目分析总结报告。

（2）项目团队成员绩效分析报告、感谢信。

（3）项目文件归档。

（4）项目结束庆祝仪式。

6.5　项目管理分享

学习项目管理不仅仅学习项目管理的方法和工具，最重要的要形成项目管理的思维模式。在今后无论做什么工作，首先要应用项目管理的模式考虑所要做的工作，该项工作的目标是否清晰明确，工作什么时候必须完成，完成该工作是否有制约条件，如何平衡所具备的资源与过高的要求等。培养项目管理的思维模式会让自己受益终身，在从事任何工作时都会有条不紊，让方方面面都能满意。

当然掌握一些项目管理的方法和工具后，无论做什么工作首先要明确其目标，细化分解将要承担的工作，设定工作的阶段性里程碑，把握完成工作的关键节点，编制可行的执行计划，定期评估工作进度状态，充分利用信息共享获得各方支持与协作。

6.5.1 学生企业实习实践中的项目管理

某企业每年接收海内外高校学生参加为期 2 周至 3 个月的实习实践活动，企业将项目管理思想设计出一套学生实习模式，即 PBL 模式。通过学生实习实践按 PBL 模式推进力争培养学生的工程能力，通过十几年的尝试将原来单纯的到企业锻炼，提升到培养学生工程能力的高度，而工程能力最基础的就是项目管理意识。图 6.2 已经介绍过基于PBL 模式的工程实践的概要图。

自引入了 PBL 的模式的企业工程实践开始，无论是实践活动为期一周还是八周，均可按项目管理的四个阶段推进。

图 6.36 为学生工程实践中在第三阶段填写的按周为单位的进度表。

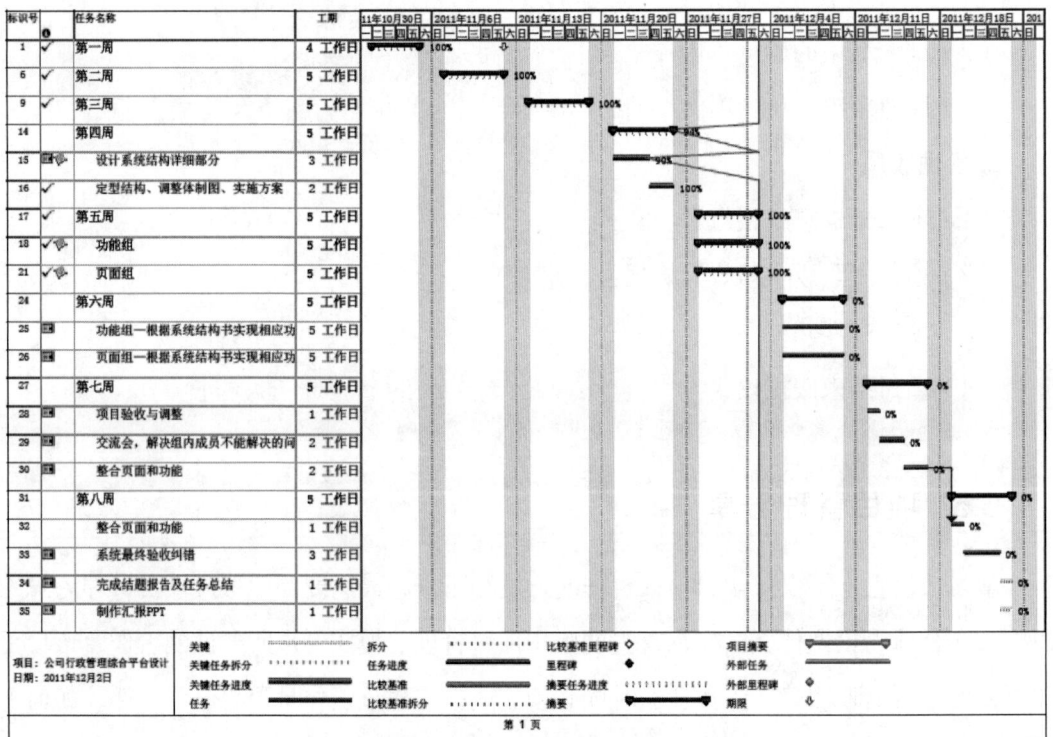

图 6.36　学生工程实践进度表

6.5.2 项目管理能力培养

项目管理的学习是一门实践性极强的课程，如果想提高项目管理的能力，取得项目的管理成功就需要积极参与各种项目工作，在项目推进中学习项目管理。可参考图 6.37的模式锻炼自己的项目管理能力。

218

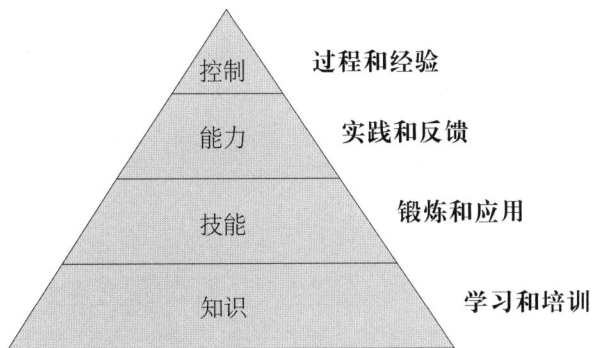

图 6.37 取得项目管理成功的模式

项目管理的知识可以通过学习和培训完成，阅读本书就是在实施这一环节，而项目管理的技能提高则是需要参与实际项目进行锻炼才能实现的。项目管理能力的提高更是需要通过大量的实际项目管理的实践、不断反思和总结，以及从成功与失败中积累管理经验。能够自如地管理项目需经历大大小小的项目实施、培养锻炼和经验积累。

学习掌握项目管理相关知识与工具只是第一步，还必须掌握项目所涉及领域的相关知识才能得心应手。比如信息化项目的研发需要具备软件开发、系统集成的知识才有可能管理好项目。因此做好项目管理也要注重相关领域知识的学习，如图 6.38 所示。

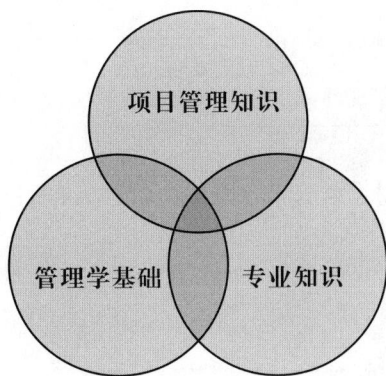

图 6.38 项目管理相关知识

那么项目管理当然是为了项目能够成功，而为了项目的成功涉及前几节讲到的诸多课题：

（1）项目的领导能否为项目的成功实施进行有效的领导工作，明确项目目标，对参与项目人员给予激励，给予项目实施的支持及必要的协调。

（2）要有科学的项目管理方法，特别是项目团队的合作，内外沟通，形成合力推进项目。

（3）项目管理模式的灵活应用，通过创新、改进和不断完善使得项目管理有效、高效。

概括起来如图 6.39 所示。

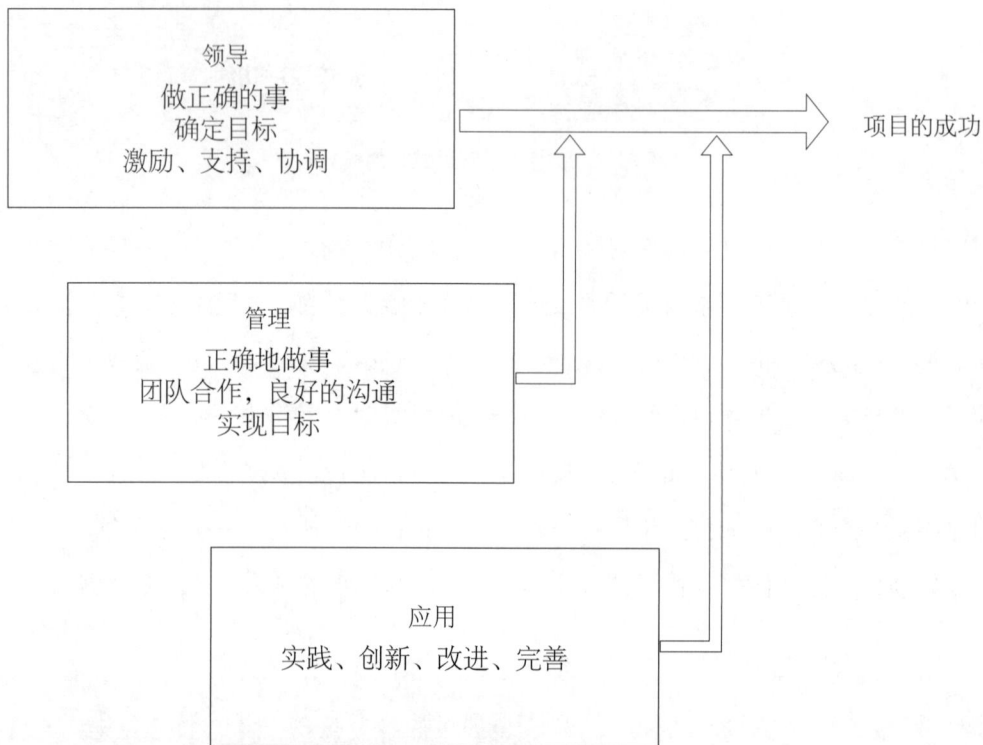

```
┌─────────────────────┐
│        领导          │
│      做正确的事       │──────────────────────────▶  项目的成功
│      确定目标         │
│   激励、支持、协调     │
└─────────────────────┘
        ┌─────────────────────┐
        │        管理          │
        │     正确地做事        │
        │  团队合作，良好的沟通  │
        │      实现目标         │
        └─────────────────────┘
              ┌─────────────────────┐
              │        应用          │
              │  实践、创新、改进、完善 │
              └─────────────────────┘
```

图 6.39　如何为项目的成功而进行管理

6.5.3　项目管理案例分析

项目管理工作看似繁杂，如何做到万无一失呢？实施项目管理标准化管理是非常有效的方法，6.1 节介绍了《项目管理国际标准》，但是这只是一个标准框架，在此基础上一些信息产品研发公司均制定了适合本企业的项目管理实施操作指南。下面的案例是某软件公司的项目管理指南的部分内容，大家可以从中了解项目管理也应在规范体系中实施。图 6.40 是该企业的项目管理指南封面，企业要通过提高项目质量获得社会的信赖。

XXX 质量方针:

~提高质量、构筑信赖~

大区分	系统开发
小区分	开发计划
文档编号	XXX-PR-00001
作成部门	技术部

项目管理指南

第 4 版

制定日：2010年10月20日

修订日：2011年 8月21日

审议者：系统开发标准化执行委员会委员长 XXX

XXX 公司

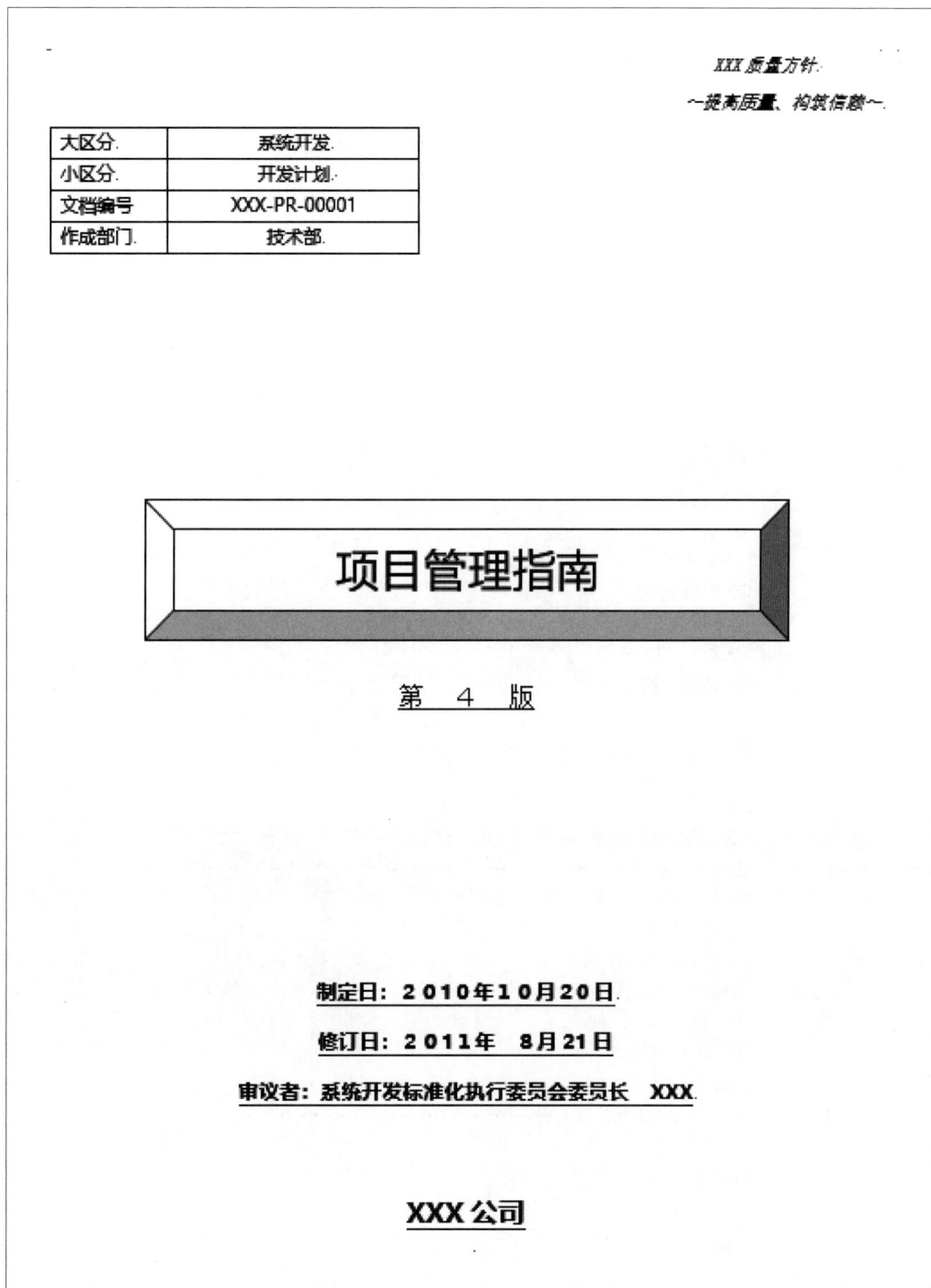

图 6.40 项目管理指南封面

图 6.41 所示是该项目管理指南的目录，包括了从项目计划到收尾涉及的体制、风险、环境构成、进度、成本、核心成员、瑕疵等各方面管理的指南。

【目录】

图 6.41　项目管理指南目录

图 6.42 所示为项目管理指南中的具体项目管理流程。

项目管理流程

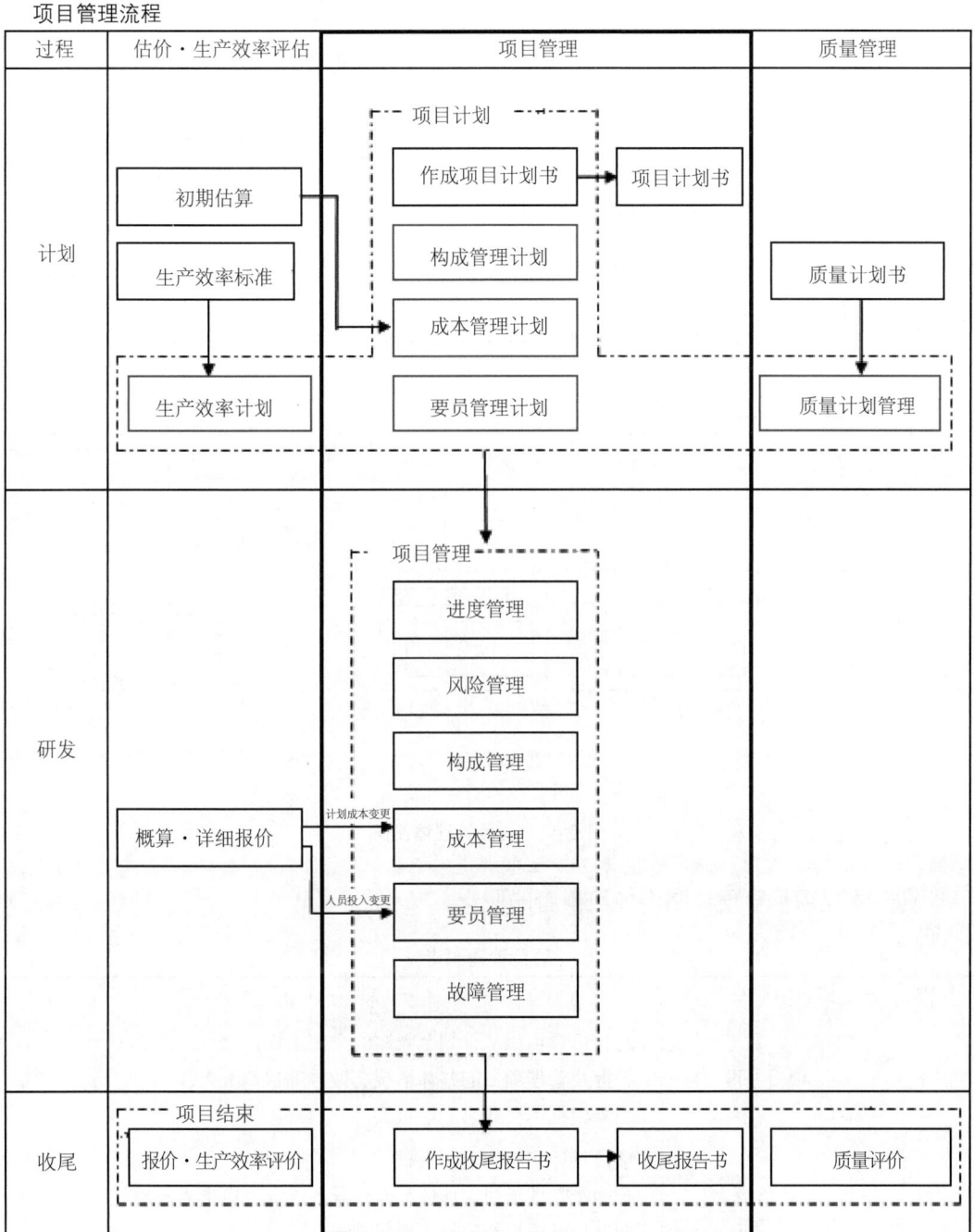

图 6.42 项目管理流程

　　在项目计划阶段主要是编制项目计划书，包括项目的环境构成、项目的成本及项目核心人员的管理计划。项目环境构成主要是项目所使用的硬件环境及系统平台环境，确认是否存在限制等问题。而成本及核心成员的管理涉及企业的生产效率问题，基于生产效率规划核心成员的投入期限与人数。另外在此阶段还要编制项目的质量计划书，确立基于产品目标设计质量管理体系。图6.43所示为项目管理体制图。

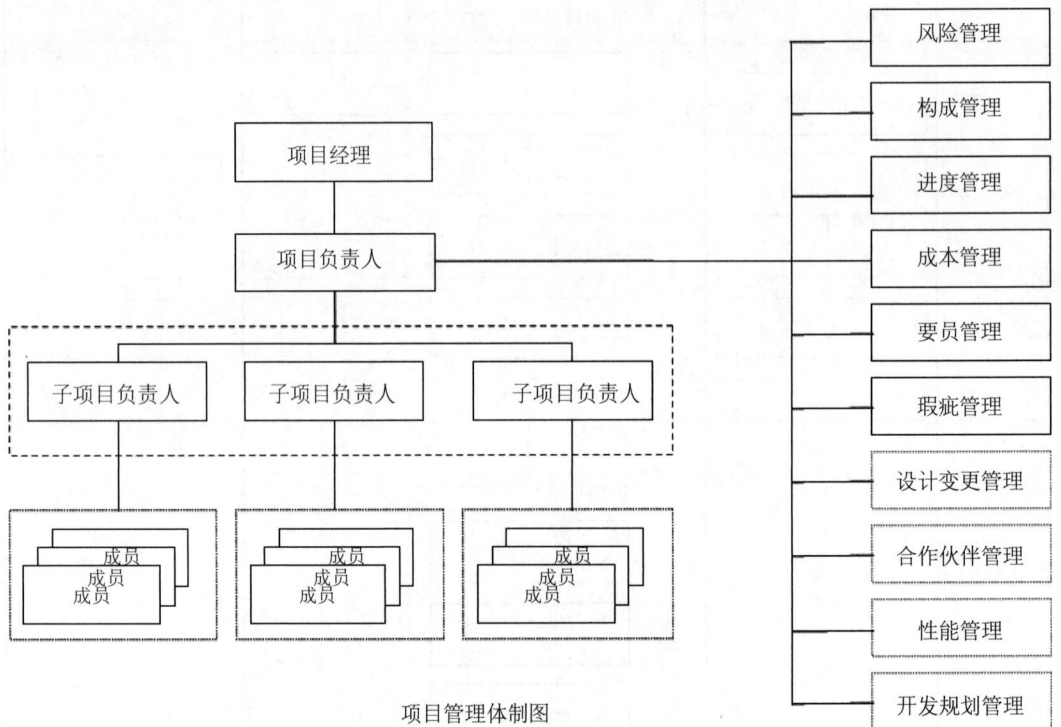

项目管理体制图

图6.43　项目管理体制图

图6.44是项目管理体制中各担当者的职责。

项目管理职责

序号	担当	职责
1	项目经理	总体负责项目从计划至收尾的全部工作； 把握及管理项目的整体情况、领导项目负责人； 另外根据情况向客户汇报
2	项目负责人	项目具体实施的负责人； 把握及管理项目整体情况、领导各子项目负责人及成员； 向客户及项目经理报告项目情况
3	子项目负责人	负责子项目的各功能实施； 把握及管理子项目的功能实施、安排指导组员研发作业； 向项目负责人汇报子项目情况
4	成员	承担系统研发； 向子项目负责人汇报作业实施情况

图6.44　项目管理担当职责表

前面讲述了在项目执行过程中需要编制项目沟通规则，确保涉及项目的各种信息快速、准确传递。图 6.45 所示是企业编制的项目管理的各种会议实施要求。

项目会议一览表

序号	会议名称	内容	主持人	出席对象	实施时间
1	报价会议	审议项目报价	项目负责人	项目经理、子项目负责人、部门负责人	初步报价、概算估价、详细报价
2	项目计划评审	实施项目计划书评审	项目负责人	项目经理、子项目负责人、部门负责人	项目计划时
3	客户评审项目计划书	客户对于提出的项目计划书实施审议	项目负责人	客户	项目计划
4	进度计划	汇报项目管理的各项工作及研讨项目相关课题	项目负责人	项目经理、子项目负责人	每周
5	进度会议（客户）	向客户汇报项目进展	项目负责人	客户	每周
6	工作会议	就项目的进度·质量·成本·风险等实施汇报及研讨，按各部门要求就项目实施总体课题研讨	部门负责人	项目经理、子项目负责人	每月
7	研发结束评估	就研发结束项目确认在质量、风险等是否有未完事项、判定交付内容是否符合要求	项目负责人	项目经理、子项目负责人、部门负责人	研发结束时
8	收尾报告	就项目研发结果实际信息进行汇报	项目负责人	项目经理、子项目负责人、部门负责人	研发结束时

图 6.45 项目管理会议一览表

项目的诸多问题是逐渐清晰的，因此在项目推进中会有诸多未知问题产生，这样就会对原有项目计划、设计方案等进行变更。为了防控风险一定要通过项目所制定的管理程序实施项目的变更工作。图 6.46 为企业项目变更需要登录的变更履历表形式案例。

变更履历表

管理序号	版	变更理由	变更内容	变更点	变更区分	作成者·日期	审查者·日期	认可者·日期
					更新追加消除			
					更新追加消除			
					更新追加消除			
					更新追加消除			

图 6.46 变更履历表

6.6 本章小结

项目管理是实践性非常强的一项技术，本章引入 PBL 模式就是希望大家一定要以实际项目的运作来学习和掌握项目管理的方法。项目管理的核心是通过应用科学技术实施管理，使得项目高质量完成。如果要将项目管理到位还需要掌握项目相关的技术、知识和方法，无论做什么事均可将其分为启动、计划、实施与控制、收尾四个阶段，针对每个阶段的管理内容应用相应的工具和方法。读者在今后的项目团队组建与项目描述、项目任务分解与计划、项目进度与质量管理等方面可应用 SMART 原则、WBS 方法、甘特图进度编制等工具尝试实施创新工程实践的项目管理。

习题

1. 尝试策划一些创新项目，并按表 6.2 的形式整理并列出项目涉及的信息。

表 6.2 参考形式

序号	相关者名称	相关者的主要需求	对相关者的主要要求

2. 基于 SMART 原则描述 1 题策划中的创新项目目标等基本信息，填写表 6.3。

表 6.3 创新项目目标的基本信息

项目发起人及小组成员	项目目标（SMART）	功能描述（差异性、可行性、价值等）	学期内项目重大里程碑节点	指导教师

3. 应用 WBS 方法对创新项目的所有工作实施结构分解。

（1）对各组所确定项目的二级工作进行结构分解。

（2）将分解的所有工作实施编号。

（3）编写项目各项工作的 WBS 字典。

（4）绘制项目的工作网络图并寻找关键路径。

4. 请参图 6.47 所示的项目计划表，用甘特图编制创新项目的进度表。

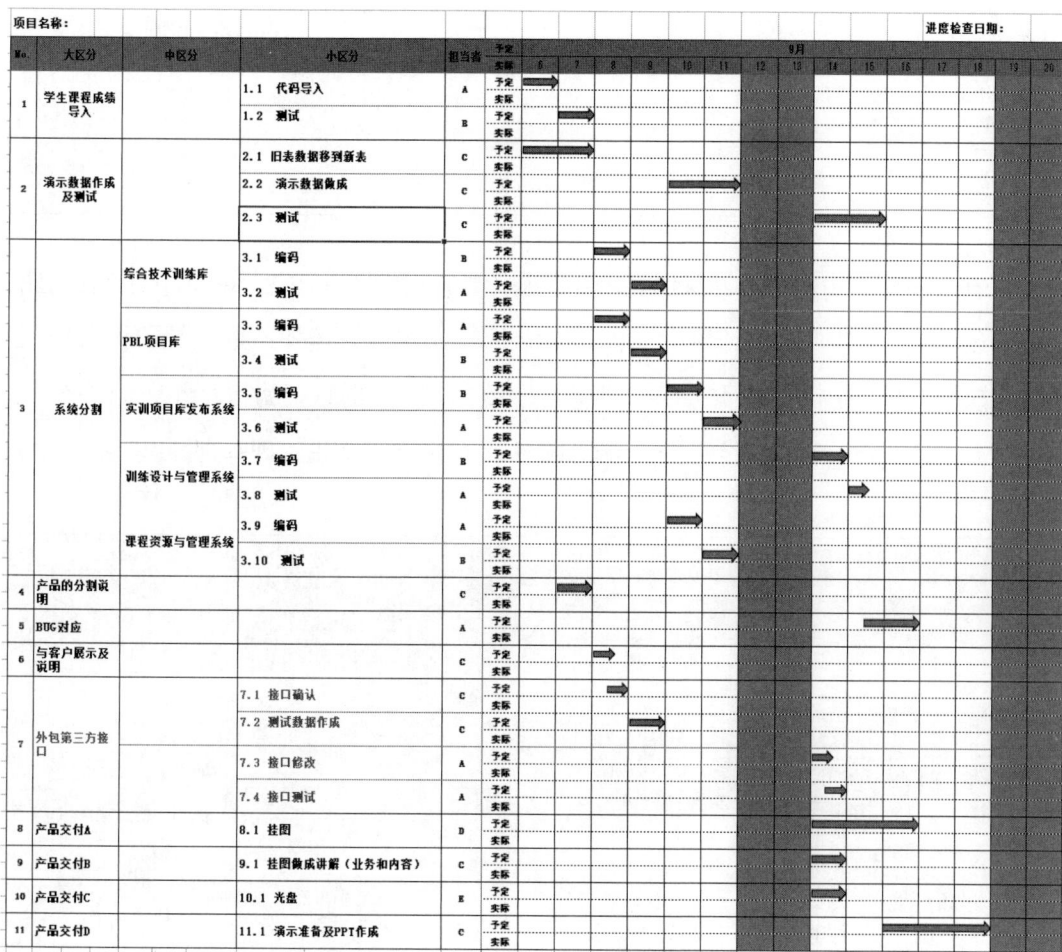

图 6.47　项目计划表

5. 根据各自的创新项目团队组建情况制订项目沟通计划、沟通规则、微信邮件沟通规则、工程会议、周报月报等。参见表 6.4 为会议计划的格式及内容。

表 6.4　会议计划的格式及内容

序号	会议名称	会议主题	主持人	出席人	会议时间
1					
2					
3					
4					
5					
6					
7					
8					
9					
10					

6. 在项目管理中项目资源管理也需要实施计划，请按图 6.48 所示的形式编制自己所承担的创新项目的资源需求计划。一个项目执行除了软硬件环境外，必要人员体制投入是不可或缺的，而且是构成项目成本主要环节。请在编制下表时认真编制人员投入计划。

7. 设计创新项目的变更管理表，制订图 6.48 创新项目变更管理计划。

No.	资源需求种类	资源内容	数量	计划成本	投入或使用期间	备注
1	物料采购					
2	核心要员	系统架构师 系统工程师 界面设计师 市场营销及管理 其他				各级别人员的薪酬，是否需要合作伙伴支援等
3	设备环境	开发平台 测试平台 其他				是否需要购买或租赁硬件平台
4	系统环境	系统开发平台 网络 数据库 开发工具 中间件 其他				是否需要重新采购
5	其他					

图　6.48

（1）确定创新项目变更流程。

（2）制订变更文档规则并实施应用。

8. 制订如下创新项目风险管理计划。

（1）识别创新项目 10 项可能存在的风险。

（2）对其中 3 项风险进行分析评价。

（3）对其中 1 项制订风险管理计划。

9. 根据图 6.49 所示的瑕疵管理流程，设计创新项目的瑕疵管理文档，实施创新项目的瑕疵管理。

10. 项目完成报告书是基于项目结束时点，项目的具体产品开发规模，生产效率数值，进度情况以及项目计划设定内容等是否存在差异，项目计划所设定的产品功能实现详细信息等实施评价总结。请在创新项目的产品研发结束时完成项目报告，其内容应包含以下内容。

（1）项目体制图。

（2）项目核心成员投入计划表。

（3）项目周作业报告书。

（4）风险管理一览表。

（5）项目的产品技术说明书。

（6）项目的产品开发计划。

（7）项目的产品系统构成图。

（8）项目的产品应用环境图。

（9）项目的产品构成变更履历。

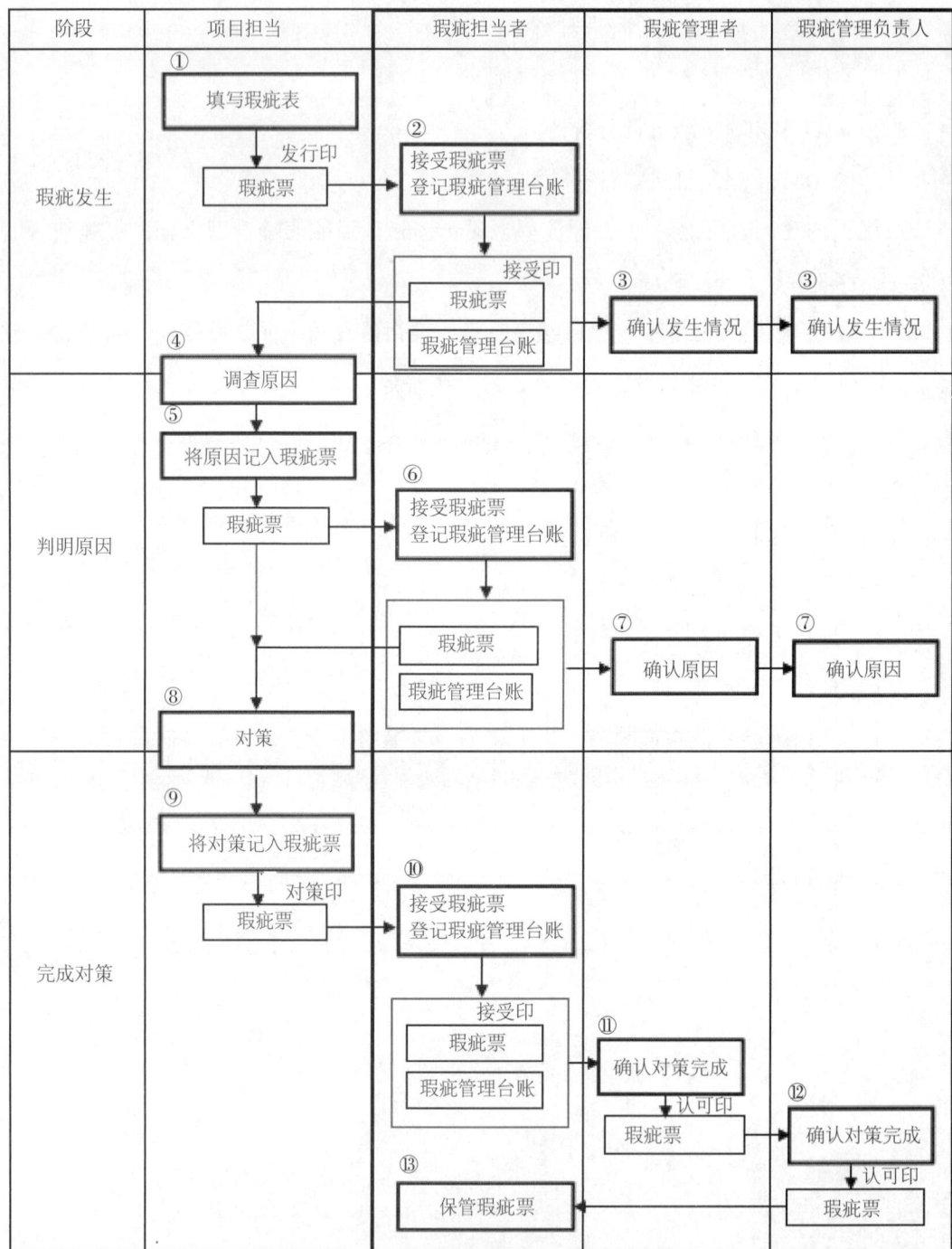

阶段	项目担当	瑕疵担当者	瑕疵管理者	瑕疵管理负责人
瑕疵发生	① 填写瑕疵表 → 发行印 瑕疵票	② 接受瑕疵票 登记瑕疵管理台账 → 接受印 瑕疵票 瑕疵管理台账	③ 确认发生情况	③ 确认发生情况
判明原因	④ 调查原因 ⑤ 将原因记入瑕疵票 → 瑕疵票 ⑧ 对策	⑥ 接受瑕疵票 登记瑕疵管理台账 → 瑕疵票 瑕疵管理台账	⑦ 确认原因	⑦ 确认原因
完成对策	⑨ 将对策记入瑕疵票 → 对策印 瑕疵票 ⑬ 保管瑕疵票	⑩ 接受瑕疵票 登记瑕疵管理台账 → 接受印 瑕疵票 瑕疵管理台账	⑪ 确认对策完成 → 认可印 瑕疵票	⑫ 确认对策完成 → 认可印 瑕疵票

图 6.49

第 三 部 分

创新认识能力培养模块

导言：创新认识能力培养模块是为了培育创意种子，传授基本的专业知识和新兴技术，设置有信息技术创新实践系列，包括"电子创新设计基础""人工智能创新设计基础""产品原型设计基础"等环节。使读者了解将创意思想转换为设计的思路，需要学习的相关知识内容及开发工具，并最终付诸实施，使创意种子成为有可行解决方案的创新项目。

第 7 章 电子创新设计基础

电子系统日益深入人们的日常生活和工作中，人们的衣食住行几乎处处与之相伴。从电子闹铃、电动牙刷、电饭煲到计算机、手机、电动汽车、高速视频会议系统、高保真音响等让生活、工作变得更加便捷和充满色彩，现代生活几乎离不开电子设备。

研究电子创新会带来什么？当然首要的是使工作与生活变得更加智能和便利。近些年来各个领域的重大创新大多会涉及电子系统。

7.1 电子系统及其设计

7.1.1 什么是电子系统

电子系统主要由电子元器件或部件组成，信号的获取、处理、决策、执行过程大多通过电子线路完成。电流或电压信号在电路系统中的有序流动构成了系统的信息流。因此，可以称这种以电子信号为主要信息形式、电子器件构成的系统为电子系统。通常电子系统由信号输入、信息处理、信号输出三大部分组成，用来实现对某些信息的处理、控制或带动某种负载。通常把完成功能较为单一、元器件规模较小的电子电路模块称为单元电路；对于实现的功能较为复杂、由若干单元电路或单元电路混合元器件组成规模较大的电子电路称为电子系统。

7.1.2 电子系统的组成

电子系统的复杂程度差异很大，简单的电子系统如手电筒的电路，复杂的电子系统如手机主板、计算机、卫星等的电路。如图 7.1 所示为我们日常所用手电筒的电路，该电路只有一组电池（电源）、一个开关（控制部件）、一个灯泡（执行部件）和几段导线组成。电池提供手电筒所需的能源；开关控制通过灯泡的电流通断；灯泡为电路的执行部件，负责将电能转换为光能输出；导线为电流的通路。手电筒的电路虽然简单，但却包含了电路系统的几个关键要素：电源、控制部件、执行部件。电源可更换为交流电、电池组、太阳能等其他形式；开关可更换为晶闸管、晶体管、场效应管、可控硅、继电器、触摸开关、感应开关、声（光）控开关、无线遥控开关等形式；灯泡可更换为电动机、步进电机、显示器、爆炸引信、声（微）波发生器等形式；导线可以更换为总线、无线信道、光通道（如光纤）等能量传递形式。上述不同类型器件或模块组合还可形成大规模集成电路，如此即可组成各种丰富多彩的电路系统。

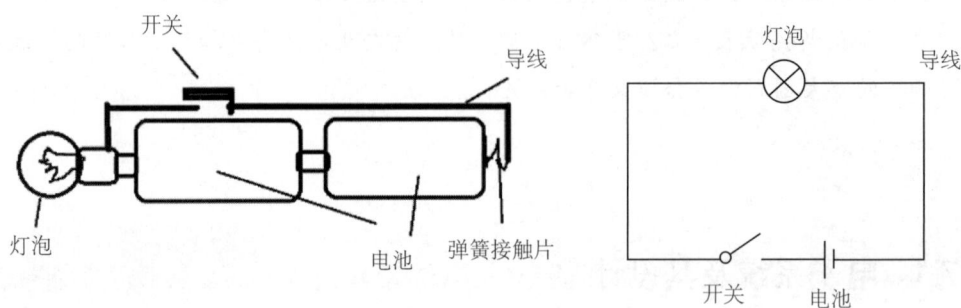

图 7.1 手电筒的电路示意图

一般复杂的电路系统大多由大量基本电路组成，如计算机主板或汽车电路。计算机主板采用总线结构，主板上设置扩展槽，可插各种遵守总线结构协议的板卡，如网卡、显卡、声卡、数字采集卡等，如图 7.2 所示。汽车电路系统的各种线路及控制子系统像网络一样分布在车身的各个位置，形成车载电子系统，控制汽车的各种功能，如车载音响、油位、水位感知、发动机转速、各个位置的温度检测、车载显示系统、车玻璃升降、倒车影像、电子打火、喷油泵喷油控制、车灯控制、雨刷控制、电子锁等，如图 7.3 所示。

图 7.2 计算机主板结构

（图片来源于网络资源）

图 7.3 汽车电路系统

（图片来源于网络资源）

下面以手机电路中的一个常用功能——指纹解锁为例来讲解电子系统的组成。手机指纹解锁系统完成的主要功能为录入指纹，如果指纹结构与手机主人或被授权人预留指纹一致，则手机解锁，功能不再受限；否则对系统访问进行限制。指纹获取系统包括指纹获取、指纹结构分析、指纹特征对比、决策四个主要构成模块。

（1）指纹获取模块完成指纹结构的数字化获取。该部分包括指纹采集结构部件、指纹信号采集电路、信号预处理电路、信号放大电路、信号数字化电路。

（2）指纹结构分析模块主要完成指纹拓扑结构分析，如指纹分布的疏密、斗箕数量及圆度、三角分叉数量及角度等特征。该特征可以为简单的几何特征，也可以是高层统计或语义特征。不同品牌手机该部分的处理算法差异较大，也是较为体现技术特色和优势的环节。

（3）指纹特征对比模块主要完成数据库内记录的指纹特征与当前输入指纹特征的匹配情况。匹配情况可以采用特征距离或符合度等方式来判别。

（4）决策模块根据数据库预存的指纹特征与当前指纹特征的匹配程度进行判定，决定是否允许当前用户进入系统，操控手机。一般情况下，特征库中预存的指纹特征与当前采集的指纹特征不会完全相符，因此需要设置符合率或特征距离阈值。只有预存特征和当前特征匹配度达到阈值后，系统才会解锁。

从信息获取过程角度重新看待手机解锁系统可以看出，电子系统构成主要包括如下几部分。

1. 外界信息的感知、输入与处理

传感器是电子系统的五官，是其感知物理世界的主要工具。电子系统可以利用诸如温度传感器、湿度传感器、压力传感器、光学成像传感器、雷达成像传感器、麦克风、磁场强度计、烟雾传感器、颗粒物传感器等各种传感器来感知外界各种量的变化。传感器将物理世界中的各种物理量转换为电路能够理解的电信号，然后对该信号进行放大、采样、调理、数字化等操作以便后续数字电路进行进一步处理分析。通常情况下传感器的输出信号为表征某种或某些物理量的电流或电压，以专用或通用的接口方式，如 I^2C、USB、网口、RS-232、1394 等方式同后续数字处理电路进行连接。大多数外界物理量经采集后是模拟量，要进行各种特征识别需要进行数字化，也就是需要采用模数转换（AD）。AD 采集既可以在传感器端进行，也可以在传感器以外的信号处理电路板上进行。只是不同采集方式下，信号传输方式有所不同。AD 在传感器端，则在信号线传输的就是数字信号，相对来说该方式抗干扰能力强，传输距离远。AD 在信号处理端，则信号线传输的就是传感器获得的模拟量电流或电压信号，这种方式传感器结构简单，采集电路灵活性强，在短距离传输比较适合。随着工艺的提高，电路设计模块化增强，很多传感器也集成了微处理器，其功能也越来越智能，大量的传感器信号预处理或计算能力前置到了传感器芯片内，大大降低了 CPU（中央处理单元）的负荷，也促进了电路系统的模块专业化、小型化，模块组合和拆分也变得更为容易。

2. 信号分析

数字信号进入电路系统中后需要进行特征分析，为决策提供依据。信号分析方法多种多样，以时间 – 幅值为分析对象的分析方式可以为时域分析，时域分析可以获得信号的幅值、强度、周期、拐点、零点、间距等信号特征。这种分析方法直观，容易理解。将时域信号变换到频率域进行分析，称为频域分析。在频域可对信号包含的频谱成分等进行分析。

3. 信号处理决策

信息处理决策是电子信息系统中的核心功能，根据已知条件或计算获得信号特征后，根据各类决策算法给出系统需要执行的动作，如电机转动、显示处理结果、发出声音等决策信息。算法中需要根据输入信号种类设定各种条件及其应对的处理方案。设计决策系统时，需要对信号可能出现的所有可能结果设计相应的处理模块，不能有任何遗漏发生。否则遇到边界条件、除以零、非规定字符输入等异常情况后，由于没有设计好对应处理程序，系统会不知道该向哪里跳转，就会产生系统崩溃或死循环等各种漏洞，这种情况在系统设计时应尽可能避免。

决策系统的运算核心是 CPU，通常由运算能力强大的专用芯片构成，完成数据的运算、处理、决策等功能。处理器种类很多，根据指令集架构类型可分为复杂指令集计算机（complex instruction set computer，CISC）和精简指令集计算机（reduced instruction set computer，RISC）两大类。CISC 架构指令系统复杂且庞大，指令寻址方式多、格式多，指令长度不固定，每个指令执行时间及使用频率差异很大。相应采用该架构的 CPU 结构复杂、功耗大。该类 CPU 的典型代表是 Intel 公司的 x86 系列。RISC 架构只包含常用的处理器指令。对于不常用的操作，通过执行多条常用指令的方式达到目的。RISC 架构的指令长度均相同、规整，采用大量寄存器。RISC 架构的 CPU 结构简单、功耗低。ARM、RISC-V、MIPS 是三种典型 RISC 架构 CPU。特别是 ARM 处理器，在移动设备领域占有非常大的比重。但在高性能计算方面，CISC 架构 CPU 优势明显。在设计电子系统时，需要综合考虑运算量、运算效率、功耗、是否移动、性价比来决定选择哪种类型的 CPU。

4. 数据存储单元

存储器是电子系统的仓库，用来保存各种数据、程序代码等内容。现在电子系统设计时通常将存储器与 CPU 分开设计，形成不同的电子模块。CPU 通过总线接口电路对存储器进行寻址以获取数据或程序。所以 CPU 与内存之间的地址总线宽度决定了 CPU 能够寻址的最大范围。一般将系统的通用中断服务子程序这种处理模式固定、能够与其他公共功能剥离开的代码段单独存储在不易被擦除或设置为不可写的存储区域，而将需要频繁读写、覆盖的数据存储在随机存储器中。

5. 控制执行单元

控制执行单元根据决策信息，执行对应的处理策略，如驱动执行部件、输出声音等，是电子系统根据感知世界的内容做出的决策反应。

6. 能源供给单元

能源供给单元是电子系统工作所需能源的供给部分，主要采用电池、电网、太阳能供电等供能方式。电子系统只有进行持续不断的能量补给，才能保证工作可靠地进行。在一些重要的应用场合，如果采用电网供电，则一般还会准备备用电源，称为 UPS 电源，该电源可以保证在电子系统突然断电后，仍能持续工作一定时间，以保证重要数据能够被及时存储或转移。

7. 数据接口单元

数据接口单元是输入输出设备与 CPU 之间或设备与设备之间的数据接口和通道。按照信道的类别可以分为有线通信和无线通信，比如 UART、USB、以太网、SPI、I^2C 等都属于有线通信，WiFi、蓝牙、ZigBee、4G/5G 等都属于无线通信。每种通信方式都有其自身优势和局限性，不能笼统地说哪种通信方式更佳。一般情况下，有线通信的传输速率比较高，性能可靠，误码率相对较低。但传输距离受传输线长度及信号衰减影响较大。无线通信中 WiFi、蓝牙等方式均有传输距离限制。另外其传输通道之间的遮挡对通信质量影响较大。无线通信方式的优势是无遮挡情况下设备之间移动较为自由。4G/5G 这种方式在有中继情况下适合远距离传输，但目前传输成本较高。产品的设计中需要根据功能、性能的需求来选定适当的通信模式。

7.2 电子设计与创新实践

7.2.1 认识电子元器件

创新设计离不开电子系统，要设计性能良好的电子系统需要了解常见的电子元器件和工具。当前电子元器件已经有数百种类别，上亿种型号。下面介绍一些常用的电子元器件。

1. 电阻

电阻在电路中对电流起到阻碍作用，起到限流、分流、分压、保护等作用，是一种耗能元件。在相同电压下，电阻越小，通过的电流越大，反之亦然。电阻种类比较多，可分为线绕电阻器、碳膜电阻器、保险电阻、敏感电阻器等。敏感电阻器根据对何种物理量敏感，又可分为压敏电阻、光敏电阻、热敏电阻等，这种电阻多用于传感器，用于测量压力、光通量、温度等物理量，如图 7.4 所示。

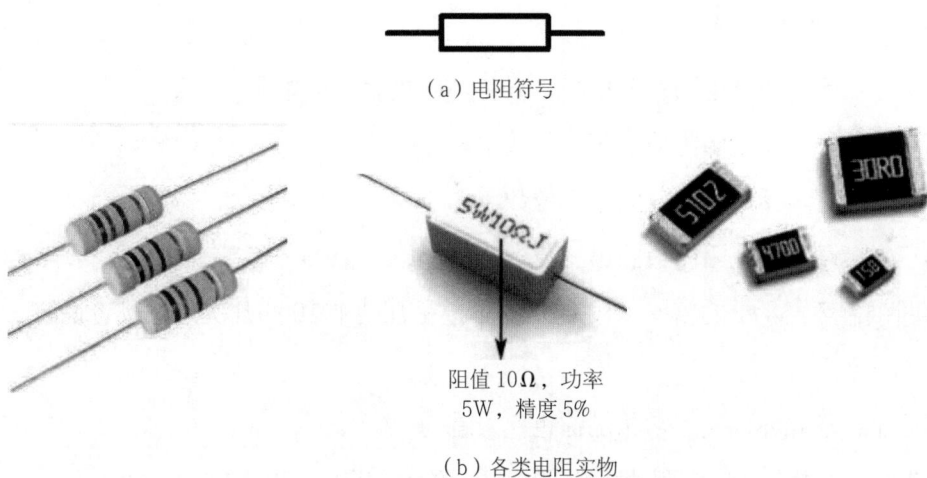

（a）电阻符号

阻值 10Ω，功率
5W，精度 5%

（b）各类电阻实物

图 7.4 电阻符号及其实物

电阻在电路中用 R 加数字表示，如 R1 表示编号为 1 的电阻。电阻的单位为欧姆（Ω），常用的还有千欧（kΩ），兆欧（MΩ）等。1 兆欧 =1000 千欧 =10×10^5 欧姆。

电阻的参数标注方法有 3 种，即直标法、色环标注法和数标法。数标法主要用于贴片等小体积的电路，前两位表示有效数字，后一位表示 10 次幂，如 472 表示 $47 \times 100\,\Omega$；104 则表示 $100\,k\Omega$。

色环标注法根据色环的数量，一般分为四环电阻、五环电阻。电阻上每种颜色的色环代表不同的含义，有的色环表示数字，有的色环代表误差。具体含义如图 7.5 所示。

黑0　棕1　红2　橙3　黄4　绿5　蓝6　紫7　灰8　白9

金 5% 银 10% 无色 20%

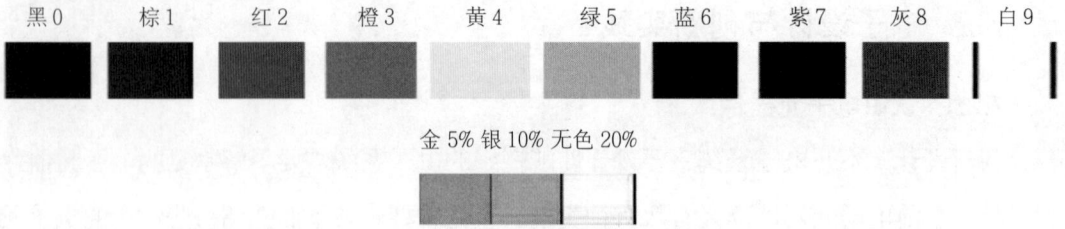

图 7.5　色环颜色及其含义

1）四色环读数法

四色环读数的方法如下。

· 第一个色环表示电阻阻值的第一位数字。

· 第二个色环表示电阻阻值的第二位数字。

· 第三个色环表示乘的倍率（10 的几次幂，是几表示乘 10 的几次方，或者说前两个色环读数后加几个 0）。

· 第四个色环表示误差，即精度，常见电阻多为金色，误差为 5%。

2）五色环读数法

五色环电阻比四色环电阻精度更高，五色环读数的方法如下。

· 第一个色环表示电阻阻值的第一位数字。

· 第二个色环表示电阻阻值的第二位数字。

· 第三个色环表示电阻阻值的第三位数字。

· 第四个色环表示乘的倍率（10 的几次幂，是几就乘 10 的几次方，或者说前三个色环读数后加几个 0）。

· 第五个色环表赤误差（常见是棕色，误差为 1%）。

图 7.6 所示的五色环电阻阻值为 $470 \times 10 \pm 5\% = (4700 \pm 5\%)\,\Omega$。

要注意，一般最后一个色环与前面的几个均匀分布的色环距离较远，如此即可确定哪一个色环是最后的一个环。

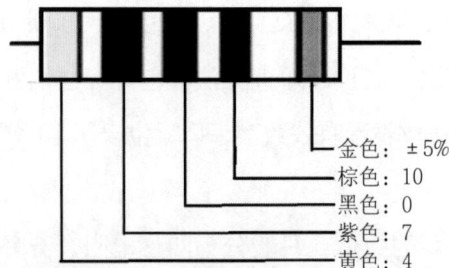

金色：±5%
棕色：10
黑色：0
紫色：7
黄色：4

图 7.6　五色环电阻读法示例

2. 电容

电容是一种能够储存电荷的容器，由两块金属极板和一层绝缘介质构成，记为 C，国际单位是法拉（F），电容有通过交流，阻止直流的特点。电容的封装形式较多，常见外形如图 7.7 所示。电路中应用电容可以实现耦合、滤波、退耦、谐振、旁路、微分、积分等多种作用。

图 7.7　电容符号及常见外形

3. 电感

电感的符号为 L，单位为亨利（H），是一种可把电能转换为磁能存储起来的元件，又称为扼流器、电抗器。电感器能够起到阻碍电流变化的功能，电感器在无电流流过时，会试图阻碍欲流过的电流；在有电流流过时，会试图维持流过电流不变。具有"通直流、阻交流"的特性，经常与电容器一起构成 LC 振荡电路。电感的符号及常见外形如图 7.8 所示。

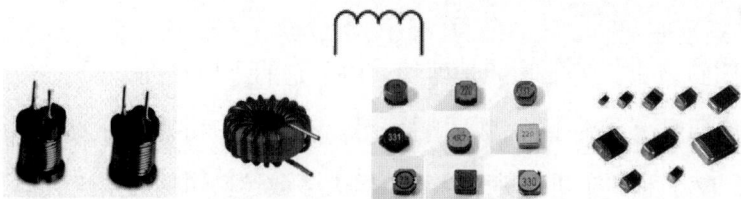

图 7.8　电感符号及常见外形

4. 二极管

二极管是一种单向导通的电子元件，二极管具有"正向导通、反向截止"的特性，仅允许电流单一方向流过。因此，在电路中可完成整流、检波、稳压等功能。根据其用途的不同，也可将其分为整流二极管、检波二极管、稳压二极管、发光二极管、开关二极管等多种。整流电路中使用整流二极管，作为信号指示用途时常用发光二极管。二极管符号及常见外形如图 7.9 所示。

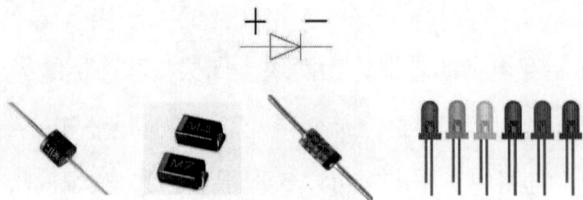

图 7.9　二极管符号及常见外形

5. 三极管

三极管是一种控制电流的半导体器件。其作用是把微弱信号放大成幅值较大的电信号，也用作无触点开关。三极管是半导体基本元器件之一，具有电流放大作用，是电子电路的核心元件。有 PNP 和 NPN 两种。三极管符号及常见外形如图 7.10 所示。

图 7.10　三极管符号及常见外形

7.2.2　认识电子测试工具及仪器仪表

1. 偏口钳

偏口钳又叫斜口钳，主要功能是剪切，由于它的刃口短而坚硬，如图 7.11 所示，所以可以用来剪切电子元器件的引脚和导线等。有的偏口钳刀口处还设有小缺口，用来剥电线外皮。虽然这种钳子可以剪断金属，但大多数偏口钳的刃口比较薄和锋利，容易被崩伤，因此不适宜用偏口钳剪切过粗或过硬的线材。

图 7.11　偏口钳

2. 剥线钳

剥线钳用于剥除电线头部表面的塑料绝缘层。剥线钳钳头开有不同孔径的圆形刃口，电线放置在该刃口内，可切断塑料绝缘皮却不伤及内部的导线。使用时首先判断待剥皮的线材金属导线部分的直径，然后将线材放入对应口径的圆形刃口内剪切即可切除导线外层的绝缘皮，如图 7.12 所示。

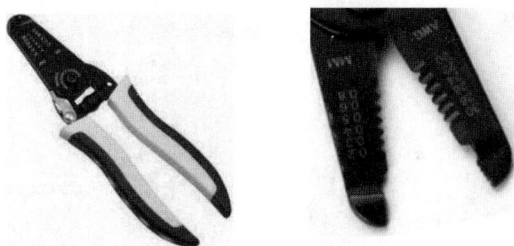

图 7.12　剥线钳

3. 电烙铁

电烙铁是电子制作中最为常用的工具，常用来焊接和拆卸电子元器件。电烙铁通电后，烙铁内的加热电芯发热，并将热量传送给烙铁头，融化焊锡实现焊接。一般来说同一种类型的电烙铁，功率越大，加热元件的体积也越大，可焊接的元器件体积就越大。

一般手工电子制作选用 16 ～ 60W 的电烙铁即可，功率越大发热越快。如图 7.13 所示为常用的两种电烙铁头，尖头电烙铁常用来焊接较细小的元器件，扁头电烙铁用来焊接较大的元器件。电烙铁加热温度根据实际应用需要来决定，如果烙铁头颜色发紫，说明温度过高。一般焊接直插类电子元器件的烙铁头的温度大致在 330 ～ 370℃。表面贴装型电子元器件焊接温度约在 300 ～ 320℃。但对于温度敏感的元器件应选择快速焊接以免影响其电子特性。

图 7.13　常用的电烙铁及焊锡

4. 万用表

万用表是电子制作中很重要的测试仪表，如图 7.14 所示，它能够测量电路中的电压、电流、电阻、通断等多种电参数。使用时将表笔的正极插入要测量参数对应的正极插孔中，负极插入公共端（COM），选择适当的挡位，正负表笔接触电子元器件引脚即可完成测量。需要注意的是，如果想测量单个器件的性能，不能直接在电路板中直接用表笔接触电子元器件两端进行测量，这样测量的是电路中该元件所在位置的电路电参数，而不是该元件的电参数。

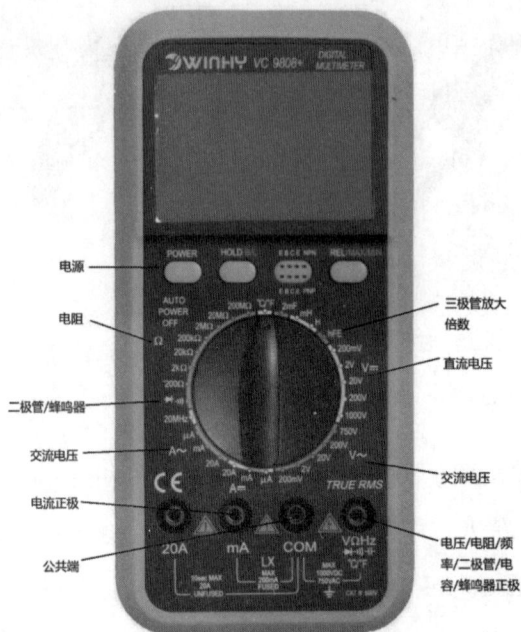

图 7.14　万用表示例

5. 示波器

示波器是电子设计中常用的一种电子测量仪器，如图 7.15 所示。它可以把电路系统中可测量位置的瞬时值电信号转换为图形绘制到屏幕上，便于设计者分析电路特性，检验电路设计的正确与否。利用示波器能观察各种不同信号幅度随时间变化的情况——波形曲线，还可以用它测试各种不同的电量，如电压、电流、频率、相位差、幅度等。

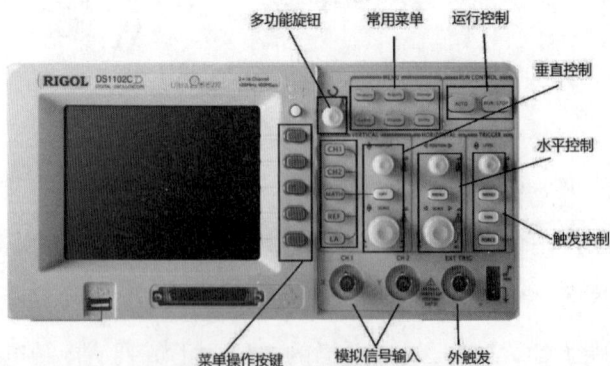

图 7.15　示波器示例

7.3 电子创新设计方法

7.3.1 设计电子系统应考虑的问题

前面几节对电子设计中常用的电子元器件和工具进行了简要介绍。对基础元器件的性能和常用工具的掌握是进行电子设计的必要条件。

在开始学习电子创新设计之前，先思考如下问题：创新的本源和目的是什么？答案一定是解决问题，而不是单纯为了创新而创新。初学创新时最容易犯的错误就是非常努力地想创新点，认为只要想到的方法和现有的不一样就算创新。这种想法对还是不对？应该说对，但也不对。首先想到了与现有方法不同的解决方案是值得鼓励的。但如果我们的创新只是实现方法不一样，而并没有对现有方法的效果和效率、应用场合等有所改进和提高，则并不算创新。创新应该至少包括以下几种中的一种。

（1）发现并解决了其他人都没有想到的问题。虽然解决该问题的方法还是现有方法，但解决了新问题，有了新发现。

（2）利用不同的方法实现了相同的目的，但效率更高，或成本更低或应用领域更宽。也就是问题是老的，但方法是新的，而且新方法提高了效率或降低了成本等，也就是比现有方法更具有优势。

（3）在现有方法基础上进行了改进，达到了更好的效果，或更高的效率或成本更低。即推动了现有技术的进步。

电子系统设计需要掌握一些基本的电路理论知识，其中最基础也最核心的是欧姆定律：在同一电路中，通过某一导体的电流与这段导体两端的电压成正比，与这段导体的电阻成反比。当前电子技术飞速发展，很多以前需要自己搭建的电路系统现在都已经集成到了一个或几个芯片上，也形成了大量的核心板和开发板。我们要做的就是将每个部分有机地组织在一起，形成一个可以协调工作的系统。在初始设计阶段，可以直接采用核心板或开发板，加上自己设计的外围电路组成原型机。成型产品设计强调的是产品的稳定性、可靠性、性价比。整个规划、设计、初样、正样、产品等各个环节均有大量的设计规范，工程师只需要根据产品工艺规范设计即可。设计时尽可能地减少处于生命周期初期或末端的电子元器件，尽可能选用通用部件，避免定制化元器件。这样既可以保证元器件的产品和工艺的稳定性，也可以大批量采购，从而掌控更多的议价权。这对于产品的质量管理和经济效益意义重大。上述流程可以保证产品质量的一致性。一般情况下，与产品设计相比，创新设计对于产品的稳定性或完善性要求不高，最主要的目的是先实现功能，验证想法。

电子系统设计首先要进行需求分析，确定开展该项目的目的，想要达到什么样的效果。然后再综合自己的知识，思考要达到目的需要将系统分为几个功能模块。其次查阅资料，确定要实现功能模块需要使用什么技术。最后查找电子元器件手册，进行元器件和参数选型，设计电路原理图，绘制板图，试制样机。上述步骤中最为重要的步骤就是需求分析，通常情况下我们自己或客户对于需求并不是非常清晰，只是大致知道想达到什么目的。这需要我们充分利用多学科知识，分析什么需求能实现，哪些实现成本很高。然后根据分析结果调整项目目的。

虽然不需要记住所有电子元器件的特性，也不需要掌握项目涉及的所有技术领域。但对于项目实现的基础原理需要非常清晰，理论上能否实现要有准确的判断；否则在进行模块划分时就会出现问题。对不熟悉技术的模块可以寻求其他团队帮助实现，但通常需要准确给出模块要实现的功能及该模块的接口方式。即使每个技术模块都按要求实现后，如果基础原理存在漏洞，则可能造成整个项目的失败。因此再次强调，电子系统设计必须厘清需求，确定整套解决方案的技术原理。这样即使最后项目效果不好，也可以根据设计原理，分析与理论设计结果不一致的模块。这样就可以快速定位出现问题的位置，再制订解决方案就很有针对性，效率也更高。

举例来说，如果想设计一种测量雾霾严重程度的电子系统。该系统目的很明确，定量评价当前空气中的雾霾量。接下来需要明确用什么方法来实现。市售有成型的颗粒物浓度传感器，如图 7.16 所示就是其中一种。其引脚定义、精度数据，甚至外围配套电路一般会由厂家给出，我们当然可以直接拿过来，配上处理器即可构建采集系统。如果系统测试发现效果不稳定或与实际数值相差较大，若不清楚该颗粒物浓度传感器技术原理，虽然能准确定位到是该传感器的问题，但仍然不知道如何解决。如果我们知道该颗粒物浓度传感器是通过一束激光照射到一个空腔内，根据空间内的颗粒物对光线的反射，采用光电传感器将光信号转换为电流或电压信号，此电流或电压信号的强弱即表征了空间内颗粒物的多少。明白了这样一个原理，如果这个雾霾检测系统开始很好用，但过段时间不那么灵敏后，可以做如下分析：该传感器是发射一束激光，然后经颗粒物反射后接收反射光来检测。光发射和接收都必须通过光学镜头，而检测的东西又是细颗粒物。细颗粒物就不可避免地会沉积粘附在光学镜头上，造成发射光或接收光强减弱。如果排除了激光器由于寿命衰减导致的数据不可靠外，最可能的误差原因就是光学镜头的污染。

了解了这个原理，我们就可以在设计电路系统时，增加自洁功能，检测完毕后，对光学镜头进行自动清洁即可解决上述问题。如果对于透明或半透明的气溶胶导致的污染，则该传感器检测精度就与不透明的纯细颗粒物污染显著不同。因此，设计系统时需要根据具体目标来确定技术原理，以防系统设计后期出现问题导致系统设计失败。

图 7.16 颗粒物浓度传感器示例

再以该雾霾检测系统为例阐述电路结构设计的问题。颗粒物传感器采用一束光照射至某一待测空间内，根据空间内的颗粒物对光线的反射，采用光电传感器将反射光信号转换为电流或电压信号，此电流或电压信号的强弱即表征了空间内颗粒物的多少。由于获取的电流和电压通常为弱小信号，不足以驱动接口电路接收该信号。为此，在送入处理器进行处理时，还需要将弱小信号进行放大，为了抑制背景噪声，还需要进行滤波等操作。从环境中获取的信号大多是模拟信号，为了进行特征分析，通常需要将模拟信号转换为数字信号，用到的器件就是 AD 芯片，即模数转换芯片。选用 AD 芯片时，需要选用有足够高的采样率和采样精度的芯片。经 AD 转换后的信号就变为了数字信号，送入单片机或更为复杂的计算机中后，即可进行特征计算和分析、判别等操作。经计算机决策后，最终还是要控制执行部件完成工作。执行部件可以是指令屏幕显示一段文字、图像，也可以指令扬声器发出声音，还可以控制电机转动等。

从上述电子系统的工作过程可以看出，要完成系统任务，通常包含数个步骤，每个步骤涉及的不单单是电子元器件，例如，采集指纹需要用一片薄薄的电容薄膜，该薄膜不可能悬空在空气中，那就涉及薄膜的安装位置、支撑架构，这也就涉及了机械部件的设计，该机械部件设计时又需要考虑薄膜的磨损问题。将薄膜与手机表面平齐结构图，如图 7.17 所示，这种设计方法的好处是美观，手机整体感强，触碰手感好。但考虑到手机需要频繁从口袋里拿出来，再放进去，还有手握手机、平放在桌面上等各种日常操作，指纹获取薄膜就会不断被衣物、灰尘磨粒、手等物体频繁摩擦。久而久之，就会导致薄膜磨损失效。一个解决方案是将指纹获取薄膜设计得向下凹陷，薄膜平面略低于手机外壳平面，如图 7.18 所示。

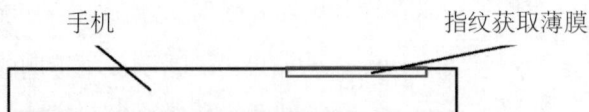

图 7.17　手机指纹获取平齐结构图

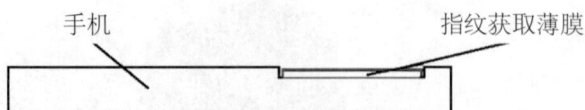

图 7.18　手机指纹获取下凹结构图

由于手机外壳通常由金属或高强度塑料制造，抗磨性能远高于薄膜，因此，如此设计即可充分保护指纹获取薄膜，延长其使用寿命。另一个解决方案就是在指纹获取薄膜外层敷设抗磨透明结构层。不止指纹获取薄膜，几乎所有的易损部件或者需要被低价或不易磨损的外壳包覆，或者需要低于外壳，以牺牲外壳保护核心易损电子元件。

当前较为流行的手机全面屏虽然显示效果优秀，但因为其突出于外壳，直接与外界接触，因此，其抗磨性能必须非常优秀，否则手机屏幕很容易被磨花而导致失效。

通常一个产品的设计需要各个功能模块之间相互迁就、妥协，在性能、成本、外观等要素之间达成一种平衡或刻意突出某一种优秀特质而牺牲其他要素性能。在设计电子产品时，不只要考虑电子零部件的性能和指标，还需要考虑机械、光学、材料、工艺、造价等诸多因素，通常难以十全十美。此时设计师只有权衡利弊，有所牺牲，有所取舍，才能设计出优秀的作品。不同的设计师考虑问题的角度不同，这也造成了我们看到的电子产品种类繁多，性能各异。这些都是设计师或者匠心独运，或者无奈妥协的结果。

初入领域的设计者常常考虑不够全面，最容易犯的错误就是过于追求高性能而实践经验不足。设计出的产品图纸或者在现有工艺条件下难以生产或装配不上，或者废品率过高，或者造价过高。下面再以设计一个足底压力传感采集系统为例，阐述电子系统设计需要考虑的问题。

若已知条件：人体体重为 $5 \sim 100 \mathrm{kg}$，足部长度为 $5 \sim 30 \mathrm{cm}$，宽度为 $5 \sim 10 \mathrm{cm}$。项目的设计目标是采集人体足底压力信息并显示到显示器上。足底压力是一种机械信号，课题目标是需要将足底压力信息数字化，变为可以直观显示到显示器上的数字信号。我们很容易想到，传感器选用压阻传感器，给其供电，将足底的机械压力转换为传感器两端电压信号。之后，通过 AD 采集芯片将足底压力信号数字化送入计算机，然后在计算机显示器上显示出来即可。上述思路可绘制成系统结构图，如图 7.19 所示。

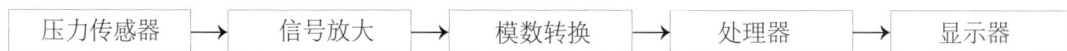

压力传感器 → 信号放大 → 模数转换 → 处理器 → 显示器

图 7.19　足底压力采集系统结构图

一般情况下，选择好核心部件，均会有大量的成熟外围电路可供参考，不必自行设计或只需要做少量改动。为此，选择如下元器件。

1）压力传感器

压力传感器是将机械压力信号转换成电信号的器件或装置。压力传感器通常由压力敏感元器件和信号处理单元组成。压力传感器种类繁多，如图 7.20 所示。

图 7.20　压力传感器类型

压力传感器大多采用的是压阻式压力传感器。这种传感器制造所用材料电阻特性对该材料受力变形敏感。用该类材料制造的传感器通常依附于被测部件上。当被测部件受力变形时，传感器引脚上的电阻值发生明显变化。一般出厂时传感器阻值变化与所受压力变化之间的关系曲线已经标定好，使用时只需要根据传感器阻值和该特征曲线即可计算出所受压力。压阻式传感器所采用的材料主要有陶瓷、扩散硅、金属电阻应变片、蓝宝石等。

选择压力传感器首先需要考虑传感器量程，本例中根据实际人体体重，要求承载大于 100kg。一般情况下，选择传感器时，量程不但要大于最大可能出现的值，而且要在这个最大值基础上乘以一个大于 1 的系数，这就是安全余量。安全余量可以保证即使出现最大可测量值，也不至于损坏传感器或整个系统。

每只脚采用单个压力传感器测量压力时，要求传感器量程大于 100kg。考虑到人可能快速踏上压力传感器造成的加速度冲击，估计约为 20kg，为此，设置压力传感器量程为 150kg 较为合适。可能有人觉得，既然量程越大越安全，为什么不设一个大大的量程呢？这就与测量分辨率有关了。压力传感器获得的压力电信号是模拟量，需要经过 AD（模数）转换为数字量后才能进行后续特征分析。AD 是有字长限制的，比如选用 12 位 AD，则所能表示的数字范围就是 $0 \sim 2^{12}$，如果将数字 0 对应 0kg，将 2^{12} 对应 150kg，则每一个数值对应的压力分辨率就是 $150kg/2^{12}$。因此，AD 字长确定后，选用的量程越高，重量分辨率越低。所以说，量程并不是越高越好，而是在满足不超量程的条件下，量程越小，重量分辨率越高。

选择了合适的量程后，还需要选择压力传感器类型。一般陶瓷基底的传感器非常脆，易碎，人初始踏上传感器时冲击较大。另外一般的陶瓷基底压力传感器的量程都不是很大，因此陶瓷基底传感器并不适合作为足底压力测量。而铝合金包覆的压力传感器则机械强度较高，虽然精度稍逊于陶瓷基底传感器，但综合性能使其更为适合测量足底压力。

综上，可以选择铝结构压力传感器，量程为 150kg，其结构形式如图 7.21 所示。

图 7.21　铝结构压力传感器结构形式

2）信号放大电路

信号放大电路相对比较成熟，而且现在很多信号放大模块与 AD 采集模块集成在一个芯片上，因此根据信号特性选择放大器及 AD 芯片即可，如本例可以选择 ADS1256，其芯片说明书即给出了成熟的应用电路。

3）AD 转换电路

信号经放大后，进入 AD 采集部分。选择 AD 转换器的主要技术指标如下。

（1）分辨率。

分辨率指数字量变化一个最小量时模拟信号的变化量，定义为满刻度除以 2^{n}，n 是 AD 芯片的字长。分辨率表现了 AD 芯片对模拟信号的敏感程度。需要注意的是，分辨率指能分辨的最小信号值，与精度是两个概念，精度是指实际测量或输出与理想数据之间的偏离程度。分辨率很高，但精度不一定高。如同一个尺子，最小刻度若为毫米，则分辨率是毫米级，只能说这个尺子可以读到毫米级。但用这把尺子测量出的尺寸却不一定达到毫米级精度。

（2）量程。

量程是指 AD 转换器所能转换的输入电压范围。除此之外，AD 转换器还有量化误差、偏移误差、满刻度误差、线性度、绝对精度、相对精度、微分非线性、单调性和无错码、总谐波失真和积分非线性等指标，可以根据设计需要合理选择，一般选择分辨率和量程即可。

4）微处理器

微处理器是整个应用系统的核心，它是整个系统协调运转的控制中枢。微处理器的选择需要根据具体应用来决定。当需要进行大量复杂运算，如运行人工神经网络算法时，选择基于复杂指令集的计算机，甚至是小型机、大型机较为合适。如果设计的系统是移动应用或办公系统，如手机、平板等，对运算性能要求就没有计算机那么高，但要求有较低的功耗。此时，选择功能较强，但功耗较低的基于精简指令集的 ARM 较为合适。当用于控制类，对数据处理速度要求不太高的场合，从功耗、经济性考虑，选用 51 系列单片机是个不错的选择。

将获取的数字压力信号送入微处理器输入引脚。根据具体应用需求进行数字信号分析、处理、识别、决策。

从足底压力传感器这个电子系统的例子可以看到，设计电子系统，不但要熟悉常用电子元器件的原理及应用方法，还要综合考虑机械结构、材料等关联学科，需要多学科多领域多模块的设计元素相互协调、相互妥协。具体来说，要完成一个电子系统设计，通常需要掌握以下技能。

（1）设计系统解决方案。

（2）掌握基础的电路和元器件知识。

（3）掌握基本电路制作工具的使用方法。

（4）可熟练使用电路图绘制软件。

（5）掌握基本电路调试设备的使用方法。

7.3.2　电子系统设计的步骤

设计一个电子系统，特别是大型电子系统，需要将整个设计过程划分为多个阶段逐步完成，这样才能降低设计和实施风险。一般说来，电子系统工程一般包括电源、传感器、模拟通道、AD/DA 转换、信号处理、处理器几个部分，每部分的主要核心参数如表 7.1

所示。

表 7.1　电子系统主要模块及其核心参数

模　　块	核　心　参　数
电源	功率、输入电压、输出电压
传感器	采样率、精度、适用条件
模拟通道	幅值、频率范围、线宽
AD/DA 转换	分辨率、转换速度、接口形式
信号处理	存储容量、接口类型、速度
处理器	类型、速度、内部资源、开发环境、接口类型

电子工程设计时一般有如下实施步骤。

1. 需求分析

首先确定电子系统的主要目标，想实现什么功能，哪部分用软件实现，哪部分用硬件实现。如果采用自顶向下的设计方法，则要首先确定一个宏观框架，实现任务分解。即这一目标计划通过几个功能模块来组合完成，数据流向如何，都要通过这个框架表现出来。确定框架之后再确定每个模块的结构，用什么电路来实现。然后再实现电子线路的详细设计。这种设计方法的优点是结构完整，数据传输流向清晰，不容易出现功能缺失或逻辑错误。

若采用自底向上的设计方法，首先把每个模块的详细电路设计出来，然后再将各个功能模块组合，形成整套系统。这种方法由于未进行模块之间的信息流向分析，模块之间的通信可能存在问题，也容易丢失功能模块，一般适用于经验非常丰富的设计者或小规模的电路系统。

2. 总体设计

确定了系统的任务和要求以后，接下来要进行可行性论证，制订整体方案，必要时通过仿真工具进行方案仿真验证。整体方案没有理论瑕疵后，绘制总体框图和系统流程图；之后再详细制订和论证各个子系统之间的接口及数据流转逻辑，同时制订共享数据区域的读写逻辑；最后制订各个子系统的技术方案和实现方法。

3. 方案实施

根据设计方案及各个组成部分的核心参数进行元器件的选型。在这一步中尽可能选用成熟的元器件，不选用定制型器件。完成器件选型后，绘制原理图、绘制 PCB 板图、软件编写。利用仿真软件进行电路仿真及修正。验证无误后，生产 PCB 板图。在设计开发的过程中，要缩短设计周期，降低开发成本，主要选择半定制电路和通用的元器件。

根据电路的逻辑功能，同时考虑系统集成度和设计成本，确定将哪些电路功能集成到半定制电路芯片中，哪些电路功能可直接采用通用元器件芯片。

若涉及微处理器系统开发，需要选择软件编写工具及撰写环境（IDE），用于编辑软件代码。代码需要反复调试，验证边界条件以减少漏洞。将软件代码编译为二进制机器码通过编程器写入微处理器中。软件开发需要遵循模块化设计，软件结构层次分明，条理清晰，数据流向明确，分支结构完整。编写代码一般需要绘制流程图。对于实时性要求较高的软件，可采用汇编语言或 C 语言编写，对于实时性要求不高的，可以采用 Visual Studio 系列、Python 等高级语言编写，以利于理解。软件编写完成后需要进行软件测试，特别是边缘测试工作，检测边缘条件下软件是否能正常工作。特别是软件分支结构要把所有可能情况设计完备，以免出现软件不能跳转到正常位置的情况发生。避免出现零作为除数导致的程序异常，认真检查循环条件，以保证不出现不必要的死循环。

4. 原理样机加工及调试

一般情况下，所设计的电子系统或多或少都存在考虑不周的地方。因此，在正式投入生产前，均会先生产至少一套原理样机。然后将该样机在真实使用环境进行测试，以发现存在的漏洞。每发现一处均要做详细缺陷记录，包括出现的条件、位置，出现及持续时间等要素。

经过一段时间测试后，汇总问题。组织技术人员分析漏洞产生的原因，制订解决方案。再次生产并替换有缺陷的样机或零部件，在实际使用环境中测试、修改，直到达到技术要求，撰写最终的技术文档。

5. 正式产品设计及加工

根据最终实验无误的技术图纸及文档，送到生产工厂进行正式产品的小批量生产加工、调试。调试检验合格后，进行产品试用或试售。收集用户反馈信息，再次优化产品结构及性能。上述过程有可能需要几代产品的不断迭代才能形成用户满意的最终产品。

6. 撰写技术文档

产品开发过程中，每个设计、生产、测试环节均要有详细的技术文档，记录该环节目的、开发或测试流程图、产生的问题及解决方案、测试数据等关键节点技术记录，严格做到技术留痕，这对于产品生命周期中的产品维护、问题追溯、经验总结至关重要。

详细的系统流程图如图 7.22 所示。

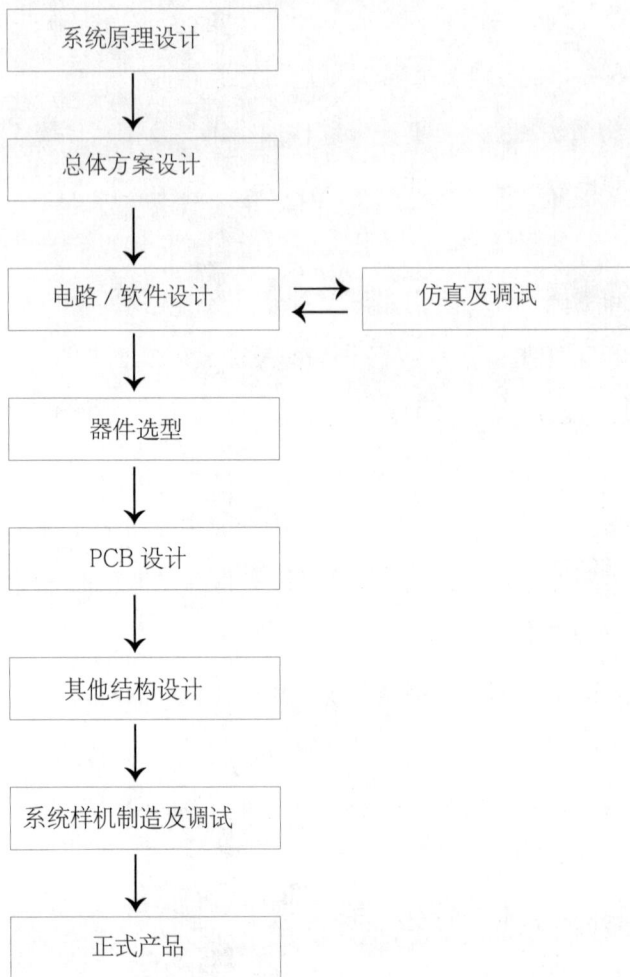

图 7.22　产品设计流程图

7.4　电子创新设计的案例

7.4.1　七彩灯

1. 所需器材

1）Microbit ARM 核心板及其扩展板 Robotbit V2.0

Micro bit 核心板上集成了蓝牙、陀螺仪、2.4G 无线、电子罗盘等传感器及点阵 LED 屏等。编程语言可以在线使用 makecode 拖拽式编程，还支持多种流行语言，如 Java、Python 等。编辑好的代码只需要通过 USB 直接下载到核心板上即可运行。

（1）核心板结构。

核心板功能结构如图 7.23 所示。

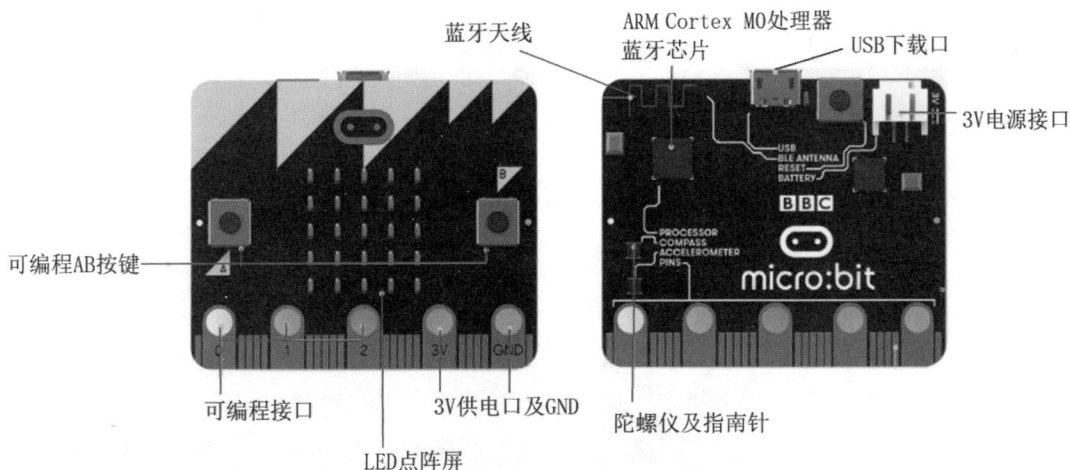

图 7.23 Mircobit 核心板正面、反面结构

（2）技术参数。

① 供电方式：电源从 Microbit 的 USB 口供入。

② 工作电压：3V。

③ 输出电流：40mA。

④ 串口引出：串口可进行 I/O 口映射。

⑤ I^2C 口引出

19、20 引脚只能作为 I2C 功能引脚使用，不能作为普通 IO 口读写。

⑥ SPI 口引出：14、15（I/O 口可读写）。

（3）可编程资源。

① 5×5 点阵屏：25 颗独立可编程 LED（5×5 点阵屏），可以用来显示文本、数字以及简单的图标。

② 可编程按键：2 个可编程按键 A、B。可以有三种编程组合：A、B、A+B，可作为编程的输入端口。

③ 金手指引脚：金手指引出的 25 个可编程 I/O 口引脚，可用鳄鱼夹夹持，或者插接到扩展板上进行转接使用，用以控制电机、舵机或者其他电子模块。

④ 光线传感器：通过反向二极管电流的作用，把点阵屏转换成一个光敏传感器来进行使用，用来检测周围的光线。

⑤ 蓝牙：可以通过蓝牙方式与 Microbit 进行通信，可以用以控制 Microbit，或者 Microbit 通过蓝牙把信号传回手机或者计算机。

⑥ 陀螺仪：可以测量 Microbit 的三轴转动角度，可以检测加速度的大小，可以检测 Microbit 常见的状态，如摇晃、倾斜自由落体等。

⑦ 2.4G 无线：可以在 2 块及 2 块以上的核心板进行无线通信。

⑧ 电子罗盘：可以用来指示方位，并且可以检测磁场的强度。

⑨ USB 下载口：用以写入编辑好的源代码。

（4）使用 Microbit 的注意事项。

① Microbit 板上有很多精密的电子元器件，使用前应将手放电或佩戴防静电环，以防击毁芯片。也要防止掉落金属零部件到电路板上，以防短路。

② Microbit 的 I/O 口驱动能力很弱，I/O 口电流不足 200mA，不可接大电流器件，否则会烧坏核心板，可插接到扩展板进行使用。

③ 如果使用引脚进行高低电平大的读取功能，必须设置引脚上下拉。

④ 建议从 Microbit 的 USB 口进行供电，Microbit 本身的 I/O 口是 3V 电平，所以是不支持 5V 传感器的，如需支持 5V 传感器需要使用扩展板。

2）Robotbit 扩展板

Robotbit 扩展板主要是添加了驱动芯片，可用于直流电机等功率较大的外设驱动。扩展板将 Microbit 上的各个端口引出来便于采用插针连接外围电路，如图 7.24 中⑧和⑪。

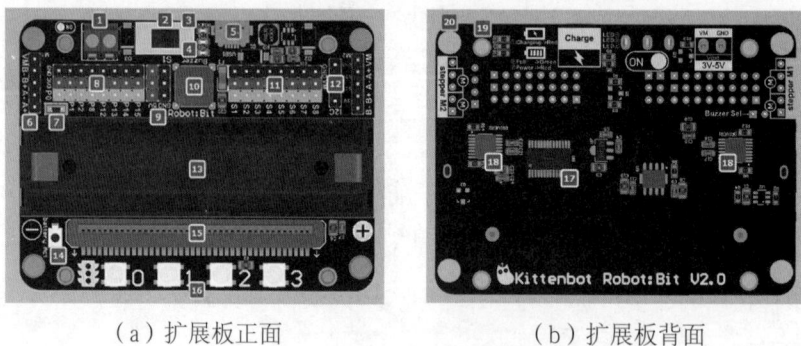

（a）扩展板正面　　　　　　　　（b）扩展板背面

图 7.24　Robot bit 扩展板前面观、后面观

图 7.24 中①表示 5V 外部电源端子；②表示电源开关；③表示电源指示灯；④表示电量指示灯；⑤表示 MicroUSB 充电口；⑥表示四路直流电机 / 两路步进电机；⑦表示蜂鸣器跳线帽；⑧表示 8 路 I/O；⑨表示 5V 与 GND 排针；⑩表示可编程蜂鸣器；⑪表示 8 路舵机接口；⑫表示 I^2C 接口；⑬表示锂电池座；⑭表示电池保护激活按钮；⑮表示 Microbit 核心板插槽；⑯表示四路全彩可编程 RGB 灯；⑰表示舵机驱动芯

片；18 表示电机驱动芯片；19 20 为固定孔。

3）全彩 LED：LED RGB140CO3

该全彩 LED 板有四个引脚，V：电源输入端，R：红色控制端，G：绿色控制端，B：蓝色控制端，当给 V 端接 3V 电压，R 端接地或设置为数字逻辑 0，G、B 端设置为数字逻辑 1 时，灯珠发出红色光；B 端接地或设置为数字逻辑 0，G、R 端设置为数字逻辑 1 时，灯珠显示蓝色；G 端接地或设置为数字逻辑 0，R、B 端设置为数字逻辑 1 时，灯珠显示绿色；若 V 接 3V 电压，R、G、B 三端组合接地或数字 0 时，将出现混合色光，如图 7.25 所示。

图 7.25 全彩 LED

2. 实验要求

实现 LED 循环变色。

3. 实验分析

LED 灯板控制引脚共四根，V 脚接电路 3V 电源正极，R、G、B 三个引脚可以分别给出 0、1 两种状态。R、G、B 三个引脚分别接到 Microbit 核心板的 P0、P1、P2 引脚上，如图 7.26 所示。

图 7.26 全彩 LED 与 Mircobit 核心板及扩展板电路连接

4. Microbit 核心板及 LED 控制测试

1）新建项目

登录 https://makecode.microbit.org/，单击"我的项目"中的"新建项目"，如图 7.27 所示。

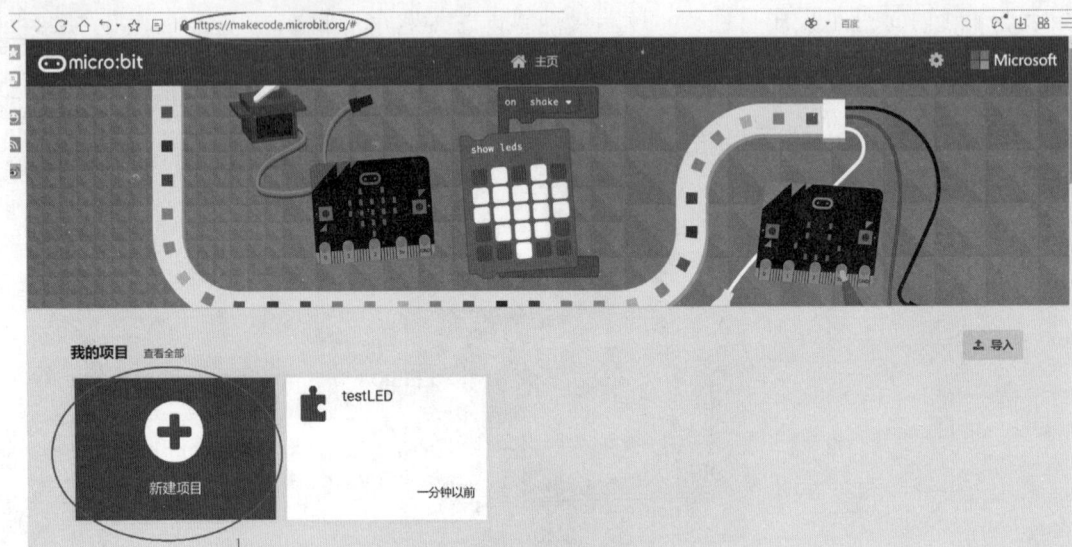

图 7.27　编程网址

在"为您的项目起一个名字"下方的文本框中输入项目名称，这里最好以项目的实现目标为项目命名，如图 7.28 所示。

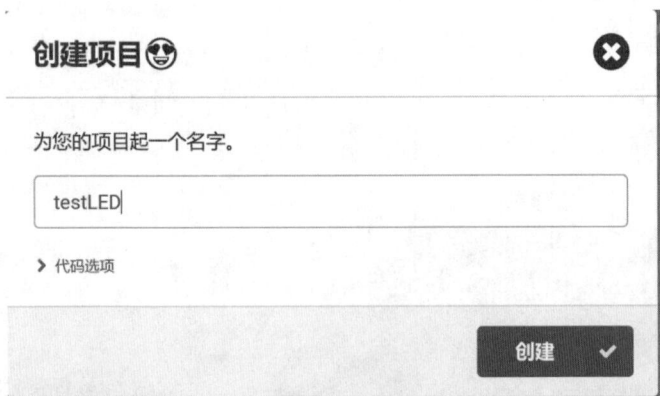

图 7.28　创建项目

单击"创建"按钮，进入编程环境，如图 7.29 所示。

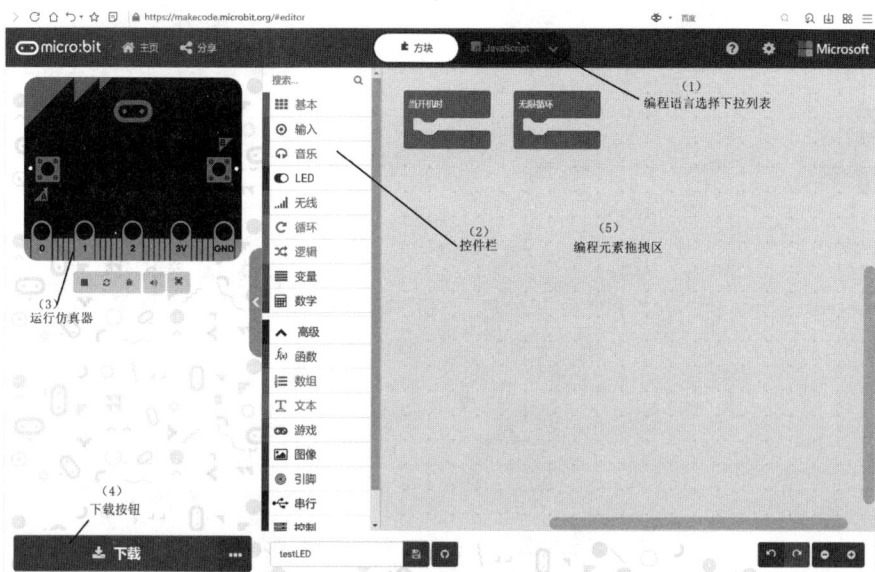

图 7.29　编程环境页面

2）开始编程

在图下 7.29 中"（1）编程语言选择下拉列表"选择编程语言，默认是拖曳控件方式，只需要把基本程序逻辑模块拖进编程区，像堆积木一样完成编程工作。

为了测试 LED 显示性能，计划实现如下操作：按下按钮 A 时，LED 显示红色；按下按钮 B 时，LED 显示绿色；同时按下按钮 A+B 时，LED 显示蓝色。单击图下 7.29"（2）控件栏"中的"输入"按钮，在其右侧即可出现可实现的输入功能。点中"当按钮 A 被按下时"控件，拖至右侧编程区域，如图 7.30 所示。

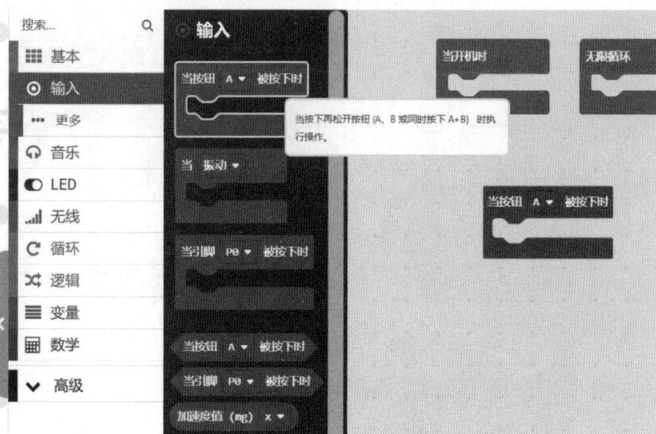

图 7.30　输入控件

同理，将"高级"→"引脚"控制件栏中的  拖入

 内。如此重复拖入三次，按钮 A 的执行功能如图 7.31 所示。

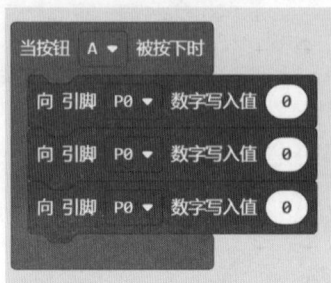

图 7.31　按钮 A 执行的功能

若按下 A 按钮显示红色，则需要将 R 引脚所接的 P0 设置为 0，而 P1 设置为 1，P2 设置为 1。修改后的按钮 A 的执行功能如下 7.32 所示。

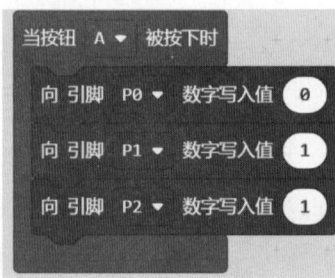

图 7.32　修改按钮 A 执行的功能

同理，设置完按钮 B 和按钮 A+B 对应的所有执行功能为如图 7.33 所示。

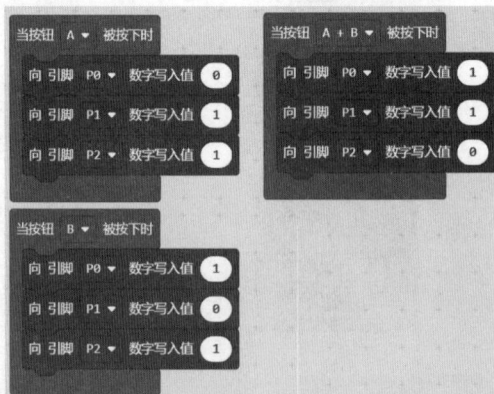

图 7.33　按键 A、按钮 B、按钮 A+B 执行的功能

用 USB 数据线连接计算机 USB 口与 Microbit 的 mini usb 接口。此时,在计算机上"此电脑"的磁盘列表会出现一个 MICROBIT 的磁盘,如图 7.34 所示。

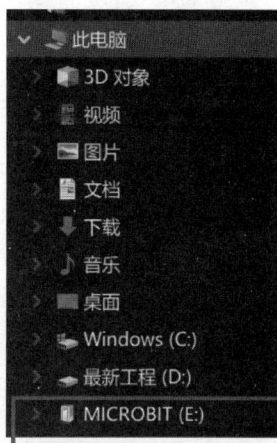

图 7.34 MICROBIT 磁盘

3)下载

回到编程界面,单击图 7.29 界面所示左下角的"下载"按钮,下载位置为 Microbit 磁盘根目录,如图 7.35 所示。

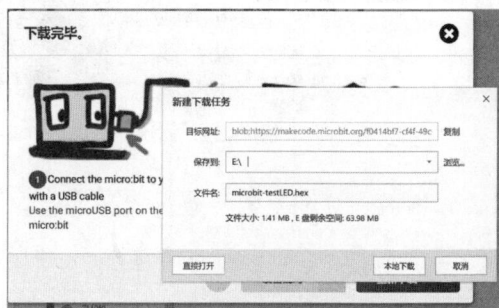

图 7.35 下载位置

单击"本地下载"按钮,下载过程中 Microbit 核心板上 mini usb 口旁边的黄色下载灯会快速闪动,下载完毕后,下载灯停止闪动,程序自动运行。此时如果分别按下 A、B、A+B 按钮,七彩灯将分别呈现红、绿、蓝三种颜色,证明用 Microbit 核心板控制 LED 七彩灯板是可行的,如图 7.36 所示。

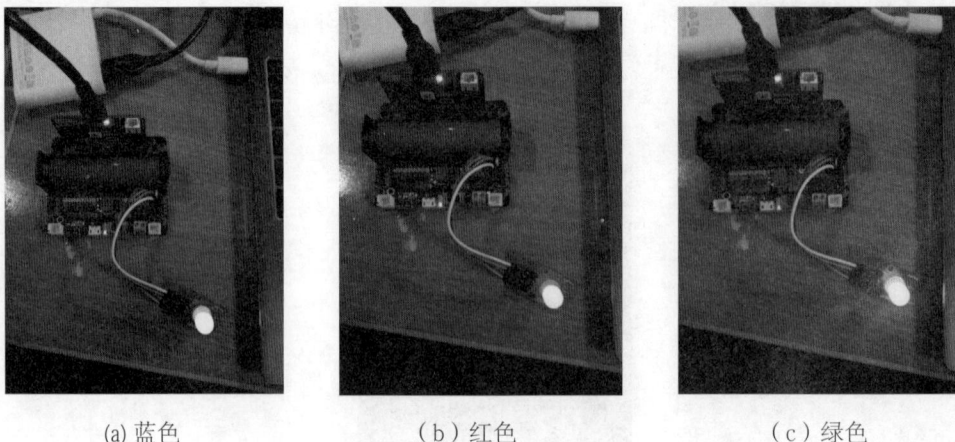

(a) 蓝色   （b）红色   （c）绿色

图 7.36　七彩 LED 分别显示蓝、红、绿三色

下一步将完成此三基色 LED 灯板的七彩灯闪烁效果。为了展示不同编程工具，此次我们选择使用 Python 语言来完成。

5. 实验步骤

在图 7.29 所示界面中"（1）编程语言选择下拉列表"中选择 Python，如图 7.37 所示。

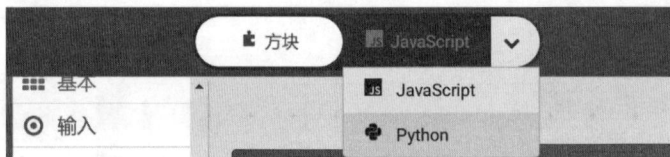

图 7.37　编程语言选择

LED 的 RGB 三个引脚分别赋予 0 和 1 两种逻辑状态，这些状态的逻辑组合可实现 $2^3=8$ 种状态，也就是八种颜色。为实现七彩灯循环变换颜色，拟定如下控制信号真值表。

R G B=0 0 0

R G B=0 0 1

R G B=0 1 0

R G B=0 1 1

R G B=1 0 0

R G B=1 0 1

R G B=1 1 0

R G B=1 1 1

根据上述真值表，制定显示逻辑如下。

For R from 0 to 1

设置通道 R 值

延时（500ms）

   For G from 0 to 1

   设置通道 G 值

   延时（500ms）

   For B from 0 to 1

     设置通道 B 值

     延时（500ms）

  End

 End

End 根据上述逻辑伪代码，撰写 Python 源码如下。

```python
def on_forever():
    for index in range(2):
        pins.digital_write_pin(DigitalPin.P0, index)
        basic.pause(500)
        for index1 in range(2):
            pins.digital_write_pin(DigitalPin.P1, index1)
            basic.pause(500)
            for index2 in range(2):
                pins.digital_write_pin(DigitalPin.P2, index2)
                basic.pause(500)
basic.forever(on_forever)
```

从逻辑上看，上述代码并不存在问题，但经过实际调试发现该代码并未按照逻辑分析真值表的顺序依次显示八种颜色，实际产生的 RGB 三基色值与设计值对比如表 7.2 所示。

表 7.2 七彩 LED 设计码值与实际效果

通道分离	实际产生的值顺序	设计值顺序
R G B	0 0 0	0 0 0
R G B	0 0 1	0 0 1
R G B	0 1 1	0 1 0
R G B	0 1 0	0 1 1
R G B	0 1 1	1 0 0
R G B	1 1 1	1 0 1
R G B	1 0 1	1 1 0
R G B	1 0 0	1 1 1
R G B	1 0 1	0 0 0
R G B	1 1 1	–
R G B	1 1 0	–
R G B	1 1 1	–
R G B	1 1 0	–
R G B	1 1 1	–
R G B	0 1 1	–
R G B	0 0 1	–

为什么会产生上述现象呢？通过对比实际值和理论设计值可以发现，每次通道值变动时，一定是外层通道先变，其他通道保持了前一步的状态。因此导致了实际值与设计的理论值并不一致。了解了上述问题的症结，我们在变动某一通道时，同时将其他通道也按照逻辑值一起更新，即可形成设计所需的理论值。更改后的代码如下。

```
def on_forever():
    for index in range(2):
        for index1 in range(2):
            for index2 in range(2):
                pins.digital_write_pin(DigitalPin.P0, index)
                pins.digital_write_pin(DigitalPin.P1, index1)
                pins.digital_write_pin(DigitalPin.P2, index2)
                basic.pause(500)
basic.forever(on_forever)
```

如上程序中，三重 for 循环保证了 RGB 三个通道变动时始终是在最内层三个通道一起变动，这样就保证了通道值的正确性。

从上面的例子可以看到，虽然逻辑上代码可能没有问题，但在实际运行时，会产生很多意想不到的情况，设计逻辑时序时，值谁先变动一定要搞清楚，否则会导致出现不想要的结果。遇到这种情况时，最有效的手段就是程序调试。用调试工具跟踪每一步目标变量的变动情况，是不是在某一步产生了意外的结果，触发这一步的条件是不是不对。如此检查即可快速查出是哪里出现的问题。

7.4.2 雷达测距

1. 所需元器件

（1）Microbit 主板。

（2）Robotbit 扩展卡。

（3）Micro USB 线。

（4）超声波传感器 HC-SR04。

2. 元件性能讲解

超声波传感器 HC-SR04 是性能比较稳定、精度相对较好的一种超声测距传感器，其外形如图 7.38 所示。

图 7.38 超声传感器 HC-SR04 的外形

超声波传感器 HC-SR04 共有四个引脚，VCC 为电源接口，接 +5V 直流电；Gnd 为电源地线；Trig 为触发测距引脚；Echo 为回波引脚。

超声波测距模块工作过程原理如图 7.39 所示。

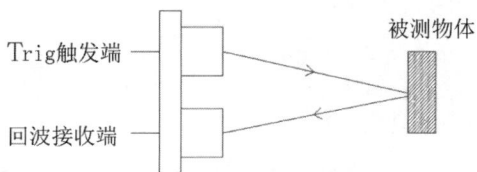

图 7.39 超声波测距原理

Trig 触发端给出触发信号以后，超声波发生器产生声波信号，碰到被测物体之后，声波被物体反射，并被回波接收端接收。声音在空气中传播速度为 344m/s，根据触发端与声波回波之间的时间差乘以声速再除以 2 即可获得被测物与发射端之间的距离。

3. 使用步骤

（1）给超声波模块接入 5V 电源和地。由于 Microbit 本身并无 5V 大电流电源。为此需要应用 Robotbit 扩展板。超声波传感器 HC-SR04 VCC 端接 Robotbit+5V 直流电引脚 5；超声波传感器和 Robotbit 的 Gnd 必须共地；将 Trig 引脚接入 P0 端，Echo 引脚接入 P1 端。

（2）给脉冲触发引脚输入一个长为 20μs 的高电平方波。

（3）输入方波后，HC-SR04 模块会自动发射 8 个 40kHz 的声波，与此同时回波引脚（Echo）端的电平会由 0 变为 1。

（4）当超声波返回被模块接收到时，回波引脚端的电平会由 1 变为 0；定时器记下的这个时间即为超声波由发射到返回的总时长，除以 2 即为被测距离。

（5）根据声音在空气中的速度为 340m/s，即可计算出所测的距离。

为了便于对超声波模块进行快速编程，需要添加 Sonar 包。执行 Advanced → Add Package 命令，在搜索框中输入 sonar，然后单击"搜索"图标按钮，选中 sonar 选项，如图 7.40 所示。

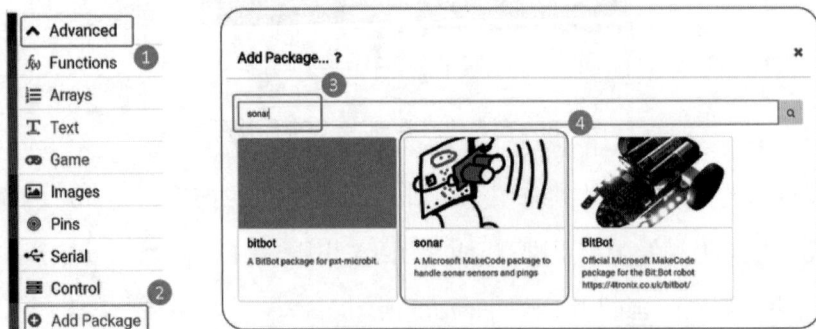

图 7.40　添加超声控件

4. 编程及测试

拖入如图 7.41 所示的图形编程框架。

将编好的程序下载到 Microbit 中，改变障碍物与超声波模块之间的距离，即可观察 Microbit LED 屏上数字的变化。

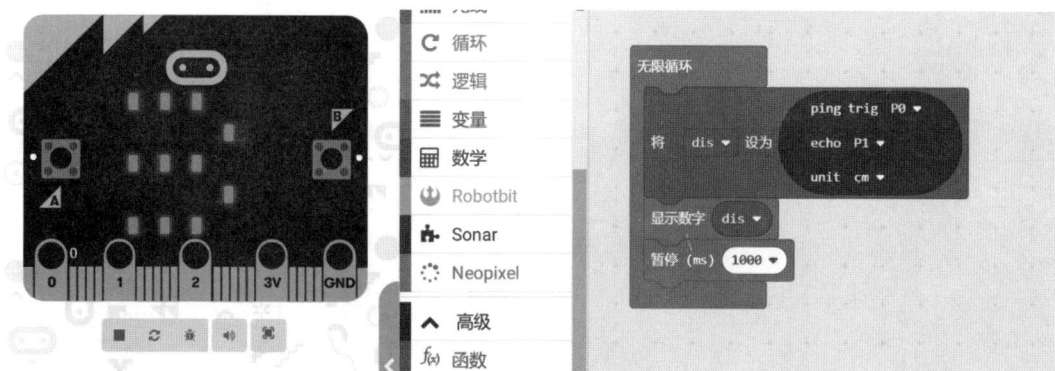

（a）超声传感器显示的距离   （b）编程界面

图 7.41 Microbit 测距程序

7.5 本章小结

本章介绍了电子系统的基本概念和构成。认识了基础的电子元器件和工具。只有具备了充分的电子电路知识才能开展电子系统创新设计。电子系统创新设计需要把握创新和具有价值这两个关键要素，才能在现有技术条件下有所突破，而且这种突破要具备降低成本、提高效率和扩展应用领域等一种或几种价值。创新设计通常会涉及光学、机械、电子、软件等多个领域的知识，需要反复斟酌技术方案，不同任务模块之间相互支撑、相互妥协，以达到多要素平衡。确定设计目标后，首先论证要实现目标需要使用的技术原理，必须保证目标不存在原理性错误；然后再按照目标划分功能模块，根据每个模块的功能确定模块实现的技术手段；根据技术手段设计原理图；根据现有工艺绘制版图、打样、生产样机、测试修改、形成成品。每个步骤都要制定严格的技术文档，分配人员。创新设计需要付诸实践才能检验思想是否符合实际，实践出真知，因此，电子系统创新实践需要多从生产生活中获取灵感，经过设计加工，最后也要到生产生活中检验，才能设计出真正有价值的产品。

习题

1. 如图 7.42 所示，脑电信号采集时需要将脑电极与头皮紧密接触，但当前脑电采集普遍遇到的一个问题是脑电极会被头发阻隔，与头皮接触不良，头皮上也有油脂，影响电信号质量。请开放思维，想想如何解决此问题。

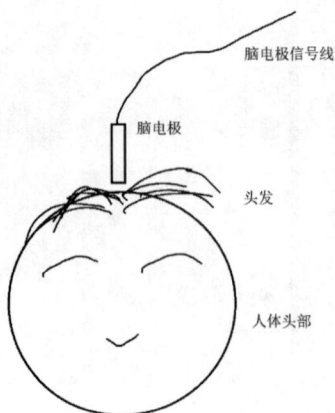

图 7.42 脑电采集示意图

提示：①将脑电极头部设计为可自动拨开头发的结构。②将脑电极头部设计为可自动避开头发的结构，如细丝结构。③脑电极表面预置油脂清洗液及导电膏。

2. 当前教师上课时对于大屏幕指示普遍采用激光笔。但现有激光笔过于刺眼，且由于其特征过于突出，学生大多集中精力于激光点，而忽略了课件内容。请构思一个电子设备解决上述问题。

提示：采用普通长伸缩教鞭，头部设置标记点，如白色圆头，在投影仪一侧设置摄像头，采用视觉跟踪技术采集教鞭位置，教鞭上设置按钮及无线发射装置，按动按钮时，控制计算机的电子墨水功能，在 PPT 上绘制加重线或下画线，以更符合现有材料标记方式。

3. 现在人们在学习、工作时普遍存在坐姿不正的问题，造成脊柱侧弯、腰椎间盘突出等发病率极高。请设计一种电子设备解决此问题。

提示：两种方案，一是提示类电子设备，通过座椅或坐垫上设置传感器（具体传感器类型根据方案不同差异较大，如姿态传感器、压力传感器等），当发生坐姿不正时，发出警报；另一种是设备主动纠正，发生坐姿不正时，电子设备主动调控人体向正确姿态调整。

第 8 章　人工智能创新设计基础

8.1　人工智能概述

8.1.1　什么是人工智能

1. 人工智能的定义

1997 年 5 月 11 日，IBM 超级计算机"深蓝"在正常时限的比赛中首次击败了等级分排名世界第一的棋手加里·卡斯帕罗夫；2006 年"浪潮杯"首届中国象棋人机大战，5 位中国象棋特级大师，最终败在超级计算机浪潮天梭手下；2011 年 2 月 17 日，在美国最受欢迎的智力竞猜电视节目《危险边缘》中，计算机"沃森"击败该节目历史上最成功的两位选手肯·詹宁斯和布拉德·鲁特；由谷歌（Google）旗下 Deep Mind 公司开发的阿尔法围棋（AlphaGo）更是第一个击败人类职业围棋选手、第一个战胜围棋世界冠军的人工智能机器人。它先是于 2016 年 3 月，与围棋世界冠军、职业九段棋手李世石进行围棋人机大战，以 4:1 的总比分获胜。2017 年 5 月，又以 3:0 横扫世界排名第一的世界围棋冠军柯洁。面对人工智能如此惊艳的表现，霍金曾经预测：人工智能将很快达到一个超越人类的新生命形式，甚至是一个全新的物种，挑战人类的存在。

那么什么是人工智能呢？人工智能到底有什么魔力可以让它在某些领域达到或者超越该领域专家的水平呢？

对于人工智能的一般性描述，人工智能即 artificial intelligence，简称 AI，是指用计算机模拟或实现的智能，因此人工智能又称机器智能或人造智能。从学术上来讲，"人工智能"主要研究用人工的方法和技术开发智能机器或智能系统，以模仿、延伸和扩展人的智能、生物智能、自然智能，实现机器的智能行为。

从人工智能这个专有词汇诞生那天起，不同的学者也对它的内涵与外延在不同角度、不同层面进行了阐述。

（1）人工智能是那些与人的思维相关的活动，诸如决策、问题求解和学习等的自动化（Bellman，1978年）。

（2）人工智能是研究怎样让计算机模拟人脑从事推理、规划、设计、思考、学习等思维活动，解决至今认为需要由专家才能处理的复杂问题（Elaine Rich，1983）。

（3）人工智能是研究如何让计算机做现阶段只有人才能做好的事情（Rich Knight，1991年）。

（4）人工智能是那些使知觉、推理和行为成为可能的计算的研究（Winston，1992年）。

广义地讲，人工智能是关于人造物的智能行为，而智能行为包括知觉、推理、学习、交流和在复杂环境中的行为（Nilsson，1998年）。2003年，Stuart Russell 和 Peter Norvig 则把已有的一些人工智能定义分为四类：像人一样思考的系统、像人一样行动的系统、理性思考的系统、理性地行动的系统。

如果人工智能从微观和宏观上来区别定义，又有如下的解释。

（1）微观角度：人的智能产生于人的大脑，而人脑是一个由 10^{11}~10^{12} 个神经元连接形成的巨系统，结构和活动规律都极其复杂，智能产生仍然作为自然界四大奥秘之一（物质的本质、宇宙的起源、生命的本质、智能的产生）。

（2）宏观角度：智能系统通常包括感知、记忆与思维、效应三大部分——主要完成思维活动。

目前业内公认的关于人工智能的定义是由"人工智能之父"马文·明斯基（Marvin Minsky）给出的——人工智能就是让机器来完成那些如果由人来做则需要智能的事情的科学。

可以看出，以上这些定义虽然都指出了人工智能的一些特征，但用它们却难以界定一台计算机是否具有智能性。因为要界定机器是否具有智能性，必然要涉及什么是智能的问题，但这却是个难以准确回答的问题。所以，尽管人们给出了关于人工智能的不少说法，但都没有完全或严格地用智能的内涵或外延来定义人工智能。

2. 脑智能和群智能

脑智能和群智能属于不同层次的智能。脑智能是一种个体智能（individual

intelligence, II）, 而群智能是一种社会智能（social intelligence, SI）, 或者说是系统智能(system intelligence, SI）。最初群智能可被描述为一些相互作用且相邻的集合体,蜂群、蚁群、鸟群等都是典型例子,蚂蚁成群有利于寻找食物,因为任何一只蚂蚁发现食物都可带领蚁群来搬运食物,这样就使得群体涌现出一些个体不具备的能力和特征,尤其是对环境的适应能力,这种对变化环境的适应能力被称为智能,但这也存在一些争议。后来 Mark Millonas 在 1994 年又提出五条准则给予更准确的定义。

目前,在群智能领域已经取得成功的两种基于 SI 的优化算法是蚁群算法（ant colony optimization, ACO）和粒子算法。蚁群算法由 Colorni 和 Maniezzo 在 1991 年提出,它是通过模拟自然界蚂蚁社会寻找食物的方式而得出的一种仿生优化算法。自然界中蚁群寻找食物时会派出些蚂蚁分头在四周游荡,如果一只蚂蚁找到食物,它就返回巢中通知同伴并沿途留下"信息素"（pheromone）作为蚁群前往食物所在地的标记。信息素会逐渐挥发,如果两只蚂蚁同时找到同一食物,又采取不同路线回到巢中,那么比较绕弯的一条路上信息素的气味会比较淡,蚁群将倾向于沿另一条更近的路线前往食物所在地。大概的示意图如图 8.1 所示。

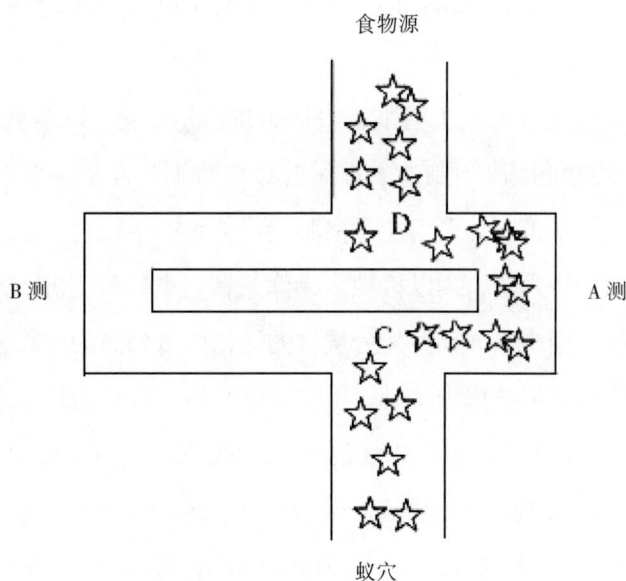

图 8.1 蚁群根据信息素的多少选择最优路径

ACO 算法设计虚拟的"蚂蚁",让它们摸索不同路线,并留下会随时间逐渐消失的虚拟"信息素"。根据信息素较浓的路线更近的原则,即可选择出最佳路线。目前,ACO 算法已被广泛应用于组合优化问题中,在图着色问题、车间流问题、车辆调度问题、机器人路径规划问题、路由算法设计等领域均取得了良好的效果。也有研究者尝试将 ACO 算法应用于连续问题的优化中。由于 ACO 算法具有广泛实用价值，成为了群智能领域第一个取得成功的实例，曾一度成为群智能的代名词，相应理论研究及改进算法近年来层出不穷。

对于人脑来说，宏观心理（或者语言）层次上的脑智能与神经元层次上的群智能又有密切的关系，正是微观生理层次上低级的神经元的群智能形成了宏观心理层次上高级的脑智能。但二者之间的具体关系如何，却仍然是个谜，这个问题的解决需要借助脑科学、神经科学、系统科学等交叉领域的知识进行深入探究。

3. 符号智能和计算智能

1）符号智能

符号智能就是符号人工智能，它是模拟脑智能的人工智能，也就是所说的传统人工智能或经典人工智能。符号智能以符号形式的知识和信息为基础，主要通过逻辑推理，运用知识进行问题求解。符号智能的主要内容包括知识获取（knowledge acquisition）、知识表示（knowledge representation）、知识组织与管理和知识运用等技术，这些构成了所谓的知识工程（knowledge engineering，KE）以及基于知识的智能系统等。

2）计算智能

计算智能（CI）就是计算人工智能，最早由贝兹德克在 1992 年提出，他认为，从严格意义上讲，计算智能取决于制造者提供的数值数据，而不是依赖于知识；另一方面，人工智能则是应用知识。计算智能是借鉴生物体系的生物进化、细胞网络等机制用数学语言抽象描述的计算方法，用以模拟生物体系和人类的智能机制，重点在于计算，计算的基石为人工神经网络，如果智能分层次的话，由低到高为计算智能、人工智能、生物智能，计算智能以数值数据为基础，主要通过数值计算，运用算法进行问题求解，主要方法包括：神经计算（neural computation，NC）、进化计算（亦称演化计算，evolutionary computation，EC），包括遗传算法（genetic algorithm，GA）、进化规划（evolutionary planning，EP）、粒群算法（particle swarm algorithm，PSA）、蚁群算法（ant colony algorithm，ACA）以及人工生命（artificial life，AL）等。

典型应用之一就是基于 BP 神经网络的 PID（比例 – 积分 – 微分）调节算法。基于 BP 神经网络的 PID 控制系统结构框图如图 8.2 所示。PID 控制器作为最早实用化的控制器已有 50 年以上的历史，现在仍然是应用最广泛、最普遍的工业控制器。PID 控制器最早发展起来的原因，是由于其算法简单、鲁棒性好和可靠性高，因此被广泛应用于过程控制和运动控制中，特别适用于可建立精确数学模型的确定性控制系统。但是常规的 PID 控制器参数往往整定不良，性能欠佳，对运行环境的适应性很差。而 BP 神经网络具有很强的非线性映射能力、自学习的能力、联想记忆的能力，并具有并行批量信息处理方式及良好的容错性能。所以建立一种基于 BP 神经网络的 PID 控制器，使人工神经网络和传统 PID 结合，提高控制质量和控制效率。

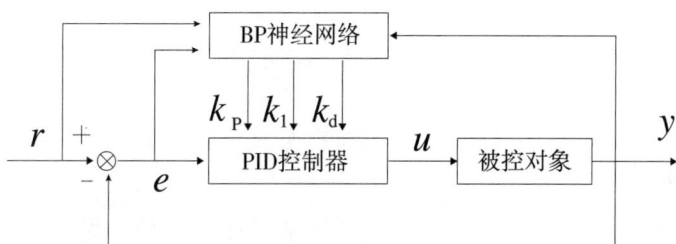

图 8.2　基于 BP 神经网络的 PID 控制器结构框图

计算智能主要研究各类优化搜索算法，是当前人工智能学科中一个十分活跃的分支领域。

8.1.2　人工智能的研究意义、目标和策略

1. 为什么要研究人工智能

我们知道，计算机是迄今为止最有效的信息处理工具，以至于人们称它为"电脑"。但现在的普通计算机系统的智能性还相当低下，譬如缺乏自适应、自学习、自优化等能力，也缺乏社会常识或专业知识等，而只能是被动地按照人们为它事先安排好的工作步骤进行工作。因而它的功能和作用就受到很大的限制，难以满足越来越复杂和越来越广泛的社会需求。既然计算机和人脑一样都可进行信息处理，那么是否能让计算机同人脑一样也具有智能呢？这正是人们研究人工智能的初衷。

研究人工智能也是当前信息化社会的迫切要求。我们知道，人类社会现在已经进入了信息化时代。信息化的进一步发展就必须有智能技术的支持。人工智能技术在互联网（Internet）、万维网（WWW）和网格（grid）上将发挥重要作用。

智能化也是自动化发展的必然趋势。自动化发展到一定水平，再向前发展就必然是智能化。事实上，智能化将是继机械化、自动化之后，人类生产和生活中的又一个技术特征。

2. 人工智能的研究目标和策略

人工智能作为一门学科，其研究目标就是制造智能机器和智能系统，实现智能化社会。具体来讲，就是要使计算机不仅具有脑智能和群智能，还要具有看、听、说、写等感知和交流能力。简言之，就是要使计算机具有自主发现规律、解决问题和发明创造的能力，从而大大扩展和延伸人的智能，实现人类社会的全面智能化。

人工智能学科的研究策略则是先部分地或某种程度地实现机器的智能，并运用智能技术解决各种实际问题，特别是工程问题，从而使现有的计算机更灵活、更好用和更有用，成为人类的智化信息处理工具，从而逐步发展和不断延伸人的智能，逐步实现智能化。

8.1.3　人工智能测试

用概念去定义一个事物，可以用"外延"或"内涵"的方法，简单地说，前者就是举例：什么是"可计算的"东西？后者则是论述什么是"可计算性"，前者容易，后者很难。从"判定问题"的历史发展中得到的启示，我们就可以把"什么是人工智能"的问题转变成一个判断问题——有何方法去判断一台机器是不是人工智能？英国数学家Alan Turing 给出了方法，称为"图灵测试"（Turing test）。

1. 图灵测试

图灵让一位测试者分别与一台计算机和一个人进行交谈，而测试者事先并不知道交谈的对象是人还是计算机。如果交谈后仍然无法分辨，则认为被测的计算机具有智能性，如图 8.3 所示。

图灵测试的核心想法是要求计算机在没有直接物理接触的情况下接受人类的询问，并尽可能把自己伪装成人类。

事实上，也有些科学家认为图灵测试本身就是伪命题，因为计算机可以"像人"一样进行思考——但这只是"像"人的"思考"而已，就是说，计算机（算法）不等于人的"思考"，也不等于"人工智能"，更不等于人的"思考"。此外，计算机如果真的具有智能，也可以伪装为反例欺骗人类。

图 8.3　图灵测试实验

2. 智能的特征

一般认为拥有以下特征就可称为智能。

（1）具有感知能力（系统输入）：包括机器视觉、机器听觉、图像语音识别等。

（2）具有记忆与思维能力：思维是智能的根本原因，思维是一个动态的过程。思维分为：逻辑思维、形象思维和顿悟思维。

（3）具有学习能力及自适应能力：适应环境的变换、积累经验的能力。

（4）具有行为能力（系统输出）：对外界的智能化反应。

8.1.4 人工智能的研究内容

1. 搜索与求解

所谓搜索，就是为了达到某一目标而多次进行某种操作、运算、推理或计算的过程。事实上，搜索是人在求解问题时不知现成解法的情况下所采用的一种普遍方法，大体分为状态空间的搜索、盲目的图搜索和启发式图搜索。关于启发式策略，即利用与问题有关的启发信息进行搜索。

例如，在九宫格棋牌上，两位选手轮流在棋牌上摆各自的棋子 × 和○（每次一枚），谁先取得"三子成一线"（一行、一列或者一条对角线）的结果就取胜。具体分析：① × 和○能够在棋牌中摆成的各种不同的棋局就是问题空间中的不同状态；②9 个位置上摆放 { 空、×、○ } 有 3^9 种棋牌；③可能的走法：$9×8×7×\cdots×1$，这就是启发式搜索的情景。

2. 学习与发现

学习与发现是指机器的知识学习和规律发现。事实上，经验积累能力、规律发现能力和知识学习能力都是智能的表现。那么，要实现人工智能就应该赋予机器这些能力。因此，关于机器的学习和发现技术就是人工智能的重要研究内容。

例如，通过深度学习（机器学习的子集）进行股票预测，通过学习大量的历史数据（样本），能够预测某一只股票未来的发展趋势，发现投资机会。

3. 知识与推理

我们知道"知识就是力量"。在人工智能中，人们则更进一步领略到了这句话的深刻内涵。的确，对智能来说，知识太重要了，以致可以说"知识就是智能"。事实上，能发现客观规律是一种有智能的表现，能运用知识解决问题也是有智能的表现，而且是最为基本的一种表现。而发现规律和运用知识本身还需要知识。因此可以说，知识是智能的基础和源泉。所以，要实现人工智能，计算机就必须拥有知识和运用知识的能力。为此，就要研究面向机器的知识表示形式和基于各种表示的机器推理技术。知识表示要求便于计算机数据的接收、存储处理和运用，机器的推理方式与知识的表示又息息相关。由于推理是人脑的一个基本功能和重要功能，因此，在符号智能中几乎处处都与推理有关。

4. 发明与创造

这里的发明与创造是广义的，它既包括我们通常所说的发明创造，如机器、仪器、设备等的发明和革新，也包括创新性软件、方案、规划、设计等的研制和技术、方法的创新以及文学、艺术的创作，还包括思想、理论、法规的建立和创新等。发明创造不仅需要知识和推理，还需要想象和灵感。它不仅需要逻辑思维，而且还需要形象思维。所以，这个领域应该说是人工智能中最富挑战性的一个研究领域。目前，人们在这一领域已经开展了一些工作，并取得了些成果，如已展开了关于形象信息的认知理论、计算模型和应用技术的研究，已开发出了计算机辅助创新软件，还尝试用计算机进行文艺创作等。

波士顿动力（Boston dynamics）是一家美国的工程与机器人设计公司，此公司的著名产品包含在国防高等研究计划署出资下替美国军方开发的四足机器人：波士顿机械狗及人形机器人等。2020年底，波士顿动力刚刚放出一段极其欢乐的舞蹈视频，人形机器人Atlas、机器狗Spot、搬运工Handle纷纷亮相，伴随着歌曲Do You Love Me共舞，动作整齐划一，灵活悦动，如图8.4所示。令人印象深刻的技能是，模仿病态的舞步其动作协调性已经极其接近人类，不由得让人惊出一身冷汗：新物种可能会在未来诞生。

5. 感知与交流

感知与交流是指计算机对外部信息的直接感知和人机之间、智能体之间的直接信息

图 8.4 人形机器人、机器狗和搬运工共舞

交流。机器感知就是计算机直接"感觉"周围世界，就像人一样通过"感觉器官"直接从外界获取信息，如通过视觉器官获取图形、图像信息，通过听觉器官获取声音信息。所以，机器感知包括计算机视觉、听觉等各种感觉能力。机器信息交流涉及通信和自然语言处理等技术。自然语言处理又包括自然语言理解和表达。感知和交流是拟人化智能个体或智能系统所不可缺少的功能组成部分，所以这也是人工智能的研究内容之一。

苹果（Apple）公司的个人助理 Siri 作为一款智能数字个人助理，它通过机器学习技术来更好地理解我们的自然语言问题和请求，如图 8.5 所示为 Siri 的呼唤界面。

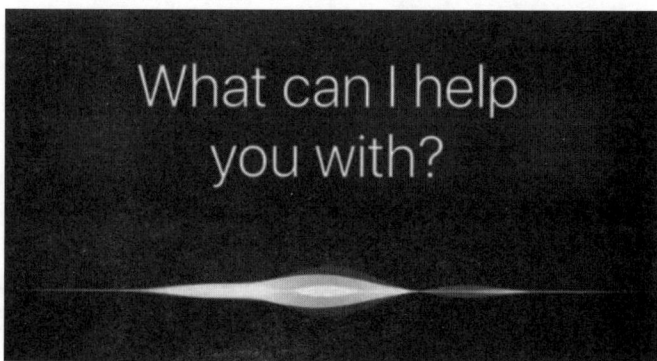

图 8.5 Siri 呼唤界面

6. 记忆与联想

记忆是智能的基本条件，不管是脑智能还是群智能，都以记忆为基础。记忆也是人脑的基本功能之一。在人脑中，伴随着记忆的就是联想，联想是人脑的奥秘之一。

计算机要模拟人脑的思维就必须具有联想功能。要实现联想无非就是建立事物之间的联系。在机器世界里面就是有关数据、信息或知识之间的联系。当然，建立这种联系的办法很多，如用指针、函数、链表等。通常的信息查询就是这样做的。但传统方法实现的联想，只能对于那些完整的、确定的（输入）信息，联想起（输出）有关的信息。这种"联想"与人脑的联想功能相差甚远。人脑能对那些残缺的、失真的、变形的输入信息，仍然可以快速、准确地输出联想响应。

在 2008 年的 5 月发表的《自然》杂志上，美国惠普公司实验室的斯坦·威廉斯和其同事在进行小型电路实验时，终于制出了忆阻的实物模型。后续发展为连续的忆阻神经网络和离散的忆阻神经网络。不久的将来脑机接口的迅猛发展使人类将迎来一场新的技术革命。

8.1.5 人工智能的应用案例

1. 脑机接口进行人体精神状态监测

头皮脑电信号（EEG）是脑神经元细胞电生理活动的总体反应，人脑的不同工作状态和病因会使大脑的不同区域或频段上的信号发生变化，从而使脑电信号表现出不同模式。脑电作为能够客观反映大脑活动状态的生物信号，被广泛应用到抑郁症诊断、脑卒中康复、注意力检测等研究领域。随着人工智能的发展，利用脑电信号诊断与治疗一些精神疾病也越来越常见。如使用深度学习中的卷积神经网络（CNN）算法，对健康人和抑郁症患者的脑电信号进行特征提取并分类，可有效对抑郁症进行筛查。既避免了量表诊断时由于主观因素导致的诊断结果不准确问题，又缓解了心理医生资源不足抑郁症患者无法就诊的现状，人工智能的诊断方法快速、准确，为抑郁症患者带来了极大的便利。整体的流程如图 8.6 所示。

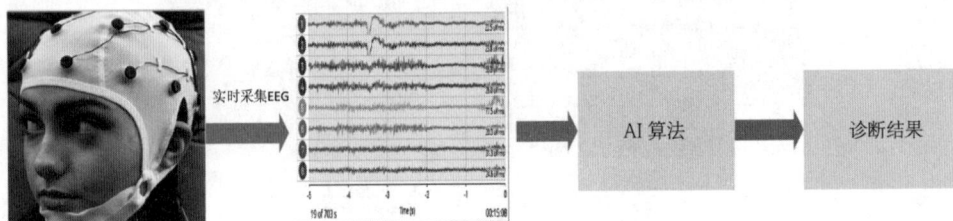

图 8.6　脑机接口监测过程

2. 城市内涝预测

利用人工智能算法搭建城市内涝数字化综合信息管理平台，旨在实现城市积水监测数据的高度精确化自动化采集、城市内涝的智能化水情预报、城市内涝数据传输及预警信息的发布自动化，以及应急救灾指挥的智能化。其中积水预测模块，在"城市内涝的智能化水情预报"子系统中，积水量可以看作一个时间序列，对于时间序列而言，每一时段的积水深度在时间关系上是紧密相关的，此刻的状态与上一刻的历史状态有一定程度的关系，且可能导致下一刻的变化。长短时记忆（long short-term memory, LSTM）算法相对于标准循环神经网络而言，能够更准确地解决长时依赖问题。考虑到这些特点与优势，该子系统采用 LSTM 网络来寻找输入数据与预测结果之间的关系，进而实现智能预测。

LSTM 算法，相对于标准循环神经网络（recurrent neural network, RNN）而言，能够更有效地解决长时依赖的问题。与此同时，相对于标准 RNN，LSTM 网络在结构上并没有什么巨大的改变，只是对隐藏层做了一些改进。在 LSTM 网络中，使用存储单元（cell）代替传统的神经元，每个存储单元有输入门、遗忘门和输出门。tanh、sigmoid 函数常被用作神经网络的激活函数，LSTM 内部处理器和三重门如图 8.7 所示。

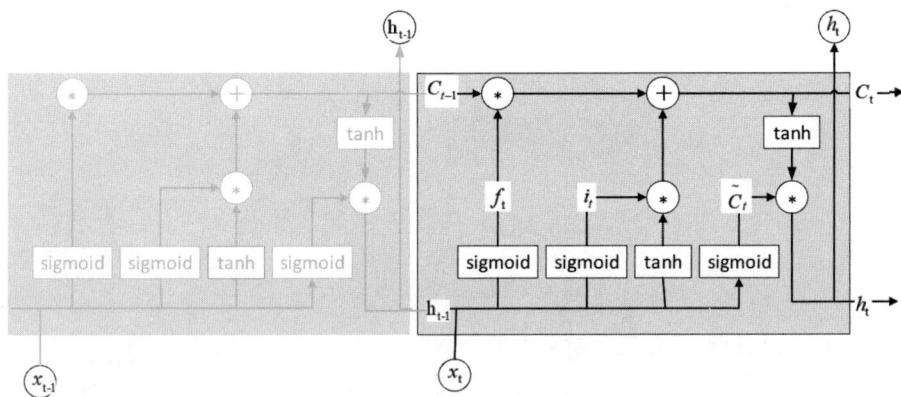

图 8.7　LSTM 内部处理器和三重门

实验结果表明，通过 AI 智能算法可以较为精确地拟合积水的变化曲线，从而可以预测出未来一段时间内的内涝积水深度值，为城市内涝预警决策提供数据支撑。

3. 设备故障诊断

风力发电作为一种新型环保能源，近年来发展迅速。风电场环境下的故障诊断难度仍然是一个需要解决的问题，目前的诊断方法普遍存在模型建立困难、过度依赖人工经验、通用性差、性能低等问题。因此，研究结合人工智能、深度学习，提出了一种新的风力发电机故障高性能诊断算法的设计与实现，使用基于时间序列的创新混合故障诊断模型，采用改进的一维（1D）卷积神经网络（CNN）与门控递归单元（GRU）相结合。混合网络将 1D-CNN 和 GRU 串联起来，以 CNN 作为初级网络，自动提取传感器序列数据的局部抽象特征，以 GRU 作为次级网络，利用其 LSTM 特性，捕捉全局特征和序列动态信息，并利用真实数据集评估了混合神经网络 1D-CNN-GRU 的有效性和可靠性。与目前的算法相比，所提出的方法表现出优越性能。算法总体流程图如图 8.8 所示。

实验结果表明，利用人工智能技术，可以有效根据样本数据分辨正常、齿轮磨损、齿轮断裂三种情况，诊断准确率分别为 92%、89%、100%。所提出的方法在不同故障类别上取得了良好的性能。因此，该模型可以支持风力发电机的日常维护，保证设备的正常运行。

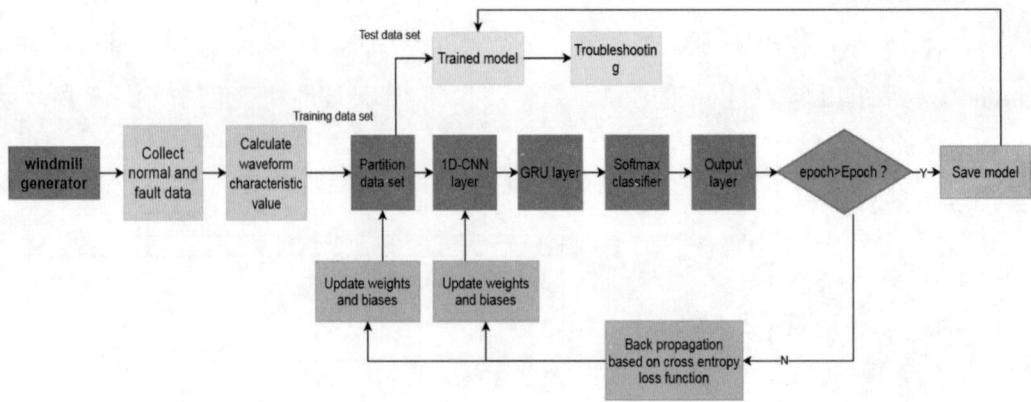

图 8.8　风力发电机混合故障诊断算法流程图

4. 数据中心设备健康状态分析

数据中心制冷系统的故障直接影响其耗能及运行的可靠性。目前，设备系统之间的交叉连接越来越复杂，基于这些智能化、复杂化的改变，提高工作效率和快速故障检测是一个重大的挑战，因此快速获取数据以及准确的信息是对现在计算机和人工智能的一个要求，并且这种要求不断升高。我们目前利用深度学习算法针对现有的数据，实现故障诊断、分类，结合实时数据，预测故障类型并且可以衡量健康状态的退化程度，转换为百分制健康度，高效地实现设备的健康状态量化评估。保证数据中心正常工作。这样将会提高设备维修效率与使用寿命、降低维修成本、降低能耗。

基于混合深度学习的故障诊断流程框架如图 8.9 所示，它在技术上可分为五个部分：定义阶段、预处理阶段、训练阶段、测试阶段和评估阶段。

- 在定义状态阶段，特别侧重于定义故障诊断问题或系统健康状态。
- 在预处理阶段，根据每个预定义的健康状态收集数据，以构建原始数据集，然后，对数据集进行预处理，通过有效降维方法实现对数据的降维，最后将其分为训练数据集和测试数据集。
- 在训练阶段，建立混合模型并初始化参数，然后利用训练数据集对混合模型进行训练，通过错误分类误差对分类模型进行参数调整。
- 在测试阶段，将测试数据集放入经过训练的模型中，以识别故障类型。
- 在评价阶段，主要完成诊断结果的计算、报告和评价。

该系统能够根据参数实时变化来诊断设备故障类型，在理想状态下，分类精度达 85% 以上；可自定义比例划分输入数据为训练集和测试集，其中训练集用于训练模型，测试集用于测试模型分类性能；系统中分类算法对传感器实时数据进行综合分析，并将分析结果作为该系统的输入；系统健康状态评估算法可根据实时监测数据来为设备打分并评估设备健康状态。

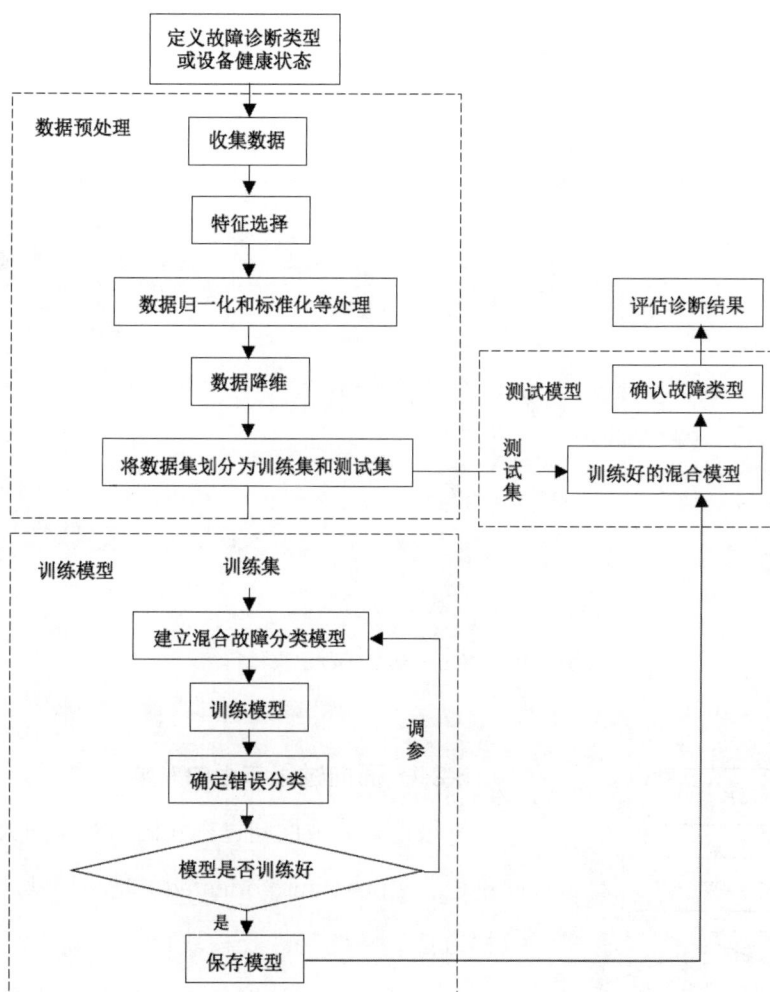

图 8.9　基于混合深度学习的制冷系统故障诊断流程图

8.2　编程语言的艺术

"编程"一词的英文翻译为 programming，编程语言也称为 programming language。这种"语言"是机器通过一些工具可以识别、理解的语言，就像人类的语言：汉语、英语、法语等，虽然语言不同，但可以通过翻译软件表达相同的意思。但是表达也有技巧，也有方法。如何更快捷地表达出想说的话？如何高效地实现表达的目的？如何组织语言而不产生歧义？这就是语言的艺术。人类的语言具有表达艺术，计算机的编程语言也同样具有，而它的表达艺术核心在于——编程思想。

众所周知，编程语言总体分为机器语言、汇编语言、高级语言。图 8.10 所示为 2020 年编程语言排行榜，排行前三位的分别为 C、Java、Python。它们都是高级语言，每个语言有各自的特色，尽管语法不尽相同，但却可以达到相同的表达含义，这就是（编程）语言的艺术。

Dec 2020	Dec 2019	Change	Programming Language	Ratings	Change
1	2	⌃	C	16.48%	+0.40%
2	1	⌄	Java	12.53%	-4.72%
3	3		Python	12.21%	+1.90%
4	4		C++	6.91%	+0.71%
5	5		C#	4.20%	-0.60%
6	6		Visual Basic	3.92%	-0.83%
7	7		JavaScript	2.35%	+0.26%
8	8		PHP	2.12%	+0.07%
9	16	⌃⌃	R	1.60%	+0.60%
10	9	⌄	SQL	1.53%	-0.31%

图 8.10　TIOBE2020 编程语言排行榜

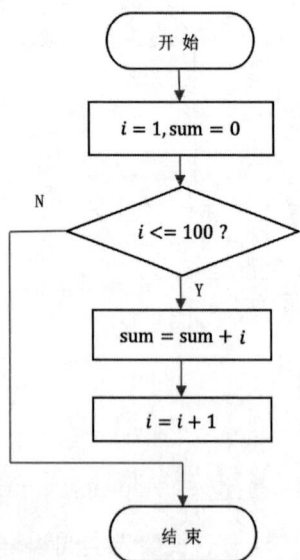

图 8.11　从 1 加到 100 的流程图

8.2.1　面向过程与面向对象

高级语言分成面向过程和面向对象两大阵营。"面向过程"（procedure oriented）是一种以过程为中心的编程方法。它的特性是模块化、流程化，因此以流程图（flow chart）作为编程思想的表现形式。图 8.11 展示了从 1 加到 100 的流程图。

"面向对象"（object oriented）是一种对现实世界理解和抽象的方法，把相关的数据和方法组织为一个整体来看待，从更高的层次来进行系统建模，更贴近事物的自然运行模式。面向对象与面向过程的编程语言的本质区别如下。

（1）审视问题域的视角不同。面向对象的编程方法认为"万物皆为对象",每个对象都是独一无二的。如同样是教室里面的粉笔,不管是否长得一模一样,两根粉笔就是两个不同的对象。这样的编程角度符合人类观察问题和解决问题的习惯,通俗点说就是编程的思考方式更加简单。而面向过程的编程方法以功能为目标来设计构造应用系统。这种做法导致在进行程序设计时,不得不将个体所构成的现实世界映射到由功能模块组成的解空间中。通俗地讲就是更接近于机器理解的语言,但将为设计者增加程序设计的复杂度,而且背离了人们观察问题和解决问题的基本思路。

(2)抽象级别不同。面向对象的编程方法采用的是数据抽象,将对象的属性和行为绑定在一起,达到模拟真实世界的目的。而面向过程的编程方法采用的是过程抽象,即将每个步骤抽象为机器理解的函数或者过程。

(3)可重用性不同。面向对象的编程方法相较面向过程的编程方法具有更加灵活、高效的可重用性,即"类"(class)的引入。

综上所述,尽管面向过程的代表语言 C 语言高居编程语言榜首,这与其执行效率高密不可分,但未来的设计趋势显而易见采用面向对象编程方法更具有优势。面向对象编程方法的核心在于编程思想,可以用 E-R 图进行设计描述。

8.2.2 语言设计工具

1. E-R 图

E-R 图也称实体 - 关系图(entity relationship diagram),提供了表示实体类型、属性和联系的方法,用来描述现实世界的概念模型。它是描述现实世界关系概念模型的有效方法。

· 实体(entity):数据模型中的数据对象(即数据表),用"矩形框"表示实体型,矩形框内写明实体名称。每个实体(类)都有自己的实体成员(entity member)或者说实体对象(entity instance),如学生实体里包括张三、李四等。

· 属性(attribute):实体所具有的属性,如学生具有姓名、学号、年级等属性,用椭圆图框或圆角矩形表示实体的属性,并用实心线段将其与相应关系的实体型连接起来。属性分为唯一属性(unique attribute)和非唯一属性,唯一属性指的是唯一可用来标识该实体实例或者成员的属性,用下画线表示,一般来讲实体都至少有一个唯一属性。

· 关系（relationship）：用来表现数据对象与数据对象之间的联系，如学生的实体和成绩表的实体之间有一定的联系，每个学生都有自己的成绩表，这就是一种关系，用菱形框表示实体型之间的联系成因，在菱形框内写明联系名，并用实心线段分别与有关实体型连接起来，同时在实心线段旁标上联系的类型（1:1、1:n 或 m:n）。

举例来说，要设计一个学生信息管理系统。首先要有实体学生（Student）类，他是人（Person）类的子类（subclass），其有姓名（name）、年龄（age）、性别（gender）三个类成员属性，类型分别为字符型（String）、整数类型（int）和布尔类型（boolean）。而 Person 类的类成员方法为吃饭（eat）、睡觉（sleep）、交谈（talk）。Student 类继承（extend）了 Person 类的类成员属性和方法，此外还有自己额外的类成员属性：学号（SNO）和分数（score），同时也有学习（study）和参加考试（attendTest）两个额外的类成员方法，如图 8.12 所示。

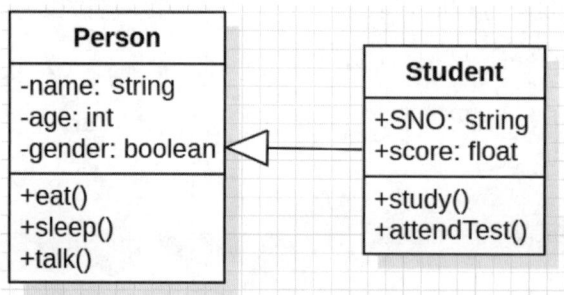

图 8.12 典型 E-R 图示例

提示：当然还有很多人类、学生类的类成员属性和类成员方法可以描述，事实上只要愿意，可以写一串很长很长的名词和动词。但是请开发者注意，要写哪些类成员属性和方法取决于项目的具体需求和实际需要。

E-R 图的设计工具，推荐采用免费的工具 StartUML，是一种创建 UML 类图，生成类图和其他类型的统一建模语言（UML）图表的工具。可绘制 9 款 UML 图：用例图、类图、序列图、状态图、活动图、通信图、构件图、部署图以及复合结构图等。

2. 案例分析

下面通过以上的 E-R 图设计两个具体的场景，描述如下。

（1）我叫小明，北京人，26 岁，目前就读于北京工业大学电子信息工程专业，加权平均分 60 分，每天学习、吃饭、睡觉、看新闻、聊天，偶尔会去看电影，每个月生活费 500 元，每月平均支出 300 元。

（2）某天我去某某图书大厦买了一本面向对象程序设计的书（小红编著），花费 50 元，吃麦当劳花费 20 元。

请读者注意，编程思想是设计核心。首先，根据项目具体需求和实际需要找到项目中的对象实体：小明、图书、某某图书大厦；然后，通过对象实体映射为类实体，找到类实体可能的父类（superclass）；接着，描述类成员属性和类成员方法；最后，建立类间关系，设计思路如图 8.13 所示，参考 E-R 如图 8.14 所示。

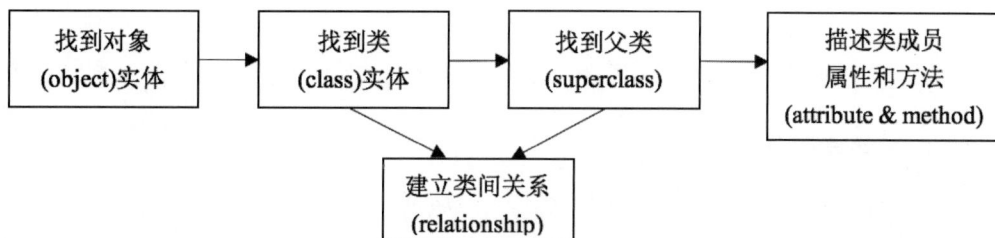

图 8.13　编程设计思路

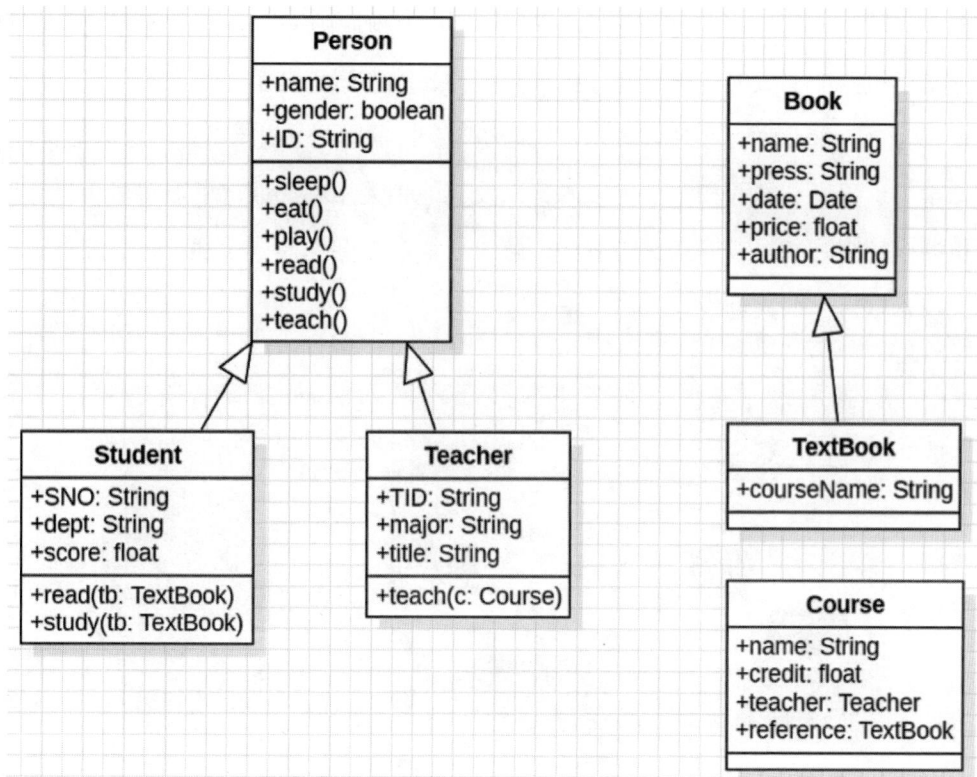

图 8.14　参考情景 E-R 图

8.3 基于人工智能的创新设计与实践

8.3.1 从一个人工智能项目谈起

围棋这项古老的游戏一直以其无穷尽的复杂度被誉为最具代表性的脑力游戏,棋盘上 19×19 的横纵交错,编织出了比全宇宙粒子数更多的 10^{360} 的变化数,远远超过了当今计算机的计算能力。电脑同人对弈,尤其是世界冠军级别的棋手,一度被认为是不可能获胜的,但是 AlphaGo 做到了。利用深度学习技术(deep learning)和蒙特卡罗搜索树理论成功挑战了人类,甚至精英级别的人类专家。那么当前人工智能领域都有哪些技术和方法,下面就简单介绍一下。

8.3.2 机器学习与深度学习

人工智能自 1956 年诞生以来,历经艰辛与坎坷,取得了举世瞩目的成就,与机器学习、数据挖掘、计算机视觉、专家系统、自然语言处理、模式识别和机器人等相关的应用带来了良好的经济效益和社会效益。

深度学习是机器学习(machine learning,ML)领域中一个新的研究方向,它的最终目标是让机器能够像人一样具有分析学习能力,能够识别文字、图像和声音等数据,如图 8.15 所示。深度学习在搜索技术、数据挖掘、机器学习、机器翻译、自然语言处理、多媒体学习、语音、推荐和个性化技术,以及其他相关领域都取得了很多成果。深度学习使机器模仿视听和思考等人类的活动,解决了很多复杂的模式识别难题,使得人工智能相关技术取得了很大进步。

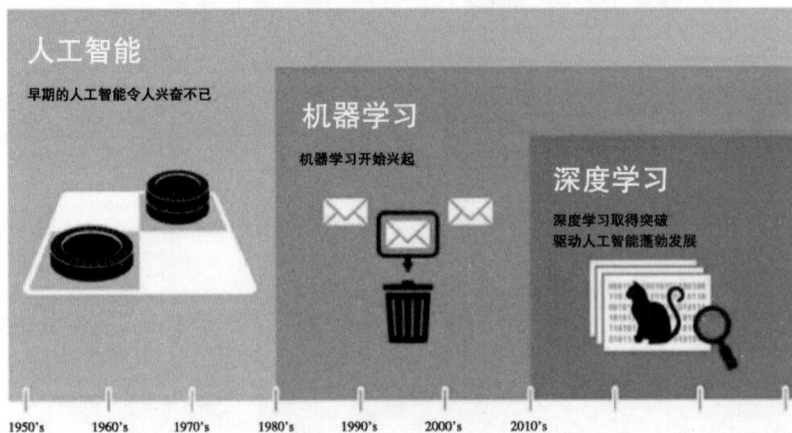

图 8.15 人工智能、机器学习、深度学习的关系

如果人工智能是火箭,深度学习就是火箭引擎,大数据是火箭燃料。大数据和日益提高的超算能力,是支持深度学习飞速发展的两大因素。理论上来讲,在大规模深度学习平台的支持下,数据量每提升一个数量级,人工智能系统的准确率都会得到大幅提升,如图 8.16 所示。

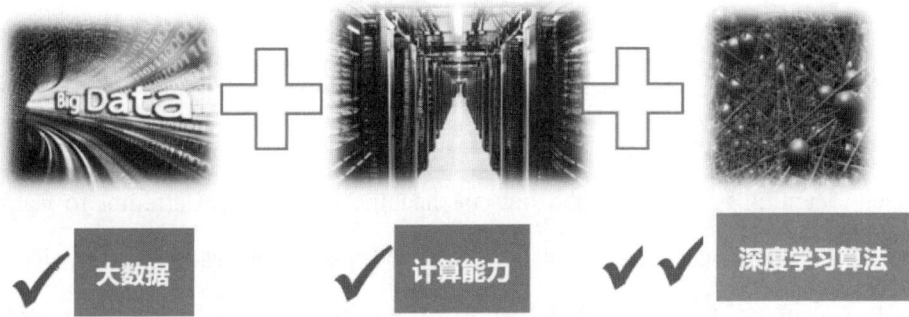

图 8.16 大数据和计算能力对深度学习的贡献

8.3.3 深度学习的动机

深度学习是建立、模拟人脑进行分析学习的神经网络,模仿人脑的机制来解释数据。可以用图 8.17 展示。

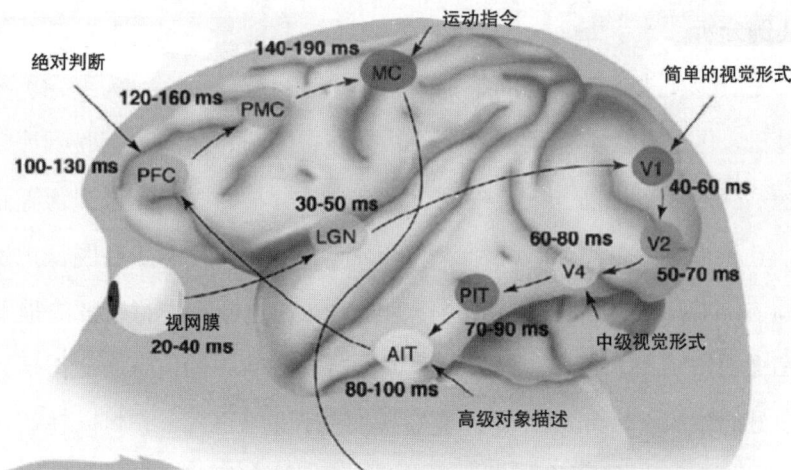

神经-中枢-大脑的工作过程是一个不断迭代、不断抽象的过程。

图 8.17 深度学习模仿人脑机制的动机图

例如，视觉皮质得到了很好的研究，并显示出一系列的区域，在每一个这种区域中包含一个输入的表示和从一个到另一个的信号流（这里忽略了在一些层次并行路径上的关联，因此更复杂）。这个特征层次的每一层表示在一个不同的抽象层上的输入，并在层次的更上层有着更多的抽象特征，它们根据低层特征定义。

当前对深度学习的定义如下（为了保持内容的原汁原味，采用英文）：

- A class of machine learning techniques that exploit many layers of non-linear information processing for supervised or unsupervised feature extraction and transformation, and for pattern analysis and classification.

- Deep learning is a set of algorithms in machine learning that attempt to learning in multiple levels, corresponding to different levels of abstraction. It typically uses artificial neural networks. The levels in these learned statistical models correspond to distinct levels of concepts, where high-level concepts are defined from lower-level ones, and the same lower-level concepts can help to define many higher-level concepts.

为了便于理解，我们提取了几个关键词，串联起来通俗地描述深度学习。深度学习具有多层非线性结构，低层的输出作为高层的输入，层数越高，内容越抽象，最终通过提取多层特征和抽象达到预测和分类的目的。

8.3.4 案例分析

图像分类是计算机视觉中重要的基本问题，也是目标检测、行为跟踪、图像分割等其他任务的基础。图像分类的应用涵盖交通、安防、医疗、政府、互联网等多个领域，其应用场景包括交通场景识别、人脸检测、智能视频分析、医学图像识别等。

近年来，卷积神经网络（convolution neural network，CNN）在图像识别领域取得了惊人的成绩。CNN 将图像像素的信息作为输入，通过卷积进行特征的提取和抽象，并直接输出图像识别结果，该方法极大程度地保留了图像原始信息，使得端到端的学习方法取得了很好的效果。Inception 是一类特殊而强大的 CNN，它可以在利用密集矩阵的高计算性能的同时，保持网络结果的稀疏性，以提高模型的泛化能力。图 8.18 是一个典型的深度学习网络的框架，通过该框架可实现手写字体的识别。

(a) LeNet-5 网络结构   (b) LetNet-5网络特征可视化

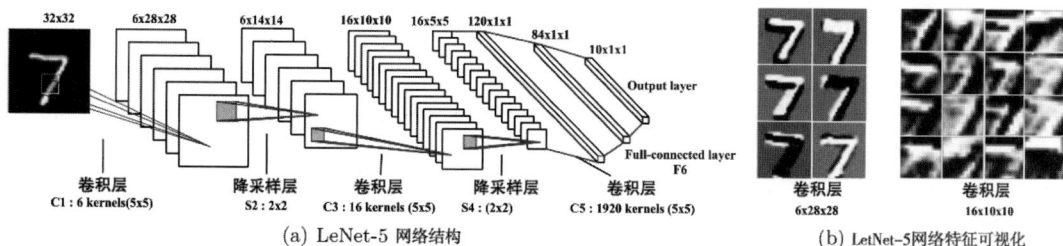

图 8.18 典型 LeNet-5 神经网络结构

8.3.5 智能钛机器学习简介

智能钛机器学习（TI machine learning，TI-ML）是基于腾讯云强大计算能力的一站式机器学习生态服务平台。它能够对各种数据源、组件、算法、模型和评估模块进行组合，使得算法工程师和数据科学家在其之上能够方便地进行模型训练、评估和预测。智能钛系列产品支持公有云访问、私有化部署以及专属云部署，如图 8.19 所示。

一站式服务
与腾讯云的存储、计算能力无缝对接，一站式完成海量数据的存储和分析挖掘。

全流程管理
集数据处理、模型训练、预测、部署功能于一体，并提供公共数据集和业界模型，快速释放数据价值。

深度学习
支持 Tensorflow、Caffe、Torch 三大主流深度学习框架，并支持一机多卡、多机多卡模式的 GPU 分布式计算。

性能强大
搭载万兆网卡的大量 CPU/GPU 实体机以及针对分布式机器学习的加速算法，为TB级数据的模型训练提供坚实基础。

算法全面
在支持自定义算法的同时，还提供数据处理、分类、聚类、深度学习等上百种主流算法。

操作简便
命令行操作模式符合高阶客户使用习惯，灵活敏捷；可视化操作模式通过拖拽的方式拼接算法组件实现业务逻辑，界面友好易使用。

图 8.19 腾讯智能钛机器学习特性

智能钛机器学习平台是为人工智能工程师打造的一站式机器学习服务平台，为用户提供从数据预处理、模型构建、模型训练、模型评估到模型服务的全流程开发支持。智能钛机器学习平台内置丰富的算法组件，支持多种算法框架，满足多种人工智能应用场景的需求。自动化建模（AutoML）的支持与拖拽式任务流设计让人工智能初学者也能轻松上手。本实例通过智能钛机器学习平台 TI-ONE，利用 Inception 算法搭建花朵图像分类模型。终端用户无须编写代码，只要拖动相应的组件搭建模型架构，便可以在 20min 以内快速上手，解决图像分类场景下的实际问题，如图 8.20 所示。

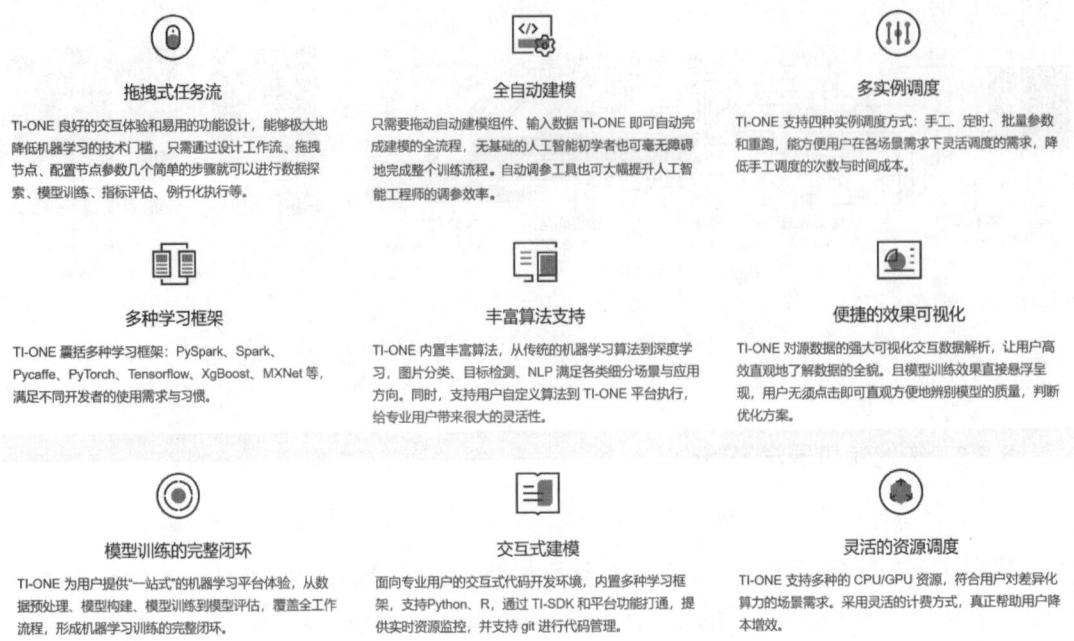

拖拽式任务流

TI-ONE 良好的交互体验和易用的功能设计，能够极大地降低机器学习的技术门槛，只需通过设计工作流、拖拽节点、配置节点参数几个简单的步骤就可以进行数据探索、模型训练、指标评估、例行化执行等。

全自动建模

只需要拖拽自动建模组件，输入数据 TI-ONE 即可自动完成建模的全流程，无基础的人工智能初学者也可毫无障碍地完成整个训练流程。自动调参工具也可大幅提升人工智能工程师的调参效率。

多实例调度

TI-ONE 支持四种实例调度方式：手工、定时、批量参数和重跑，能够方便用户在各场景需求下灵活调度的需求，降低手工调度的次数与时间成本。

多种学习框架

TI-ONE 囊括多种学习框架：PySpark、Spark、Pycaffe、PyTorch、Tensorflow、XgBoost、MXNet 等，满足不同开发者的使用需求与习惯。

丰富算法支持

TI-ONE 内置丰富算法，从传统的机器学习算法到深度学习，图片分类、目标检测、NLP 满足各类细分场景与应用方向。同时，支持用户自定义算法到 TI-ONE 平台执行，给专业用户带来很大的灵活性。

便捷的效果可视化

TI-ONE 对源数据的强大可视化交互数据解析，让用户高效直观地了解数据的全貌。且模型训练效果直接悬浮呈现，用户无须点击即可直观方便地辨别模型的质量，判断优化方案。

模型训练的完整闭环

TI-ONE 为用户提供"一站式"的机器学习平台体验，从数据预处理、模型构建、模型训练到模型评估，覆盖全工作流程，形成机器学习训练的完整闭环。

交互式建模

面向专业用户的交互式代码开发环境，内置多种学习框架，支持 Python、R，通过 TI-SDK 和平台功能打通，提供实时资源监控，并支持 git 进行代码管理。

灵活的资源调度

TI-ONE 支持多种的 CPU/GPU 资源，符合用户对差异化算力的场景需求。采用灵活的计费方式，真正帮助用户降本增效。

图 8.20　腾讯智能钛机器学习平台的特性

8.3.6　花朵识别案例

本案例使用的公开数据集共包含五类花朵数据：Daisy（菊花）、Dandelion（蒲公英）、Rose（玫瑰）、Sunflower（向日葵）和 Tulip（郁金香），共 218MB。数据集抽样展示如图 8.21 所示。

整体流程图如图 8.22 所示，分为如下四部分。

图 8.21　数据集抽样展示

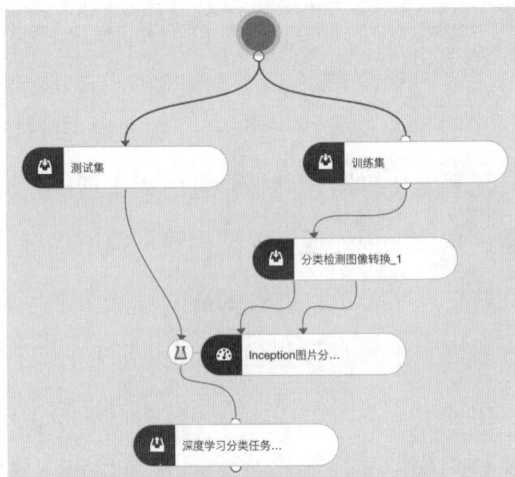

图 8.22　系统的整体流程图

- 数据准备：上传训练集和测试集的花朵图像数据。
- 数据预处理：利用"分类检测图像转换"将数据拆分成训练集、验证集，并将原始 JPG 格式图片文件转换成高效的 TFRecord 格式文件。
- 网络设计：使用"Inception 图片分类算法"处理分类任务。
- 模型评估：使用"深度学习分类任务评估"评估模型效果。

1. 数据准备

在数据准备过程中需要上传两个数据源：花朵图像的训练集和预测集，如图 8.24 所示，步骤如下。

（1）在智能钛控制台的左侧导航栏，选择"输入"→"数据源"→"COS 数据集"命令，并拖入画布中，右击该组件"重命名"为训练集。

（2）填写训练集 COS 路径地址：${ai_dataset_lib}/demo/cv/flower_photos_trainval。

（3）同样的操作上传测试集，测试集路径。${ai_dataset_lib}/demo/cv/flower_photos_predict。

对应流程图如图 8.23 所示。

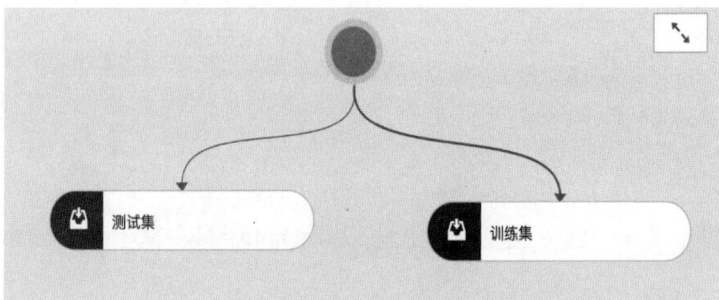

图 8.23　导入系统的测试集和训练集

2. 数据预处理

TFRecord 数据文件是一种将图像数据和标签统一存储的二进制文件，能更好地利用内存，在 TensorFlow 中快速复制、移动、读取、存储等。智能钛机器学习平台的"分类检测图像转换"组件同时适用于目标检测和图像分类，用户只需在参数配置区选择任务类型和切分比例，就可以实现对图像数据的切分和类型转换。在本次实验中，我们使用该组件将原始 JPG 文件格式转换成高效的 TFRecord 格式，同时将实验数据切割成训练集和验证集，验证集比例为 0.2，如图 8.24 所示。具体操作步骤如下。

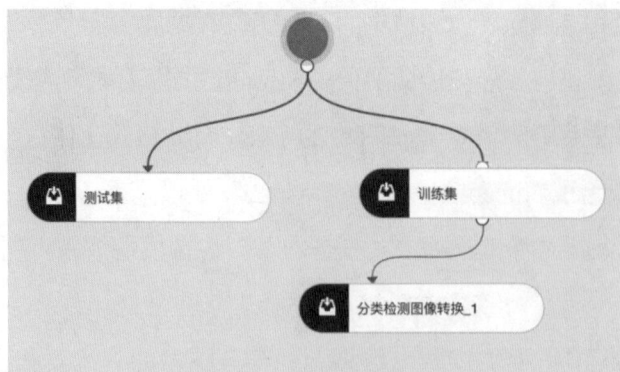

图 8.24　分类检测图像转换

（1）在智能钛机器学习平台控制台的左侧导航栏，选择"输入" → "数据转换" → "分类检测图像转换"命令，并拖入画布。

（2）将"训练集"的输出桩连到"分类检测图像转换"左边的输入桩上，数据 I/O 路径已根据连线自动生成。

（3）单击"分类检测图像转换"图标，在右侧弹框中设置如下相关算法参数。

· 任务类型：图像分类。

· 是否进行切分：是。

· 验证集比例：0.2。

· 资源类型：可按需选择。

· 其余参数可默认。

3. 网络设计

选择合适的 CNN 处理分类任务，这里以 Inception 网络为例，如图 8.25 所示，具体步骤如下。

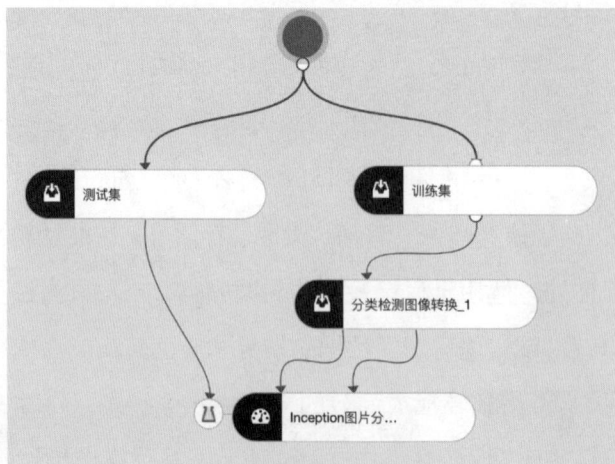

图 8.25　分类网络

（1）在控制台的左侧导航栏，选择"算法"→"深度学习算法"→"计算机视觉"→"Inception 图片分类算法"命令，并拖入画布中。

（2）将"分类检测图像转换"的三个输出桩，分别连接到"Inception"的三个输入桩上，前两个桩分别代表训练集和验证集文件，最右侧的桩代表"label_map 文件所在目录"。

（3）配置如下算法参数。

· 模型名称：inception_v3。

· batch_size: 32。

· 学习率：0.01。

· 训练步数：3000。

· 优化器：rmsprop。

· 预训练模型路径：${ai_dataset_lib}/checkpoints/inception/inception_v3.ckpt。

· 是否仅训练全连接层：否。

· momentum：0.9。

· rmsprop_decay：0.9。

· 资源类型：可按需选择。

· 其余参数可默认。

（4）左侧小烧杯代表完成训练的模型，将"测试集"的输出桩连接到小烧杯处。单击小烧杯，"模型更新方式"可选手动更新，将"模型运行方式"设置为自动运行，其余参数可默认。

4. 模型评估

在控制台的左侧导航栏，选择"输出"→"模型评估"→"深度学习分类任务评估"命令并拖入画布。将小烧杯模型的输出桩连接至"深度学习分类任务评估"，如图 8.26 所示，单击该组件设置如下算法参数。

· 标签列的序号：2。

· 预测列序号：1。

· 资源类型：可按需选择。

· 其余参数可默认。

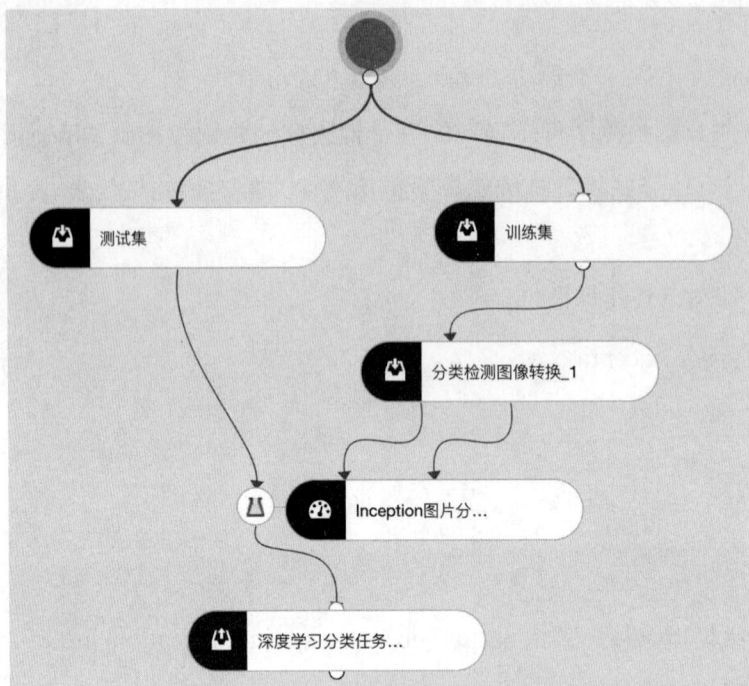

图 8.26　模型评估

5. 运行调度及评估效果查看

单击画布上方"运行"，运行工作流。运行成功后，选择"深度学习分类任务评估"→"查看数据"命令，即可查看模型效果。至此，利用智能钛机器学习平台完成了从数据预处理、模型构建、模型训练到模型评估的全部流程，评估结果如图 8.27 所示。

统计指标(表)　　　　　　　　　　　　　　　　　　　　　　　　　　　　　　×

序号 ⇕	label ⇕	precision ⇕	recall ⇕	f1 ⇕
1	sunflowers	1.0	0.6666666666666666	0.8
2	daisy	0.8	0.9411764705882353	0.8648648648648648
3	dandelion	0.55	1.0	0.7096774193548387
4	roses	0.45	1.0	0.6206896551724138
5	tulips	1.0	0.6060606060606061	0.7547169811320755

accuracy　0.76

当前仅支持查看1000行数据！如需查看全量数据 (限制1万行)，请单击 ⬇

图 8.27　评估结果

8.4 本章小结

本章重点介绍了人工智能的基本概念、作用、目标和策略，通过人工智能应用案例的讲解，更加清晰地勾勒出人工智能的应用领域，也让读者深刻理解人工智能能为人类的生活带来哪些变化。针对机器所理解的编程语言，介绍了面向对象和面向过程两大阵营，以及各自的优缺点，学会使用语言设计工具进行编程设计，突出强调编程的核心不在代码、不在语法，而在于设计思想；此后，通过一个人工智能项目讲解机器学习与深度学习，介绍了其基本思想和基本概念，同时引入智能钛机器学习平台，无需编程语言就可以实现"花朵自动识别"，从而引申更多的应用领域。本章通过对人工智能及其相应技术的介绍，使读者把握未来发展脉络，有助于拓宽思路，将人工智能融入创新思想与创新技术中，充分利用时代的音符更好地实践创新本源。

习题

1. 谈谈你对于人工智能的认识。

2. 人工智能有哪些研究途径和方法？它们的关系如何？

3. 人工智能有哪些应用领域或课题？试举出实例。

4. 仿照花朵图像识别的例子做一个"营销推荐策略"的练习。

第 9 章　产品原型设计基础

9.1 设计与技术

从产品创造发展来看，尽管设计艺术的发展与科学技术的发展像两条相对独立的平行线，但它们是一个过程里的两个阶段，一个事物的不同组成部分，存在千丝万缕的关系。在一定时期设计艺术的发展与科学技术的发展会显现出相对独立的状态，表现出不一致的发展进度和发展特点，但相互促进，共同发展进步的规律必然千年不变，仅仅是主体角色的互变，两者关系可归纳如下。

当设计艺术发展领先于科学技术时，产品制造表现出"眼高手低"的特点，此时，设计艺术拉动科学技术的发展，以达到产品创造的艺术与技术的协调发展。比如索涅特椅子的成功就是典型案例。

在工业革命初期，经过手工艺时代的洗礼，人们的审美水平非常高。那些手工艺打造的产品、家具造型优美华丽，包含大量曲线设计，是一代代工匠们通过经验传承和历史积淀形成的，并且工匠们经过准确地手作切割、精细地雕刻打磨，使产品细节趋于完美，堪称艺术品。之后，工业革命席卷而来。工业革命、技术的发展使生产效率大幅度提升，机械化的生产方式取代了手工生产方式。

当生产工具与技术切换到机械化生产方式时，新的机械工具与生产技术还处于起步阶段，其制造水平不能达到设计艺术的要求。如初期木加工技术无法弯曲木材，只能直线加工木材。为使机械化木加工技术能制造优美的曲线造型，德国家具工艺师迈克尔·索涅特（Michael Thonet）发明了蒸汽曲木工艺。2016 年 4 月初，谷歌公司发布了一款 VR 绘画雕塑应用 Tilt Brush，目前适配于 HTC 虚拟现实装备。使用它我们可以在立体的虚拟空间里制作三维造型，并穿梭在虚拟现实作品之中。除此之外，这款新创作工具，还提供新的设计素材，使用的笔刷不仅是过去电脑绘图与设计软件里可以提供的点、线、色彩，还提供光线、火、激光、星星等突破性笔刷，2016 年，谷歌公司更新了 Tilt Brush 8.0 版本，在其虚拟现实创作空间中加入了音频响应式笔刷，使用它画出的线条会随着音乐跳动或闪烁。期待着在全新的 VR 绘画雕塑工具的运用下，产生更多令人炫目的全新媒体优秀设计艺术作品。麻省理工学院媒体实验室成立于 1985 年，是世界领先的研究和学术组织之一。不受传统学科的束缚，媒体实验室的设计师、工程师、艺术家和科学家致力于创造使人们能够理解和改变他们的生活、社区和环境的技术和经验。

麻省理工学院媒体实验室倡导一种跨学科的研究文化，该文化汇集了各个领域的兴趣和研究。在麻省理工学院的其他实验室中，媒体实验室是独一无二的，它既包括广泛的研究议程，又包括媒体艺术与科学专业的研究生学位课程。教职员工和研究人员共同致力于跨学科的数百个项目，这些项目包括社交机器人、身体和认知假、新的学习模型和工具、社区生物工程以及可持续城市模型等。该实验室曾产出多种科技与设计的案例。

1. 可穿戴式传感器案例

常见的可穿戴式传感器如图 9.1 所示。

患肌萎缩性侧索硬化症（ALS）的人控制肌肉的能力将逐渐下降，最终，他们经常失去说话的能力，难以与他人交流。

麻省理工学院的一个研究人员团队设计了一种可拉伸的，类似皮肤的设备，该设备可以连接到患者的脸上，并且可以测量诸如抽搐或微笑之类的小动作。使用这种方法，患者可以通过设备测量和解释的小动作传达各种情绪。

该设备由嵌入在硅树脂薄膜中的四个压电传感器组成。传感器由氮化铝制成，可以检测皮肤

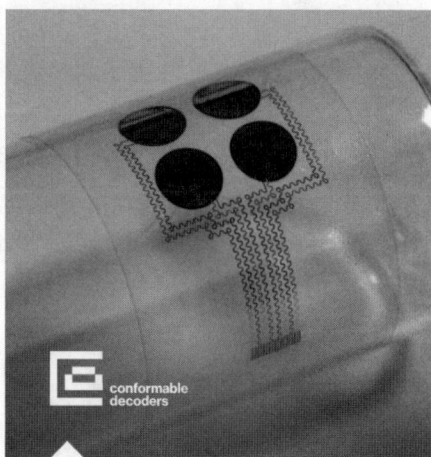

Research

A wearable sensor to help ALS patients communicate

图 9.1 可穿戴式传感器

的机械变形并将其转换为易于测量的电压。所有这些组件都易于批量生产，因此研究人员估计每台设备的成本约为 10 美元。

研究人员使用皮肤变形的测量结果来训练机器学习算法，以区分微笑和张开嘴巴。他们使用此算法对两名 ALS 患者进行了测试，在区分这些不同动作方面能够达到约 75% 的准确性。健康受试者的准确率是 87%。

2. 传感器节点助手案例

一种传感器节点助手如图 9.2 所示。

传感器节点助手是一种身体传感器网，由许多可以吸在皮肤上的微小传感器节点组成。WOSNA 使用脉搏传感器监测肌肉收缩。

脉搏传感器可以检测到由收缩引起的肌肉中血流的变化，并通过低功耗蓝牙（BLE）将数据发送回中央设备。

在中央设备上运行的程序可以使用数据来监视锻炼的表现。包括进行了几组运动，是否为标准运动以及是否使用其他肌肉进行代偿。

3. 社交机器人案例

一种社交机器人如图 9.3 所示。

社交机器人通过虚拟现实和增强现实方式模拟社交活动，可以使用语言、情感和非语言提示，单独或成组地与人互动。他们的创新支持整体的人类体验，使各个年龄段

图 9.2　传感器节点助手

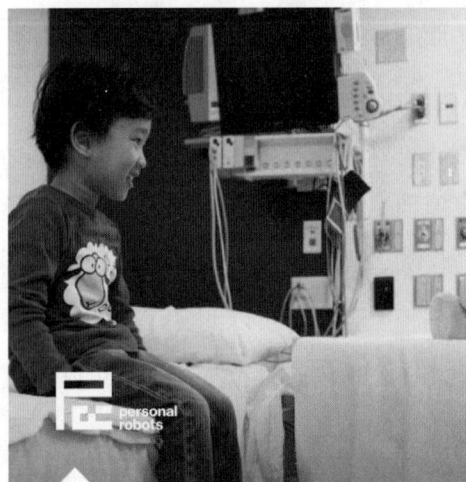

图 9.3　社交机器人

的人更深入地参与社会、情感、认知方面的交流，以实现理想化的变革。通过与长期的现实世界中的利益相关者进行设计、创新、部署、研究和评估我们的创作，以帮助人们变得更健康、更快乐、更具创造力，在情感上具有韧性并学习得更好。

设计者仔细考虑这种新型的社会和情感说服技术的负责任发展和道德使用，包括与利益相关者的参与性共同设计以及制定最佳实践和政策指南。还促进 AI 扫盲，帮助儿童和成年人了解 AI 的生活及其运作方式，使其可以成为 AI 的负责任用户，可以参与有关 AI 的民主进程，并可以道德地使用 AI 设计和建造事物在世界上做出更公平、积极的变化。

从产品研发制造向产品设计创造的发展演变可知，设计艺术渗透于产品研发制造的各个阶段，设计艺术不断透现出科学技术的作用和内涵。如图 9.4 所示，一方面当代设计艺术活动所使用的工具来自科学技术的研究成果，如计算机辅助设计软硬件、配套智能设备及其相关技术；另一方面设计艺术活动的灵感来源之一是科学技术，同时，科学理论是设计艺术的理论指导依据。

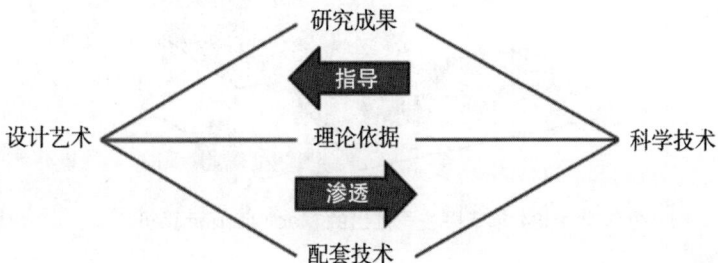

图 9.4　产品创造中设计艺术与科学技术的关系

9.1.1　实现设计艺术应用科学技术的创新

在设计艺术领域，设计师应用科学技术实现设计艺术创作方式的创新、产品形式与内涵的创新、设计艺术产品创造效能的提高。增强设计艺术的生产力始终是艺术设计与产品设计的主要目标。从百年前开始的排版机械和摄影插图制版来提高印刷品设计与制作效率，到今天以计算机软硬件为依托，特别是 VR 与 AR 技术来革新设计方式，新科技为艺术与设计不断提供新的表现形式、新的创作元素、新的创作手法和创作灵感。设计艺术积极融合科技，极大地增强了设计艺术的表现力，拓展了创造手段，激发了更多创作灵感。

9.1.2 加快产品创造效能

在设计艺术领域，平面设计（视觉设计）是应用科技创新工具拓展内涵的先锋。在早期，平面设计从印刷分化之初，排版技术的机械化使得设计思维逐渐从耗时的手工劳作解放出来，并利用新的光电、电子和数字的排版技术来实现版式与平面设计内容，不仅提升出版印刷速度、扩大印量，而且提供了印刷产品创造性设计的条件，架起了设计与科技结合的桥梁。在计算机辅助平面设计之前，画笔、颜料、尺子、剪刀、胶水、纸张是实现平面设计的必备工具。而三类科技创新或电脑辅助设计工具的出现改变了平面设计的传统格局。第一类工具是1984年苹果公司推出的Macintosh计算机，如图9.5所示，

图 9.5　1984 年苹果公司推出的 Macintosh 计算机

图形用户界面、鼠标控制、专业平面设计软件为版面编排和字体选择提供了前所未有的方便和快捷。

第二类工具是专业排版软件，Adobe 公司基于 PostScript 的 Illustrator 与 Photoshop、Aldus 公司的 Pagemaker 以及 Adobe 公司新世纪推出的 Indesign 排版软件，让设计人员非常方便地完成各种图文版面的编排。

第三类工具是各种数字化硬件设备以及 VR VR 绘画雕塑工具，包括扫描仪、数码相机、数位板、3D 扫描仪、动作捕捉设备、彩色数码印刷机等。新科技设备改变了设计中图像的输入方式，改变了产品的输出方式，丰富了设计创作的手段，缩短了设计制作的时间，提高了设计产品的生产效率。

创作手段的多样化、工具的丰富，极大地提高了设计产品的创造效能。数字技术的高速发展，推动设计软件变得更方便与更智能，给设计艺术带来诸多便利。比如字体的

选择，早期需要预先下载多种不同风格字体并安装到计算机上供设计师选择使用，这一方式存在硬件要求高、响应速度慢、众多字体管理复杂等弊端。未来，字体将逐渐脱离本地下载使用的陈旧方式，向"字由－云管家""Web Font 云字库"的海量字库及其应用支持发展。设计师从而可以利用成熟的计算机软硬件及关联设备，获得更多的时间来进行设计的创意与构思，实现"所想即所得。"同时，数字媒体技术的发展也为艺术设计部分的自动化奠定基础，比如网络在线词云生成工具将图像简化为剪影图形，然后导入文本，或者指定 URL 链接，可提取网络高频关键词作为构成图形创意的元素以及按关键词的词频进行字号大小不等的自由排版，最终在图像剪影区域自动排版成文字构成创意图形，为非专业设计人员提供了一种自动化的文字信息梳理与文字排版视觉设计服务，即通过事先设计好的视觉样式与程序进行数据分析与图形处理来生产出轻量化的阅读产品。由词云生成工具可以完成文字创意图形的绘制，这一技术亦可为设计师采用，当有对应的设计需求时可节约大量的制作时间，并获得不错的视觉效果。随着 ARAR与 VRVR 渐成主流信息传递方式，设计工具和设计工作方式即将发生巨变。比如微软的 hololensMR 头显（混合现实头戴式显示器）能够辅助 3D 建模，大幅增强产品设计的可视化程度，设计师将可以一边建模，一边直观地从头显中观看虚拟三维模型，获得更好更准确的设计体验，进而提升三维造型产品的生产效率。不难发现，设计艺术充分应用科学技术带来的设计辅助工具，将使工作更高效、更便捷，使设计艺术手法更多样，设计产品表现方式更丰富，设计工具创新正在成为设计艺术创新中不可或缺的手段。

9.1.3 实现产品内涵创新

在信息和体验经济的社会环境下，设计艺术应用科学技术深刻改变了产品的物理形态和内涵。计算机开始与更简约的移动智能设备和穿戴智能设备共舞，光盘、移动硬盘蜕变为网盘，实体纸质书刊报章演变为电子书，虚拟数字交互产品、与接收者深度互动产品对产品内涵提出了更高的要求。

设计艺术创作的构思立意、形式组织需要寻找灵感来源，此时需要更多的科学技术参与到作品和产品的创作构思阶段，以提供新创作方式和创作工具，运用新科技手段进行艺术作品和设计产品的创作支持，以产生非传统形式的产品和作品，创新产品的内涵。例如，设计师为声音可视化做尝试的由来已久，而现在能够通过数字软件实现媒体的转换，运用 3D 打印将声音转化为固态的实体。美国一位女设计师采用数字音频编辑器获取了一个单词发音的声音波形,并经过声音转化为平面图形,经三维建模再转化为旋转立体模型,最终用 3D 打印将数字模型转化为实物立体模型,应用到首饰设计之中。这种抽象首饰不仅赋予了产品独特的技术内涵、材料内涵,而且赋予了产品额外的意义,体现出当下时代的精神内涵,富有消费心理内涵,即对于新产品、个性化产品的消费心理趋向,实现了产品内涵的创新。

9.1.4 实现设计艺术实践与理论的创新

设计艺术实践活动与科学技术理论的指导密不可分。设计艺术创造活动也是源于对自然规律的观察与运用。自 Herbert A. Simon 于 1969 年正式提出现代设计开始,现代设计艺术开始成为工业时代独立的社会分工行业,并逐渐发展成为一门独立的科学理论。在设计艺术理论初创时期,科学技术理论引导设计艺术理论的发展。设计艺术学作为设计哲学与设计方法论之总和,结合了大量的美学、数学与几何学原理。

自现代设计艺术萌生以来,设计艺术与科学技术从产品制造到产品创造不断地相互交融、相互影响,逐步融为一体。从最初似乎互不关联的两条平行线,逐步发展为相互交叉、关联、互融的既独立又联系的统一体,并在产品创造各个阶段独领风骚,同时又相互推动,显现出发展进度和特色各异的特征。当设计艺术发展领先于科学技术的发展时,设计艺术会拉动科学技术的创新,科学技术的发展领先于设计艺术时,新的科学技术催生设计艺术的创新。因此,科学技术对产品创造中的设计艺术产生了深刻的影响,设计艺术应用科学技术工具实现技术上的创新。

未来设计艺术对科学技术的图式或造型元素的更合理运用,将实现产品内容与形式上的创新,科学技术理论将更好地指导设计艺术的创作活动,实现设计艺术理论的持续创新和产品创造的永续发展。

产品结构设计过程包括从明确设计任务开始,到确定产品的具体结构为止的一系列活动。设计阶段决定了产品的性能、质量、成本。产品设计一般分为总体设计、技术设计、工作图设计三个阶段。

（1）总体设计：通过市场需求分析,确定产品的性能、设计原则、技术参数、概略计算产品的技术经济指标、进行产品设计方案的经济效果的分析。

（2）技术设计：将技术任务书中确定的基本结构和主要参数具体化,根据技术任务书所规定的原则,进一步确定产品结构和技术经济指标,以总图、系统图、明细表、说明书等总括形式表现出来。

（3）工作图设计：进一步进行产品结构的细节设计，逐步修改和完善，绘制全套工作图样和编制必要的技术文件，为产品制造和装配提供确定的依据。

产品制造必须有十分广泛的技术支持，所需的大部分知识体系依生产制造的技术需求决定。本章将从概述的角度来解释这些技术上的需求。我们不试图从不同的产品和工业的角度去分别细述，而是着重于生产领域和普遍相关的广泛意义上的技术。

技术管理必须理解优秀的技术在产品设计和生产上的长远优势并且努力去最大限度地利用它。管理应该注意并随时了解技术的改进，并有义务将这些安排给需要的工序和人员，当好"技术监护人"，而不仅仅是熟知能影响自身竞争力的技术，这也是其工作职责的一部分。

管理也必须保证能对技术的革新和发明进行适当的赞扬、鼓励和奖励。

9.2 产品设计中科学技术与艺术设计的相互关系

9.2.1 科学技术与艺术的统一

在人类生存的最初阶段，人类的活动并没有明确区分是物质的还是精神的。在他们看来打猎和巫术都是同样性质的人类活动。

那时的人们把含有技巧或者需要思考又或者制作器皿等活动统称"技艺"或"艺术"。虽然这些活动已经具有较高的技术含量，但是在一切为了生存的前提下都变成了以实用为目的，这些活动也都是实用的。

正因如此，在实用性面前，诗歌被排除在了艺术之外。在西方，人们认为诗歌来源于灵感的缪斯。而吟诵诗歌或者演讲则属于艺术。吟诵诗歌和演讲是需要切实符合规律和技术的活动，通过学习和掌握专门的技术就可以达到。因为具有规律性的事物容易实现其实用的价值，而灵感因其不可控也就很难产生实用价值。

在古代先民的世界里，他们不需要刻意地追求精神生活，但是依旧对产品做了美化和装饰。科学技术与艺术的统一其实不完全是在人类发展的最初阶段，在手工业时代也能看到大量的科学技术与艺术统一的例子。科学技术建立在手工操作的基础上。人们依靠手工制作产品，依据经验把握产品的尺寸、比例等。

9.2.2 科学技术对艺术起传播作用

科学技术对艺术的传播起着非常大的作用。

在中国古代，中国画、书法这些艺术作品达到的艺术高度是受人仰望的，可是它们的传播却是非常有限的。古人只有文人士大夫才有机会欣赏画作。普通人难以接触到优质的绘画作品。科学技术对艺术品的宣传有极大的促进作用，为人们审美体系的形成做出了贡献，让生活与艺术更加紧密地结合。

例如，翻看现在的书籍、记事本，有些在封面上印有达·芬奇的《蒙娜丽莎》，梵·高的《向日葵》等著名的外国艺术作品。设计者将艺术品与产品结合，跨越了国界、跨越了时代，这些都依靠科学技术的支持。

9.2.3 工艺技术与传统设计的基本关系

技术环节之所以是设计的基础条件之一，不单因为技术涉及任何设计行为的实施，技术也深刻影响了设计构想的范围。没有哪一项设计创意能脱离具体的技术条件被设想出来，还能顺利实施。就设计的"创意设想"阶段而言，技术是架构设想和实现之间唯一可以依靠的桥梁。就"实施计划"阶段而言，技术是连接生产与消费之间最重要的品质保障。有什么样的技术保障，就出什么样品质的设计产品。这一点的重要性倒确实与艺术和其他文化条件不尽相同。任何一件人造物都要涉及结构功能与形态适人的问题。从本质上讲，艺术设计主要是进行人造物的形态设计，解决的问题是设计物的适人性、舒适度、审美感；技术设计主要是进行人造物的结构设计，解决的问题是设计物的实用性、功能性。两者不但不矛盾，反而是互为表里、浑然一体、密切相关、唇齿相依的。人造物的外部形态是其内部功能结构的外化表现；人造物的内部结构是其外在适人形态的内在依据。技术设计是艺术设计的本质和在适人功能上的依据、基础；艺术设计是技术设计的延伸和在实用功能上的补充、完善。甚至可以把艺术设计"仅仅"当成是技术设计在设计物外在平面或立体形态范围内进行的某一个技术环节，一种精细化、适人化、个性化的补充技术。

9.2.4 技术的概念与设计的关系

科技的进步构成了我们生活中产品的"大环境"，无论哪个时代的造物文化活动都脱离不了特定社会生活下的技术制约，也一定会影响设计师的理念、所选用的材料、设计方法和风格。材料、结构技术等的变革都为设计创新的实现提供了物质基础和保障。

甲骨文是中国已发现的古代文字中时代最早、体系较为完整的文字，于 19 世纪末在殷代都城遗址（今河南安阳小屯）发现。甲骨文是王室用于占卜记事而刻（或写）在龟甲和兽骨上的文字。

由于甲骨使记录内容受到极大限制，古人又尝试以上等蚕茧抽丝织绸，剩下的恶茧、病茧等则用漂絮法制取丝绵。漂絮完毕，篾席上会遗留一些残絮。当漂絮的次数多了，篾席上的残絮便积成一层纤维薄片，经晾干之后剥离下来，可用于书写。这种漂絮的副产物数量不多，在古书上称它为方絮。这证明了古代造纸术的起源同丝絮有着很深的渊源关系。东汉元兴元年，蔡伦发明造纸术，他用树皮、麻头及敝布、鱼网等植物原料，经过挫、捣、抄、烘等工艺制造纸张，开创了信息记录的纸质时代。

从蔡伦发明纸到现在我们日常生活中的各种纸产品，如笔记本、包装盒、纸币、纸黏土、纸玩具等，制造、印刷等技术的进步使得产品门类极为丰富，为产品创新提供了保障。

磁带开启了现代存储技术的新纪元。它是所有存储器设备发展中单位存储信息成本最低、容量最大、标准化程度最高的常用存储介质之一。它互换性好、易于保存，后来采用了具有高纠错能力的编码技术和即写即读的通道技术，大大提高了磁带存储的可靠性和读写速度，是 20 世纪后半叶使用最为广泛的信息存储工具。

物理学家王安于 1950 年提出了利用磁性材料制造存储器的思想，福雷斯特则将这一思想变成了现实。为了实现磁芯存储，福雷斯特需要一种物质，这种物质应该有一个非常明确的磁化阈值。他找到在新泽西生产电视机用铁氧体变换器的一家公司的德国老陶瓷专家，利用熔化铁矿和氧化物获取了特定的磁性质。对磁化有明确阈值是设计的关键。这种电线的网格和芯子织在电线网上，被人称为芯子存储，它的有关专利对发展计算机非常关键，该方案可靠并且稳定。磁化相对来说是永久的，所以在系统的电源关闭后，存储的数据仍然保留着。既然磁场能以电子的速度来阅读，这使交互式计算有了可能。更进一步，因为是电线网格，存储阵列的任何部分都能访问，也就是说，不同的数据可以存储在电线网的不同位置，并且阅读所在位置的一束比特就能立即存取。这称为随机存取存储器（RAM），它是交互式计算的革新概念。福雷斯特把这些专利转让给麻省理工学院，学院每年靠这些专利收到 1500 万～2000 万美元。最先获得这些专利许可证的是 IBM，IBM 最终获得了在北美防卫军事基地安装"旋风"的商业合同。更重要的是，自 20 世纪 50 年代以来，所有大型和中型计算机也采用了这一系统。

随着计算机外部存储需求的进一步扩大，硬盘被发明出来。再后来，可移动存储设备从软盘、U 盘和闪盘发展出了不同产品，满足了人们的不同需求。

日本研究人员最新研制出一种指甲存储技术，可以在指甲盖中记录相关的数字信息。据介绍，在生长中的手指甲中准确刻入信息或将可行。由于人的手指甲大约有 0.5mm 厚，因此在指甲表面刻上信息不会感到疼痛。研究人员目前正在研究像读取条形码一样简单的指甲信息读取技术。

纸的发明极大地促进了人类文明的进步，它记载了人类文明的发展史，造就了一批新兴的工业。从信息存储的角度看，他们完全可以看成一种新型的纸。例如，一张 CD-ROM 相当于 15 万张 16 开的纸，足以容纳数百部大部头的著作。CD-ROM 在记录信息原理上却与纸大相径庭，CD-ROM 盘上信息的写入和读出都是通过激光来实现的。激光通过聚焦后，可获得直径约为 1 微米（μm）的光束。据此，荷兰飞利浦（Philips）公司的研究人员开始使用激光光束来进行记录和重放信息的研究。1972 年，他们的研究获得了成功，1978 年投放市场。最初的产品就是大家所熟知的激光视盘（laser vision disc，LD）系统。

21 世纪计算机应用技术和互联网信息传播技术的广泛应用，使设计受到了深远的影响，现代设计中的形式结构、语言环境和美学特征都发生了相应的变化，出现了新的设计形态。计算机交互性设计界面作为设计哲学和设计美学的中心概念，逐步取代了以往的物质操作性设计，体现了一种交流设计的新方法。它将从有形的设计向无形的设计转变；从物的设计向非物的设计转变；从实物产品的设计向虚拟产品的设计转变。现代设计摆脱了传统工业时代的束缚和限制，呈现多元化、个性化的特征，向更加宽松自由的方向发展。

9.2.5 设计的丰富内涵

设计并没有一个绝对的标准，也不存在绝对的好坏。设计的魅力不仅是能够提供实现想法、改变生活的机会，更吸引人的是设计的开放性和延展性。设计总是能够把不同领域的知识联系在一起，使人以一个宽广的视野去看待生活。艺术设计首先是为人服务的（大到空间环境，小到衣食住行），是人类社会发展过程中物质功能与精神功能的完整结合，是现代化社会发展进程中的必然产物。

怎样实现产品设计的创新？创新可以从原理、结构、技术、材料、工艺等角度，发挥人的智慧，注重利用最新的技术成果和现代的设计理论与方法，可重点考量经济、美观、环保与安全因素。

1. 经济因素

产品设计创新中的经济因素一般多指的是经济价值优化，提高功能成本比（功能成本比＝功能／成本），即在功能不变的前提下降低成本、在价格不变的前提下增加功能或在增加功能的同时降低成本。如采用新工艺、新材料，尽可能采用生产流水线、生产自动化、自动化管理。值得说明的是，注意降低材料消耗和节约能源，但绝不能为降低成本而粗制滥造，产品设计必须从消费者利益的角度出发。

2. 美观因素

好的产品设计不仅能满足人的物质要求，而且也能让人从产品外观上得到美的体验，享受精神上的愉悦。"爱美之心，人皆有之"，设计美观的产品可以满足人追求美的心理，促进产品的销量。产品的外观美可以通过对产品的造型、大小比例、使用材料、色彩搭配、装饰图案等的设计组合来表达。

3. 环保因素

在当今社会，我们面临的最核心的问题就是可持续发展和生态环境的保护问题。随着现代化工厂的迅速建立和崛起，环境污染问题的严重性也逐渐地显露出来。在严峻的发展问题下，人们迫切需要一种有利于改善发展环境的新的设计概念和模式，来实现绿色设计，促进社会的可持续发展战略。

环保因素过去一直是一个不被重视的产品设计因素。但是近年来由于环保法规向产品生命周期的各个阶段的延伸，产品设计者不仅仅应在设计时考虑产品废弃后的环保因素，还必须考虑生产和使用时的环保因素。这要求设计师在产品设计阶段思考如何体现环保因素，并把环保因素与市场的卖点结合起来，使产品成为全生命周期的绿色设计产品。

4. 安全因素

安全问题已成为人们生活质量提升以及未来发展进步的障碍，对人、社会、环境都造成了不可忽视的影响。这些负面的影响本不应该伴随生产水平的提高及设计的深入而出现，应该通过合理、先进的"设计"来避免灾害的产生。

（1）人在各种劳动时的生理变化、能量消耗、疲劳机理以及人对各种劳动负荷的适应能力；设计出合理的能够降低因为使用产品而导致的人体损耗和伤害。

（2）安全保护装置：设计设备时考虑有可能产生的危险并进行装置保护，如冲压设备可以设置红外感应装置，当作业人员的手伸入冲压区域设备就自动停止运转，作业人员必须双手按在冲压区域外的控制按钮上才会动作；或者由于设备噪声大，使用吸音材料安装在设备上，减少噪声对人造成的损害等。

（3）使用再生材料设计制造产品，避免废弃带来的环境影响；使用对大气、水质污染轻的材料制造产品。

9.3　形态与设计表达

9.3.1　形态设计概述

形态是产品设计的重要组成部分，从最表层的含义上，可以把形态看作"外形"或"形"，但因为"形状"也有"外形"的含义，但在设计和设计基础研究中，通常采用"形态"的概念而不是"形状"的概念。

形态与形状的本质区别是"表现"，形态是具有一定态势的外形。形态是通过外形把握其表现，而形状是由线和面构成的外形；形态是具有心理特征的外形，具有心理属性，而形状注重形的整体特征；外形相同，表现不同，则被感知为不同特征的形态。

9.3.2　形态设计原则

1. 变化与统一

变化与统一是形式美的总法则，也是产品造型设计的基本规律之一，被广泛应用于造型活动中。"统一"强调物质和形式中各种要素的一致性、条理性和规律性。"变化"强调各种要素间的差异性，要求形式不断突破、发展，是创新的要求。变化与统一是一对不可分割的矛盾体，体现了人类生活中既要求丰富性，又要求规整、连续、统一的基本心理需求。如图9.6所示，三宅一生手提包的形态设计中诠释了变化与统一的重要性。

2. 对称与均衡

对称与均衡是两种经常被使用的达到造型视觉平衡的手法。平衡不是对称，平衡是运用大小、色彩、位置等差别来形成视觉上的均等。如图9.7所示，华为Mate 20系列手机就利用了此规则。

3. 对比与调和

对比是两个并列在一起的极不相同的东西的相互比较。可以形成对比的因素是很

图 9.6　三宅一生手提包

图 9.7　华为 Mate 20 系列手机中的对称与均衡

多的，诸如曲直、黑白、动静、隐现、厚薄、高低、大小、方圆、粗细、亮暗、虚实、红绿、刚柔、浓淡、轻重、远近、冷暖、横竖、正斜等。对比，可以形成鲜明的对照，在对比中相辅相成，互相衬托，使图案活泼生动，而又不失完整；使造型主次分明，重点突出，形象生动。调和是指画面中各个组成部分整体上达到了和谐一致，如形象特征的统一、色彩的统一、方向的统一，给人视觉上一定的美感享受。如图 9.8 某品牌酒瓶设计所示。

4. 节奏与韵律

节奏指视线在时间上所做的有秩序、有规律的连续变化和运动，节奏性越强，越具有条理美、秩序美。韵律指在节奏的基础上更深层次抑扬节奏的有规律的变化统一，如图9.9所示为某家具设计，给人一种条理美。

图9.8　某品牌酒瓶设计

图9.9　某家具设计

5. 形态与材料及工艺和色彩

设计中，一般有两种情况：由所规定用的材料来决定设计的形态；由形态风格来决定采用的材料。

给出一个概念，在形态风格及材料的选用不确定的情况下，运用形、材、工艺来达到最佳的效果。随着材料及加工工艺技术的发展，形态的变化空间也随之变得更加广阔。设计师们将主要地从人机之间的关系中寻求形态的合理依据。色彩是重要的造型要素。产品的色彩与形态搭配得恰当就能弥补形态设计中的不足，使形态更加完美。

6. 形态美和功能的设计理念

在功能美中，支持功能的结构和秩序都由一定的形式表现出来，功能的效用是通过形式的语汇传达给受众的。需求和审美的关系在产品中表现在使用价值和审美价值的界定上，而现代设计观念极端重视这两者的统一，只强调功能主义和唯美主义的哪一方都是失之偏颇的。形式，似乎能够把使用价值和审美价值在某种范围内统一起来，因此，形式美不仅仅是审美的问题，它是设计语汇的元素，是传达交互的载体。形式，可以总体地理解为尺度、均衡、节奏与和谐等理智术语。但形式原本是直觉的，它并非艺术家具体实践活动的理智产物。尺度、均衡、节奏、和谐等术语是对形式内容的概括的把握，而形式本身却是由线条、色彩、结构等基本元素构成的，它们的构成规律是有章可循的。形式实际承载着历史和文化。

9.3.3　形态的分类

世界上的形态多种多样，从不同角度看形态也会有多种分类方式。从物质属性上分为自然形态、人工形态、抽象形态，它们三者之间存在一种形态生产的递进关系。

自然形态是自然界中存在的形态，人工形态是对自然形态的学习和模仿，抽象形态是对自然形态、人工形态的重组，其形态不具有认知性。

人工形态是对自然形态的学习和模仿。从许多产品的形态中可以清晰地看到人工模仿自然的痕迹。北京奥运会游泳馆"水立方"的设计就是设计师对水滴自然形态的模仿并概括成为规则的人工形态，运用在建筑结构立面表现上，具有水泡生动逼真的形态特征。"鸟巢"这个大家都熟知的建筑，通过它的命名就可以找到其形态原型是对鸟巢编织结构印象的概括，形成了北京奥运主场馆的形态特征。

抽象形态是形态类型之一。所谓抽象，是指抽取并掌握事物及其表象的最基础、最本质的组成部分或性质的一种理性活动。所谓抽象形态有两类：其中一类就是现实形态抽象后，描绘出的再现形态，这类形态多数是经过整理后的单纯的几何形态；另一类则是与现实形态无关的，也就是并非现实形态的抽象再现，而是来自概念形态的直观化，即几何性的纯粹形态。

9.3.4　产品形态的作用

产品形态设计不只是对外观设计或对产品进行美化。对于产品形态来说包含了创造、计划和美学意义上的造型探索的含义。设计是一个思维过程，也是一个确定性的过程，包括两方面的含义：第一是产品设计和工业操作方面的含义，与产品计划有关，包括产品的可用性研究和人类行为科学、市场学、环境学、资源和技术潜力，产品对未来文化经济的影响和作用等；第二是为了某个预想的结果进行创造、策划或者计算，有目的地准备和安排，描绘预想方案的含义。

9.3.5 主要的形态要素及心理效用

形态要素是指构成形态的最基本、最单纯的因素，是决定形态形状及其心理效应的根本条件。具体说，即点、线和基本平面。形态要素是研究丰富多彩的形态世界的基础。将复杂的形态（无论是现实的形态还是抽象的形态）归纳成简洁的形态，显现形态要素的特征。对基本形态的提取，是突出形态性，强化形态心理效应的基本方法，是产品形态研究的内容之一，如图9.10所示。

直线型	水平线	垂直线	斜线	折线
心理感受	沉着、安静、理性、稳重	体现在生长力、对抗地心引力、挺拔向上、坚定和崇高	意味着运动、具有方向感和引导性	意味着冲突、具有破坏性效果
曲线形	曲线		螺旋线	
心理感受	活泼，形成视觉张力、弧线在视觉上的饱满感、S形曲线富有生命力、不规则曲线传达动荡和不安的信息、纤弱、缺乏力量		具有生物学特征，就有宇宙的力量，体现了时间和空间的运动方式	
方形	正方形		长方形	
心理感受	强烈的规则感，充实感，安定、明显的等量性质带来的和谐		除具有方形的规则充实感之外，不同对比的直角边富有不同的美感	
圆形	正圆形		椭圆形	
心理感受	正圆的所有半径全相等，是外力与内力的抵消，到处都是流畅和饱满的，所以产生了充盈、完美、简洁和挺拔等感觉		长轴长，内力不平衡，按长轴方向流动。使人感觉是对正圆不同程度的侧视形成微弱的三维空间印象	
三角形	三角形			
心理感受	方向性明确，轻快、锐利、积极，因方向性变化引起视觉力的改变			

图 9.10 形态要素

9.3.6 产品形态表达

1. 形态表达的过程及特性

从方案构思、绘制草图、深化细节、方案评估、制作模型到投入生产，设计是一个多次往复、循序渐进的复杂过程。不同的设计阶段，思考的重点不同，设计表达亦有层次上的不同。

1）设计构思快速表现

将抽象的概念及复杂的语言视觉化使之更容易让人理解。随着社会的发展，社会构造亦变得复杂化，而情报资讯的增加，使生活方式多样化，产品设计的品种日渐丰富，创意构想的表现形式也因而有了新的面貌。

2）表现的特点

快速表现具有快速性、真实性、启迪性和说明性的特点。设计师运用表现技法，完整地提供产品设计的有关功能、造型、色彩、结构、工艺、材料等信息，使其设计形象直观并一目了然，客观地表现出未来产品的实际面貌，有助于市场人员进行决策，从视觉感受上沟通了设计者与消费者之间的联系；学习使用表现技法，不仅能将设计构思表现出来，而且通过对大脑想象的不确定图形的不断展开，帮助设计师培养对形态的敏锐感受力，启迪设计师的创造思维和想象能力；设计中有许多难以用语言概括的形象特点。

（1）表现性。

表现技法是在一定的设计思维和方法指导下，把符合生产加工技术条件和消费者需要的产品设计构思，运用技巧加以视觉化的技术手段。这就使表现技法这种专业化的特殊语言具有区别于其他表现形式的特点。从设计草图、设计效果图、设计制图到设计模型，都凭借设计师熟练的技能、技术知识、经验及视觉感受而赋予材料、结构、形态、色彩、表面加工及装饰以新的品质（包括文字，视觉传达等），这就使表现技法贯穿于整个产品设计的始终，具有很强的表现性。

（2）快速性。

在保证产品设计质量的前提下，追求快速是节约时间和资金、获取市场经济效益的良好途径。现代社会的工业化技术和经济条件不断改善，消费者对产品日益增长和不断变化的需求，促使企业不断提供新的产品，并尽可能缩短产品开发设计的周期。快速的表现技法可帮助我们实现这个目标。

（3）真实性。

设计师运用表现技法，完整地提供产品设计的有关功能、造型、色彩、结构、工艺、材料等信息，使其设计形象直观并一目了然，客观地表现出未来产品的实际面貌。另外，这种表现特性，从各个角度体现出表达内容的真实感，有助于市场营销人员乃至领导进行决策，从视觉感受上沟通了设计者与消费者之间的联系。

（4）启迪性。

学习使用表现技法，不仅能将设计构思表现出来，而且通过对大脑想象的不确定图形的不断展开，帮助设计师培养对形态的敏锐感受力，启迪设计师的创造思维和想象能力。

（5）说明性。

设计中有许多难以用语言概括的形象特点，如产品的形态、色彩、量感、质感及有关体现形式美的韵律和节奏、风格等。通过各种不同类型的表现，诸如草图、投影图、预想效果图的不断展开，都可较好地说明其设计所追求的目的。因此，形象化的表现图比语言文字或其他表达方式对于形象化的思维具有更强的说明性。

2. 快速表现技法

1）快速表现草图

在设计过程中，方案草图起着重要作用。它不仅可在很短的时间里将设计师思想中闪现的每一个灵感快速地进行捕捉，而且通过设计草图可以对现有的构思进行分析而产生新的创意，直至取得满意的概念乃至设计的完成。在这个阶段，设计师的精力应集中于设计方案的创新上，构思草图暂求量多而不求质高，便于及时将一些零星的、不完善的，有时甚至是荒诞的初步形态记录下来，为以后的设计提供较丰富的方案依据，从而进行比较、联想、综合，形成新设想的基础。

为全方位展示产品形体特征，需要绘制正视图、侧视图、俯视图，必要时标出产品长宽高的比例关系；需要有设计细节的放大图和产品结构说明图来全方位展示产品形体特征，使用结构爆炸图主要用来揭示内部零件与外壳各部分之间的关系；剖视图可以展示出物体的内部结构和某些被遮挡住的产品信息，让我们更容易理解产品内部结构的层次关系从而有效地帮助设计师与那些不善阅读效果图的客户进行沟通和交流；使用和操作方法的流程图也称为"绘制产品地图"，可以清晰地展示使用方法和流程步骤；文字说明主要是针对效果图中图像很难表达清楚的地方，如产品的功能、结构材质、使用方法等方面，用文字表达清楚。表现方法多样，主要目的就是能够让人容易阅读和理解。读者在学习时要注意不要过分注重好看的图面表达，更要注重效果图表达的合理性与逻辑的正确性。运用不同的表现方法展示我们的设计才是手绘表现最根本的目的。

2）计算机效果图

通过计算机三维仿真软件技术来模拟真实环境的高仿真虚拟图片，其主要功能是将平面图纸三维化、仿真化，通过高仿真的制作，来检查设计方案的细微瑕疵或进行项目方案修改的推敲，具有方便、精确、逼真、可复制、可修改的优点。

常用的用于产品设计的三维计算机制图软件有 3D Max、AutoCAD、SolidWorks、Pro-Engineer、Rhinoceros 等，其中参数化建模软件如 Pro-Engineer 广泛用于结构设计和模具设计，在汽车、航空航天、消费类电子产品、模具、玩具、工业设计和机械制造领域提供了目前较为全面的产品开发环境；非参数化软件如 Rhinoceros，主要用于工业设计外观使用，建模速度快、曲面处理方便，3D Max 更多应用于建筑、室内、家具、陶瓷等领域，建模自由度高，渲染设置方便，与渲染软件的配合度高。

3）产品模型制作

产品模型是在设计研究过程中，为更好地理清设计思路，表达设计思维或概念而制作的一种三度空间的表达形式，用以改进方案的实验性模型。

3. 模型制作的材料

产品模型制作具有说明性、启发性、可触性和表现性特点，如图 9.11 所示为汽车油泥模型。按照在产品设计过程中的不同阶段和用途分为研讨性模型、功能性模型、表现性模型。模型制作常用到的材料有纸材、木材、黏土、油泥、石膏、泡沫塑料、塑料、玻璃钢、金属等。

陶土、黏土均属于含水材料，干后易产生裂纹，不便于保存。一般多用于设计创意阶段和翻制石膏模型。

石膏多用于翻制陶黏土模型，顺序如下。

（1）在已塑造完成的黏土或油泥母体上抹上脱模剂。

（2）在母体上浇注一层具有厚度的石膏浆。

（3）石膏凝固后，取出泥塑的原型，形成中空的石膏模具。

（4）在石膏阴模内涂上脱模剂，浇注石膏浆。

（5）石膏浆干后，敲碎阴性的石膏模具，就可以得到复制模型。

玻璃纤维、碳纤维等合成树脂材料的制作方法往往是以石膏模型作为胎膜，用调制好的树脂刷脱模剂和裱糊纤维材料，最后进行脱模

图 9.11 汽车油泥模型

修正。

而泡沫塑料，如发泡 PS（聚苯乙烯）、发泡 PU（聚氨基甲酸酯），常常先使用板锯切割，用打磨板、打磨棒、特殊形状打磨块等进行修理或黏合，用卡钳曲线板等量具进行精准测量和制作。热塑性塑料（ABS 工程塑料与聚甲基丙烯酸甲酯）具有易燃性良发好、机械性良好、吸水率低、可塑性良好、着色性强等特点，是产品设计手板制作最常用的材料。

4. 常用到的设备

1）数控机床

数控机床（numerical control machine tools）是指装备了计算机数控系统的机床，简称 CNC 机床，如图 9.12 所示。

2）3D 打印机

3D 打印机是快速成型技术的一种机器，某品牌桌面级 3D 打印机如图 9.13 所示，以数字模型文件为基础，运用粉末状金属或塑

图 9.12　某数控机床

料等可黏合材料，通过逐层打印的方式来构造物体。过去其常在模具制造、工业设计等领域被用于制造模型，现正逐渐用于一些产品的直接制造，意味着这项技术正在普及。

3）逆向工程

逆向工程（reverse engineering，RE）俗称三维激光扫描抄数。利用三维激光扫描仪或三坐标测量仪对物体表面进行三维扫描或测量，获得物体的三维点数据，再利用逆向工程软件对获得的三维扫描数据进行整理、编辑，获取所需的三维特征曲线，最终通过三维曲面表达出物体的外形，为后续的设计或加工做准备，如图 9.14 所示。

图 9.13　某品牌桌面级 3D 打印机

利用三维扫描技术可以获得以往无法获得的物体外形数据，同时大大提高获得数据的速度以及准确性。

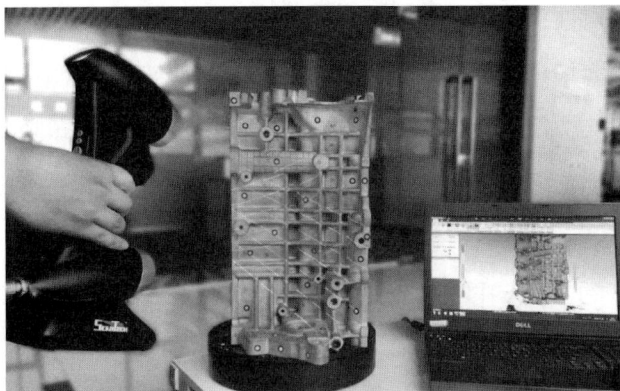

图 9.14　三维扫描建模

9.4　设计流程与方法

9.4.1　设计流程

设计方法论是设计学科的科学方法论，是关于认识和改造广义设计的根本科学方法的学说，是设计领域最一般的科学。涉及工程学、管理学、经济学、社会学、生理学、心理学、思维科学、美学和哲学等诸多领域。

1. 设计准备阶段

设定目标收集资料整理资料等，决定是否进行新产品设计的研究工作。

准备阶段可大致分为以下四个方面。

（1）定性研究（qualitative research），针对可能使用你的产品的人，可以是问卷、访谈等。

（2）确定人物角色（persona），即产品的典型用户，可以有一种或几种。

（3）问题脚本（problem scenario），罗列人物角色在使用产品时可能遇到的问题，可以整理成一个故事便于别人理解。

（4）动作脚本（action scenario），像写故事一样，写人物角色在使用你设计好的产品时，发生的细节。注意，这个时候你的产品概念模型已经基本成型了，这个概念模型是通过解决问题脚本里的问题而得出的。

2. 市场调研

任何一个好的工业产品的造型设计，都不是毫无根据地只是为了追求形状的奇特而设计的。同一类产品的形态多样，虽各有不同却也是根据实际需要而设计的。产品竞争力的关键是产品能否给人们带来最大的便利和精神上的满足。市场调研的目的就是要使我们的设计更有针对性，让产品能被消费者接受。

市场调研的内容根据产品的不同而各有侧重。一般来说包括同类产品的价格、档次、市场销售情况、流行情况；不同年龄组消费者的购买力；不同年龄组消费者对造型的喜好程度；不同地区消费者对产品的喜好程度；产品造型的发展趋势等。

3. 设计草图

（1）草绘（草图）的作用为日常收集资料及想法，帮助思考；将设计想法快速表现。草图的分类：创意草图、设计草图。

（2）方案设计草图的基本要求是能够清楚简洁地表达产品造型特征，有较好的版面布局，有主有次。

4. 产品设计效果图

产品设计效果图一般分为手绘效果图和计算机效果图。手绘效果图主要通过水粉、彩铅、透明水色、喷绘、马克笔、综合表现法等进行设计表达；计算机效果图分为平面和三维效果，利用计算机软件进行画图、建模等方式进行设计表达。

一般会草图（手绘效果图）构思设计，最后用计算机效果图定稿。三维透视效果图与草图相比，效果图更能真实地表现产品的式样、材质和空间效果等。

5. 模型

1）产品模型的定义

产品模型是产品设计过程中的一种表现形式，它是依据初步定型的产品设计方案（平面的），按照一定的尺寸比例，选用各种合适的材料制作成接近真实的产品立体模型。这种接近真实的产品模型能更加准确、直观地反映设计创意。同时，也只有通过产品模型才能进一步发现在平面方案中所不能反映出来的问题，为进一步完善设计方案提供可靠的依据。因此，它是设计师的设计语言，是达到设计目的必须掌握的一种重要的表现技法。

2）产品模型的分类

产品模型可分为意向模型、简略粗模、概念模型、结构模型、样机模型等几类。

3）产品模型常用材料

产品模型常用的材料有石膏、塑料、发泡塑胶、黏土、油泥、纸材等。

工业设计中的模型制作不能等同于工程机械制造中铸造的模型，它不是单纯地模仿一件产品，而是通过产品模型制作进一步调整修改设计方案，检验设计方案的合理性，为制作产品样机和投入试生产提供充分依据。因此，它具有自身的特点。

9.4.2 设计的分类

1. 人性化设计

何谓人性化设计？人性化设计是指在符合人们物质需求的基础上，强调精神与情感需求的设计。它综合了产品设计的安全性与社会性，即在设计中注重产品内环境的扩展和深化。"人性化设计"作为当今设计界与消费者孜孜追求的目标，带有明显的后工业时代特色，是工业文明发展的必然产物。设计的核心是人，所有的设计都是围绕着人的需求展开的。以人为核心进行外延，有什么样的需求，就会产生什么样的设计。设计的目的在于满足人自身的生理和心理需要，需要成为人类设计的原动力。

2. 概念设计

概念设计是由分析用户需求到生成概念产品的一系列有序的、可组织的、有目标的设计活动，它表现为一个由粗到精、由模糊到清晰、由抽象到具体的不断进化的过程。概念设计即是利用设计概念并以其为主线贯穿全部设计过程的设计方法。概念设计是完整而全面的设计过程，它通过设计概念将设计者繁复的感性和瞬间思维上升到统一的理性思维从而完成整个设计。

3. 创新设计

创新设计是指创新理念与设计实践的结合。发挥创造性的思维，将科学、技术、文化、艺术、社会、经济融汇在设计之中，设计出具有新颖性、创造性和实用性的新产品。

9.4.3 设计方法

1. 设计框架与流程型

1）用户体验五要素

用户体验五要素框架是由 Jesse James Garrett 在《用户体验要素——以用户为中心的产品设计》中提出的如图 9.15 所示。整个框架分为五层，由下向上是一个产品产生的顺序。

（1）战略层：战略层可以帮助产品设计者更清晰地思考自己的产品定位是什么，能带给用户什么，可以针对用户细分，创建 PERSONA，其中，P 代表基本性（primary），指该用户角色是否基于对真实用户的情景访谈；E 代表同理性（empathy），指用户角色中包含姓名、照片和产品相关的描述，该用户角色是否有同理心；R 代表真实性（realistic），指对那些每天与顾客打交道的人来说，用户角色是否看起来像真实人物；

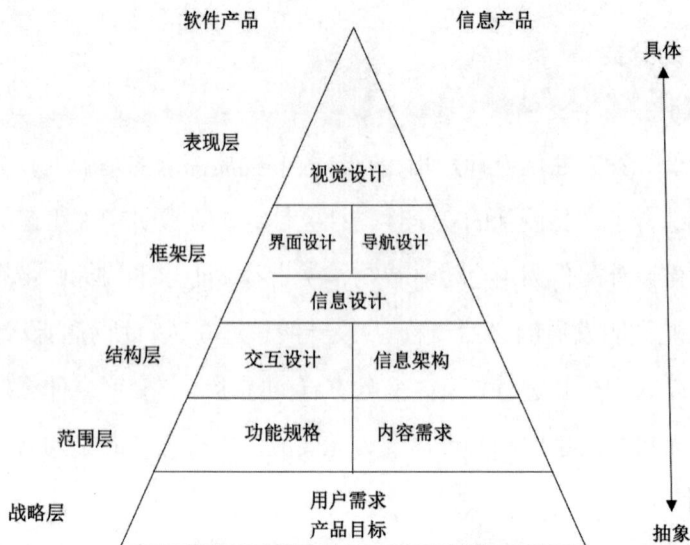

图 9.15　用户体验五要素

S 代表独特性（singular），每个用户是否是独特的，彼此很少有相似性；O 代表目标性（objectives），该用户角色是否包含与产品相关的高层次目标，是否包含关键词来描述该目标；N 代表数量性（number），用户角色的数量是否足够少，以便设计团队能记住每个用户角色的姓名，以及其中的一个主要用户角色；A 代表应用性（applicable），指设计团队是否能使用用户角色作为一种实用工具进行设计决策。

（2）范围层：需要明确功能及其内容需求的整合需要，挖掘用户实际想要的特性，输出功能规格说明书，探讨需求可行性以及优先级。

（3）结构层：关注用户行为与系统响应，选择合适的交互组建。

（4）框架层：界面线框图设计，传达出一眼看到最重要东西，不同内容间的关系。

（5）表现层：有效传达信息与统一风格，不需要太多细节，以免过于复杂影响用户操作、选择。

2）双钻模型

双钻模型来源于 IDEO 的以人为本设计思想和 d.school 的设计流程。主要分为四个时期，第一，发现期：对问题的探索和调研；第二，定义期：对问题的定义和聚焦；第三，发展期：对设计的潜在问题进行发散，进行简要的设计构思；第四，交付期：对设计方案进行实现。它是将设计产出"可能是"到"应该是"的思考辅助方法，如图 9.16 所示。

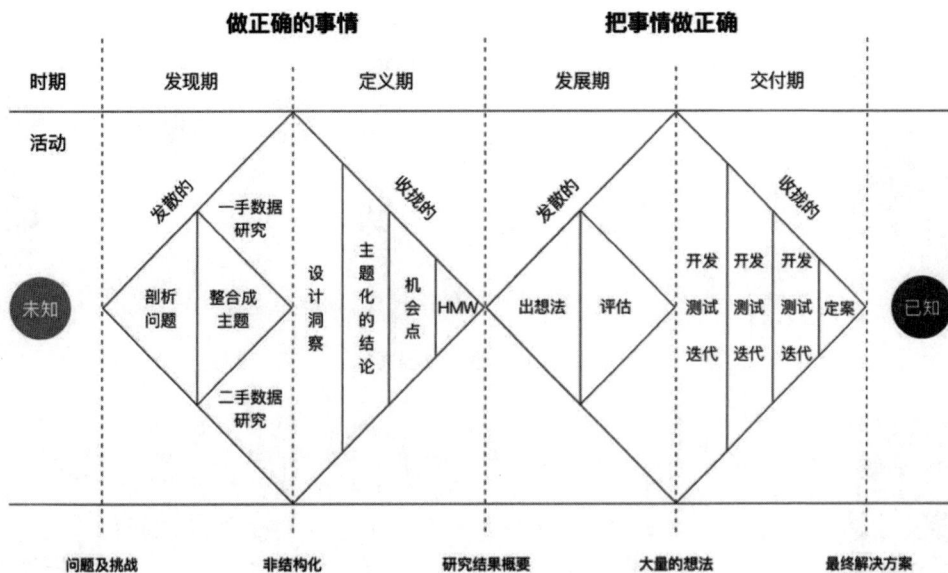

图 9.16 双钻模型

双钻模型适用于交互设计过程的基本框架，不是应用到某个交互细节的具体工具或方法。

根据项目大小的不同、资源平台的不同、时间急缓的不同，甚至设计师在项目中角色的不同，双钻大小也会不一样，侧重模块也会不一样。使用时切忌一味照搬照抄，需要具体问题具体分析。

2. 服务设计型体验地图

体验地图用来定位和描述一项完整服务过程中的服务体验情况，用图形化方式记录、整理、表现出来。包括用户在使用过程中做了什么，有哪些服务接触点。很多案例中，设计师多尝试用它评估服务产品，定位用户在整个使用过程中的痛点和满意点，探索体验。

例如，一位用户在 12306 网站的购票过程。通过任务拆分，以第一人称的视角记录用户购票遇到的问题，感到愉快的地方。绘制服务过程如图 9.17 和图 9.18 所示，可以帮助设计者发现从前忽视的问题，以全局视角展现用户的使用过程链。帮助定位发现产品的体验 high 点和痛点。

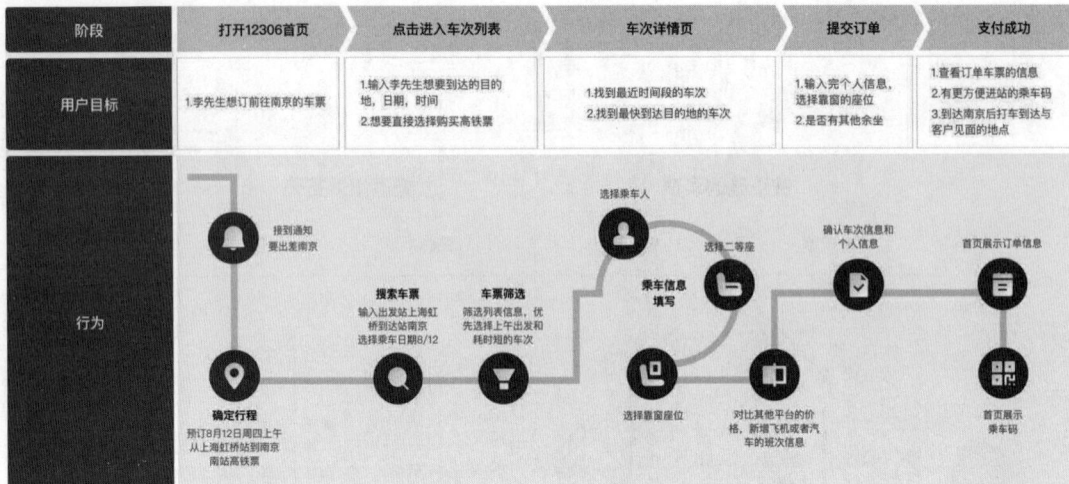

图 9.17 服务过程图

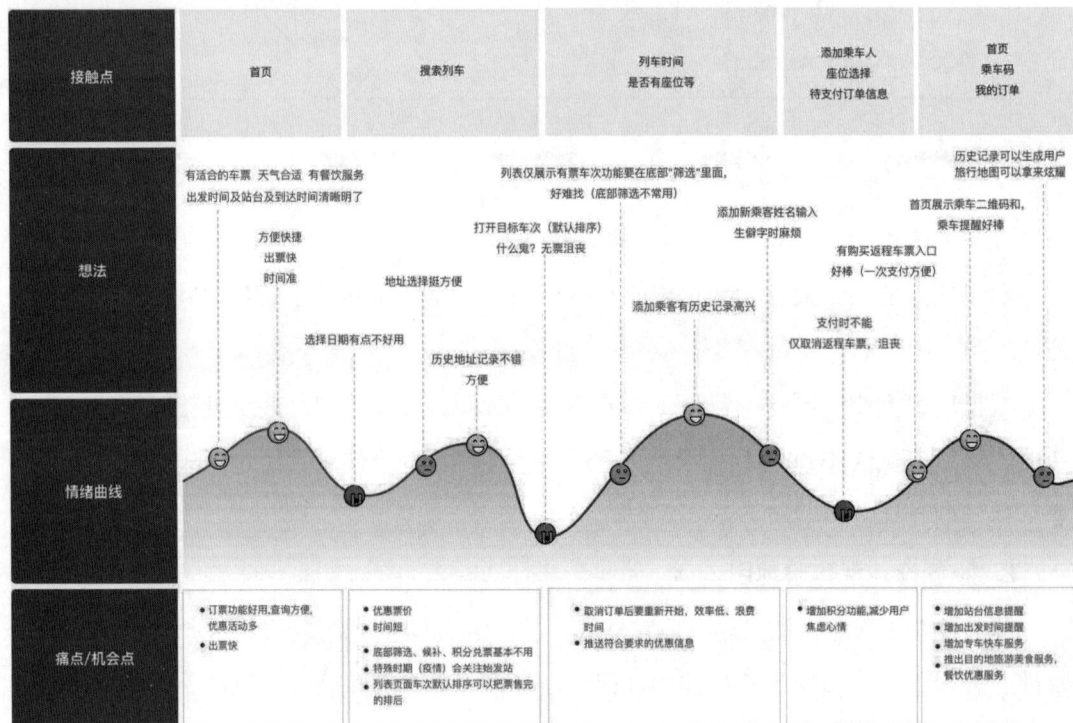

图 9.18 12306 购票服务过程图

适用场景：

（1）用来梳理整个流程的用户场景和体验问题，帮助整个产品团队更好地交流与定位问题。

（2）将模糊的需求拆分为用户角色、用户场景、行为要素、想法感受，帮助设计师精准地挖掘出设计突破点。

使用建议：

（1）不要想把所有体验过程中的参与者都包含进去，建议针对单一用户视角进行梳理。切忌大而全的大包大揽。

（2）体验地图 6 大核心要素：使用者、阶段、接触点、行为、想法、感受。

（3）时刻要从用户角色出发，思考用户会经历什么样的使用过程。

3. 设计策略型

用户生命周期。如图 9.19 所示，用户在不同生命周期有不同的诉求，在点开产品的第 1 秒、第 1 分钟及连续进来 3 天时你分别要给用户怎样的产品体验，这是作为用户体验设计师需要思考的另一维度。其实用户处于不同生命周期时，作为设计师想要给予不同的体验，是需要与市场营销、产品运营相结合的。

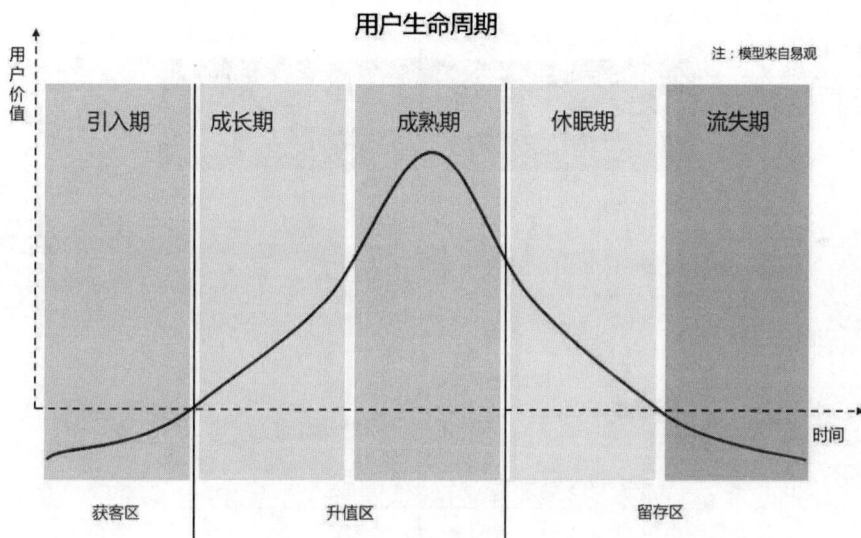

图 9.19　用户生命周期

适用场景：

了解用户生命周期，可以帮助用户更有针对性地体验问题，进行设计解决。进而分流出初期用户、活跃用户和忠诚用户的使用习惯和操作路径。

使用建议：

后台获取了一定量的产品数据后，才能对用户生命周期产生作用，但某些关键转化因子和用户描述则需要透过定性的方式取得。

4. 成瘾模型

成瘾模型（hooked: how to build habit-forming products）的作者是 Nir Eyal，其通过对视频游戏和在线广告行业中的观察，提出了"成瘾模型"。通过触发、行为、奖励、反馈来让用户在使用产品的过程中产生成瘾习惯。结合用户使用产品的不同时间点，可以透过一些机制来轮换调动使用其核心驱动力，从而去持续调动用户的积极性，让使用产品的生命周期可以延长，进而达到习惯成瘾。

适用场景：

有关用户增长、拉量拉活跃的运营活动，设计需求时都能借用此模型来明确思路。

使用建议：

（1）内在动机和外在因素可以结合游戏化设计思维，帮助用户打造不同的行为动机。

（2）行为和奖励是保持成瘾习惯的最重点因素，尤其是奖励对用户的吸引力。

（3）行为部分可以去深入了解法格行为模型（动机、能力、触发），如图9.20所示。

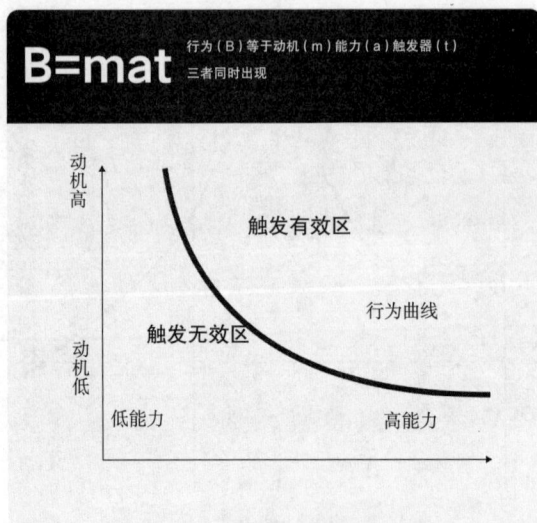

图 9.20　法格行为模型

5. 法格行为模型

思维模型使用起来有好处，当然也会有坏处。过多的使用有时会让设计中的感性以及创意部分，慢慢被格式化以及流程化所取代，往往容易让设计成果趋于大同。作为设计师要随时警惕，不要让这些方法成为限制自己的枷锁。但是在自己设计思考遇到瓶颈时，这些设计方法论无疑是可以实际使用的。

9.4.4 产品开发概述

从石器时代开始，人类就一直不断地在造物，为生命的存在与延续，为生活质量的提高而制造一切所需要的工具和物品。

尽管人类经历了漫长的历史变迁，尽管技术的发展已不能同日而语，但人类造物活动的意义并没有改变。

人类为了更美好的生活而创造生产出来的物品，就称为产品。

20 世纪现代文明与科技发展，形成了这一时代背景下的人类造物活动：工业设计。由此所构成的人造环境正在对当今人类社会的生活和生存方式产生着重要的影响。

在工业设计中的产品是指用现代化机器大生产手段批量制造出来的工业产品，如各种家用电器、生活器具、交通工具等。

产品设计涉及的内容很广，小到纽扣和钢笔，大到汽车、飞机等。因此产品设计的复杂程度也大不相同，和产品设计相关的各门学科和领域也相当广泛。

产品系统设计既要满足产品开发、设计、生产、营销等流程，也要满足消费者功能、审美、认知、情感的需求。

近年来，产品设计越来越重视用户体验环节，无论从形态美学，功能的使用和一些情感上的体验都能大大提升产品设计的附加值。

1. 产品设计的一般流程

现代产品设计是有计划、有步骤、有目标、有方向的创造活动。每个设计过程都是一个解决问题的过程。设计的起点是设计原始数据的收集，其过程是各项参数的分析处理，而归宿是科学地、综合地确定所有参数，得出设计结论。

产品设计是一种程序，包括信息搜集和处理工作、创造性的工作、探讨交流的工作、测试和评价以及市场投放等。

2. 产品设计过程的一般模式

新西兰工业设计协会主席道格拉斯·希思将一般设计程序简化为如下六步。

（1）确定问题。

（2）收集资料和信息。

（3）列出可能的方案。

（4）检验可能的方案。

（5）选择最优秀方案。

（6）施行方案。

学生上学期间完成的课题设计流程相对简单，但涉及公司及产业产品研发课题，就需要考虑多部门协调合作，流程相对复杂，也要求工作人员掌握综合能力。如图 9.21 所示为产品研发的流程图。

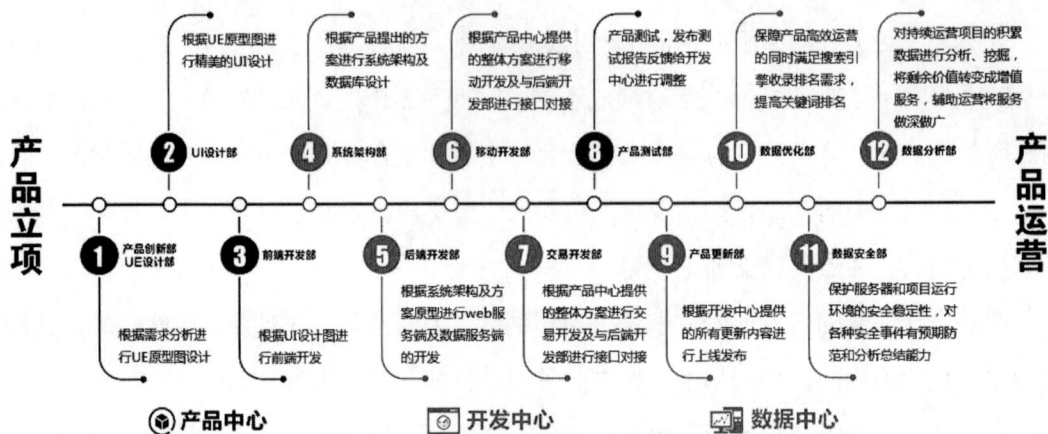

图 9.21　产品研发流程图

产品研发流程中的角色和分工如下。

① 产品经理：负责需求收集和分析、产品的调研和设计、MRD 的编写、实现的跟踪，以及其他相关产品工作。

② 产品总监：负责产品部门的工作划分、时间人员协调、总体工作安排和进度跟踪、跨部门的协作安排。

③ 产品总负责人：负责战略性产品的审核和战略方向的把握。

④ 研发工程师：负责系统前后端的设计和开发。

⑤ 测试工程师：负责系统的测试。

⑥ 系统架构师：负责重大设计的指导和审核、关键系统操作的确认。

⑦ 其他：可能包括 UE/UI/VI 以及其他部门。

流程块描述如下。

（1）需求收集调研

工作内容：产品部门通过各种途径收集市场和用户需求，开展基本的调研工作，确定需要实施一个项目来满足这些需求。

注意事项：原创类产品最好给出定量的需求分析和调研报告；模仿类产品最好给出

对模仿对象的分析和模仿的理由。给出产品重要性与优先级、是否符合大战略、对其他产品的影响、预期的运营性价比。

（2）项目立项

工作内容：组织产品部门，和涉及该项目的所有相关部门和同事开立项会，给出项目的意义、产品需求、预期效果、人员工作范围、时间计划等。

注意事项：立项会原则上不展开讨论问题，仅着重于通知并协调各部门相关人员的工作。

（3）MRD 编写

工作内容：产品经理将市场需求和产品需求编写为 MRD 文档，并以此作为整个产品实施和效果评估的标准指针。

注意事项：根据产品改动的大小，分别使用 MRD 或 mini MRD 模板来编写文档。后期过程中的任何产品设计改动需要反映到对应 MRD 文档中。

（4）产品讨论确定

工作内容：产品经理组织各种形式的沟通和讨论，不断修改和调整 MRD 文档。在经过立项相关人员的一致同意后，基本确定产品的设计和获得基本确定版的 MRD 文档。该过程中包括 UE/UI 相关的设计工作，并包含初步的用户调查/测试。

注意事项：首页、持久导航的产品上的新增和重大产品变革，需要产品总负责人同意。如果出现较大分歧，则首先需要寻求沟通和解释；产品部门拥有最终决定权。

（5）技术设计

工作内容：研发工程师针对 MRD 文档进行技术实现上的讨论和设计，并确定方案。

注意事项：增加新的较大的模块或者对重要模块的较大改动，需要提供设计文档，并需要架构师审核通过方可实施。设计文档需要按照标准模板来编写。

（6）技术开发

工作内容：研发工程师按照设计来进行开发，并进行必要的自测和代码交叉检查。

注意事项：开发的代码要遵守 Mosh PHP 编码规范。复杂和关键的代码尽可能安排交叉检查。

（7）测试

工作内容：测试工程师按照产品 MRD 文档的要求来执行测试过程，检查系统的功能、性能、容错性等内容。产品经理按需安排进行用户测试。

注意事项：重大改动需要进行整体回归测试。用户测试获得的信息，可能会导致需要重新回到 MRD 修改。

（8）上线

工作内容：工程师准备上线方案，并将实现的系统放到上线前完成，相关各部门人员检查各自负责的部分是否正常工作，有异常要及时通告技术部门。

（9）基本工作准则

每项任务的每个阶段都需要确定负责人和基本时间计划。每项关键工作完成以后，都需要进行效果评估和情况通报。不能按计划完成，需要提前通知上级负责人，并给出原因。大会前充分沟通，而不是大会上讨论。所有的产品修改都需求提交给产品部门，经过产品确认再提交技术部门（紧急性 Bug 除外）。

MRD 文档是整个流程的中心文档，各项工作的开展围绕 MRD 文档进行。

每个设计项目要做好阶段计划，还要制作保证计划顺利完成的进度时刻表。以 x 轴为时间轴，以 y 轴为工作内容，随时检查项目进度情况。

以一款商务手机研发流程图为例，如图 9.22 所示，它包括产品市场资讯收集与调研，提出概念性草图方案，设计方案定稿，制作三维效果图及样机尺寸图，最后完成样机模型，投放市场监测。

有如下几点内容需要特别强调。

（1）明确设计任务。课题属于企业课题还是虚拟课题，设计任务是创新还是改良，不同的任务在调研环节需要针对不同的内容进行调整，直接影响到设计的定位和实施的方向。

（2）市场调研环节。产品竞争力的关键是产品能否给人们带来最大的便利和精神上的满足。市场调研的目的就是要使我们的设计更有针对性，能够让产品被消费者接受。

（3）市场调研的内容根据产品的不同而各有侧重。一般来说包括同类产品的价格、档次、市场销售情况、流行情况；消费者不同年龄组的购买力；不同年龄组对造型的喜好程度；不同地区消费者对产品的喜好程度；产品造型的发展趋势等。市场调研的方法很多，最常见的有面谈、电话调查、问卷，还有网上投票问卷、深度访谈、网络大数据、官方报告等，根据产品的性质确定问询内容，设计好调查问题，使调研工作尽可能方便快捷、简短、明了。通过调研，可以收集到各种各样的资料，为产品设计师分析问题、确立设计方向奠定基础。将调研结果进行分析可以使用图表、柱状图、现状图等多种形

手机开发流程框图：

阶段	流程图	文档

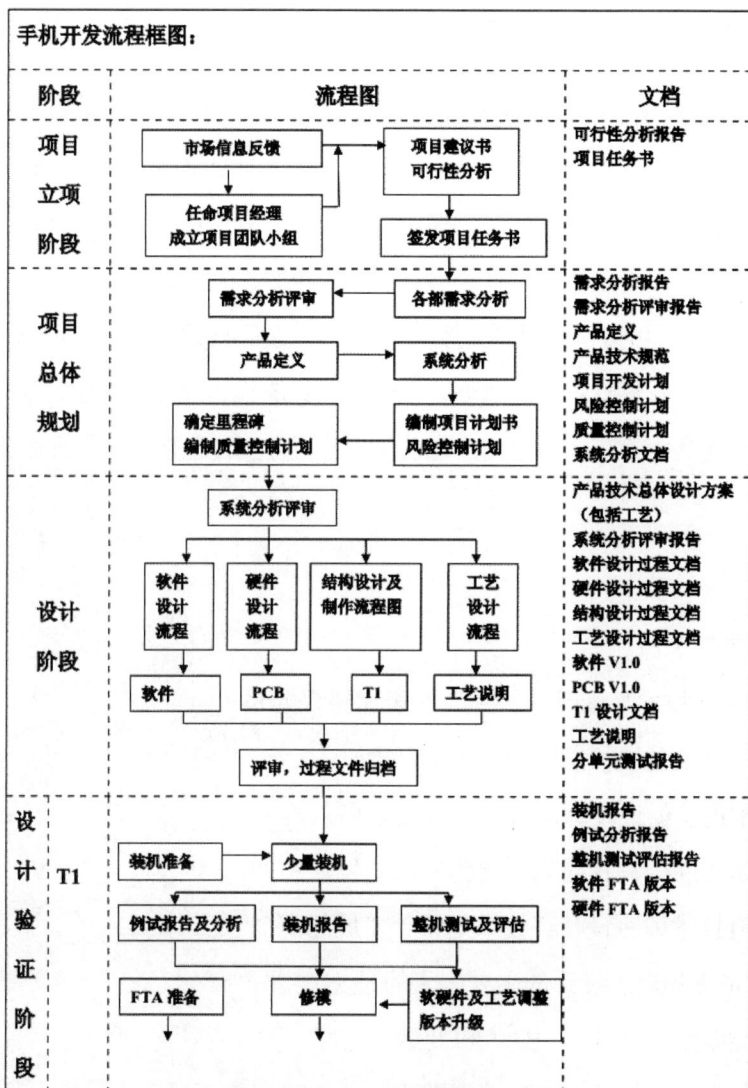

图 9.22 某手机产品研发流程图

式，让人一目了然。

（4）草图的基本要求。能够清楚简洁地表达产品造型特征有较好的版面布局，有主有次。

（5）用多种手段和方法制作产品效果图，如可以手绘，也可以使用计算机软件，常用的软件有 Rhino、3D Max、Alias、Photoshop、CorelDRAW、Illustrator 等。

（6）模型。产品模型接近真实的产品模型能更加准确、直观地反映设计创意。同时，通过产品模型进一步检视在草图方案中所不能反映的问题，为进一步完善设计方案提供可靠的依据。

9.5　本章小结

本章主要内容为产品原型设计的基础知识。首先，从设计与技术的角度分析科学技术手段与设计之间的相互关系，即设计艺术与科学技术是交叉融合的——设计艺术与科学技术的发展会显现出相对独立的状态，表现出不一致的发展进度和发展特点，但又相互促进，共同发展进步，并附以相关科技产品案例做出说明；其次，从产品形态与设计方面表达阐述了形态设计的原则、产品形态的分类与要素以及心理效用，并对形态设计表达技法进行了梳理；最后，从设计管理的角度，梳理了设计流程、分类与方法，从实际产品开发全流程分析设计在其中扮演的角色，并附以商业手机开发流程作为案例详细分析。

习题

选择题（单选）

1.下列针对"技术与设计的关系"的表述错误的是（　　）。

　　A.设计是推动技术发展的重要驱动力

　　B.技术进步促进设计思维和手段的发展

　　C.技术更新为设计提供了更为广阔的发展空间

　　D.先有技术后有设计，技术是设计发展的前提

2.下列不是影响形态设计的主要因素的是（　　）。

　　A.功能要素　　　　　　B.人机要素

　　C.文化要素　　　　　　D.价格要素

3.下列表述正确的是（　　）。

　　A.材料是实现产品形态的物质基础，材料的选择应考虑使用、加工、经济等因素

　　B.以信息技术为代表的计算机及相关技术的发展，改变了产品形态设计的手段、程序和方法，使产品形态呈现复杂化、机械化等趋势特点

　　C.设计中材料的性能特征主要体现在物理的、触觉的和视觉的三个方面

　　D.材料与结构互为影响，互为因果，引领产品不断创新

4.下列不属于设计表达的内容的是（　　）。

　　A.快速表现图　　　　　B.效果图

  C. 模型制作   D. 收集资料

5. 下列表述正确的是（ ）。

  A. 手绘效果图与计算机效果图相比更方便、精确、逼真、可修改

  B. 人的机械力学参数包括人机互动中力量，速度，频率，准确度，体力极限等人体生物力学和劳动生理学参数

  C. 人机工学是研究人与产品之间的相互作用并妥善处理其关系的学科

  D. 产品形态决定产品功能好坏，是产品的第一要素和价值体现

6. 影响形态设计的主要因素有（ ）。

  A. 功能要素、人机要素、技术要素、文化要素、材料与结构要素

  B. 美学功能、实用功能和象征性功能等功能要素

  C. 人、产品和功能

  D. 对比与调和、节奏与韵律、对称与均衡、比例与尺度、统一与变化

7. 下列不是设计构思快速表现的作用的是（ ）。

  A. 优质概念的产生

  B. 简洁、经济、迅速

  C. 使得设计方案深入而完善

  D. 优质概念的产生

8. 下列表述正确的是（ ）。

  A. "用户画像"的优点是设计人员选择有代表性的用户案例替用户发声以提高决策效率

  B. SWOT 分析法是分析企业自身竞争优势，劣势，机会和威胁，将公司战略与公司内部资源，外部环境有机结合起来进行分析的一种科学方法

  C. 新产品研发是针对市场上产品的技术、功能、外观等方面进行优化和改进

  D. 设计规划包括时间计划、思维导图、市场调研、用户旅程图等

9. 下列关于 SWOT 分析法的表述错误的是（ ）。

  A. SWOT 分析法关注强项和最有机会的地方，扬长避短，使产品规划更有价值和意义

  B. SWOT 是企业用于分析自身竞争优势、劣势、机会和威胁，将公司战略与内部资源、外部环境有机结合起来的一种科学分析方法

C. S是指Strength 强项、优势；W是指弱项，弱势；O是指机会、机遇；T是指威胁、对手

D. S+W用来分析外部条件；O+T用来分析内部条件

10. 下列不是设计创意的方法的是（　　）。

A. 头脑风暴和思维导图

B. 倾向图法和用户旅程图

C. 头脑风暴和重复性探索

D. 情景还原法和六何法

第 四 部 分

创业能力启蒙模块

　　导言：讲授如何提升创新技术，使其具有差异性、独创性，能够形成市场竞争力，本章主要介绍知识产权的相关知识，如何保护合法权益免受侵害，项目答辩展示过程中所需的演讲表达以及形体语言表现等方法。

第 10 章 创新工程中的知识产权

10.1 创新和知识产权的关系

10.1.1 专利制度为天才之火添上利益之油

《尚书·泰誓上》中写道:"惟天地万物父母,惟人万物之灵。"莎士比亚也在《哈姆雷特》中借主人公之口赞美人类是:"宇宙的精华!万物的灵长!"

人类是万物之灵,这也不全是我们人类的自我吹嘘。纵观人类的历史,古今中外的思想者和发明家们以他们独有的聪明才智,指引人类凭借知识的力量在这个蔚蓝色的星球上从无到有地创造出了一个欣欣向荣的新世界,并且还在不断推动人类社会的继续进步和繁荣。

为了更好地保护和促进"智慧的创新"这一社会进步的原动力,人类的先贤们建立了专利制度,选择用利益的回报来激励天才们的发明创造。亚布拉罕·林肯的名言:"专利制度为天才之火添上利益之油"(the patent system added the fuel of interest to the fire of genius),更是一语道破了专利制度的本质,也揭示了创新和知识产权的关系。这句话也被刻在了美国专利商标局的旧大门上方,成为了对美国为什么能成为世界第一的创新大国的最好诠释(图 10.1)。

同时,鉴于智力创造成果的"无形"性,和一般的物权相比,对知识产权的侵权非常容易,维权格外困难,特别是在网络时代,复制和扩散变得非常容易。因此如果没有特别的法律保护,辛辛苦苦投入人力物力进行创新的成果会被轻易抄袭,创新者将无法得到应有的回报,创新的积极性会受到严重打击,"抄袭是抄袭者的通行证,创新是创新者的墓志铭"的不良风气会开始蔓延,从而影响整个社会的发展和进步。在改革开放四十多年后的今天,通过加强知识产权保护来促进创新已经成了我国从政府到民间的共识。

图 10.1　美国专利商标局旧大门上篆刻的林肯名言

10.1.2　习近平总书记谈知识产权

关于知识产权保护的问题，中共中央总书记习近平有过很多重要论述。

2017 年 10 月 18 日，习近平总书记在中国共产党第十九次全国代表大会上的报告中强调，要"倡导创新文化，强化知识产权创造、保护、运用"。

2018 年 4 月 10 日，习近平主席在博鳌亚洲论坛 2018 年年会开幕式上的主旨演讲中强调，"加强知识产权保护是完善产权保护制度最重要的内容，也是提高中国经济竞争力最大的激励"，将知识产权的重要性提到了前所未有的高度，赋予其新的时代内涵，明确了新的功能定位。

2020 年 11 月 30 日，中共中央政治局就加强我国知识产权保护工作举行第二十五次集体学习。习近平总书记在主持学习时指出，创新是引领发展的第一动力，保护知识产权就是保护创新。党的十九届五中全会《建议》对加强知识产权保护工作提出明确要求。当前，我国正在从知识产权引进大国向知识产权创造大国转变，知识产权工作正在从追求数量向提高质量转变。我们要认清我国知识产权保护工作的形势和任务，总结成绩，查找不足，提高对知识产权保护工作重要性的认识，从加强知识产权保护工作方面，为贯彻新发展理念、构建新发展格局、推动高质量发展提供有力保障。

习近平总书记关于知识产权保护的相关论述论为我国未来开展好知识产权保护工作提供了根本遵循和行动指南，将对我国知识产权工作产生深远影响。

10.1.3　华为的专利观

华为公司在不到 40 年的时间里成长为中国最大的高科技公司，已经俨然成为中国科技水平发展的杰出代表，是什么让华为变得如此强大？对于这个问题也许一千个评论家有一千个理由。但是，毫无疑问，华为从一开始就坚持以开放合作的格局和态度，积极拥抱世界，放眼全球的国际视野和观念是华为今天一次又一次震惊世界的重要理由之一。

我们不妨看看华为的创始人任正非先生对于专利制度和创新关系的公开论述，会给我们带来很多启迪。

任正非在谈到中国知识产权保护现状时说："中国缺少创新、没有原创，主要原因是不尊重知识产权，没有严格的知识产权保护制度，加上社会文化没有包容精神，不鼓励试错，不包容有个性，甚至是有一些极端怪癖的人，如苹果的乔布斯、休斯飞机制造创始人休斯都是个性张扬、行事反叛的人，在中国现有文化背景下肯定难以冒出来，因为我们包容不了乔布斯，中国出不了乔布斯，这就导致谁也不愿进行原创，都热衷于抄袭。"

在谈到美国的创新环境时，任正非说："理论上要想有突破，首先一定要保护知识产权，才会有投资的积极性，创新的动力。美国之所以这么厉害，因为它严格保护知识产权，这样美国的创新环境才特别好，所以容易出现大公司。"

在谈到支付专利许可费问题时，任正非说："当然，要让大家愿意搞原创，必须要尊重知识产权，对知识权益要尊重和认可，不尊重知识产权，人们不愿也不敢从事原创性创新，而热衷于抄袭和模仿，要尊重知识产权就要付出知识产权成本，华为的国际化就是借船出海，以土地换和平。"

在谈到原创发明保护的问题时，任正非说："如果我们保护原创发明，就有很多人去做原创，最后这个原创就会发展成产业。""保护知识产权要成为人类社会的共同命题。别人劳动产生的东西，为啥不保护呢？只有保护知识产权，才会有原创发明的产生。才会有对创新的深度投资及对创新的动力与积极性。没有原创产生，一个国家想成就大产业，是没有可能的。即使就是成功了，也像沙漠上修的楼一样，也不会稳固的。"

在 2016 年 5 月 30 日的全国科技创新大会上，在国家领导人面前，代表华为发言的任正非语出惊人，称华为已感到前途茫茫，找不到方向，"华为已前进在迷航中。"

在 3G 和 4G 的时代，华为一直跟在别人身后猛追，不用辨认方向，利用后发优势，一路跟随，只管狂奔即可。现在到了 5G 时代，华为终于超过竞争者，跑到了前列，爬到了最高峰，既看到了无限风光，也开始感到了高处不胜寒。因为前面已经没有人领航，也没有现成的路可以走。一切都要自己来开辟，向左还是向右，新的技术是否可行，在重大问题的研发方向上一旦走错，也许就会跌入深渊不得翻身。

为什么华为对专利制度的看法如此正面？因为华为知道，在它成为孤独的领跑者，因为不明方向而陷入迷茫的时候，还有专利制度可以保护它在创新的路上奋勇前行。在专利制度的保护下，抄袭才不是抄袭者的通行证，创新也不至于成为创新者的墓志铭。

10.2 专利制度的基础知识

10.2.1 知识产权制度体系简介

知识产权是对于智力活动中的创造性成果和经营管理活动中的标记、信誉依法享有的权利。知识产权制度是智力活动的成果和商业标记所有人在一定的期限内依法对其享有独占权，并受到保护的法律制度。没有权利人的许可，任何人都不得擅自使用。

英国哲学家弗兰西斯·培根说："知识就是力量"（knowledge is power）。而知识产权制度则更进一步，是实现"知识就是金钱"的制度。

具体来说，对于创造性的智力成果，包括发明、实用新型（也称小发明）、外观设计、集成电路布图、植物新品种、商业秘密、著作物等；对于商业标记，包括商标、商号、地理标志等。对于每种权利都有具体的法律施行保护，具体如表 10.1 所示。其中专利法和商标法因为和具体的工业产品关系密切，又被称为工业产权法。

表 10.1　知识产权制度体系

类别	保护对象	权利内容	相关法律
创造性成果	发明	发明专利权	专利法
	实用新型	实用新型专利权	
	外观设计	外观设计专利权	
	集成电路布图	集成电路布图设计专有权	集成电路布图设计保护条例
	植物新品种	植物新品种权	植物新品种保护条例
	商业秘密	–	反不正当竞争法
	著作物	著作权	著作权法
商业标记	商标	商标权	商标法
	商号	商号权	企业名称登记管理规定
	地理标志	地理标志权	商标法等

10.2.2 专利制度的历史

一般认为，世界上最早的专利制度出现在中世纪的欧洲。据悉早在 1236 年，英国王室就曾经授予波尔多市一个市民制作各种花色纺织品十五年的垄断权。1474 年威尼斯共和国的专利法可以算是专利制度的一个雏形，不过历史上第一部现代意义的专利法公认是 1623 年英国的《独占条例》。

在中世纪的欧洲，为了鼓励发明创造，统治者们会授予发明人一种垄断权，使他们能够在一定期限内独家享有经营某些产品或工艺的特权。但是因为这些垄断权来源于统治者的恩惠，因此给谁不给谁完全由国王独断专行，专利权制度遭到滥用几乎是必然的。

例如，在 1561 年到 1590 年的将近 30 年中，当时的英国女王伊丽莎白一世就凭个人喜好随意颁布了数十项专利，覆盖了包括纸、铁、肥皂、毛料、盐等关系到国民日常生活的多个商品，严重破坏了市场的竞争秩序，引起了英国国民和国会议员的强烈愤慨。

于是英国议会于 1623 年制定了《独占条例》，这部《独占条例》就是世界上第一部现代意义的专利法。它宣布了以往君主所授予发明人的特权一律无效，同时规定了发明专利权的主体、客体、可以取得发明专利的发明主题、取得专利的条件、专利有效期（当时为 14 年）以及在什么情况下专利权将被判无效等内容。

从此开始，作为创新的报偿的专利权不再受统治者的偏好左右，而是由《独占条例》所规定的实体程序来认定，从而实现了由统治者的"恩惠"到人民的"权利"的转变，得到了包含在习惯法中的所有权的保障。1623 年的《独占条例》对于英国资本主义制度的建立和发展产生了重大影响，后来也被许多欧美国家所效仿。

不难看出，专利制度从诞生之日起就和垄断紧密联系在一起。用技术的公开换取一定时期的垄断是专利制度的意义所在。历史上专利制度的数次变迁，基本上都是在平衡公开和垄断的关系。

"用技术的公开换取一定时间的垄断"所赖以实现的重要方式就是专利说明书制度。专利史上第一个真正的发明专利被认为产生在意大利。1421 年，意大利佛罗伦萨对建筑师 Filippo Brunelleschi 发明的"装有吊机的驳船"授予了 3 年的垄断权。然而早期的专利未必会有说明书来详细说明专利的内容。专利说明书的制度则诞生于英国。今天能够看到的最早的专利说明书据悉是 1711 年 10 月 3 日获得授权的由 John Naismith 用砂糖和蜂蜜制作发酵溶液的专利说明书。不过从 1711 年到 1734 年英国共授予了 158 项专利，而提交说明书的仅有 29 项。直到 1852 年，英国法律明确规定了专利权人在获得专利批准后的一定时期内必须以书面形式提出一份详细的说明书。此后专利说明书成为申请专利的必备条件，而撰写专利说明书也成了专利代理师的一项基本工作。

10.2.3　中国专利制度的发展

中国最早的全国性专利制度可追溯到 1898 年光绪皇帝颁布的《振兴工艺给奖章程》，其中设置了为期 50 年、30 年、10 年的专利制度。然而之后戊戌变法失败，这一章程也变得有名无实，未能实际实施。

1912 年《奖励工艺品暂行章程》颁布，这是近代中国实际付诸实施的第一部专利法规。1944 年 5 月，颁布了我国近代史上第一部比较完整的正式的专利法规：《中华民国专利法》。1947 年又颁布了实施细则，并规定自 1949 年 1 月 1 日起实施。

1950 年 8 月，国务院制定了《保障发明权与专利权暂行条例》，但于 1963 年被明令废止。经过长期艰辛曲折的探索，1980 年，我国组建了中国专利局。1984 年 3 月 12 日，第六届全国人大常委会通过了我国第一部具有现代意义的《专利法》，标志着我国从法律程序上完成了专利制度的建立。之后伴随我国的高速经济增长，曾分别于 1992 年、2000 年、2008 年进行过三次修正，对鼓励和保护发明创造、促进创新发挥了重要作用。最近一次修改是 2020 年 10 月 17 日，十三届全国人大常委会第二十二次会议通过的《全国人民代表大会常务委员会关于修改〈中华人民共和国专利法〉的决定》。修改后的专利法自 2021 年 6 月 1 日起施行。

10.2.4　专利制度的基本原则和保护客体

1. 基本原则

目前全世界主要国家的专利制度虽然各有不同，但是在基本原则上都是一致的，大致如下。

（1）先申请原则：不论发明出自谁人之手，考虑到举证的困难，专利权将授予最先申请之人（美国历史上曾经坚持过先发明原则，之后也修改为先申请原则）。

（2）书面原则：不能通过口头、产品或视频的方式，必须要递交必要的法律文件（权力要求书、说明书、附图）。

（3）单一性原则：也即一发明一申请原则。申请发明需要缴纳相关费用。因此如果在一件发明申请中包含多个不相关的发明，审查员会要求将不相关内容的发明另行申请（也即一发明一收费原则）。

（4）后置无效原则：基于实际情况所限，专利申请中无法保证考虑到所有影响专利审查的因素，因此在专利获得授权后，任何人都可以依专利法的规定对该专利提出无效申请。专利被无效之后视为自开始即无效。

2. 保护客体

对于发明专利来说，其保护的客体为对产品、方法或其改进所提出的新的技术方案。

对于实用新型来说，因为又被称为小发明，因此其保护的客体为对产品的形状、构造或其结合所提出的适于实用的新的技术方案。

对于外观设计来说，其保护的客体为外观设计，是指对产品的整体或局部的形状、图案或其结合，以及色彩与形状、图案的结合所做出的富有美感并适于工业应用的新设计。

10.2.5 授予专利权的条件

审查员是如何来判断一件专利申请是否应该被授权？各国专利法都有详尽的规定，其中最为重要的，也是实施创新活动的技术人员应该掌握的就是所谓的三性：新颖性、创造性和实用性。

1. 新颖性

所谓新颖性，就是说一件专利申请的内容应当是"新的"，之前所不存在的，否则专利制度就失去了保护创新的意义。具体来说对于发明和实用新型，专利法有如下规定。

（1）该发明或实用新型不属于现有技术。

（2）也没有任何单位或个人就同样的发明或实用新型在申请日以前向国务院专利行政部门提出过申请，并记载在申请日以后公布的专利申请文件或公告的专利文件中。

对于外观设计：

（1）应当不属于现有设计。

（2）也没有任何单位或个人就同样的外观设计在申请日以前向国务院专利行政部门提出过申请，并记载在申请日以后公告的专利文件中。

在这里的现有技术是指申请日以前在国内外为公众所知的技术，现有设计是指申请日以前在国内外为公众所知的设计。

但是在实际的科研创新活动中，有时会发生为了参加展会或学术会议，在没有申请专利的情况下就将自己的发明内容在展会上或学术会议上公开的情况。如果严格按照新颖性的判断规定，在向公众公开之后就无法再申请专利。这会对学术交流产生一些障碍，因此专利法中也规定了丧失新颖性的例外，即申请专利的发明创造在申请日以前六个月内，有下列情形之一的，不丧失新颖性。

（1）在中国政府主办或承认的国际展览会上首次展出的。

（2）在规定的学术会议或技术会议上首次发表的。

（3）他人未经申请人同意而泄露其内容的。

2. 创造性

创造性是对发明内容进行评价的一个非常重要的标准，因为仅仅具备新颖性是远远不够的，否则一点点微小的改良都可以申请专利的话，我们的世界将被专利所充斥，专利保护也无法达到其原来的目的。

创造性，事实上是为技术的创新设了必要的门槛。

对于发明来说，创造性地定义为与现有技术相比，该发明具有突出的实质性特点和显著的进步。

对于实用新型来说，这个门槛稍微低一点：与现有技术相比，该实用新型具有实质性特点和进步。

对于外观设计来说，则要求与现有设计或现有设计特征的组合相比，应当具有明显区别。

那么什么又是突出的实质性特点和显著的进步呢？

突出的实质性特点进一步定义如下。

（1）发明与现有技术相比具有明显的本质区别。

（2）对于发明所属技术领域的普通技术人员来说是非常显而易见的。

（3）不能直接从现有技术中得出构成该发明全部必要的技术特征，也不能够通过逻辑分析、推理或试验而得到。

而显著的进步则定义如下。

（1）是指从发明的技术效果上看，与现有技术相比具有长足的进步。

（2）解决了人们一直渴望解决，但始终未能获得成功的技术难题。

（3）该发明克服了技术偏见，提出了一种新的研究路线。

（4）该发明取得了意想不到的技术效果，以及代表某种新技术趋势。

创造性的判断方法也称为"三步法"，判断的步骤如下。

（1）确定最接近的现有技术。

（2）确定发明的区别技术特征和发明实际解决的技术问题。

（3）判断要求保护的发明对本领域技术人员来说是否显而易见。

最接近现有技术是指现有技术中与要求保护的发明最密切相关的一个技术方案。通常它与要求保护的发明技术领域相同，所要解决的技术问题、技术效果或用途最接近和/或公开了发明的技术特征最多，或者虽然与要求保护的发明技术领域不同，但能够实现发明的功能，并且公开发明的技术特征最多。在确定最接近的现有技术时，应首先考虑技术领域相同或相近的现有技术。

在确定发明的区别技术特征和发明实际解决的技术问题时，先分析要求保护的发明与最接近的现有技术相比有哪些区别技术特征，然后根据该区别技术特征所能达到的技术效果确定发明实际解决的技术问题。

在判断要求保护的发明对本领域技术人员是否显而易见时，要从最接近的现有技术和发明实际解决的技术问题出发，判断要求保护的发明对本领域的技术人员来说是否显而易见。判断过程中，要确定的是现有技术整体上是否存在某种技术启示，即现有技术中是否给出将上述区别特征应用到该最接近的现有技术以解决其存在的技术问题（即发明实际解决的技术问题）的启示，这种启示会使本领域的技术人员在面对所述技术问题时，有动机改进该最接近的现有技术并获得要求保护的发明。如果现有技术存在这种技术启示，则发明是显而易见的，不具有突出的实质性特点。

所属技术领域的技术人员是一种假设的"人"，假定他知晓申请日或优先权日之前发明所属技术领域所有的普通技术知识，能获知该领域中所有的现有技术，并且具有应用该日期之前常规实验的手段和能力，但他不具有创造能力。如果所要解决的技术问题能够促使本领域的技术人员在其他技术领域寻找技术手段，也应具有从其他技术领域中获知该申请日或优先权日之前的相关现有技术、普通技术知识和常规实验手段的能力。

3. 实用性

发明或实用新型的实用性是指该发明或实用新型能够制造或使用，并且能够产生积极效果。具体体现在两个方面：工业再现性和有益性。

以下这些事例均不满足实用性的要求，有的是违反了物理定律，有的是无法制造和使用。其原因请各位读者自行分析判断。

（1）一种通过组合不同磁性的磁铁，不用补充燃料也能持续转动的发动机。

（2）一种通过吸收外界均匀热源的热量产生电流的"无偏二极管"。

（3）一种通过分布在飓风可能出现的路线数上的百艘船组成的一个特殊的管道系

统来翻动海水，将深海的冷水与海面的高温水混合，达到降低海面水温，从而降低飓风威力的方法（比尔·盖茨的发明）。

（4）一种给飞机装上降落伞，使得飞机永远不会坠毁的飞机紧急故障安全着陆浮力平衡保护器。

10.2.6 专利保护的客体的排除

即使一件专利申请满足了以上新颖性、创造性和实用性的要求，也并不意味就可以通过审查。因为专利权是一种垄断性的权利，对社会影响巨大，因此专利法中特别规定违反法律、社会公德或妨害公共利益的发明不能获得专利权。例如：

（1）专门用于赌博的设备或机器。

（2）一种制造枪支的方法。

（3）一种用以防止汽车被盗的装置，采用释放催眠气体的方法，使盗车者在开车时失去意识。

（4）一种克隆人的方法。

（5）一种向婴儿奶粉中加入三聚氰胺以提高氮元素含量的方法。

（6）一种在钱物上加入镭或钴的放射性同位素，从而检验贪官污吏的方法。

需要说明的是，发明创造并没有违反法律，但是由于其被滥用而违反法律的，则不属此列。例如，用于医疗的各种毒药、麻醉品、镇静剂、兴奋剂和用于娱乐的棋牌等。

此外，我国专利法对下列各项，也不授予专利权。

（1）科学发现。科学发现是指对自然界中客观存在的物质、现象、变化过程及其特性和规律的揭示，如相对论等科学理论并不是技术方案，因此不能被授予专利权。

（2）智力活动的规则和方法。智力活动的规则和方法是指导人们进行思维、表述、判断和记忆的规则和方法，如计算机的语言及计算规则等，因为没有利用自然规律，所以不构成技术方案。

（3）疾病的诊断和治疗方法。不予授权的原因是，出于人道主义的考虑和社会伦理的原因，医生在诊断和治疗过程中应当有选择各种方法和条件的自由，同时直接以有生命的人体或动物体为实施对象，无法在产业上利用，不属于专利法意义上的发明创造。请注意，用于实施疾病诊断和治疗方法的仪器或装置，以及在疾病诊断和治疗方法中使用的物质或材料（如药品）属于可被授予专利权的客体。

（4）动物和植物的品种。动物和植物的品种可以通过专利法以外的其他法律法规保护，例如，植物新品种可以通过《植物新品种保护条例》给予保护。微生物和微生物方法可以获得专利保护。

（5）原子核变换方法以及用原子核变换方法获得的物质。原子核变换方法以及用该方法所获得的物质关系到国家的经济、国防、科研和公共生活的重大利益，不宜为单位或私人垄断，因此不能被授予专利权。

10.2.7　专利权的主体

专利权的主体，也即发明人（设计人），必须是对发明创造的实质性特点做出创造性贡献的人。因此发明人（设计人）只能是自然人，不能是法人或其他单位。

发明人（设计人）所享有的权利如下。

（1）署名权：一种人身权，不能转让、继承，永远归发明人所有。

（2）获得奖励权和获得报酬权。

此外，现代创新活动通常由多人合力完成，因此存在共同发明人或共同设计人。需要注意的是，判断是否为共同发明人的标准为是否对发明创造的实质性特点做出了创造性的贡献。共同发明人或共同设计人的权利和义务相等，排名前后没有本质区别。

还有一个专利申请人的概念容易和发明人相混淆。专利申请人是指向专利行政部门申请专利的实体，自然人和法人均可。

·对于职务发明：发明人所在单位为申请人。

·对于非职务发明：发明人或设计人为申请人。

·对于委托发明：合同约定，无约定归完成方。

·对于合作发明：共同申请或合同约定。

而专利权人则是指实际拥有专利权的人。专利申请被授予后专利申请人自动为专利权人。而通过专利转让而获得专利权的人也成为专利权人。

10.2.8　专利权的归属

对于职务发明，申请专利的权利属于该单位；申请被批准后，该单位为专利权人。

职务发明是指：

（1）执行本单位的任务。

（2）属于本职工作范围内的发明创造。

（3）履行本单位交付的本职工作之外的任务所做出的发明创造。

（4）退职后一年内做出的，与其在原单位承担的本职工或分配的任务有关的发明创造。

不过，利用本单位的物质技术条件所完成的发明创造，单位和发明人也可以约定权属；对于委托发明，按照委托合同的约定，无约定则归完成方；对于合作发明，则共同拥有，合同约定。

10.2.9　专利权申请的文件

专利权的申请坚持书面原则，那么对于申请文件的种类和内容有哪些要求呢？

发明和实用新型专利申请的基本文件和作用如表 10.2 所示。

表 10.2　发明和实用新型专利申请的基本文件和作用

文　件	作　用
请求书	启动专利申请和审批程序； 提供与专利申请以及申请人相关的必要信息
说明书	发明或者实用新型申请专利的基础； 公开发明创造的内容
权利要求书	确定专利权保护范围的核心法律性文件； 确定专利权受保护的法律范围； 审查的依据

专利申请文件，特别是说明书和权利要求书作为法律性文件，其撰写质量对于实现对发明的保护至关重要，因为撰写的瑕疵而导致专利无效的案例层出不穷。因此一般情况下，专利文件的撰写由专利代理师来完成。专利代理师为了理解发明的内容，需要和发明人进行交流和沟通，发明人也需要提供技术文档给专利代理师以供参考。发明人提供的技术文档一般被称为交底书。交底书的质量高低同样会影响到专利代理师对发明内容的理解，因此发明人需要在理解专利文件撰写的基础上来完成交底书。

1. 权利要求书及其要求

权利要求书由权利要求组成，一份权利要求书中应当至少包括一项权利要求。权利要求用技术特征的总和表示发明和实用新型的技术方案，限定专利的保护范围。技术特征可以是构成发明或实用新型技术方案的组成要素，也可以是要素之间的相互关系。

权利要求分为两大类型：产品权利要求和方法权利要求。

产品权利要求中的产品是指人类技术生产的物，包括物品、材料、工具、装置、元件、线路、合金、组合物、化合物、药物制剂、基因等，例如：

（1）一种灯泡，包括灯丝、灯罩、灯座。

（2）一种交通运输系统。

（3）一种用于制造手机的设备。

方法权利要求中的方法是指包括有时间要素的活动，包括制造方法、使用方法、通信方法、处理方法以及将产品用于特定用途的方法。例如：

（1）一种灯泡的制造方法。

（2）一种提高交通运输效率的方法。

（3）化合物 X 用于制备杀虫剂的方法。

权利要求书的作用是确定权利要求保护的范围，在确定权利要求的保护范围时，权利要求中的所有特征均应当予以考虑，因此权利要求中出现的技术特征均会对权利保护的范围给予限定。

例如，主题名称为"用于钢水浇铸的模具"的权利要求，其中"用于钢水浇铸"的用途对主题"模具"具有限定作用；对于"用于冰块成型的塑料模盒"，因其熔点远低于"用于钢水浇铸的模具"的熔点，不可能用于钢水浇铸，故不在上述权利要求的保护范围内。

权利要求书应当有独立权利要求，也可以有从属权利要求。

独立权利要求是指，从整体上反映发明或者实用新型的技术方案，记载解决技术问题的必要技术特征。在一件申请的权利要求书中，独立权利要求所限定的技术方案的保护范围最宽。

从属权利要求是指，如果一项权利要求包含了另一项同类型的权利要求中的所有技术特征、且对该另一项权利要求的技术方案做了进一步限定，则该权利要求为从属权利要求。从属权利要求对引用的权利要求做进一步限定，所以其保护范围落在所引用的权利要求的保护范围之内。例如：

（1）一把椅子，包括椅座和椅凳（独立权利要求）。

（2）如（1）所述的椅子，还包括椅背（从属权利要求）。

对于权利要求书撰写的要求是，权利要求书应当以说明书为依据，应当得到说明书的支持。权利要求书中的每一项权利要求所要求保护的技术方案应当是所属技术领域的技术人员能够从说明书充分公开的内容中得到或概括得出的技术方案，并且不得超出说明书公开的范围。

权利要求书中经常会出现上位概念概括下位概念的"共性"的情况，如说明书中的实施例为铁、铝、铜、银，则可以概括为金属，以合理扩大专利保护的范围。

此外权利要求书还必须清楚地限定专利保护的范围，要用词严谨，不致造成对技术方案的误解。不得采用含义不确定的用语，如"例如""最好是""尤其是"等类似用语。通常也不得使用"约""接近""或类似物"等类似用语。

2. 说明书应当满足的总体要求

说明书应当对发明或者实用新型做出清楚、完整的说明，以所属技术领域的技术人员能够实现为准。

清楚是指表述准确，应当使用发明或实用新型所属技术领域的技术术语，应当准确地表达发明的技术内容，不得含糊不清或模棱两可，以致所属技术领域的技术人员不能清楚、正确地理解发明或实用新型。

对于自然科学名词，国家有规定的应当采用统一的术语，如镭射应写为激光。国家没有规定的，可以采用本技术领域约定俗成的术语，也可以采用鲜为人知或最新出现的科技术语，或直接使用外来语（中文音译或意译词），但是其含义对本领域技术人员来说必须是清楚的，不会造成误解；必要时可以采用自定义词，在这种情况下，应当给出明确的定义或说明；不应当使用本技术领域中具有基本含义的词汇来表示其本意之外的其他含义。

完整是指说明书应当包括有关理解、实现发明或实用新型所需的全部技术内容，凡属于本领域技术人员不能从现有技术中直接、唯一地得出的内容，均应当在说明书中描述。

说明书包括如下组成部分。

（1）名称：写明要求保护的主题名称。

（2）技术领域：写明要求保护的技术方案所属的技术领域。

（3）背景技术：写明对发明或实用新型的理解、检索、审查有用的背景技术；有可能的，并引证反映这些背景技术的文件。

（4）发明创造内容：写明发明或实用新型所要解决的技术问题以及解决其技术问题采用的技术方案，并对照现有技术写明发明或实用新型的有益效果。

（5）附图说明：说明书有附图的，对各幅附图做简略说明。

（6）具体实施方式：详细写明申请人认为实现发明或实用新型的优选方式；必要时，举例说明；有附图的，对照附图进行说明。

10.2.10 专利申请的审查和批准

对于发明专利采取审查制，进行形式审查，18 个月即进行公开。同时自申请日起 3 年之内需要提出审查请求，否则视为撤回。发明专利申请的流程如图 10.2 所示。

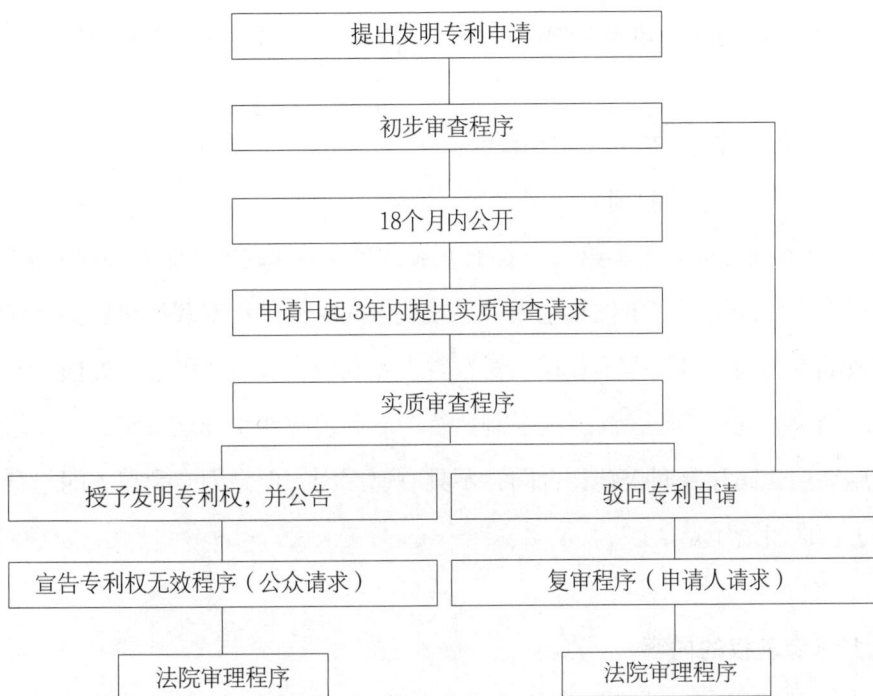

图 10.2 发明专利申请的流程

对于实用新型和外观设计专利，采取初步审查制，初步审查通过之后即授权。

发明专利申请经实质审查没有发现驳回理由的，由专利局做出授予发明专利权的决定，颁发发明专利证书，同时予以登记和公告。

实用新型和外观设计专利申请经初步审查没有发现驳回理由的，由专利局做出授予实用新型专利权或外观设计专利权的决定，发给相应的专利证书，同时予以登记和公告。

发明专利的保护期为 20 年，实用新型和外观设计的保护期为 10 年，均自专利申请日起计算。

10.2.11 专利权的无效

专利权的无效宣告程序，向对授予专利权有不同意见的社会公众，尤其是向那些与该专利权有直接利害关系的人们提供了请求取消该专利权的救济手段。

无效宣告的理由如下。

（1）不符合专利三性条件的。

（2）说明书公开不充分，权利要求书得不到说明书的支持。

（3）申请文件的修改超出原说明书和权利要求书记载的范围或原图片、照片表示的范围。

（4）不属于专利法所称的发明创造的。

（5）不符合在先申请原则的。

（6）属于专利法第五条、第二十五条（专利客体）规定不授予专利权的范围的。

无效请求人可以是任何单位和个人，无效宣告的时间是自专利授权后的任何时间。被宣告无效的专利视为自始即不存在。对在宣告专利权无效前人民法院做出并已执行的专利侵权的判决、裁定，已经履行或强制执行的专利侵权纠纷处理决定，以及已经履行的专利实施许可合同和专利权转让合同，不具有追溯力。但是因专利权人的恶意给他人造成的损失，应当给予赔偿。

10.2.12 专利权的内容

专利法第 11 条规定，发明和实用新型专利权被授予后，除本法另有规定的以外，任何单位或者个人未经专利权人许可，都不得实施其专利，即不得为生产经营目的制造、使用、许诺销售、销售、进口其专利产品，或者使用其专利方法以及使用、许诺销售、销售、进口依照该专利方法直接获得的产品。也即专利权人享有如下权利。

（1）制造权：指专利权人拥有自己生产制造专利文件中记载的专利产品的权利。

（2）使用权：非经专利权人的许可，任何人不得使用其专利产品或使用其专利方法。

（3）许诺销售：禁止他人进行销售前的推销或促销的权利。

（4）销售权：销售专利产品及销售用专利方法制造的产品的权利。

（5）进口权：指进口由专利技术构成的产品或进口包含专利技术产品或进口由专利方法直接获得的产品的权利。

（6）转让权（包括专利权和专利申请权）：中国单位或者个人向外国人、外国企业或者外国其他组织转让专利申请权或专利权的，应当依照有关法律、行政法规的规定办理手续。转让专利申请权或专利权的，当事人应当订立书面合同，并向国务院专利行政部门登记，由国务院专利行政部门予以公告。专利申请权或者专利权的转让自登记之日起生效。

（7）许可权：任何单位或者个人实施他人专利的，应当与专利权人订立实施许可合同，向专利权人支付专利使用费。被许可人无权允许合同规定以外的任何单位或者个人实施该专利。

专利许可权可以分为以下几类。

（1）独占许可：独占许可是指被许可方不仅取得在规定的时间和地域内实施某项专利的权利，而且有权拒绝任何第三者，包括许可方在内的一切其他人在规定的时间、地域内实施该项专利。

（2）排他许可：排他许可亦称独家许可，即在一定地域，许可方只允许被许可方一家而不再许可其他人在该地域内实施其专利，但许可方仍有权在该地域内实施。就是说，独家许可除了不能排斥许可方本人实施以外，与独占许可基本相同。

（3）普通许可：普通许可亦称非独占性许可。是批许可方允许被许可方在规定的时间和地域内使用某项专利，同时许可方自己仍保留在该地域内使用该项技术，以及再与第三方就同一技术签订许可合同的权利。

（4）交叉许可：也称"相互许可"，是专利实施许可的一种，即许可方和被许可方互相许可对方实施自己所拥有的专利技术而形成的实施许可。

此外专利权人还拥有其他一些权利，如质押权、放弃权和标识权等。

10.2.13　专利权的限制

国务院专利行政部门在符合一定条件的情况下将专利强制许可给他人实施。

可以强制许可的情形包括：

（1）专利权人自专利权被授予之日起满三年，且自提出专利申请之日起满四年，无正当理由未实施或未充分实施其专利的。

（2）专利权人行使专利权的行为被依法认定为垄断行为，为消除或减少该行为对竞争产生的不利影响的。

（3）在国家出现紧急状态或非常情况时，或为了公共利益的目的，国务院专利行政部门可以给予实施发明专利或实用新型专利的强制许可。

（4）为了公共健康目的，对取得专利权的药品，国务院专利行政部门可以给予制造并将其出口到符合中华人民共和国参加的有关国际条约规定的国家或地区的强制许可。

（5）一项取得专利权的发明或实用新型比前已经取得专利权的发明或实用新型具有显著经济意义的重大技术进步，其实施又有赖于前一发明或实用新型的实施的，国务院专利行政部门根据后一专利权人的申请，可以给予实施前一发明或实用新型的强制许可。

在强制许可决定下的专利许可费由专利权人和取得强制许可人协商解决。不能达成一致的情况下由国务院专利行政部门裁决。

10.2.14 专利权的合理使用

专利权的合理使用是指，在某些法定的情形下，即使未经专利权人许可，未向专利权人支付使用费而使用专利技术也不构成侵犯专利权的情形，包括：

（1）权利用尽。当专利权人自己制造或经其许可制造的专利产品售出以后，即认为其专利权已经"用尽"，他人再使用销售、许诺销售该产品的，都不视为侵权。

（2）先用权人的利用。在专利申请日以前已经制造相同产品，使用相同方法或已经做好制造、使用的必要准备条件的"先使用人"，可以在原生产规模范围内继续使用。

（3）临时过境。临时过境的外国运输工具的使用临时通过中国领土、领水、领空的外国运输工具，为其自身需要在装置和设备中使用有关专利技术的，可以不经专利权人的许可。

（4）为科研、教育、个人目的的使用。为科学研究和实验目的，为教育、个人及其他非为生产经营目的使用专利技术的，可以不经专利权人的许可，不视为侵权行为。实验室中的反向工程不视为侵权。

（5）善意使用或销售。不知道是未经专利权人许可而制造并售出专利产品的使用者或销售者，能证明其产品合法来源的不承担赔偿责任，但是仍然要负担停止侵权的责任。

10.3 专利申请的撰写案例

本节将通过一个具体的案例来说明一项技术是如何通过专利申请文件的文字描述来确定专利保护范围。这个案例改写自 2000 年专利代理人考试的实务考题。

假设你是某饮料公司的技术人员，发现易拉罐开启后，拉环带着锋利的封闭片离开了罐体被随意丢弃，不仅污染环境而且非常危险。因此你发明了一种新型的饮料容器（易拉罐），如图 10.3 所示，主要对饮料容器顶盖上的开启装置（10）做了改进。

该开启装置（10）主要由封闭片（2）和与该封闭片（2）相互连接的拉片（3）组成。图 10.4 是该饮料容器顶盖部分沿图 10.3 中

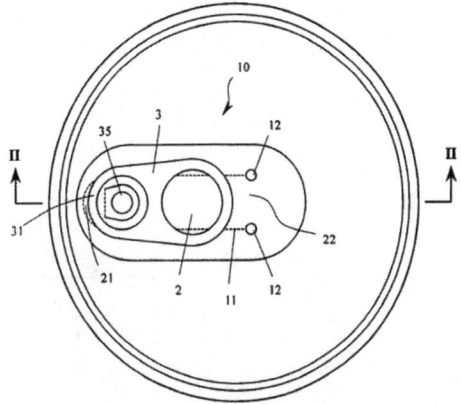

图 10.3 饮料容器的俯视图

Ⅱ—Ⅱ线的侧剖视图，其中图 10.4（a）为开启装置（10）处于关闭状态；图 10.4（b）为开启装置（10）处于刚开始打开封闭片（2）的位置。

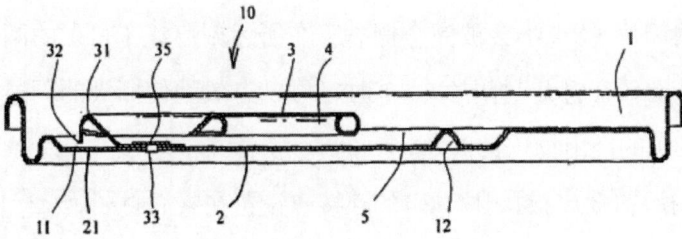

（a）开启装置（10）处于关闭状态

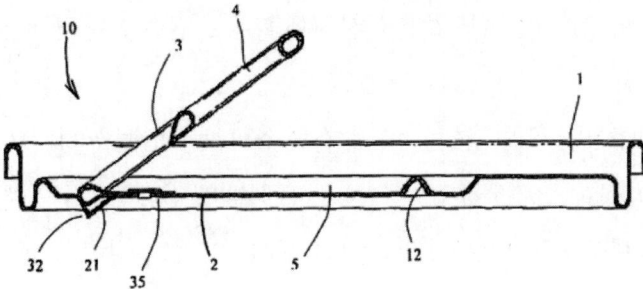

（b）开启装置（10）处于刚开始打开封闭片（2）的位置

图 10.4 饮料容器的侧剖视图

由图10.3和图10.4可知，顶盖上有一个凹入区（5），所述开启装置（10）位于此凹入区（5）内。所述封闭片（2）的圆弧形端部（21）的位置位于饮料容器顶盖（1）的边缘附近，所述封闭片（2）的根部（22）位于饮料容器顶盖（1）的中部附近。从图10.5中可以看到，所述封闭片（2）的U形刻痕线（11）是非封闭的。封闭片（2）端部（21）的刻痕线（11）呈圆弧形，封闭片（2）的圆弧形端部（21）和根部（22）之间的刻痕线（11）为两根相互平行的直线，此两根平行的直线终止于封闭片（2）的根部（22），构成该刻痕线（11）的两端（13），它们彼此相隔开。

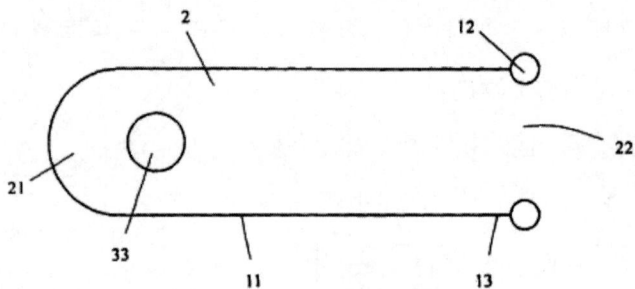

图10.5　封闭片的局部放大图

采用上述结构后，在拉起封闭片（2）打开封闭开口后，封闭片（2）借助其根部（22），依然连接在顶盖（1）上，因此不会被任意丢弃而污染环境。

为了确保封闭片（2）不会被完全撕裂，在所述刻痕线（11）的两端（13）还可以设有凸出物（12），在打开封闭片（2）时，可以有效地使撕裂的刻痕线（11）终止于刻痕线两端（13）的凸出物（12）处。

此外，由于拉片（3）与封闭片（2）的连接点设置在紧靠封闭片（2）的圆弧端部（21）附近，当使用者拉起拉片（3），首先撕裂封闭片（2）圆弧形端部（21）的刻痕线（11），再撕裂封闭片（2）中部的刻痕线（11），直到封闭片（2）的根部（22），这样打开封闭开口时就可使封闭片（2）基本上全部向外弯曲，不会使封闭片上的灰尘或其他脏东西落入饮料容器内。

由图10.3和图10.4可知，该拉片（3）有一个可供手指握持的拉环（4）。在该拉片（3）上，与拉环（4）相对、邻近封闭片（2）圆弧形端部（21）的另一端（31）的下方，设有向下延伸的锋利凸起物（32），所述凸起物（32）的自由端靠近饮料容器顶盖（1）的上表面。这样，当使用者拉起拉环（4）向上翻转时，拉片（3）以铆钉（35）为杠杆支点，使端部（31）向下延伸的凸起物（32）向下对端部（21）施加压力，由于凸起物（32）

具有锋利的顶尖部分,而且,拉片(3)与封闭片(2)的铆接点位于封闭片(2)的圆弧形端部(21)附近,因此,只需要施加很小的作用力,大约 5 ~ 8N,就可撕裂端部(21)处的刻痕线(11),即在凸起物(32)压力作用下,向下破坏封闭片(2)的端部(21)的刻痕线(11),随后,在使用者手指向上拉力的作用下,撕裂全部刻痕线(11),很容易打开封闭的开口,同时可以避免由于施加过大的力而导致顶盖(1)变形,或拉片(3)被拉断而封闭片(2)仍处于封闭状态以至无法开启。

因此,可知该发明解决了如下三个方面的技术问题。

(1)将封闭片的刻痕线设计成非封闭的,使拉片和封闭片在开启后仍与容器保持连接,避免与容器顶盖完全分离而污染环境。

(2)将封闭片与拉片连接点位置前移到靠近封闭片端部,从而使封闭片开启时不会使拉片或封闭片的灰尘或其他脏物落入容器中。

(3)在拉片靠近封闭片前端的下方设置了向下伸出的锋利凸尖(包括封闭片与拉片的连接点位置前移),从而不会由于施力过大导致拉断拉片而封闭片仍处于封闭状态而无法开启。

在完成了你的发明之后,你对易拉罐行业的现有技术进行了仔细调查,发现已经有人发明了如图 10.6 所示的饮料容器。

由该饮料容器的俯视图可知,位于顶盖(86)上凹入区(88)内的开启装置(80)包括拉片(84)、铆钉(81)和由刻痕线(82)围成的封闭片(85),该刻痕线(82)的两端彼此相隔开,也为不封闭的刻痕线。当使用者用手指向上拉起拉环(89),拉片(84)的另一端(83)向下压封闭片(85),撕裂刻痕线(82),封闭片(85)向下伸入饮料容器内部,从而打开封闭片(85)所封闭的开口。虽然此时该封闭片(85)仍连接在顶盖(86)上,但可从此开口将饮料倒出。

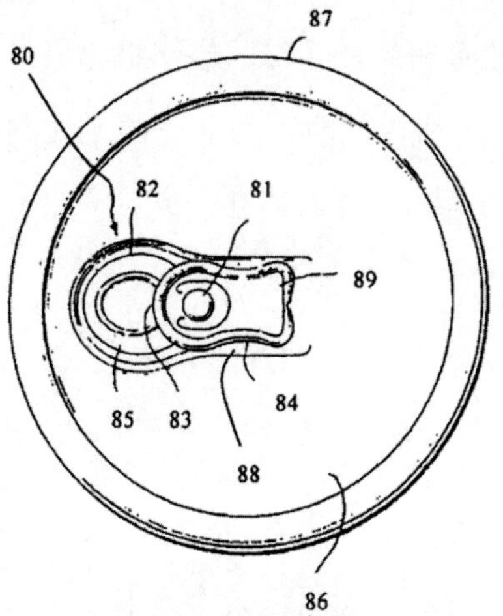

因此,由于第一个要解决的技术问题:"将封闭片的刻痕线设计成非封闭的,使拉片和封闭片在开启后仍与容器保持连接,避免与容器顶盖完全分离而污染环境"已经被该现有技术的饮料容器解决,所以如果将第一个技术方案

图 10.6 现有技术的饮料容器俯视图

作为独立权利要求的话，很有可能被审查员以不满足创造性的要求的理由驳回申请。

仔细分析现有技术可知，第二个要解决的技术问题："在打开该封闭开启装置时，不会使拉片或封闭片上的灰尘或其他脏物落入饮料容器中"并没有被现有技术所解决，满足新颖性和创造性的要求，因此可以作为独立权利要求来撰写。

而第三个技术问题是对第二个技术问题解决方案的进一步改进，因此可以作为从属权利要求而存在，使得本申请在授权后一旦面临不得不缩小独立权利要求保护范围的情况时具有充分的修改余地。

因此本发明的权利要求可以按照如下方式撰写。

（1）一种饮料容器的封闭开启装置，包括由刻痕线（11）围成的封闭片（2）以及与该封闭片（2）连接在一起的拉片（3），该封闭片（2）包括一个可先被撕开的端部（21）和一个根部（22），其特征在于：所述拉片（3）与所述封闭片（2）相互连接的位置邻近该封闭片（2）的端部（21）。

（2）按照权利要求（1）所述的饮料容器封闭开启装置，其特征在于所述拉片（3）对应于所述封闭片（2）端部（21）的一端下方设有向下延伸的锋利凸尖（32），其尖端靠近该封闭片（2）上表面的刻痕线（11）。

（3）按照权利要求（1）或（2）所述的饮料容器封闭开启装置，其特征在于所述围绕成封闭片（2）的刻痕线（11）是非封闭的，其彼此分隔开的两端（13）终止在该封闭片（2）的根部（22），在该根部（22）设有凸起（12）。

以上是对界定专利保护范围最重要的文件的权利要求书的撰写的一个简要说明。对于专利说明书的撰写，因为涉及很多专业的内容，因此一般都交给专利代理师来撰写。参考文献［69］是一件完整的专利说明书的实例，该专利涉及无线通信网络的信息安全领域，曾于2006年荣获得第九届中国专利金奖，其专利权人西安西电捷通无线网络通信有限公司曾用此专利相继起诉索尼、苹果等手机厂商。供有兴趣进一步了解专利文献写作的读者参考。

10.4 交底书的撰写实例

因为专利申请的说明书和权利要求书等文件一般都由专业的专利代理师来撰写，因此作为技术人员在申请专利时需要注意技术交底书的撰写，因为技术交底书是发明人和专利代理师进行交流时的重要技术文件，将直接影响专利申请的撰写质量。

一份专利交底书的内容一般包括如下内容：发明名称与技术领域，现有技术方案与本发明要解决的问题、本发明技术方案的详细阐述、本发明的技术优点和保护范围，以及其他注意事项。

10.4.1　发明名称与技术领域

发明名称：发明名称应尽量清楚、简要、全面地反映技术方案的主题和类型，并尽可能使用所属技术领域通用技术术语。

技术领域：需要在规定的技术领域中选择本申请提案中技术方案所属领域。如果本申请提案的技术方案跨越多个领域，则需要按照相关性从高到低的顺序选择多个领域。

10.4.2　现有技术方案与本发明要解决的技术问题

这部分需要写明以下内容。

（1）作为本申请提案基础且能够帮助代理人理解本申请提案的现有技术。

（2）现有技术中与本申请提案最为接近的技术方案。要写明现有的技术方案是怎样实施的，尤其是对现有技术方案与本申请提案的不同之处要描述清楚，如果存在多个与本申请提案最为接近的现有技术，需要逐一按照上述要求写明。

（3）针对现有技术中与本申请提案最为接近的技术方案，写明现有的技术方案具有哪些技术性缺点。这些缺点同时必须是本申请提案的技术方案能够解决的技术问题。

10.4.3　本发明技术方案的详细阐述

结合流程图、结构原理框图、电路图或时序图，对本申请提案所提供的技术方案做详细描述，不能只有原理，也不能只介绍功能。

如果本申请提案的技术方案提供的是一种方法，则需要提供该方法的流程图，并结合图以步骤的形式顺序描述技术方案的整体实现流程。

如果本申请提案的技术方案提供的是一种产品，则需要提供该产品（系统或设备）内部组成部分的结构图，并结合结构图，详细描述各个组成部分的功能或各个部分之间的连接关系。

在方法的各个步骤或产品的结构中，对于本申请提案没有对其做出改进的步骤或组成部分简要描述即可，对于本申请提案对其做出改进的步骤或组成部分，或是新的步骤或组成部分，则需要详尽地描述。

10.4.4　本发明的技术优点和保护范围

按照重要性从高到低的顺序，写明本申请提案相比于现有技术所具有的优点和技术手段的对应关系。特别是可以给本发明带来有益效果的关键技术点。

10.4.5　其他注意事项

（1）背景技术和详细技术方案，尽量写得全面、清楚。

（2）英文缩写有中文译文，避免使用英文单词，最好在术语解释部分给出。

（3）全文对同一事物的叫法应统一，避免出现一种东西多种叫法，让他人产生误解。

10.4.6　专利说明书模板（以方法专利申请为例）

一种 _____ 的方法

（说明：不能超过 25 个字，不得出现人名、地名、具体型号名）

技术领域

本发明属于_____技术领域，涉及一种_____的方法。

背景技术

说明：

1. 介绍本发明所涉及技术领域的概况，阐明本发明应用在什么地方。

2. 介绍该技术领域中现有的技术方案。可引述现有专利文献、文章、论文、教科书等。

3. 分析 2 中提及的现有技术存在什么样的不足，即本发明所要解决的技术问题。

例如：可以按照下面的格式分（1）（2）（3）点描述缺陷。

（1）

（2）

（3）

发明内容

本发明的目的是克服已有技术的缺陷，为了解决_____问题，提出一种_____的方法。

本发明方法是通过下述技术方案实现的。

一种_____的方法，其基本实施过程如下：

步骤一、_____

步骤二、_____

步骤三、_____

……

步骤 *K*、_____

自此，就完成了／实现了_____。

有益效果

说明：这部分结合发明点，详细分析本发明为什么能够解决前面提到的技术问题。

注意：要结合方案分析，切忌空谈效果。

例如，与背景技术中的（1）（2）（3）缺陷对应，也分段落和层次描述有益效果，重要的放在前面。

（1）

（2）

（3）

附图说明（将图和图的说明放在此处）

图 1 为_____图；

图 2 为_____图。

具体实施方式

说明：

本部分至少给出一种具体的实施方式，该具体实施方式与前面的发明内容相比，更加具体和详细，使同行不需要进一步研究或实验就能重复本发明。

10.5　本章小结

本章首先阐述了创新和知识产权的重要关系：创新是引领发展的第一动力，保护知识产权就是保护创新。其次介绍了专利制度的重要基础知识，包括专利制度的基本原则和保护客体；新颖性、创造性和实用性的定义和判断标准；关于专利权的归属的规定；发明和实用新型专利申请的基本文件和作用；权利要求书撰写的要求等重要内容。 最后通过实际的撰写案例，详细介绍了一项发明从技术构思到权利要求书撰写的过程以及权利要求书撰写中确定保护范围时需要考虑的因素。

习题

1. （多选）下列属于工业知识产权的是（   ）。

    A. 专利　　　　　　　　B. 实用新型

    C. 著作权　　　　　　　D. 商标

2. （多选）以下发明不具有实用性的是（   ）。

    A. 一种通过组合不同磁性的磁铁，不用补充燃料也能持续转动的发动机

    B. 泥人张捏制泥人的方法

    C. 一种给飞机装上降落伞，使得飞机永远不会坠毁的装置

    D. 一种通过吸收外界均匀热源的热量产生电流的二极管

3. （多选）以下不给予专利保护的技术领域的是（   ）。

    A. 科学发现

    B. 智力活动的规则和方法

    C. 疾病的诊断和治疗方法

    D. 用原子核变换方法获得的物质

4. （单选）甲某是 X 公司的研究人员，与乙某、丙某共同承担了一种导航仪的具体研制工作，2015 年 6 月，甲于该研制工作中途辞职继续独自开展导航仪的开发工作。2016 年 4 月，甲某完成该研制工作、成功开发出了某型数字交换机，并于 2016 年 5 月以甲某个人名义申请专利。则以下说法正确的是（   ）。

    A. 该专利申请权应归 X 公司所有，甲、乙、丙均享有发明人的署名权

    B. 该专利申请权应归 X 公司所有，仅甲某享有发明人的署名权

    C. 该专利申请权应归甲某个人所有，甲某享有发明人的署名权

    D. 该专利申请权应归甲某个人所有，但 X 公司享有免费使用权

5. （多选）以下属于违反法律、社会公德或妨害公共利益情形的是（   ）。

    A. 专门用于赌博的设备或机器

  B. 一种制造枪支的方法

  C. 一种用以防止汽车被盗的装置，采用释放催眠气体的方法，使盗车者在开车时失去意识

  D. 一种克隆人的方法

6. （多选）下列内容属于商业标记的是（   ）。

  A. 外观设计   B. 商标

  C. 商号   D. 地理标志

7. （单选）"专利制度就是给天才之火添加利益之油"是（   ）的名言。

  A. 弗兰西斯·培根

  B. 艾伯拉罕·林肯

  C. 富尔顿·瓦特

  D. 任正非

8. （单选）我国近代史上第一部比较完整的正式的专利法规是（   ）。

  A. 《振兴工艺给奖章程》

  B. 《奖励工艺品暂行章程》

  C. 《保障发明权与专利权暂行条例》

  D. 《中华民国专利法》

9. （多选）以下属于授予专利权条件的是（   ）。

  A. 新颖性   B. 创造性

  C. 实用性   D. 商业性

10. （多选）以下是对专利说明书要求的是（   ）。

  A. 说明书所记载的技术方案必须清楚、完整、能够实现，做到充分公开

  B. 说明书中的用词必须是规范的，语句是清楚、明确的

  C. 附图中的词语要与说明书保持一致，说明书中前后词语也要求一致

  D. 技术方案中禁止出现"约、左右、厚、薄、高温、高压、适量、适当、较大范围内、短时间、根据角度的大小"等含义不确定的词语

第11章　表达技巧与实践

在现代社会，沟通的重要性日益增强，表达能力越来越被认为是现代人应具备的能力之一。作为当代大学生，不仅要有新的思想和见解，还应能很好地在他人面前将其表达出来。

但在许多理工科院校，由于专业性较强，在教育教学过程中会较多偏重大学生专业技术方面的培养，忽略人文素质的培养提高。大多数的工科学生勤于钻研，逻辑思维强，处事比较认真、严谨，尊重传统和行为标准；但性格内向、羞涩，不善于表达沟通。即使有好设想、好的项目，每当一登上台演讲，就会紧张怯场，面红耳赤，心跳加速，手心出汗，大脑一片空白。手脚不知往哪放，不敢注视听众目光。说话舌头打结，声音发抖，磕磕巴巴，语不成句。思维不清晰，逻辑混乱，词不达意，讲话缺乏感染力。

表达是沟通的基点，是打开成功大门的钥匙，是成就人生的重大推动力。所以，大学生要想改变自己的人生，实现自己的大发展，就要善于运用表达沟通的力量，把握表达的技巧和方法，提升自我表达与自我展示的能力。在教学实践中作者发现，每当组织讨论时，同学们发言积极踊跃。但一旦要求到讲台去演讲，大多数同学都不愿意上台，哪怕有非常完善的方案，精心准备的讲稿，也会因为太紧张，在台上讲得结结巴巴，不能够完整地展示自己的成果。有的同学简历很优秀，却在面试中展示不出自己优势。针对学生们存在的这些问题，我们大胆创新学生培养机制，在大学生创新基础与实践课程中融入对大学生语言表达、行为表达的规范训练与塑造。

在交流过程中，55%的信息是通过视觉传达的，也就是身体、语言、眼神、面部表情的接触，38%则是通过声音传达的，也就是音调、语速、音量、语气。也就是说，只有7%的信息是通过你所说的内容传达的。可见，无论是一对一的面试，或是面对一群人的汇报、演讲、主持、路演等，当你成为场上的焦点时，你需要的是全面高效的表达沟通。

11.1　语言表达

语言表达能力是决定口才好坏的重要指标。其能力的高低，不但会影响到人际关系，更会影响到生活和工作的方方面面。一句话或一段话该如何表达，说得好可以为我们的印象加分，引来掌声；说得不好，也许就会触动他们的负面情绪，引起矛盾。很多人认为，外向的人表达能力好，而内向的人表达能力则相对比较差。其实这种观念并不完全正确。语言表达能力的高低，与性格没关系，与我们如何说却有很大关系。这是一种能力，只要懂得练习就能掌握。

一个成功有效的演讲、面试、项目汇报、路演等活动，好的语言表达是最关键的要素之一。演讲语言表达是交流思想、表达情感、传递信息的工具，直接影响着演讲的社会效果。所以要想提高演讲的质量，就必须研究和掌握演讲的语言特点和技巧。

11.1.1　演讲语言的特点

1. 准确性

演讲使用的语言一定要能确切、清晰地表现出所要讲述的事实和思想，揭示出它们的本质和联系。只有准确的语言才具有科学性，才能逼真地反映出现实面貌和实际思想，才能为听众接受，达到宣传、教育、影响听众的目的。

2. 简洁性

以最少的语言表达出最多的内容。要做到语言的简洁，浅显易懂，必须对于自己要讲的思想内容经过认真地思考，弄清道理，抓住要点，明确中心。如果事前把这些搞清楚了，在演讲时至少不至于拖泥带水，紊乱芜杂。还要注意文字的锤炼和推敲，并做到精益求精，这样听众才能够对你的陈述所感兴趣。

3. 通俗性

如果演讲的语言不通俗，听众听不懂，就会影响演讲的效果。为了使演讲的语言通俗平易，要注意减少拗口冷僻的用词。

11.1.2　演讲语言的技巧

演讲时，只有和故事内容相契合地控制好语音、语气、语调、停顿、节奏，才能够有效地表达出理想的效果，吸引听众。

1. 语音

演讲时语音要比平时略高，要学会利用变化音量增强戏剧效果。音量的高低起伏应配合演讲的内容。呼吁、号召时自然提高音量，加重语气能有效增加演讲的戏剧效果，牢牢抓住听众的注意力。

2. 语调

语调贴切、自然、动情；语气的抑扬变化，重音根据需要来强调。

3. 语速

语速要注意短语间、段落间、句间、重点词前面的停顿。利用变化语速突出重点。语速和演讲的节奏密切相关，演讲时有张有弛，语速拿捏快慢适中，起承转合来增强戏剧效果。利用停顿来提醒和强调。有人说停顿是演讲中奇妙的"休止符"。恰到好处的停顿往往比语言能更有效地传达思想，更具有戏剧性。 停顿也是一种说话的艺术，恰到好处的"停顿"对于一次成功的演讲具有重要意义：它能促使人们对主题进行深入的关注和思考，使演讲者的信息更加有效而巧妙地得到传达。当演讲者阐述一个关键点时，如果缄默数秒钟，可以达到出人意料的演讲效果。

4. 语感

语感要有节奏与张力，抑扬顿挫。学会善用语言的技巧来提升演讲效果。利用变化音调传达情感，演讲时运用音调抑扬顿挫的变化传达情感，音调明快，节奏适中。

11.2 肢体语言

肢体语言（又称身体语言），是指通过头、眼、颈、手、肘、臂、身、胯、足等人体部位的协调活动来传达人物的思想，形象地借以表情达意的一种沟通方式。所以说，你的肢体语言随时都在传递着你的信息。生活中的这些信息反映了最原始的、本能的心理状态。所以肢体动作表达情绪时，当事人经常并不自知。当我们与人谈话时，时而蹙额，时而摇头，时而摆动手势，时而两腿交叉，我们多半并不自知。正因如此，心理学家提出一个如下的假设：当你与人说真话的时候，你的身体将与对方接近；当你与人说假话的时候，你的身体将离开对方较远。这一假设验证的结果发现：如果要求不同受试者，分别与别人陈述明知是编造的假话与正确的事实时，说假话的受试者会不自觉地与对方保持较远的距离，而且显得身体向后靠，肢体的活动较少，面部笑容反而增多。

一个人要向外界传达完整的信息，55% 信息都需要由非语言的体态来传达，而且因为肢体语言通常是一个人下意识的举动，所以，它很少具有欺骗性。我们在向他人表达信息的时候，肢体语言往往更容易被对方感知到。

一位心理学家曾指出：成就一位出色的演讲者，相对于华丽的视觉手段，语气语调，还是真实的信息内容而言，无声的肢体语言所显示的意义要比有声语言多得多，而且深刻，更易感染、打动听众。因此，演讲时肢体语言的作用就显得尤为重要了。

演讲时的肢体语言表达从准备上场就开始，当然，如果你的姿态在日常都是比较好的话，就更自如了。准备（放松身体、平定心情）——走上台（走姿）——在台上（站姿）——演讲（手势、表情、眼神）。

11.2.1　准备姿势

首先整理一下自己的仪表仪容；然后双腿左右开立，沉肩，两臂自然下垂，深呼吸，放松身体、平定心情；再调整好自己的面部表情，准备上台。

11.2.2　上台的走姿

走姿是一种动态的姿势，是站姿的一种延续，可以展现人的动态美和节奏美。是"有目共睹"的肢体语言。行走时动作连贯、从容稳健、协调，尤其是男生应该走得自如、平稳、轻盈、矫健、敏捷，展示出阳刚、稳健、洒脱有力、朝气蓬勃的精神状态。

1. 男生的基本走姿

挺胸、收腹、立腰，上身挺直，头正，肩平，目视前方，表情自然，精神饱满。行走时两脚踩在两条平行线上，双臂自然摆动。

2. 女生的基本走姿

女生应该在行走的过程中展示出健康轻盈、优雅飘逸的美丽状态。挺胸、收腹、立腰，上身挺直，头正，肩平，目视前方，表情自然，精神饱满。行走时两脚踩在一条直线上，双臂自然摆动（重点：走直线，胯部放松，面带微笑，颈部立起，腰部收起，膝关节伸直）。

其实，并没有多少步，但就这几步就能够传递很多的东西，要是眼神游离不定，歪着头，手插在裤子口袋里，这样走出来，观众会觉得演讲者不认真，不尊重观众。如果是低着头，快速地走上台，观众又会觉得演讲者缺乏自信，对其能力产生怀疑。因此，不能小看这几步。总体是保持好上体的稳定，迈着轻快的步伐，不要太快，也不能太慢，不疾不徐，具有我们青春的活力。男生走得坚定自信，女生走得大方有气质。

11.2.3 台上的站姿与走姿

如果有讲台，我们可以站在讲台后面，双腿左右开立，双手放在身体的中间部位或是讲台上。如果没有讲台，是站在话筒后面，整个身体都在观众的视线内，我们的站姿就有一定的规范要求，演讲前和演讲中没有太多激情叙述的部分时间里，男生最好是两脚开立，与肩同宽平行站立，也可以立正站立，这时的两手虎口相对，半握，置于身体的中部偏下。女生在这个时间段的站立姿势最好是小丁字步，或是小八字步，两手虎口相对半握（右手在上），置于身体的中部，如图 11.1 所示。

图 11.1 女生丁字步站立姿势

演讲者在演讲过程中可根据演讲内容增加手势，也可以在台上移动。但要注意的是，手势不可过于频繁和夸张。移动要慎重、适当，不能太勤，也不能走得太远。最好的方法是从讲台的中央出发。谈到第一个内容时往右侧走动，再移到中央，讲第二个内容时再往左侧走动，最后谈到结论时一定要回到讲台的中央。移动时切忌背对或侧对观众。要把观众始终放在自己体前扇形区的视线范围内。

11.2.4 演讲时忌讳的姿态

（1）如果演讲中你将手臂或腿环绕交叉起来了，等于传达一个你对他人不够开放有所保留的信息，放松自然就好。

（2）永远都不要将你的背留给观众，除非你想失去他们的支持。背向听众等于在告诉他们你并不在乎他们，并且这也是很粗鲁无礼的行为。

（3）避免眼神的接触，但是作为演说者需要向听众展示你的稳重和自信。

（4）始终盯着观众区某一个点看。

（5）站在一个地方不动或一直来回走动，甚至走得非常快。

（6）忘记微笑、烦躁不安意味着你紧张，而紧张是无法吸引你的观众的。

（7）说得太快，听众会跟不上你的节奏。太慢太低沉，会让你的听众想睡觉。你想表达的信息，你演讲目的将不可能会达到。

11.3 眼神、表情与手势

提起演讲时的手势、表情和眼神，最值得推荐的就是乔布斯，他登台演讲时，总是热情洋溢，好像有着无穷无尽的精力。在很大程度上，乔布斯说话的方式为其赢得了听众的尊敬。听众心中充满了对他的敬畏和信任——他就像一位领袖人物。美国前总统奥巴马曾经说过，无论是从事社区工作，还是把自己变成地球上最有势力的人，他所吸取的最宝贵的教训就是："永远表现出信心十足的一面。"人们永远都在对你评头论足，尤其是在初次见面的前 90 秒内，你的肢体语言和你说话的方式可能使你的听众受到一定的启发，也可能让他们大失所望。乔布斯之所以是一位激动人心的沟通大师，是因为无论是声音还是手势的运用，他都已经驾轻就熟，得心应手。乔布斯的演讲有三个特别值得关注、学习的技巧，分别是注重目光交流、保持开放式姿势、并频繁运用手势。常见的开放式姿势如图 11.2 和图 11.3 所示。

图 11.2 开放式姿势 1

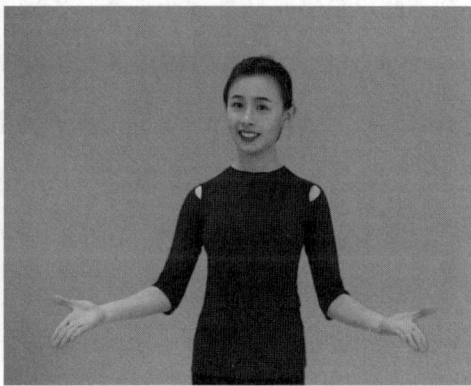

图 11.3 开放式姿势 2

11.3.1 眼神

美国著名演讲家爱默生说，人用眼睛传神会话，其优点几乎与舌头完全一样。眼睛的语言完全无须借助字典，全世界都能理解这种语言。作为一种特殊的肢体语言，眼睛的动作和神态能够表达几万种含义。演讲者与听者之间的交流，很大程度上都是依靠目光传递。用眼睛表情达意可以使演讲效果更好。眼睛具有很强的吸引力和感染力，眼睛炯炯有神，熠熠生辉，会使整个人活力四射，神采奕奕。演讲者要善于运用自己的眼神，辅助有声语言来表达自己炙热的情感，塑造亲和力，引起观众的注意。观众透过这心灵的窗户来窥见我们的内心世界。

首先，演讲中要尽量看着观众说话，这样才能使观众看到演讲者的目光，看到你内心的真实情感。因此，演讲时要和观众的目光有实质性的接触交流，就是用眼神沟通。这种眼神交流不是随意的，不能不停地来回看，也不能对着一个观众或一个区域死盯着看。

一般我们在看观众时有两种方式，一种是看整个会场时，虚看，也就是环视，即从左边看到右边，从前面看到后面，照顾到整个会场。在演讲最开始的时候，不要急着讲话，而是暂停一下，面带微笑环视一周比较好。运用这种方法，可使全场听众产生亲近感。但必须注意，一定要照顾全局，不可忽视任何角落的听众，同时，头部摆动幅度不宜过大，眼珠不可肆意乱转。

第二种方式是和某一个或某一区域的观众交流时要实看，也就是凝视。一般时间在3s左右，尽量不要超过5s。选择一个人作为焦点，然后眼睛慢慢地从一个人移动到另一个人，在每一个人身上停留2~3s的时间。眼睛直视听众，或看着他们的鼻梁或下巴。找到那些看起来比较友善的听众，逐次朝他们微笑，然后目标转向那些态度怀疑、不确定的观众，并逐渐朝他们微笑。运用这种方法可对专心致志的热心听众表示赞许和感谢，对有疑问和感到困惑的听众进行引导和启发，对想询问的听众给予支持和鼓励，对影响现场秩序的听众进行制止，使其收敛，达到控制场面的目的。这种方法的针对性较强，目光含义要明确，同时要适可而止，避免与听众的目光长时间直接接触，以免被注视的听众局促不安和其他听众受冷落。

在演讲开始、演讲中和演讲结束时，可以有几次遍及全场的扫视。但绝大多数的时间都应该是凝视。这样有利于通过我们察言观色，与听众建立起信息的交流与反馈。迅速获得听众的反应，掌握听众的情绪和心理变化。

演讲时要注意眼神的灵活运用，要根据演讲的内容和自己的情感体验，配合你的眼神、表情去表达。表达情感的眼神有许多种，如盯、瞅、瞪、瞧、眨、眺、瞄、睹、睁、眯、瞥、瞟、闭、眯、白、翻、斜视、炯炯有神、柳眉星眼、使眼色、眉目传情、眉开眼笑、目不转睛。暗送秋波、横眉怒目、愁眉不展等都是对眼神的描绘。一定要灵活运用。

11.3.2 表情

人的面部表情由脸部的色泽、肌肉的收缩和舒展，以及面部的纹路所组成；是人的思想、情感在外貌上的显示；是思想情感灵敏、复杂、准确、微妙的晴雨表。因此，从你朝台前走的时候，你的表情就开始影响和感染观众了，所以，表情不能太拘谨、严肃，要放松、微笑。在演讲的过程中，要把自己内心的这种情感，鲜明、恰当地显示出来。我们的表情要随着演讲的内容、情感发生变化，无论是快乐、恐惧、愤怒、悲哀，表情都要和内容相呼应。在没有特别情感表达时，表情就应该是微笑。

切忌演讲时拘谨木然，面部表情呆板僵硬，就像小学生背书一样，没有感染力和鼓动性。演讲时也不能紧张、焦急、不安，面红耳赤。这样的演讲不容易真正地传递出演讲者的情感，观众也难以感受到演讲内容的情感。还忌演讲时故作姿态，扭捏做作。这会使观众感觉到演讲者虚假不真实、不自然，降低对演讲者的信任，影响演讲效果。因此，演讲时的面部表情要自然而真诚，丰富而生动。

11.3.3 手势

手势是一种表现力很强的体态语言，它通过手、手指的活动变化使所要表达的思想和情感内容更加丰富，更具吸引力和说服力。为此，有人称"手势是表达的第二语言"。许多手势都有其特定的含义，使用得当才能为我们助力。生活中人们常常用手势来增强口语的感情色彩，如人在高兴时常常会拍桌子、捶腿、摸胡子、揉眼睛；悲痛时捶胸脯，为难时会搓手，悔恨时自拍脑门，紧张时摸头发，称赞时竖起大拇指，蔑视、小看人时伸出小拇指。第二次世界大战期间，英国首相丘吉尔在结束电视演讲时，举起右手握拳，伸出食指和中指构成 V 字形，以象征英文"胜利"一词的开头字母，结果引起了全场欢呼。至今，人们还常用它来表示祝愿和信心。

1. 演讲时手势要遵循的原则

1）雅观自然

运用体态语言、动作要做到端正、高雅，符合生活美学的要求。人们听演讲，除了获得信息，受到启迪之外，也需要获得美的享受。演讲的体态动作要做到姿态优美、恰如其分，符合人们的审美习惯。演讲者的手势贵在自然，自然才是感情的真实流露，自然才能真实地表情达意，才能给人以美感。优美自然的体态语言还必须符合演讲者的性别、年龄、经历、职业及性格等特征。

2）因人制宜

在演讲中态势语的恰当运用可以表现一个人的成熟、自信、涵养、气质和风度。演讲者要根据自身条件，选择符合自己的身份、性别、职业、体貌，有表现力、合适的手势。就性别而言，男性的手势一般刚劲有力，外向动作较多；而女性的手势主要是柔和细腻，手心内向动作较多。就年龄而言，老年演讲者因体力有限，手势幅度较小，精细入微；而中青年演讲者身强力壮，手势幅度较大，气魄雄伟。就身高而言，个子比较矮小的演讲者可以多做些高举过肩的手势来弥补不足，这样可以自己形体显得高大一些，而个子较高的演讲者，可多做些平直横向动作。

3）保持协调

演讲时要做到手势与感情协调。演讲中感情激昂时手的幅度、力度可大，否则小一点，手势幅度和感情是成正比的；手势与口头语言的协调。手势的起落应和话音的出没是同时的、同步的，不可互为先后。如果话说出去了，手势还没有做；或话已讲完，手势还在继续，不仅失去了它的意义，而且也使听众感到滑稽可笑。演讲者的手势从来不是单独进行的，它的一举一式，总是和声音、姿态、表情等密切配合进行的。演讲以讲为主，以演为辅，没有动作的演讲只能叫讲话而已，但动作要和演讲者的体态协调才美。

4）手势要适宜、适量、简练

手势动作只有在与口语表达的内容密切相配合时，其含义才最为生动具体。演讲者的手势必须随演讲的内容、自己的情感和现场气氛自然地表现出来，手势的部位、幅度、方向、力度都应与演讲的有声语言、面部表情、身体姿态相适宜，协调一致，切不可生搬硬套勉强去凑手势；手势要适量，要不多不少。手势动作过多了，一两句话一个动作就会显得轻挑作态、喧宾夺主，会使听众感到眼花缭乱，听众甚至会拿演讲者的动作开心。但是，如果演讲者在台上从头到尾都不运用手势，那样就会显得局促不安就会失掉演讲的感染力和活力；演讲者的气质、风度也就无法体现出来，使听众不能深刻理解演讲的思想内容而感到枯燥无味；手势动作要简单精练。体态语言毕竟是口语的辅助手段，使用时切忌过多过滥，毫无节制，而应尽量做到少而精。正像说得多不一定就表明语言能力强一样，态势语言表演过多，不一定能加强演讲效果。所以演讲中的手势动作应简练、得体，宁少勿多。演讲者每做一个手势，都要力求简单精练、清楚明了、干净利索、优美诱人，不可琐碎，不可拖泥带水。小碎动作千万不要做，重复动作也不要多做。至于在什么情况下该做什么手势，做什么动作，是无法确定的，要根据演讲的内容，和自己摸索、模仿学习。但一定要注意：不要去追求那种千人一招、万人一式的模式化的态势动作。每个人都有自己的特点，突出自己的特点并美化定型即可。

2. 演讲时手势的类型

演讲者演讲时使用不同的部位（如手指、手掌、拳头、小臂、大臂；不同的力度；不同的运动轨迹如上举、下压、平移、波动、斜劈等）；不同的区域（如上区、中区、下区等位置）所体现的意义也有所不同。

1）情绪手势

情绪手势是伴随着说话人的情绪起伏发出的，常常用来表达或强调说话人的某种思想感情、情绪、意向或态度。例如，高兴时拍手称快，悲痛时捶打胸脯，愤怒时挥舞拳头，悔恨时敲打前额，犹豫时抚摸鼻子，着急时双手相搓，而用手摸后脑勺则表示尴尬、为难或不好意思，双手叉腰，表示挑战、示威、自豪，双手摊开，表示真诚、坦然或无可奈何，扬起巴掌猛力往下砍或往外推，常常表示坚决果断的态度、决心或强调某一说词。情绪手势是说话人内在情感和态度的自然流露，往往和表露出来的情绪紧密结合，鲜明突出，生动具体，能给听者留下深刻的印象。常见的情绪手势如图 11.4 ～图 11.9 所示。

图 11.4　情绪手势 1

图 11.5　情绪手势 2

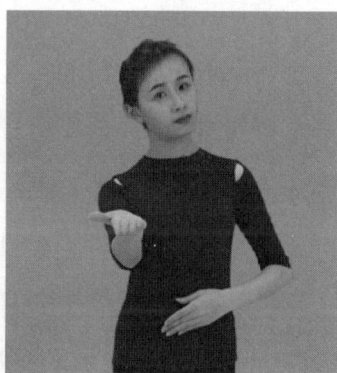

图 11.6　情绪手势 3

图 11.7　情绪手势 4

图 11.8　情绪手势 5

图 11.9　情绪手势 6

2）指示手势

指示手势是用来指示具体对象的手势动作。如用手指指自己的胸口，表示谈论的是自己或与自己有关的事情；伸出一只手指向某一座位，是示意对方在该处就座。指示手势还可以用来指点对方、他人、某一事物或方向，表示数目、指示谈论中的某一话题或观点等。指示手势可以增强谈话内容的指示手势明确性和真切性，便于及时掌握听者的注意力。常见的指示手势如图 11.10 ～图 11.12 所示。

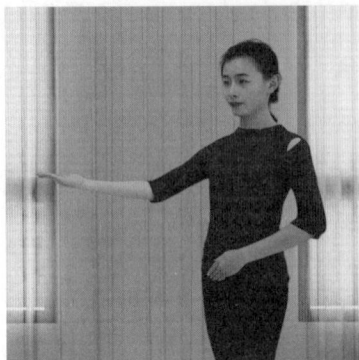

图 11.10　指示手势 1　　　　　图 11.11　指示手势 2　　　　　图 11.12　指示手势 3

3）模拟手势

比划事物形象特征的手势动作叫作模拟手势。如抬起手臂比划张三的高矮，伸出拇指、食指构成一个圆圈比划鸡蛋的大小，抢起胳膊侧身往后模仿骑马。模拟手势在一定程度上能使听者如见其人，如临其境。由于它往往还带有一点夸张意味，因而极富有感染力。常见的模拟手势如图 11.13 和图 11.14 所示。

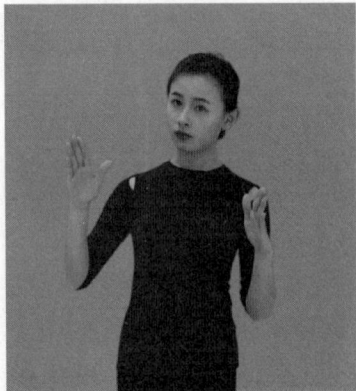

图 11.13　模拟手势 1　　　　　　　　　　图 11.14　模拟手势 2

4）象征手势

象征手势是表示抽象意念的一类手势动作。这种手势往往具有特定的内涵，使用十分普遍。19 世纪初风行于美国而后在欧洲被普遍采用的表示良好、顺利、赞赏等意思的 OK 手势（大拇指与食指构成一个圆圈，其他三指伸直张开）。再如在我国，举起握成拳头的右手宣誓表示庄严、忠诚和坚定；少先队员们将右手举过头顶象征人民的利益高于一切；跷起大拇指表示称赞、夸奖；跷起小指表示贬斥、蔑视。象征手势能给谈话制造特定的气氛和情境，从而加强语言的表达效果。常见的象征手势如图 11.15 ～图 11.20 所示。

图 11.15　象征手势 1

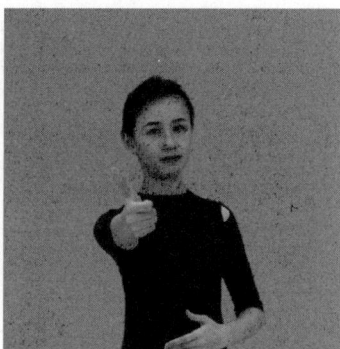

图 11.16　象征手势 2

图 11.17　象征手势 3

图 11.18　象征手势 4

图 11.19　象征手势 5

图 11.20　象征手势 6

这四类手势也并不是绝对的，有时一种意义用几种手势表达，有时一个手势可以包含几种意义。

演讲时运用手势、动作要做到端正、高雅，符合生活美学的要求。适宜、适量、简练，不可频繁使用。演讲者根据自身条件，选择符合自己的身份、性别、职业、体貌、有表现力的合适的手势，可以表现一个人的成熟、自信、涵养、气质和风度。忌讳过于夸张、频繁的手势。

11.4 训练方法

11.4.1 语言训练的内容

语言训练的内容应包括音质、音准、语速、语长、音强、语气、语调、重音、停顿、节奏、变音。对语言控制自如，有声语言能够完美传达演讲者所欲表达的思想感情；语言自然顺畅，和谐悦耳，能使听众从心理和信息等几方面愉悦地接受；语言的声音形象与演讲者的整体形象相和谐，即有声语言能使演讲者的所有演讲行为看起来自然，不做作。

1. 语言、气流训练

用"数诗歌"法训练，以"一口气"为单位，训练语流的和谐性的有声语言训练方法。演讲有声语言要求语速、语调、语气、语长（语流的长度）等各方面的充分和谐，即在强调有声语言的一种构成要素时，其他各方面也必须以较高的水平显示在整个语流中。

（1）数枣。1个枣2个枣3个枣4个枣5个枣6个枣7个枣……一口气尽量多地数。吐字清楚；音量、语速均匀、稳定。

（2）数诗。"1、2、3、…、8、9、10，白日依山尽，11、12、…、18、19、20，黄河入海流……"就这样依次进行。

2. 语速、语音训练

演讲的有声语言贵在变化。语速、语气、语调、节奏、变音等各个方面的变化，共同构成了演讲的有声语言艺术。在变化中，演讲者的思想感情信息才能更好地深入到听众的脑海中；在变化中，有声语言才能显现出其美感。

语流变化法就是用来训练演讲有声语言的变化能力的。所谓语流变化法，就是通过语速、语气、语调、节奏，变音的渐变、突变、混合变化等来训练演讲者的有声语言的变化能力的训练方法。

（1）八百标兵奔北坡，炮兵并排北边跑，炮兵怕把标兵碰，标兵怕碰炮兵炮。从第一句开始，速度越来越快。

（2）粉红墙上画凤凰，凤凰画在粉红墙。红凤凰粉凤凰，红粉凤凰花凤凰。红凤凰，黄凤凰，红粉凤凰，粉红凤凰，花粉花凤凰。从第一句开始，声音越来越高。

3. 语气、语调训练

（1）语气变化由喜到怒：扁担长，板凳宽（兴奋的语气），板凳没有扁担长（愉快的语气），扁担没有板凳宽（无奈的语气），扁担想要绑在板凳上（烦躁的语气），板凳不让扁担绑在板凳上（恼怒的语气）。

（2）语气变化是由褒到贬：扁担长，板凳宽（赞美的语气），板凳没有扁担长（愉快的语气），扁担没有板凳宽（陈述的语气），扁担想要绑在板凳上（否定的语气），板凳不让扁担绑在板凳上（嘲讽的语气）。

（3）语速、音量、语气、节奏、变音等各方面的综合变化训练1：春眠不觉晓，处处闻啼鸟。夜来风雨声，花落知多少。

（4）语速、音量、语气、节奏、变音等各方面的综合变化训练2：

给你，这是 50 万（陈述）；

给你，这是 50 万（难过）；

给你，这是 50 万（强势）；

给你，这是 50 万（无奈）；

给你，这是 50 万（忧伤）；

给你，这是 50 万（欢快）；

给你，这是 50 万（无所谓）。

11.4.2 表情训练

1. 面部肌肉训练

（1）Do、Do、Do，Re、Re、Re，Mi、Mi、Mi，Fa、Fa、Fa 的音，直到高音 Do，大声、清楚地说每个音，尽量将嘴型做到最满，放松唇部肌肉。

（2）Do、Re、Mi、Fa 直到高音 Do，连续三遍愉快地唱出每个音（一遍比一遍音高，一遍比一遍表情夸张）。

2. 微笑训练

在所有的表情中，微笑是最美的无声语言。微笑带给我们的不仅仅是好看的面部表情，它更多的是带给我们一种心理体验。它可以传递爱和快乐；建立信任、信赖感；打破尴尬气氛、打破僵局，促进工作顺利进行；使人健康、自信、富于青春活力。有名诗句"渡尽劫波兄弟在，相逢一笑泯恩仇"，微笑可以消除有误会人之间的芥蒂。微笑还可以调节情绪，促进心理健康，增加人的免疫力。

微笑训练要领：面部肌肉放松，眼睛平视前方，嘴角微微上翘。训练的方法：对镜训练法（寻找适合自己的微笑表情，维持时间至少 30 秒，碎片时间都可以利用，每天 20 个 30 秒）。微笑表情如图 11.21 和图 11.22 所示。

图 11.21　微笑表情 1　　　　　图 11.22　微笑表情 2

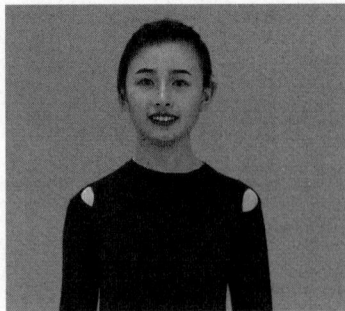

情绪想象训练法（想象面前是自己最喜欢的人、最爱的食物、最美的风景等唤起自己内心原始本能的满足、开心、愉悦）。

（1）情绪回忆训练法（回忆自己最开心的事情，自然流露微笑）。

（2）含筷子训练法。利用筷子固定嘴型，放松、训练嘴唇周围肌肉，是面部表情最常用、最有效的训练方法。用门牙轻轻地咬住木筷子，把嘴角对准木筷子，两边都要翘起，并观察连接嘴唇两端的线是否与木筷子在同一水平线上，保持 10 秒，再轻轻地拔出木筷子，用双手从下向上轻抚面部，形成最真、最纯、最美的微笑状态。保持 30 秒—50 秒—100 秒……如图 11.23 ～图 11.26 所示。

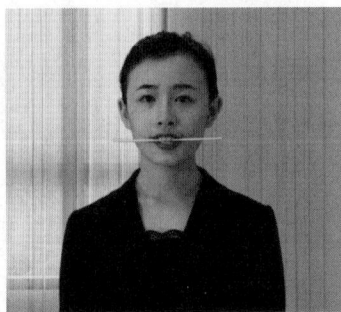

图 11.23　微笑表情筷子训练法 1　　　　图 11.24　微笑表情筷子训练法 2

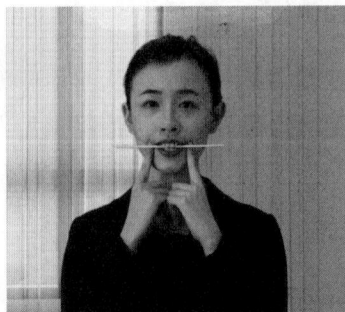

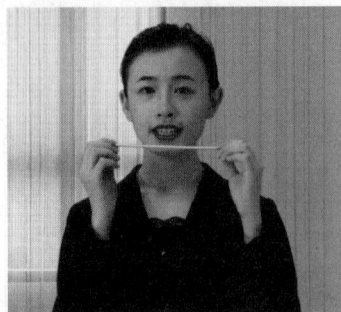

图 11.25　微笑表情筷子训练法 3　　　　图 11.26　微笑表情筷子训练法 4

11.4.3 眼神

好的微笑一定少不了传神的眼睛。眼睛是心灵的窗户，最能传情、最具吸引力的就是眼神。经过如下训练能让我们的眼神灵动起来。

1. 定点聚焦练习

训练时间：第 1~7 天，每天 5~10 分钟。

（1）训练方法：准备一张白纸，在白纸中间点上一个黑色的圆点，可大可小，如图 11.27 所示。贴在墙上，黑点与眼睛同高（站或坐都可以）。

（2）也可以找一个大的图钉钉在墙上。距离墙面 1~2 米（站或坐），盯着圆点做聚焦练习，尽量不要眨眼，眼睛酸了也要克服，坚持 5 分钟（开始可以只盯 20 秒，逐渐增加时间）。练习完毕后，搓热双手，用掌心捂在双眼上（闭目）。3 分钟后再缓缓睁开双眼，如图 11.28 所示。

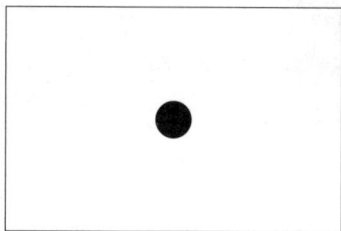

图 11.27 眼神定点聚焦练习　　　　　图 11.28 眼神反应训练

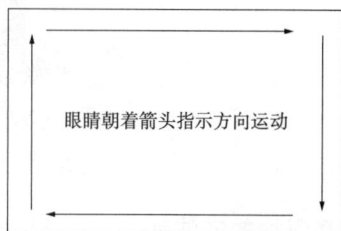

2. 提高眼睛的反应速度

在每天早上，伸出食指，往东南西北四个方向移动，眼神跟着手指的移动方向，做相应的移动。每次三分钟，坚持一周后，加快手指移动的速度，从而提高你眼睛移动的速度，增加眼神的反应能力，坚持下去，很快就能见效。提高眼睛反应速度的方法如图 11.29 至图 11.33 所示。

图 11.29 提高眼睛的反应速度 1　　　　　图 11.30 提高眼睛的反应速度 2

图 11.31 提高眼睛的反应速度 3　　图 11.32 提高眼睛的反应速度 4

图 11.33 提高眼睛的反应速度 5

3. 提高眼神的专注度

在生活中，可以通过小游戏来提高眼神的专注度，可以跟你的朋友两两对视，一直盯着对方的眼睛看，保持不眨眼睛。每天练习 5 组，尽量提高每次对视的时间，当你能够保持与朋友对视一分钟都不眨眼睛时，说明你眼神的专注度已经大大提高。当然，如果你更想一个人练习的话，也可以每天对着镜子，将眼神聚集在一个点上，通过这样的训练，让你的眼神更加专注，更加具有"杀伤力"。

4. 提高生活的阅历

想要真正练就有感情、会说话的眼睛，真正需要的还是来自对生活的观察、体会和分析。著名演员葛优，为了演好电影《我和我的祖国》中"出租车司机"这个角色，专门来到出租车公司体验生活，请优秀司机给自己当"老师"。把出租车司机应该做到的一切都学习了。在片中，老戏骨葛优眼睛生动传神，把普通的角色刻画得惟妙惟肖，给观众留下了深刻的印象。

眼神要坚定、传神。有人的眼睛明亮有神，而有人的眼睛却暗淡无神，所以，"眼神"

就是眼睛里焕发出来的那道光彩，或者说是眼睛的神态。人在视力较差（如近视眼）、精神焕散、身体疲惫或体质较差时，都可能出现眼睛无神的状态。但是，通过锻炼可以使眼睛有神而发亮，给人光彩奕奕的感觉，比如京剧演员就有专门训练眼神的方法定眼训练。

眼睛用双手手心相对，互搓，手心发热后放在眼睛上 10 秒左右，双手离开，闭眼 5~6 秒，睁开双眼盯着一个目标，坚持 30 秒、40 秒……90 秒，逐步延长时间。通过定眼训练，一定可以让你的眼神变得炯炯有神。定眼训练方法如图 11.34 ～图 11.36 所示。

图 11.34 定眼训练 1　　　　图 11.35 定眼训练 2　　　　图 11.36 定眼训练 3

11.4.4 手势训练

1. 情绪手势

高兴——拍手称快，悲痛——捶打胸脯，愤怒——挥舞拳头，悔恨——敲打前额，犹豫——抚摸鼻子，着急——双手相搓，尴尬、为难或不好意思，挑战、示威、自豪——手摸后脑勺——双手叉腰，真诚、坦然或无可奈何——双手摊开，坚决果断的态度、决心或强调某一说词——扬起巴掌猛力往下砍或往外推。

2. 指示手势

用手指指自己的胸口，表示谈论的是自己或与自己有关的事情；伸出一只手指向某一座位是示意对方在该处就座。指示手势还可以用来指点对方、他人、某一事物或方向，表示数目、指示谈论中的某一话题或观点等。

3. 模拟手势

抬起手臂比划某人的高矮，伸出拇指、食指构成一个圆圈比划鸡蛋的大小，抢起胳膊侧身往后模仿骑马。

4. 象征手势

象征胜利的 V 形手势，表示良好、顺利、赞赏等意思的 OK 手势，举起握成拳头的右手宣誓表示庄严、忠诚和坚定，少先队员们将右手举过头顶象征人民的利益高于一切，跷起大拇指表示称赞、夸奖，跷起小指表示贬斥、蔑视。

这四类手势也并不是绝对的，有时一种意义用几种手势表达，有时一个手势可以包含几种意义。

11.4.5 站姿训练

训练的要点：一平，即头平正、双肩平、两眼平视。二直，即腰直、腿直，后脑勺、背、臀、脚后跟成一条直线；三高，即重心上拔，看起来显得高。

（1）面向镜子，原地两脚并齐，屈膝，膝关节和大腿用力靠近，然后伸直双腿，用力下踩；收腹，肚脐找命门穴的位置，立腰。注意，骨盆在中间部位，臀部内收上提。胸骨柄向前上方送，沉肩后扩（后面肩胛骨之间挤出一条沟），立颈，想象头顶上方有一根绳，沿着你的颈椎延长线向上提（颈部前下方拉出一个坑）。整个身体是向内收、向上提的感觉。同时，面向前方平视，睁眼，嘴角拉开（或平放一根筷子），想象面前是你最喜欢的人或风景、美食。展示出最真、最纯、最美的笑容（可配合音乐训练 5～10 分钟），如图 11.37～图 11.44 所示。

（2）五点靠墙训练，背墙站立，脚跟、小腿、臀部、双肩和头部靠着墙壁，以训练整个身体的控制能力，如图 11.45 所示。

图 11.37　面向镜子站姿训练方法 1　　　图 11.38　面向镜子站姿训练方法 2

图 11.39　面向镜子站姿训练方法 3

图 11.40　面向镜子站姿训练方法 4

图 11.41　面向镜子站姿训练方法 5

图 11.42　面向镜子站姿训练方法 6

图 11.43　面向镜子站姿训练方法 7

图 11.44　面向镜子站姿训练方法 8

（3）双腿夹纸训练，在两大腿间夹上一张纸，保持纸不松、不掉，以训练腿部的控制能力，如图 11.46 所示。

（4）原地外开一位脚站姿训练，强调的是身体重心后移，与背、臀、脚跟在一个平面。身体其他部位要求与（1）的方法相同，如图 11.47 所示。

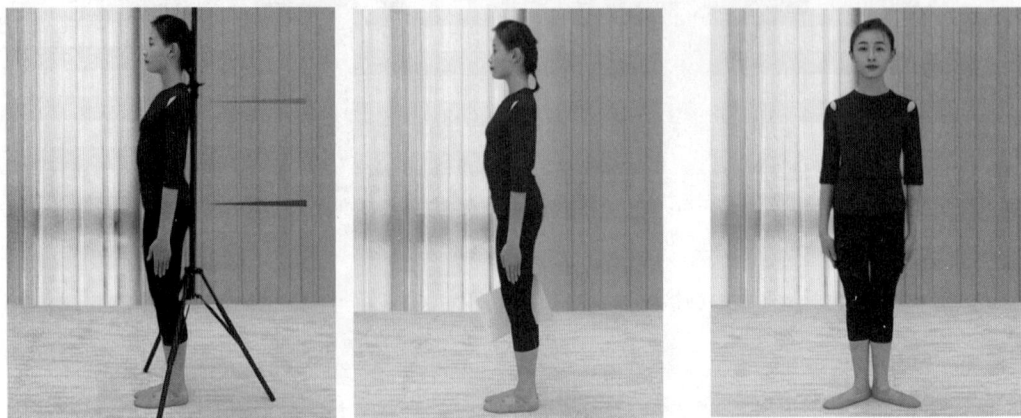

图 11.45　五点靠墙训练方法　　图 11.46　双腿夹纸训练方法　　图 11.47　原地外开一位脚站姿训练方法

11.4.6　走姿训练的要点

男生要走得自信、稳当；女生要走得气质、大方。

1. 分解训练

在保持站姿的基础上进行身体重心平衡的训练，慢节奏，点地上步，这是端庄气质的训练，如图 11.48 所示。

（1）女生走直线训练，脚的运动轨迹在一条直线上，训练时，不能低头看脚，眼睛盯着前面的一个点，如图 11.49 所示。男生走直线训练，脚的运动轨迹在两条平行线上，

图 11.48　走姿身体重心平衡的训练　　　图 11.49　女生走直线训练

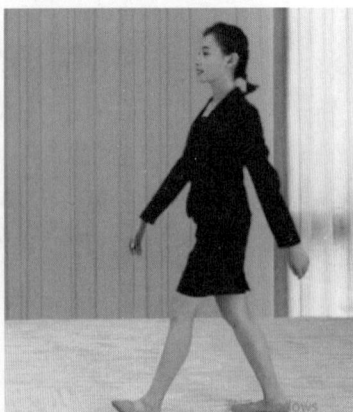

训练时，不能低头看脚，眼睛盯着前面的一个点。这是走姿健康与美的核心训练。

（2）身体重心与地面垂直时，膝关节伸直训练（重点针对女生）。这是与众不同的地方，如图 11.50 和图 11.51 所示。

图 11.50　膝关节伸直训练 1　　　　图 11.51　膝关节伸直训练 2

（3）摆臂训练，（原地、行走）肩关节放松，直臂前后自然摆动，不要超过 30 厘米，尤其是向前不能太高，这是优雅训练的重点，如图 11.52 所示。

（4）髋关节放松训练，女生在训练时髋关节要随着骨盆的运动而自然扭动，这是体现女性魅力的关键，如图 11.53 所示。

图 11.52　摆臂训练　　　　　　图 11.53　髋关节放松训练

2. 行走连续动作的训练

按照上面的要点对着镜子开始训练，打开双肩，重心后移，脚跟、臀部、肩部、后脑勺在一个平面，躯干平稳，运动轨迹直线，脚踩下去，肩部放松，直臂自然摆动，髋关节放松再放松。

3. 女生脚步直线训练

在地上画一条直线或利用地板的缝隙练习，两脚内缘的着力点力求落在直线两侧，通过不断的练习，保持好行走的轨迹和稳定性，如图 11.54 所示。

4. 顶书本训练

顶书本训练是控制平衡、保持身体稳定的训练。头顶上放一本书走路，保持脊背伸展和头正、颈直、目平，起步行走时身体不要前倾，身体的重心始终落于行进在前边的脚掌上，前脚落地、后脚离地的瞬间，膝盖要伸直，脚落下时再放松，如图 11.55 所示。

图 11.54　女生脚步直线训练　　　　图 11.55　顶书本训练

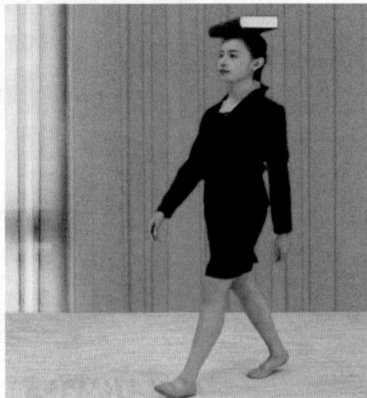

5. 女生走姿训练要点

三紧三松，在行走的训练时，要颈部立直，收腹立腰，膝部在重心与地面垂直时伸直；在保持颈部、腰部、膝部这三个部位的紧张用力的同时要保持面部、肩部、胯部的放松，使身体有张有弛。

11.5　本章小结

本章的主要内容是围绕如何通过对口头语言、肢体语言表达的学习与训练，让读者在面试、演讲、项目汇报、路演等场合能沉着、自信、风趣、优雅地展示、表达自己而进行。首先，介绍了语言表达时如何控制好语音，达到语气、语调、停顿、节奏和演讲内容的契合；其次介绍了如何正确运用肢体语言，即在台上或大众面前，如何通过头、眼、颈、手、肘、臂、身、胯、足等部位的协调活动，形象地传递自己的思想；最后，提出了面部表情管理（在演讲的过程中，要把自己内心的情感鲜明、恰当地显示出来。

我们的表情要随着演讲的内容、情感发生变化，无论是快乐、恐惧、愤怒、悲哀，表情都要和内容相呼应。）及手势的正确运用（手势是一种表现力很强的体态语言，它通过手、手指的活动变化使所要表达的思想和情感内容更加丰富，更具吸引力和说服力，为此，有人称"手势是表达的第二语言"）的重要意义。本章除了理论知识的阐述，重点强调了语言表达，尤其是肢体语言表达的训练内容及训练方法，并配以示图示范。

习题

一、实践题

1. 自我介绍

在校园内的某个合适的场合（学习兴趣小组、共同上大课的部分同学之间、任课老师面前等），主动做 30 秒的自我介绍。

2. 认识新同学

利用学习的握手礼仪，每个同学在班级内主动认识 3~5 个新同学。（注意手型、握手力度、握手时间、握手顺序。握手是当今世界最为流行的见面礼，不仅熟人、朋友，连陌生人、对手，都可能握手。握手时一般距离 1 米左右，上身稍向前倾，伸出右手，四指齐并，拇指张开，虎口向前下方，手臂前伸与身体形成 45 度左右。握手时面向对方，面带微笑。同时可以在语言上伴随寒暄、致意，如你（您）好、欢迎、多谢、保重、再见等。握手的力度不宜太小，也不能太重，握手的时间 3~5 秒为宜。我们要强调的是握手的顺序，正常情况下要遵守上级、长辈、女性、主人先伸出手的握手原则）。

3. 模拟面试（每人 2 分钟）

用 2 分钟的时间，向身边的家人 / 朋友 / 同学阐述自己对最喜欢的职业（企业）的认识，以及自己能够胜任这个岗位的原因。

4. 推销自己

面对一个你最喜欢的工作，用了 100 秒时间把自己推销出去。

5. 推销产品

选择一款自己熟悉的产品（物件），向你的家人 / 朋友 / 同学，也就是潜在的客户，做一个产品、性能、作用、性价比等方面的介绍，打动对方，让对方产生购买欲，把产品推销出去。

6. 用 100 秒的时间让你的创业演讲打动全场。

二、判断题

1. 演讲时，最关键的是选题和内容，与肢体语言没有什么关系。

2. 演讲时，为了打动听众，一定要激情昂扬、声音洪亮、手势尽可能地夸张、有力量。

3. 演讲者在台上，可以背着双手，或把手叉在胸前，或把手装在裤兜里。

4. 演讲时生动的手势要与演讲内容一致，要与时间一致，要与视线一致。

5. 演讲时一定要注意语言表达的语音、语调、语气、语速和语感。

三、选择题（多选）

1. 演讲时的脸部表情会带给听众极其深刻的印象，演讲时面部表情的要求是（　　）。

　　A. 自然大方　　　B. 微笑有亲和力　　　C. 随内容而变化

2. 演讲时的眼神既要传递演讲内容的信息，还要关注整场的情况，不断和听众进行心灵对话。演讲者的眼神应（　　）。

　　A. 必须注视观众　　　　　B. 适当扫视全场

　　C. 可以长时间盯着 PPT、演讲稿或某一个观众看

3. 手势是演讲者给听众以直观形象的构成部分，也是交流，传播思想、意念和情感的最重要的辅助手段。演讲者会利用手势增强演讲效果，不同的手势会传递不同的含义。其中，五指分开、掌心向上、打开双臂手势的含义是（　　）。

　　A. 开放B. 开展、行动起来　　　C. 担负工作、责任和使命

4. 演讲者身体移动是从视觉上陪衬和传递演讲内容的好办法。因此，在演讲时（　　）。

　　A. 应在台上一直走动

　　B. 可以根据演讲内容和听众的反应适当移动

　　C. 最好站好位，不移动

5. 演讲时在台上的基本站姿是（　　）。

　　A. 收腹、立腰，沉肩、立颈，微笑

　　B. 小八字步；丁字步（女）；平行步（男）

　　C. 两臂自然下垂；两手腹前虎口相对抓握（女）；也可以单手或双手自
　　　　然轻扶演讲台

参考文献

[1] 迈克斯·泰格马克.生命3.0:人工智能时代人类的进化与重生[M].汪婕舒,译.杭州:浙江教育出版社,2018.

[2] 凯文·阿什顿.被误读的创新[M].玉叶,译.北京:中信出版社,2017.

[3] 托尼·瓦格纳.创新者的培养:如何培养改造世界的创新人才[M].陈劲,王鲁,刘文澜,译.北京:科学出版社,2015.

[4] 刘启强.创新方法理论发展及特征综述[J].广东科技,2011,20(01):40-43.

[5] 王滨.大学生创新实践[M].北京:高等教育出版社,2018.

[6] 张武城.技术创新方法概论[M].北京:科学出版社,2009.

[7] 傅世侠,罗玲玲.科学创造方法论[M].北京:中国经济出版社,2000.

[8] 陈光,王伯鲁,赵立力.创新思维与方法:TRIZ的理论与应用[M].北京:科学出版社,2011.

[9] 哈佛委员会.哈佛通识教育红皮书[M].北京:北京大学出版社,2010.

[10] 张文利,王卓峥,司农,等.创新类通识教育课程建设的探索与实践[J].高等工程教育研究,2019(04):90-95.

[11] 迈克尔·勒威克,帕特里克·林克,拉里·利弗.设计思维手册:斯坦福创新方法论[M].高馨颖,译.北京:机械工业出版社,2019.

[12] 河濑诚.漫画 解决问题的技术[M].新北:大牌出版,2017.

[13] 阿尔诺·谢瓦里耶.复杂问题的策略思考&分析[M].张简守展,译.台北:大寫出版,2017.

[14] 斋藤嘉则.发现问题的思考术[M].郭菀琪,译.台北:经济新潮社,2019.

[15] 许湘岳,吴强,郑彩云.解决问题教程[M].长春:吉林大学出版社,2012.

[16] 赵贵国.员工创新能力提升训练八大途径[M].北京:中国工人出版社,2012.

[17] 梁海顺.技术创新方法与技巧[M].北京:国防工业出版社,2005.

[18] 张志胜,周芝庭,林琼.创新思维的培养与实践[M].南京:东南大学出版社,2018.

[19] 罗玲玲.大学生创造力开发[M].北京:科学出版社,2007.

[20] 冯林.大学生创新基础[M].北京:高等教育出版社,2017.

[21] 张海霞,陈江,尚俊杰,等.创新工程实践[M].北京:高等教育出版社,2016.

[22] 夏昌祥,鲁克成.点燃创新之火:创造力开发读本[M].北京:科学出版社,2005.

[23] 夏昌祥.实用创新思维[M].北京:高等教育出版社,2008.

[24] 卢尚工,梁成刚,高丽霞.创新方法与创新思维[M].北京:化学工业出版社,2018.

[25] 赵洁,石磊,丁丽娜,等.创新思维与TRIZ创新方法[M].北京:人民邮电出版社,2018.

[26] 齐洪利,石磊,崔岩,等.创新思维训练教程[M].北京:清华大学出版社,2019.

[27] 周苏,张效铭,周斌斌,等.创新思维与创新方法[M].北京:中国铁道出版社,2019.

[28] 田旭,沈君.今天你头脑风暴了吗?浅析头脑风暴在节目创意中的运用[J].电视时代,2019(07):21-23.

[29] 刘关宇.粉煤灰综合利用现状及前景[J].科技情报开发与经济,2010(19):167-170.

[30] 杨权成，马淑花，谢华，等. 高铝粉煤灰提取氧化铝的研究进展 [J]. 矿产综合利用，2012（3）：3-7.

[31] 梁大伟. 氧化铝生产过程中结疤的形成与防治 [D]. 湖南：中南大学，2005.

[32] 孙永伟，谢尔盖·伊克万科. TRIZ：打开创新之门的金钥匙 I[M]. 北京：科学出版社，2021.

[33] 孙永伟，LITVIN S，GERASIMOV V，等. TRIZ：打开创新之门的金钥匙 II[M]. 北京：科学出版社，2021.

[34] 亚伯拉罕·马斯洛. 动机与人格 [M]. 许金声，译. 3 版. 北京：中国人民大学出版社，2013.

[35] 陆小彪，钱安明. 设计思维 [M]. 合肥：合肥工业大学出版社，2007.

[36] 魏丽坤. Kano 模型和服务质量差距模型的比较研究 [J]. 世界标准化与质量管理，2006（9）：10-13.

[37] 彼得·德鲁克. 管理的实践 [M]. 齐若兰，译. 北京：机械工业出版社，2018.

[38] 项目管理协会. 项目管理知识体系指南 [M]. 王勇，张斌，译. 4 版. 北京：电子工业出版社，2009.

[39] 刘锦，魏慧丰. 挣值管理实践应用：现代项目成本进度与范围综合管理 [M]. 北京：中国经济出版社，2012.

[40] LIGEZA A. Artificial intelligence: a modern approach[J]. Applied mechanics & materials, 2009, 263（2）：2829-2833.

[41] 袁云佳. 人工智能的发展与应用综述 [J]. 科技风，2020，421（17）:25-26.

[42] 何清，李宁，罗文娟，等. 大数据下的机器学习算法综述[J]. 模式识别与人工智能，2014，27(004):327-336.

[43] KETKAR N.Deep learning with Python[M]. Berkeley: Apress，2017.

[44] 王宪保，杨敬，肖本督，等. 一种基于机器学习的花朵种类识别方法：CN201910645481.4 [P]. 2019-11-15.

[45] 郑玉龙，赵明. 基于深度学习的自然环境下花朵识别 [J]. 计算技术与自动化，2019，038(002):114-118.

[46] HETLAND M L. Python 基础教程 [M]. 司维，曾军崴，谭颖华，译. 北京：人民邮电出版社，2014.

[47] 徐后平. 科技进步与艺术设计创新的关系 [J]. 大舞台，2011（12）:139-140.

[48] 郭渝慧. 应用科学技术实现产品设计创新[J]. 杭州电子科技大学学报(社会科学版)，2017,13(03):53-57.

[49] 杨建军，茅珂. 论科学技术的发展与设计艺术的关系 [J]. 华东交通大学学报，2010，27（02）:95-98.

[50] 欧阳乐，彭利兰. 试论产品设计中科学技术与艺术设计的相互关系 [J]. 艺术科技，2019，32（04）:181.

[51] 柳淑宜. 概念产品与产品概念设计 [J]. 家具与室内装饰，2003（03）:10-12.

[52] 迈克尔·亨塞尔，阿希姆·门奇斯，迈克尔·温斯托克. 新兴科技与设计：走向建筑生态典范 [M]. 陆潇恒，译. 北京：中国建筑工业出版社，2014.

[53] 吴优. 科技发展与设计 [J]. 数码设计，2019（3）:139-141.

[54] 刘瑞芬. 设计程序与设计管理 [M]. 北京：清华大学出版社，2006.

[55] 杰西·詹姆斯·加勒特. 用户体验要素：以用户为中心的产品设计 [M]. 范晓燕，译. 北京：机械工业出版社，2011.

[56] 杨君顺，武艳芳，苟晓瑜. 体验设计在产品设计中的应用 [J]. 包装工程，2004，25（003）:85-86.

[57] 简召全. 工业设计方法学 [M]. 3 版. 北京：北京理工大学出版社，2011.

[58] 苏杰. 人人都是产品经理 [M]. 北京：电子工业出版社，2010.

[59] 李晓颖. 论产品模型制作在工业设计中的重要性 [J]. 科技信息，2009（035）:188.

[60] 许明飞，王洪阁. 产品模型制作技法 [M]. 北京：化学工业出版社，2004.

[61] 尹新天 . 中国专利法详解 [M]. 北京 : 知识产权出版社，2011.

[62] 中华人民共和国国家知识产权局 . 专利审查指南 2010[M]. 北京 : 知识产权出版社，2020.

[63] 杨林 . 与任正非的一次花园谈话 [R / OL]. （2015-10-14 ）[2021-01-28]. https://www.sohu.com/a/ 285416154_120078003.

[64] 彭剑锋 . 任正非 : 华为没有秘密，就一个字，傻 [R / OL]. （2015-12-28 ）[2021-01-28]. https://tech. qq.com/a/20151228/035453.htm.

[65] 参考消息 . "28 年只对准一个城墙口冲锋"：与任正非面对面 [R / OL]. （2016/5/9）[2021-01-28]. http://www.cankaoxiaoxi.com/photo/20160509/1153926.shtml.

[66] 科技数码之家 . 科普小知识，带你认识色环电阻，瞬间读出电阻值 [R / OL] . (2019-6-8)[2021-1-20]. https//www.sohu.com/a/319290782_120096961.

[67] 电子发烧友 . 电烙铁的温度 [R / OL] . （2018-1-9）[2021-1-9]. http://m.elecfans.com/article/740369.html.

[68] Microbit 核心板介绍 [R / OL] .[2021-1-8]. https://kittenbot.readthedocs.io/mainboards/Microbit/intro.html.

[69] Robotbit 扩展板介绍 [R / OL].[2021-1-11]. http://learn.kittenbot.cn/exboards/robotbit/intro.html.

[70] 西安西电捷通无线网络通信有限公司 . 一种无线局域网移动设备安全接入及数据保密通信的方法：02139508.X[P]. 2005-3-2.